定番 建築製図入門

大脇賢次 著

彰国社

Book design=BANG! Design, inc.

# はじめに

本書ははじめて建築製図を学ぼうとする人や、大学、短期大学、専門学校で建築、住居学、インテリアなどを学ぶ学生を対象に、建築製図の入門書として書いたものである。また二級建築士の設計製図の実技試験で要求される図面の描き方や建築製図の独習用としても、十分に対応できる内容となっている。

この本をつくるにあたって、建築製図の経験のない人でも理解しやすいように、建築製図で使われる用具と材料の説明から、製図の基本的なテクニック、木造、鉄筋コンクリート造、鉄骨造の基礎知識や作図プロセスまで、なるべく平易な文章で書くようにした。また建築製図についての理解がより深まるようにできるだけ多くのイラストを用い、わかりやすく表現することを心がけた。平面図、立面図、断面図などは、実際の設計製図の演習や実務の図面でよく使われる 1/100 の縮尺をできるだけ用いて描いている。

建築の図面は設計の意図を相手に伝えるための基本的なツールである。そのためにも建築を学び始める時期に、建築製図の基本的な約束事や作図のテクニックを早く身につけることが重要である。そして何度も描くことにより上達するなかで、図面を描くことの楽しさや奥深さを見つけ出してほしいと思う。

私自身、今までに設計者として木造、鉄筋コンクリート造、鉄骨造の数多くの図面を描いている。本書は私の長い経験をもとに、丹精を込めて書きあげたものである。この本をきっかけにして、図面の描き方の基本を習得し、建築をより深く理解することに少しでも役立てば幸いである。

目次　　　　　　　　　　　　　　　はじめに——— 3

### 第 1 章　用具と材料——— 7
1-1　用具——— 8
1-2　材料——— 14
1-3　製図環境——— 15

### 第 2 章　建築製図の基礎知識——— 17
2-1　図面と尺度——— 18
2-2　図面にはどのような要素があるか——— 19
2-3　線——— 19
2-4　文字・数字——— 24
2-5　表示記号・図形——— 28
2-6　建築図面の種類——— 34

### 第 3 章　建築製図の基本——— 35
3-1　製図の準備——— 36
3-2　線の描き方——— 37
3-3　線の練習——— 40

### 第 4 章　木造平屋建て住宅の製図——— 43
木造平屋建て住宅の作図プロセス
4-1　木造平屋建て住宅の平面図——— 44
4-2　木造平屋建て住宅の立面図——— 51
4-3　木造平屋建て住宅の断面図——— 54
4-4　アイソメトリック図法とアクソノメトリック図法——— 58

木造平屋建て住宅の完成図面——— 60

## 第5章　木造2階建て住宅の製図 —— 63

木造2階建て住宅の完成図面 —— 64

木造2階建て住宅の作図プロセス
- 5-1　木造住宅の基礎知識 —— 76
- 5-2　配置図・1階平面図の描き方 —— 82
- 5-3　2階平面図の描き方 —— 93
- 5-4　立面図の描き方 —— 98
- 5-5　断面図の描き方 —— 101
- 5-6　矩計図の描き方 —— 104
- 5-7　基礎伏図の描き方 —— 112
- 5-8　1階床伏図の描き方 —— 116
- 5-9　2階床伏図の描き方 —— 119
- 5-10 小屋伏図の描き方 —— 124

## 第6章　鉄筋コンクリート造3階建て事務所ビルの製図 —— 127

鉄筋コンクリート造3階建て事務所ビルの完成図面 —— 128

鉄筋コンクリート造3階建て事務所ビルの作図プロセス
- 6-1　鉄筋コンクリート造（ラーメン構造）の基礎知識 —— 144
- 6-2　配置図・1階平面図の描き方 —— 150
- 6-3　2階平面図の描き方 —— 163
- 6-4　立面図の描き方 —— 171
- 6-5　断面図の描き方 —— 175
- 6-6　矩計図の描き方 —— 180

## 第7章　鉄骨造2階建てコミュニティセンターの製図 —— 187

鉄骨造2階建てコミュニティセンターの完成図面 —— 188

鉄骨造2階建てコミュニティセンターの作図プロセス
- 7-1　鉄骨造（ラーメン構造）の基礎知識 —— 196
- 7-2　配置図・1階平面図の描き方 —— 199
- 7-3　2階平面図の描き方 —— 208
- 7-4　立面図の描き方 —— 215
- 7-5　断面図の描き方 —— 221
- 7-6　矩計図の描き方 —— 227

# 第1章

## 用具と材料

## 1-1 用具

**(1) 製図板**

製図板には、シナ（楡）ベニヤ製図板［図1］、ビニールシート張り製図板［図2］、磁石シート張り製図板（マグネット製図板）［図3］がある。シナベニヤ製図板は価格が安く購入しやすいが、表面にわずかな木目の凹凸があるため、トレーシングペーパーなどのうすい紙を使うときは、下の木目の影響を受けやすい。そのためケント紙などの厚手の紙を下地用の紙としてシナベニヤの上に敷かなければならない。また汚れやすいので、きれいな状態を保つのはむずかしい。ビニールシート張りはその短所を改良した製図板であり、磁石シート張り製図板は表面のビニールシートの裏に磁石シートを張りつけたものである。磁石を利用したうすいステンレスプレートで図面の着脱が容易にでき、表面がビニールシートのため清掃がしやすいという長所がある。後述する平行定規やドラフターの製図板には、磁石シート張りが多く使われている。ビニールシート張り製図板や磁石シート張り製図板は、両端にアルミエッジの付いたものがよい［図4］。

学生の設計製図の演習では、A1サイズの用紙を使うことが多いので、製図板はA1サイズ用またはA1サイズよりひと回り大きいB1サイズ用が適している。また建築士の設計製図の実技試験では、A2の用紙を使うので、A2サイズ用の製図板または試験用の簡易式平行定規を購入して、製図用具一式とともに試験会場に持ち込む必要がある［表1］。試験では、一般にT定規と製図板で描くよりも、簡易式平行定規のほうが多く使われる。

**(2) 製図機械**

製図機械には平行定規［図5］やトラック式（ドラフターなど）［図6］のものがあるが、平行定規のほうが長く平行な線が引け、安価で便利である。平行定規には製図板にワイヤーなどを後から取り付けるタイプのシンプルなものや製図板と一体になったものがあるが、現在はほとんど一体になったものが多い。トラック式の製図機械は斜線や細かい線の多い図面に適して

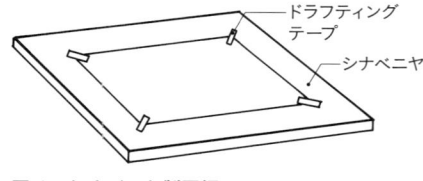

図1 シナベニヤ製図板

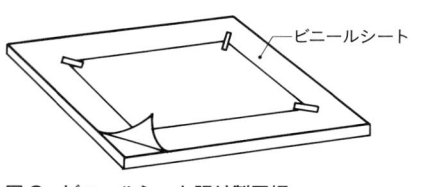

図2 ビニールシート張り製図板

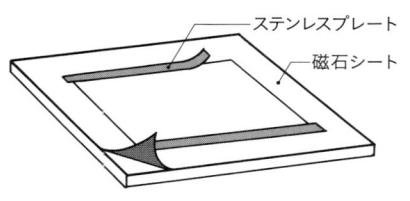

図3 磁石シート張り製図板

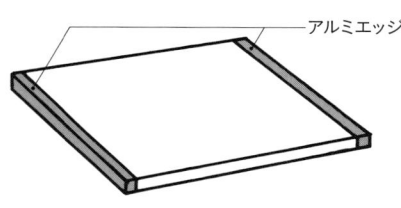

図4 アルミエッジ付き製図板

**表1 製図板のサイズ**

| 用紙のサイズ | 製図板のサイズ(mm) |
| --- | --- |
| A0サイズ用 | 900×1,200 |
| A1サイズ用<br>（学生の設計製図の演習用） | **600×900** |
| A2サイズ用<br>（建築士の設計製図の試験用） | **450×600** |
| B1サイズ用<br>（学生の設計製図の演習用） | 750×1,050 |
| B2サイズ用 | 540×750 |

いる。一級建築士と二級建築士の設計製図の実技試験では、市販されている試験用の簡易式平行定規を使って図面を描くことが多いので、平行定規による製図作業に早めに慣れておくことが大切である。

(3) T定規

T定規[図7]は製図板の小口（側面）に定規を当て、上下にスライドさせて水平線を引く。片側のみの固定のため、反対側の固定されていない部分まで水平線を引くと、わずかに線が垂れることがあるので、しっかりとT定規を押さえるようにする。

T定規は長さ60〜120cmのものがあり、90cmのものがよく使われる。T定規の長さは、製図板の幅よりもひと回り小さいものにすると、製図板の端に製図用具を置くことができる。たとえば90cmの長さのT定規には、幅105cmの製図板を使うようにする。T定規は上下のエッジが使える両セルタイプのものだと、左利きの人も使うことができ、またエッジが透明なものは、下の線がよく見えて便利である。

(4) 三角定規

三角定規はT定規や平行定規と組み合わせて垂直線や斜線を引くときに使う。45°の直角二等辺三角形のものと、30°と60°の直角三角形のものが一対で市販されている［図8］。長さは240〜300mm、厚さは2〜3mmのものが使いやすいが、大きい図面を描く場合には長さ360mmのものを使うこともある。テーパー（面取り）付きのエッジのもの［図9］を使うと、インキングのときに、紙と定規の間にインクが流れ込まない。

(5) 勾配定規

勾配定規［図10］は三角定規と異なりあらゆる角度の線が引けるので、大変便利な定規である。角度と勾配の目盛りがあるので、目盛りを合わせて求める角度や勾配で描くことができ、また垂直線も引けるので使用頻度は三角定規よりも多く、製図用具の必需品のひとつといえる。サイズは各種あり、200mmのものが一般的であるが、150mmの小型のものも細かい図面を描くときによく使うので、2種類購入することをすすめる。ネジ金具や回転軸の金

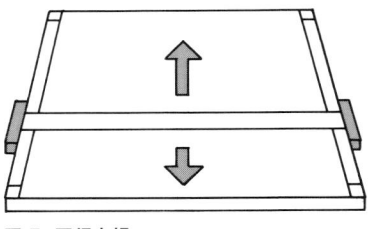

図5 平行定規

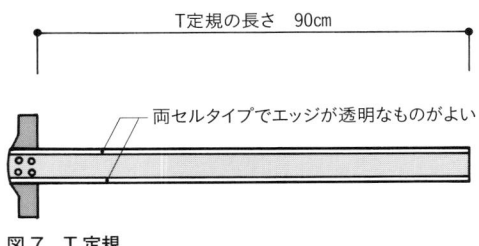

図7 T定規

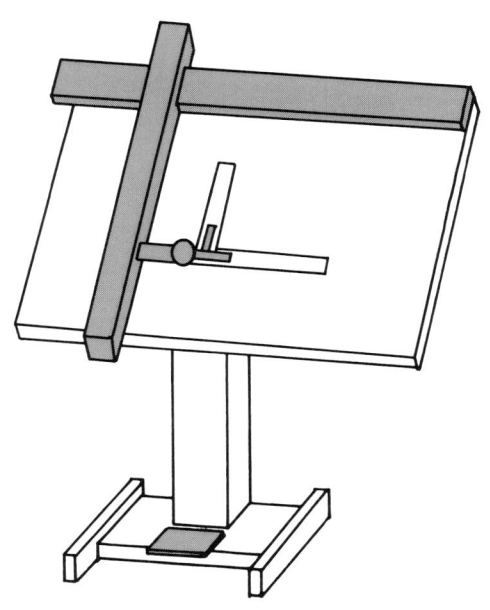

図6 トラック式製図機械

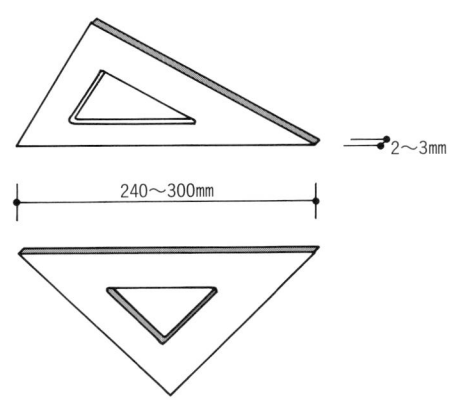

図8 三角定規

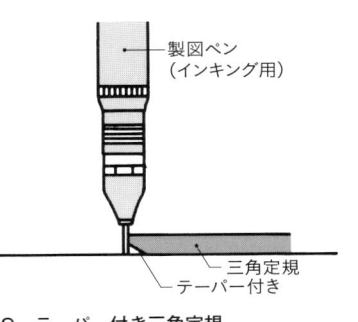

図9 テーパー付き三角定規

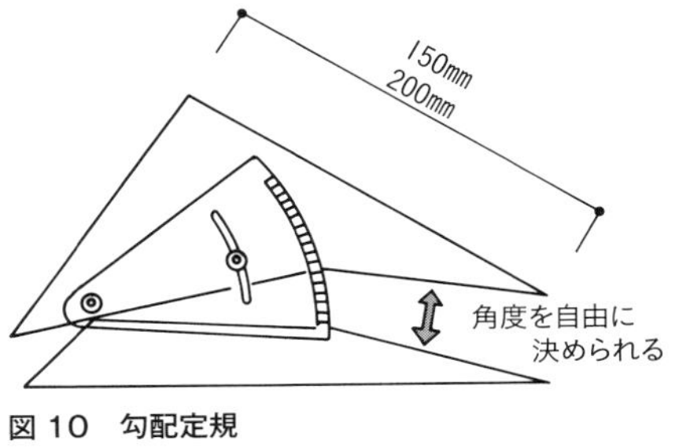

図10 勾配定規

### (6) 各種定規

円を除く曲線を描くには、雲形定規や自在曲線定規を使う。

雲形定規［図11］は、3枚1組で販売されるものが多く、曲率の大きいものや長い曲線以外は、大体この3枚セットで描くことができる。

自在曲線定規［図12］は、定規が自在に曲がるので自由な曲線を描くことができるが、思い通りの形に曲げてきれいな曲線を描くには訓練が必要である。

コンパスで描けない大きな曲率の曲線を描くには鉄道カーブ定規［図13］を使うと便利であるが、曲率の違いにより枚数が多く、セットで販売されているために高価である。緩い曲線で一様な曲率のものを描くにはビームコンパスを使うこともできる。

### (7) テンプレート（型板）

テンプレート（型板）は円、楕円、正方形、正三角形、数字やアルファベットなどの文字、家具、便器、洗面器などの衛生器具を大小いろいろな大きさで切り抜いた定規［図14］である。建築製図では、扉の軌跡を描くときに円定規［図15］を、寸法を記入するときに文字のテンプレート［図16］を、また便所では便器のテンプレートをよく使う。

### (8) スケール

寸法を測るスケールには、断面が三角形で、1/100〜1/600の6種類の尺度がついている三角スケール［図17］がある。縮尺の組合せは数種類あるが、1/100、1/200、1/300、1/400、1/500、1/600の6種類の尺度のものをよく使う。長さは30cmと15cmの2本を用意することをすすめる。一般には30cmの三角スケールを使うが、小さい図面作業には15cmのものをよく使い、また15cmの三角スケールは、胸のポケットや筆記用具入れに入れて

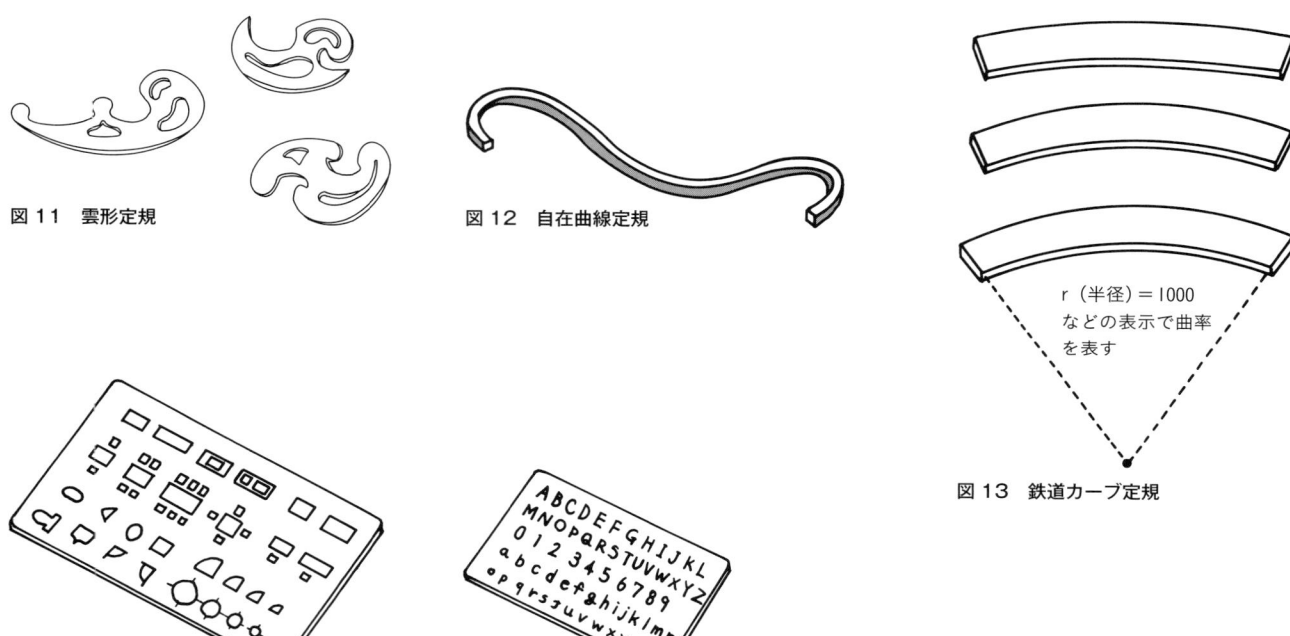

図11　雲形定規

図12　自在曲線定規

図13　鉄道カーブ定規

r（半径）＝1000などの表示で曲率を表す

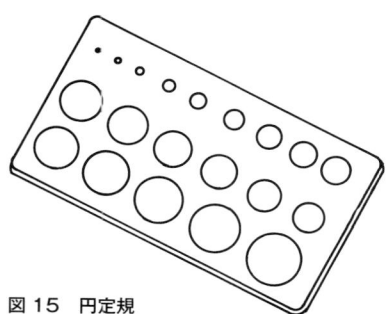

図14　家具・衛生器具などのテンプレート

図15　円定規

図16　文字のテンプレート（字板）

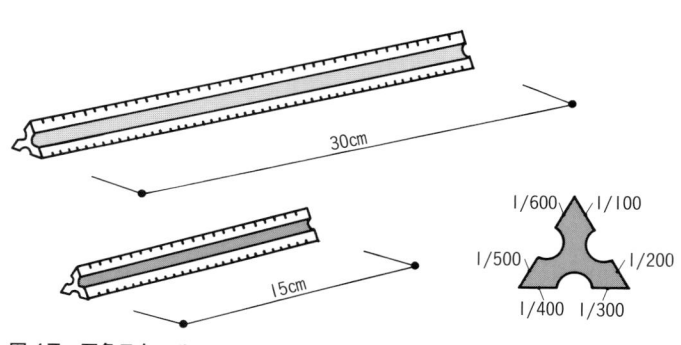

図17　三角スケール

簡単に持ち運ぶことができるので大変便利である。

(9) コンパス

円定規で描けない大きい円を描くにはコンパスを使う。

コンパスはアタッチメント（中継軸）［図18］をつけることによって、大きな円を描くことができるマスターボー型コンパス［図19］がよい。そのほかに、小さな円を描くためのスプリングコンパス［図20］やドロップコンパス［図21］、大きな円を描くためのビームコンパス［図22］などがある。コンパスの付属品として、製図ペン用のアタッチメント［図23］、コンパスの針によって中心点の穴が大きくならないようにする求心器［図24］などがある。

(10) 字消し板

字消し板は、図面上に置き、はみ出した線などの細部の不要な線や文字を消すときに使われる。使い方は、消し板のくりぬき箇所を図面の消したいところに当て、消しゴムで消す。細かい建築図面を部分的に消したいときに便利であり、建築製図には必需品である。ステンレス製［図25］のものが多く、ステンレス製でも、メッシュ状［図26］にして下の図面を見やすくしているものもある。

(11) 製図用ブラシ、羽根ぼうき

手で払うと手の脂で紙面が汚れるので、消しゴムの消し屑を払うときは製図用ブラシ［図27］や羽根ぼうき［図28］を使う。製図作業では鉛筆の粉で図面が黒く汚れることを防止するために、製図用ブラシなどでこまめに図面を払うようにする。

(12) シャープペンシル

芯の太さによって0.3㎜、0.4㎜、0.5㎜、0.7㎜、0.9㎜がある。建築製図では0.3㎜と0.5㎜がよく使われる。エスキース用には0.9㎜を使うとよい。芯の硬さは、一般に2H、H、F、HBがよく使われる［図29］。

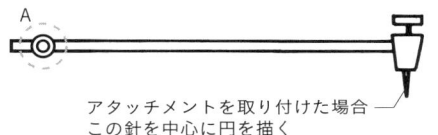

マスターボー型コンパス（図19）のBより先の部分を取り外し、アタッチメントのA部分をBに取り付ける

アタッチメントを取り付けた場合この針を中心に円を描く

図18　アタッチメント（中継軸）

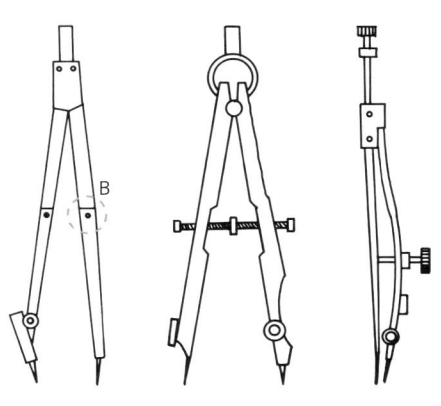

（左から）図19　マスターボー型コンパス
図20　スプリングコンパス
図21　ドロップコンパス

図22　ビームコンパス

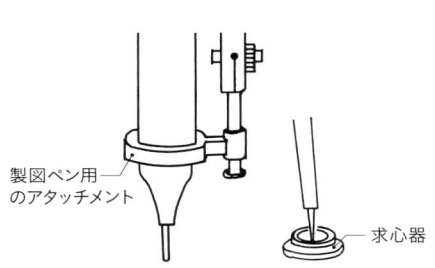

（左）図23　製図ペン用のアタッチメント
（右）図24　求心器

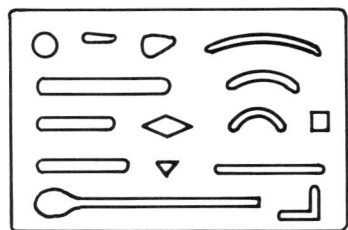

図25　ステンレス製字消し板

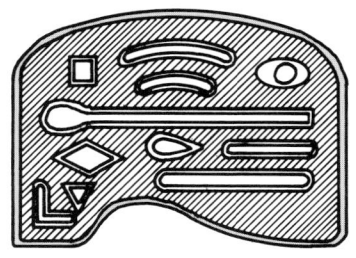

図26　ステンレスメッシュの字消し板

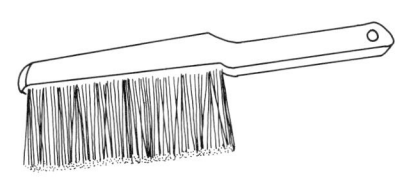

図27　製図用ブラシ

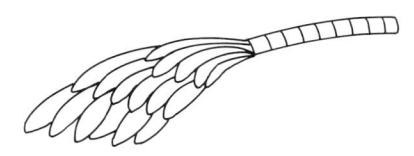

図28　羽根ぼうき

### (13) 芯ホルダー

2mmの鉛筆の芯をホルダー［図30］に入れ、専用の芯研器でまめに削って使う。芯研器で2～3回回転させると芯の先がとがり、シャープな線が引ける［図31］。芯は鉛筆同様いくつかの硬度があり、黒以外の色もある。

### (14) 鉛筆

鉛筆［図32］にはいろいろな硬さのものがあるが、一般に2H、H、F、HBがよく使われる。六角形断面の鉛筆は手によくなじむ。製図用具としてはシャープペンシルや芯ホルダーが主流で、鉛筆で図面を描く人はほとんどいなくなったが、エスキースやプレゼンテーションなどで使うことはある。

### (15) 製図用ペン

製図用ペン［図33］はインキング仕上げのときに使われる。線のかすれがなく均一の太さの濃い黒色の線を引くことができる。プレゼンテーション用図面やパース、長く保存する図面、学校での設計課題の図面などで使われる。太さは0.1～2mmまでいろいろあるが、細線用として0.15mm程度、中線用として0.3mm程度、太線用として0.5mmの3種類のものを用意するとよい。0.1mmの太さのものを使う場合はメンテナンスをおこたるとインクづまりを起こしやすいので、使用後はキャップをしっかりしめるようにする。インクのつめ替えにはインク注入式のものとカートリッジ式のものがあるが、カートリッジ式のものがインクで手を汚さずに装着できるので便利である。また取り扱いが簡単な使い捨てタイプもある。線を引くときは、テーパー付きの定規を使うか、定規にドラフティングテープなどを貼って紙より少し浮かせるなどして、紙と定規の間にインクがしみ込まないようにする。

### (16) 消しゴム

製図に使う鉛筆用消しゴムは、一般にプラスチック系のものを使うが、このプラスチック消しゴム［図34］は一般の消しゴムより硬い。練り消しゴム［図35］はコンテやパステルを消すのに使われる白色のゴムであるが、粘着力で表面の粉を取り除くので、消した後の消し屑が残らず図面を汚さないため、製図用の消しゴムとして使う人もいる。

インキングにはインク用消しゴムや砂消しゴムを使う。インク用消しゴムはインク溶解剤を含んだもので、トレーシングペーパーなどしみ込みにくい紙にインキングした線や文字などの誤記部分を紙を傷めずに消すことができる。砂消しゴム［図36］は製図用のプラスチック消しゴムに砂を混ぜたもので、砂により研磨して誤記部分を消すことができるが、あまり強く何回も消すと紙を傷めるので注意すること。

そのほかに、細長い鉛筆の形をした鉛筆型消しゴム［図37］や、消しゴムをモーターで回転させて使う電動式消しゴム［図38］がある。電動式消しゴムは、広い部分を消すときは作業能率が上がるが、高価である。

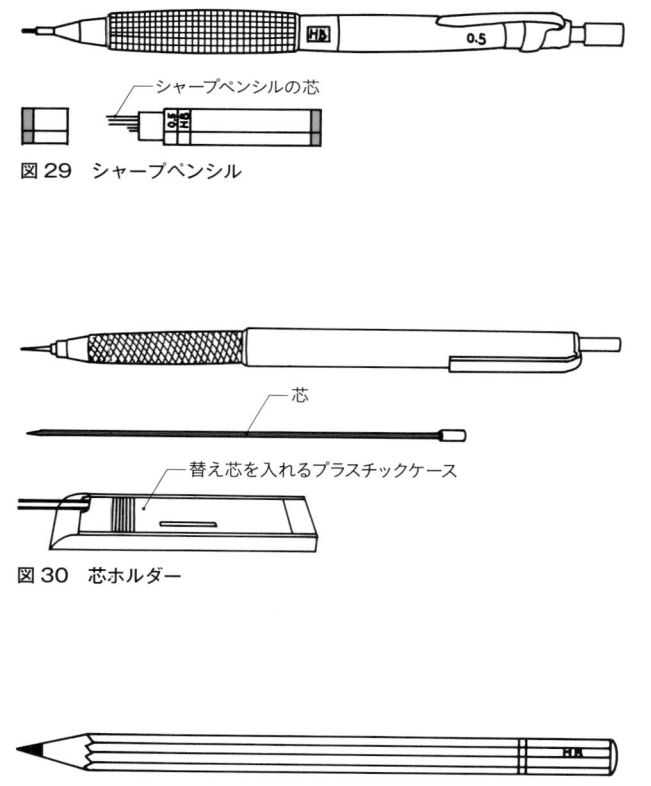

図29　シャープペンシル

図30　芯ホルダー

図31　芯研器でホルダーの芯を削る方法

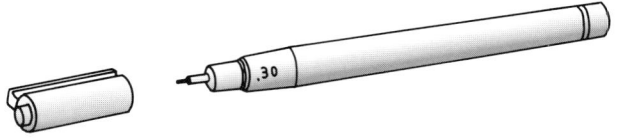

図32　鉛筆　　　　　図33　製図用ペン

（17）ドラフティングテープ、マスキングテープ、メンディングテープ

ドラフティングテープ［図39］は接着力を低くして紙を傷めることなく簡単にはがせるようにしたテープである。マスキングテープは着色材料を塗るときなどのマスキング用に使うものであるが、ドラフティングテープの代わりにも使うことができる。メンディングテープは乳白色の半透明なテープで、トレーシングペーパーが破れたときは、裏から幅の狭いメンディングテープを貼り、補修する。

（18）図面ケース

図面ケースは板状のもの［図40］と筒状のもの［図41］がある。トレーシングペーパーなどの巻き癖がつきにくい紙は筒状に入れても問題ないが、ケント紙などの巻き癖がつきやすい紙は、板状の図面ケースに入れて持ち運びする。筒状の図面ケースは円形断面のものと四角形断面のものがある。板状の図面ケースはマチのあるものを選ぶとよい。

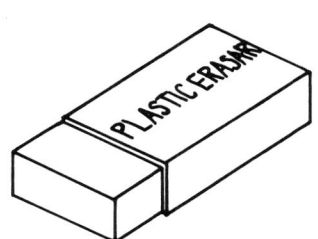

図34　プラスチック消しゴム

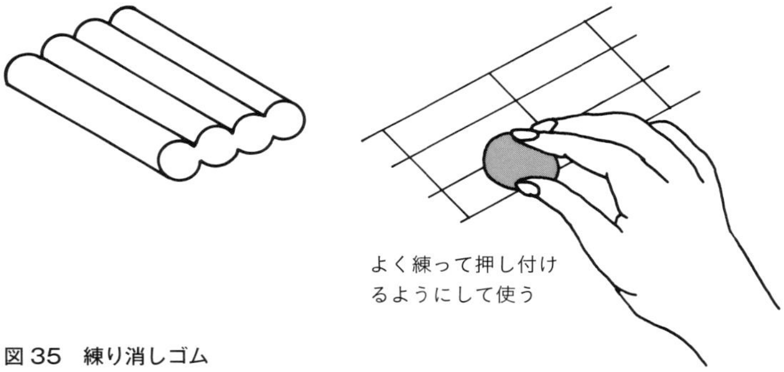

図35　練り消しゴム

よく練って押し付けるようにして使う

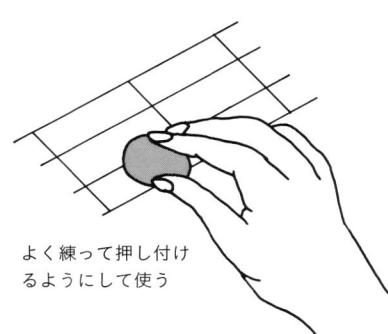

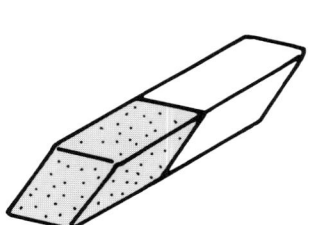

図36　砂消しゴム

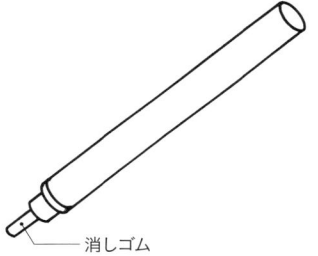

消しゴム

図37　鉛筆型消しゴム

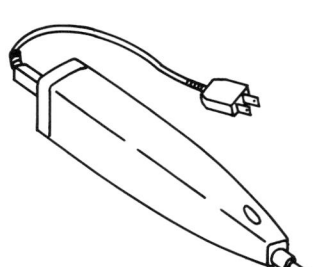

図38　電動式消しゴム

図39　ドラフティングテープ

マチのあるものがよい

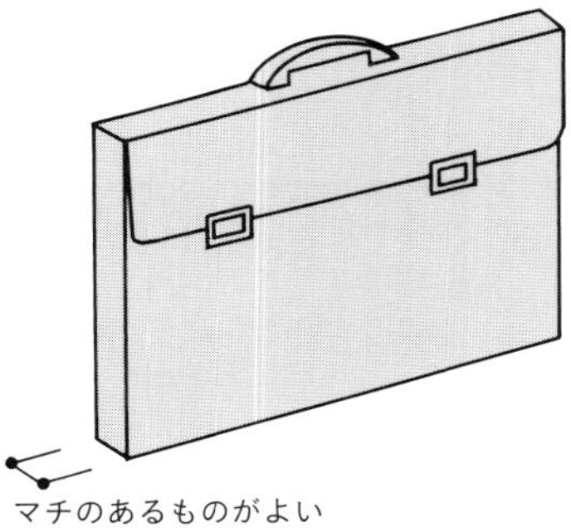

図40　板状の図面ケース

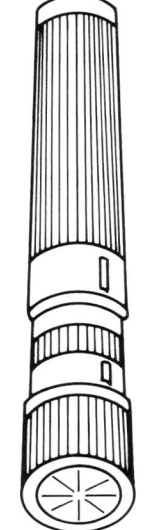

円形断面のものが一般的である

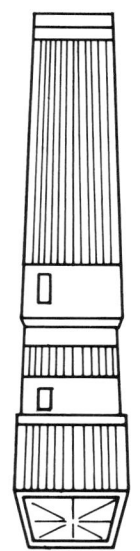

四角形断面のものは何段も重ねて保存しておくことができる

図41　筒状の図面ケース

## 1-2 材料

**(1) ケント紙**

表面がなめらかで紙質も丈夫であり、画用紙と異なり鉛筆や製図用のペンののりがよく、にじまないので、これらの用具を使った製図に適している。色はホワイトのほかにアイボリー、グレー、クリームなど各種ある。厚口や薄口など厚さも数種類あるが、インキング用には厚口を使うとよい。

ケント紙は表面と裏面が区別がつきにくいが、紙の端にエンボス加工の「KENT」の文字が読めるほうが表面である。この文字のないものは、両面をさわってみて、なめらかでざらつきの少ないほうが表面である［図42］。

**(2) トレーシングペーパー**

建築製図ではトレーシングペーパー（通称トレペ）［図43］をよく使う。鉛筆やインキング仕上げに使われ、透過性があるため図面のトレースに便利である。厚さは平米あたりの重さによって表され、薄口は40g/㎡、厚口は50〜70g/㎡である。ロール状とシート状があるが、ロール状のものは価格が安く、自由な長さに切り取ることができるので、エスキースによく使われる。幅420mmのロール状のものは、エスキースに適している。

トレーシングペーパーには2枚のうすいトレーシングペーパーの間にポリエチレンフィルムを挟んだダブルトレーシングペーパーというものがあり、これは丈夫でしわにならず、伸縮性も少ないので、インキング用としてよく使われる。

トレーシングペーパー、ケント紙などの用紙のサイズは、一般にJIS規格によって、A系列とB系列に分かれ、表2のように定められている。同じ番号ならA系列よりもB系列のほうが大きい［図44］。建築ではおもにA系列が使われ、そのなかでもA1、A2の大きさがよく使われている。A0判の面積は1㎡、B0判の面積は1.5㎡でいずれも短辺と長辺の比は$1:\sqrt{2}$である。ケント紙には、製図板へのとめしろの分を見込んで、表2の規格寸法よりひと回り大きいものがあるので注意する。

**(3) その他の用紙**

エスキースやパースは色鉛筆、マーカー、水彩絵具などで着彩する場合が多い。色鉛筆、水彩などの着彩には、表面が粗目で吸水性のよいキャソン紙、ミューズコットン紙、ワトソン紙、画用紙などが適している。マーカーには、マーカー専用紙のPMパッドが適している。

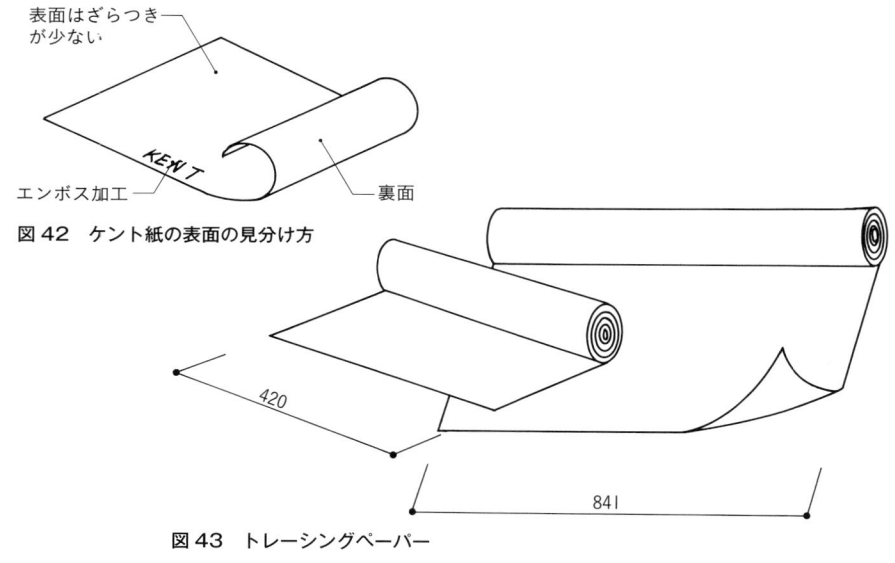

図42 ケント紙の表面の見分け方

図43 トレーシングペーパー

表2 用紙のサイズ  単位：mm

| A系列（縦×横） | | B系列（縦×横） | |
|---|---|---|---|
| A0 | 841×1,189 | B0 | 1,030×1,456 |
| A1 | 594×841 | B1 | 728×1,030 |
| A2 | 420×594 | B2 | 515×728 |
| A3 | 297×420 | B3 | 364×515 |
| A4 | 210×297 | B4 | 257×364 |

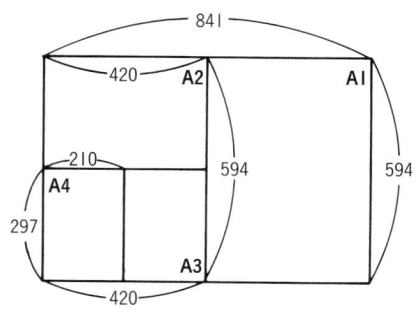

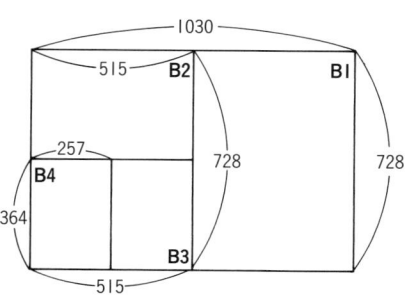

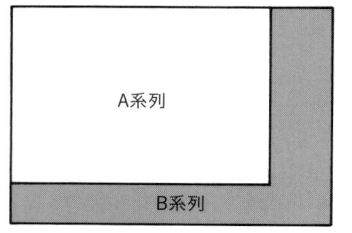

図44 A系列とB系列の大きさの比較

## 1-3 製図環境

　建築製図は、長時間細かい線を引き、多くの文字や記号を記入する作業であるため、描きやすい作業姿勢を保たなければならない。

　製図台は、製図板の高さや角度を自由に調節できるので便利であるが、T定規や平行定規を使うのであれば、一般の机の上に製図板を置いて製図作業を行うことができる。このとき、製図板は水平でもよいが、角材（まくら）を製図板の下に置き、手前側に傾けると作業がしやすくなる。傾ける角度は、製図板の上に置いてある製図用具などが転がらない程度の角度がよい。

　椅子は背もたれとキャスター付きで、長時間作業しても腰への負担が少なく、レバーを引くと座面の高さを変えられるものを選ぶ。また製図用具や資料を置くための脇机があると便利である。製図板の上にはよく使う製図用具のみを置くようにし、不必要なものはなるべく置かないように心がける。

　照明は蛍光灯が一般的であり、図面上に適度な明るさ（1,000ルクスくらい）を確保しなければならない。光源は右利きの場合は左手前方とする。

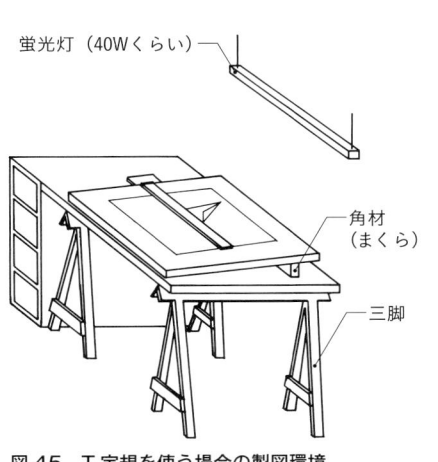

図45　T定規を使う場合の製図環境

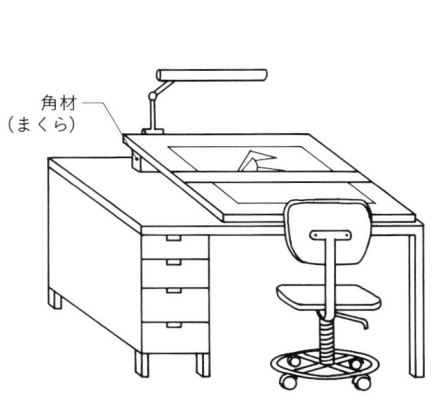

図46　平行定規を使う場合の製図環境

図47　トラック式製図機械を使う場合の製図環境

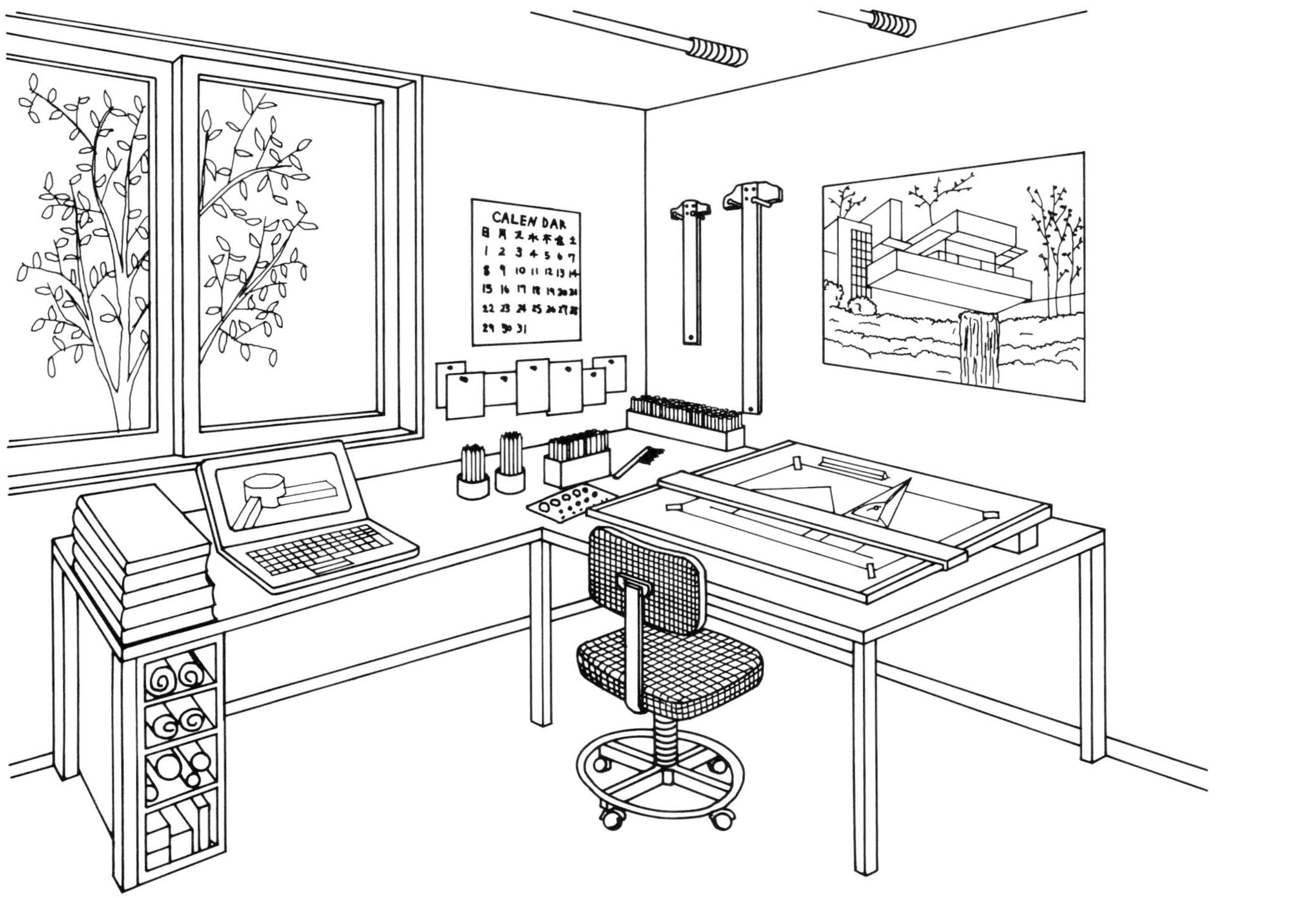

図48　製図環境の例

# 第2章

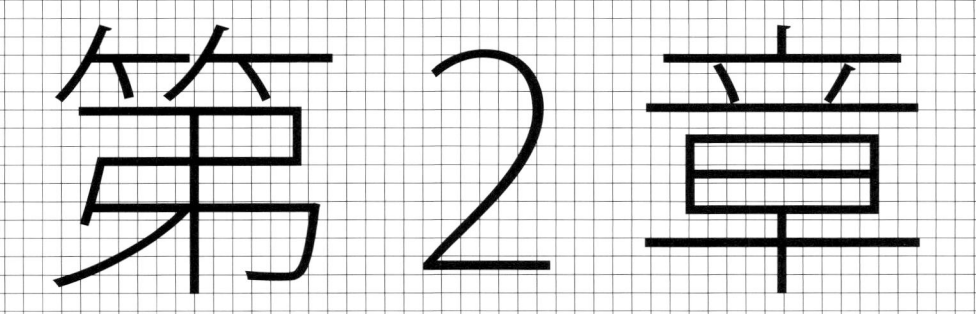

## 建築製図の基礎知識

## 2-1　図面と尺度

### 1. 図面
（1）建築製図の図面はA列サイズの用紙を使う［表1］。
（2）図面は、一般に用紙の長辺を左右方向に置いた位置（横使い）にして使う。ただしA4の場合は、短辺を左右方向に置いた位置（縦使い）にして使うこともできる。
（3）図面には輪郭線を描く［図1］。輪郭線の幅は、A0〜A1サイズで最小20mm、A2〜A4サイズで最小10mmとする。ただし、実務では輪郭線を描かないこともある。
（4）図面をとじる場合は原則、左とじとし、左側に輪郭の幅を最小20mmとる。
（5）図面の右下隅には表題欄を設け、建物の名称、図名、縮尺、作図者名、図面作製年月日などを記入する。表題欄の長さは170mm以下とする。ただし実務では、表題欄を図面下の左右いっぱいに細長くとることも多い。

### 2. 尺度
（1）尺度とは建物の実際の長さに対する図面で描く建物の長さの比をいう。
（2）尺度は、1：100、1/100、$\frac{1}{100}$のように表示し、図面の表題欄に記入する。
（3）同一図面内に尺度の異なる図を2つ以上描く場合は、図ごとに尺度を記入し、表題欄にその旨を明記する。

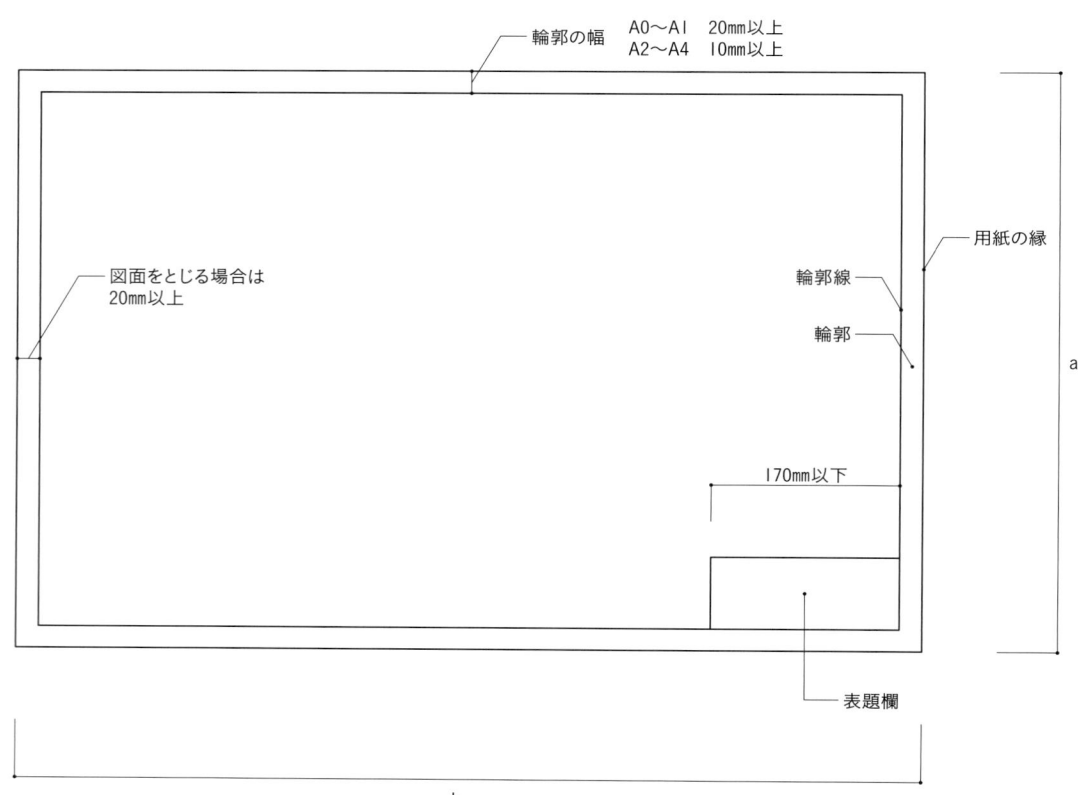

**図1　輪郭線のとり方**

表1　用紙のサイズ（A列）　　　単位：mm

| 呼び方 | 寸法　a（縦）×b（横） |
|---|---|
| A0 | 841×1,189 |
| A1 | 594×841 |
| A2 | 420×594 |
| A3 | 297×420 |
| A4 | 210×297 |

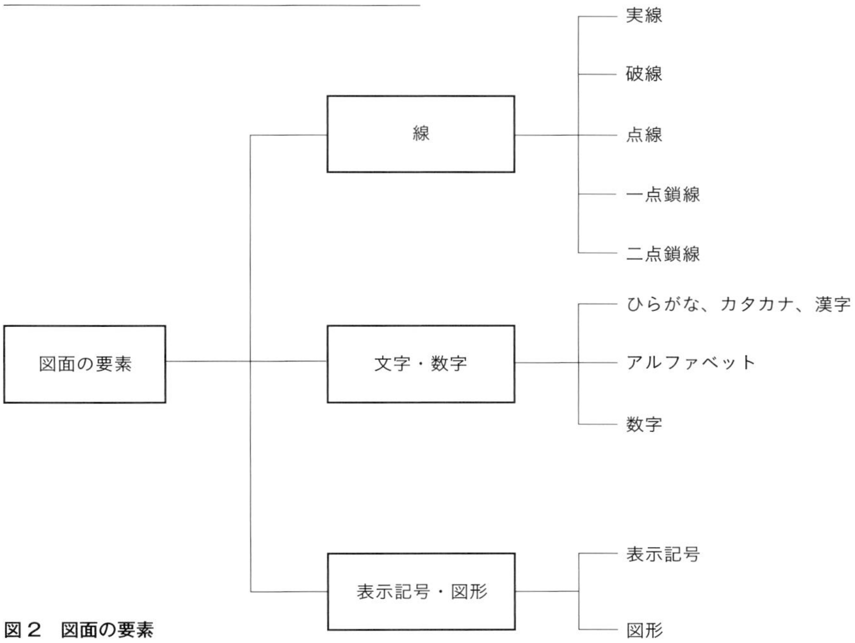

図2　図面の要素

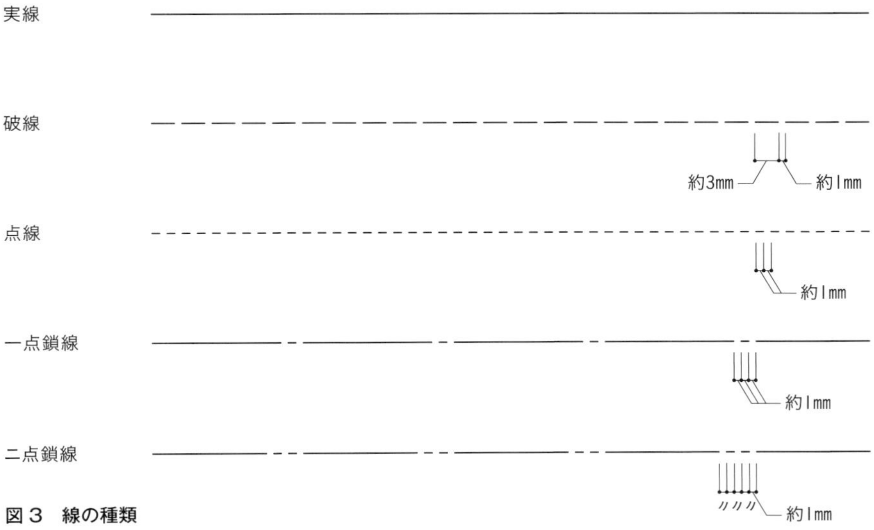

図3　線の種類

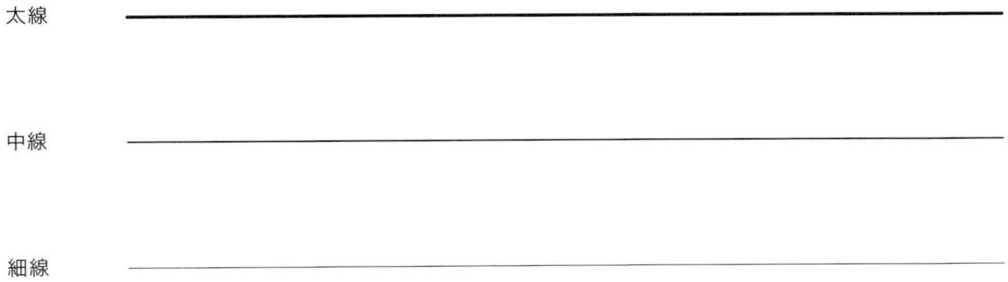

図4　線の太さ

## 2-2　図面にはどのような要素があるか

図面は、線、文字・数字、表示記号・図形の3種類から成り立っている［図2］。

## 2-3　線

### 1. 線の種類

建築製図に使う基本的な線の種類には実線、破線、点線、鎖線の4種類がある［図3］。実線は連続した一定の太さの線、破線は3mm程度の短い線をわずかな間隔で並べた線、点線は破線より短い線と、それと同間隔のすき間とを交互に並べた線、鎖線は長めの線と点を組み合わせた線である。鎖線には一点鎖線と二点鎖線があるが、建築製図では一点鎖線が多く使われる。

これらの本書き線とは別に、下書き線（仮線、捨線ともいう）というものがある。この線は図面を描く過程でのみ必要になる下書き用の線であり、人に示すためのものではない。コピーしたときに写らない程度の線としてうすく描くため、わざわざ消す必要はない。

### 2. 線の太さ

線の太さには太線、中線、細線の3種類がある［図4］。厳密な規定はないが、おおよそ太線0.5mm、中線0.3mm、細線0.15mmである。目安としては、線の太さの比が、太線：中線：細線＝3：2：1、あるいは、4：2：1ぐらいである。したがって、おおよそ中線の太さの2倍が太線であり、中線の太さの1/2が細線と考えてよい。ひとつの図面のなかで、3種類の線の使い分けができるようになることが重要である。

## 3. 建築図面に使われるいろいろな線

前述の線の種類と線の太さの組合せにより、建築図面では次のようないろいろな役割をもつ線を使って表現する[図5]。

### (1) 断面線（実線の太線）[図6]

建物の切断部を表す建築図面の重要な線である。平面図は建築物を水平に、断面図は垂直に切断した状態を表す。後述する切断線や破断線とはまったく異なる線なので、混同しないようにする。

### (2) 外形線（実線の中線）[図7]

建物の外形や姿一般を表す線で、見えがかり線や姿線ともいう。たとえば、立面図での建築物の外形、あるいは平面図、断面図での切断面より奥にある見えがかり部分（住宅図面での家具や住宅設備機器などの形、畳割り、階段の段板など）を表す線である。外形線は実線の中線で描き、これが図面上で基準となる太さになる。ただし、タイルの目地や木目などの仕上材料の形、パターン、あるいは模様を描く場合は、同じ見えがかり線でも実線の細線を使う。建築図面では、切断面を表す(1)の断面線（実線の太線）と、切断面より奥にある見えがかり部分を表す(2)の見えがかり線（実線の中線）の太さの使い分けを明確にして描くことが非常に大切なことである。

### (3) 基準線（一点鎖線の中・細線）

建物をつくるときの基準となる線で、一般に柱や壁などの構造体の位置を表すのに使う。通り芯または中心線ともいう。基準線の端部の表記を図に示す[図8]。

### (4) 隠れ線（破線の中・細線）[図9]

建築物や部材の見えない部分（見え隠れ）を表す線である。平面図での切断面より上にある屋根や庇の軒先、トップライト、小屋裏収納、台所の吊り戸棚、吹抜け上部などの位置を示すのに使う。点線の表現と混同しないように注意する。

### (5) 想像線（点線の中・細線）

引戸など動くものの相互の位置関係を表す線である。

### (6) 寸法線（実線の中・細線）[図10]

部屋や建物などの寸法を記入するときに描く線である。寸法補助線（または基準線）をもとに描く。寸法線の端部の表記は図10の通りである。

| 線の種類 | 線 | 説明 |
|---|---|---|
| (1) 断面線（実線の太線） | ——— | 建築物の切断部を表す線 |
| (2) 外形線（見えがかり線、姿線）（実線の中線） | ——— | 建築物の外形や姿一般を表す線 |
| (3) 基準線（通り芯、中心線）（一点鎖線の中・細線） | — - — - — | 建築物の基準となる線で、一般に柱や壁の位置を表す |
| (4) 隠れ線（破線の中・細線） | — — — — — | 建築物や部材の見えない部分（見え隠れ）を表す線 |
| (5) 想像線（点線の中・細線） | - - - - - - | 引戸など動くものの相互の位置関係を表す線 |
| (6) 寸法線（実線の中・細線） | ╶─────╴ | 部屋や建物などの寸法を記入するときに描く線 |
| (7) 引出し線（実線の中・細線） | ╱　╲ | 部材から引き出して材料、工法などを表記するために使う線 |
| (8) 切断線（一点鎖線の中線） | ─╱─・─╲─ | 平面図上で、断面図の切断する位置を表す線 |
| (9) 破断線（実線の中・細線） | ─┐╱└─ 破断線 | 図の一部を省略する場合などに使う線 |
| (10) ハッチ線（ハッチング）（実線の細線） | ▨ ハッチ線 | 部材の断面を表すための平行な線 |

**図5 いろいろな役割をもつ線**

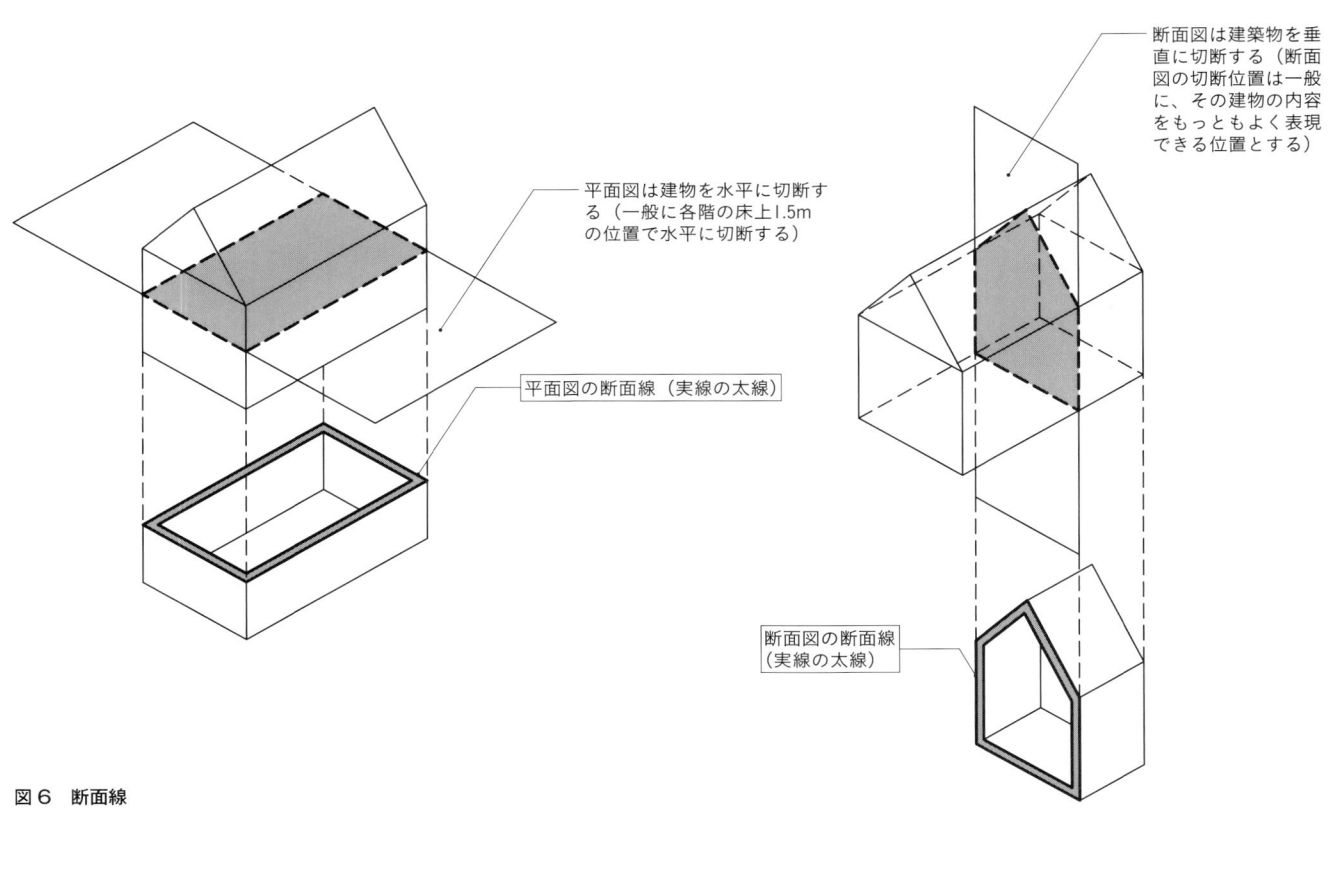

**図6 断面線**

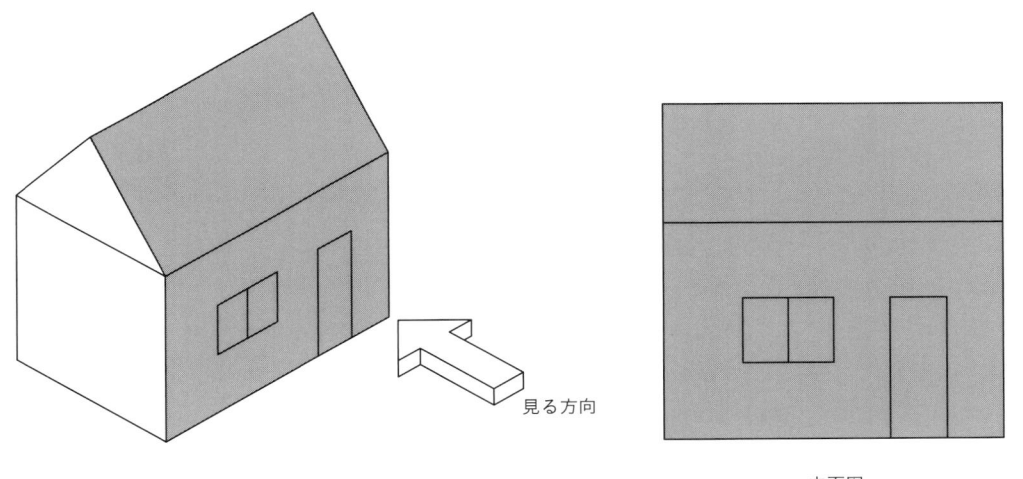

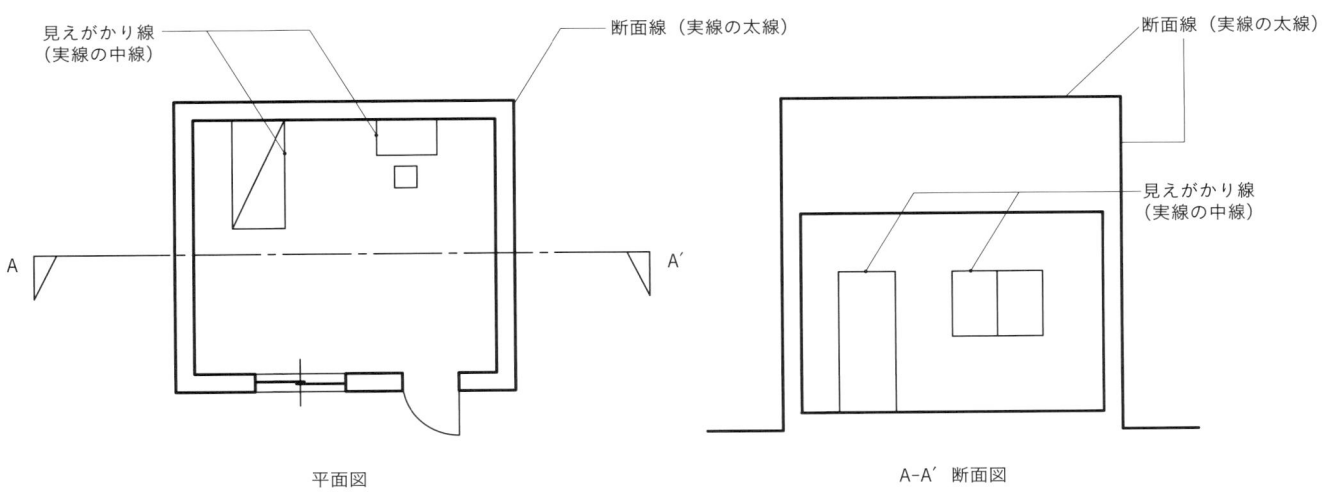

**図7 断面線と見えがかり線**

(7) 引出し線（実線の中・細線）[図11]

部材から線を引き出して、その材料名や工法などを表すために使う線である。引出し線には図11の①の表示法がある。また文字が引出し線と重ならないように、約1mmあけて書く。

(8) 切断線（一点鎖線の中線）[図12]

平面図上で断面図の切断する位置を表す線である。切断した位置からの見る方向を矢印で表す。また切断する位置は一直線が多いが、場合によっては折り曲げて（クランクして）切断することもできる。

(9) 破断線（実線の中・細線）[図13]

図の一部を省略する場合や図が大きすぎて入り切らない場合に使う。建築図面では階段によく使う。破断線には図13のようなものがある。

(10) ハッチ線（ハッチング）（実線の細線）[図14]

部材の断面を表すための平行な線。一般に45°の線で描く。木材では、化粧材をハッチングで表す。隣り合っている部材のハッチングは線の方向を変えて、異なる部材であることを示す。

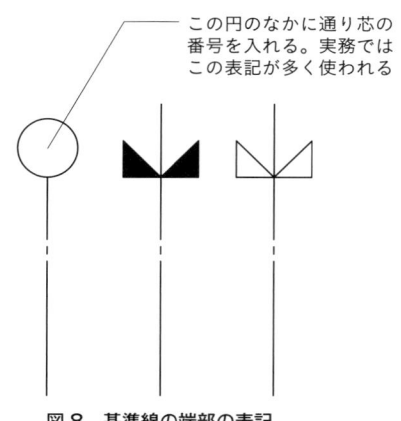

図8　基準線の端部の表記

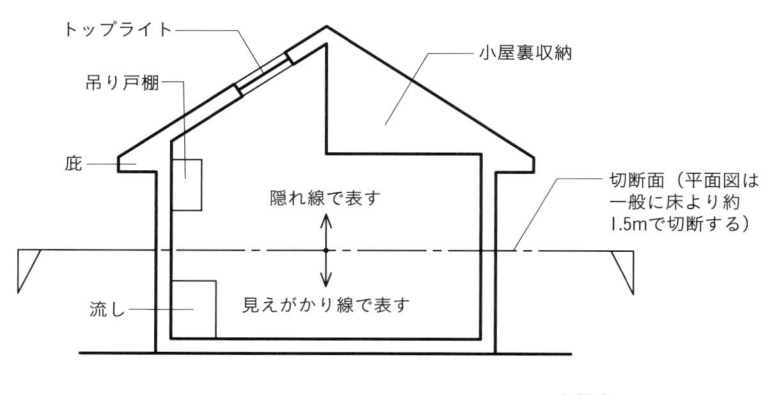

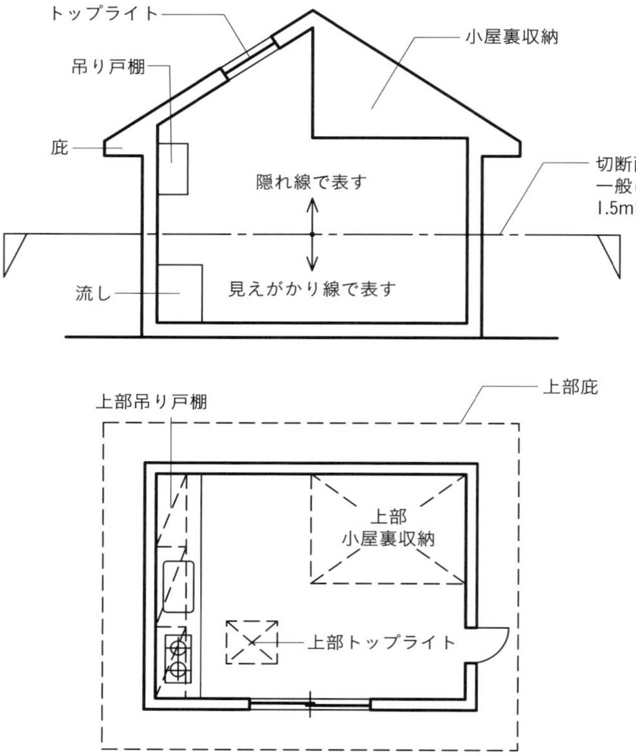

図9　隠れ線

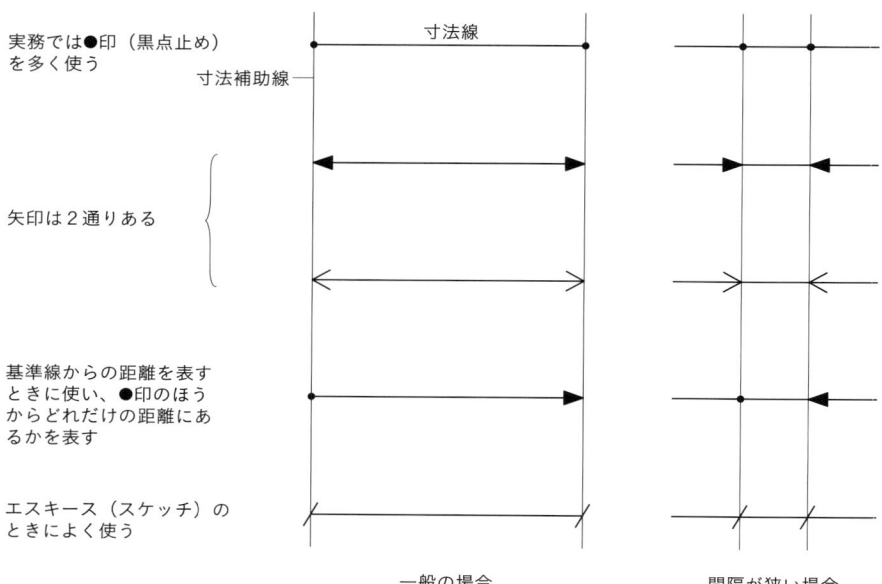

図10　寸法線の端部の表記

① 引出し線の表示法

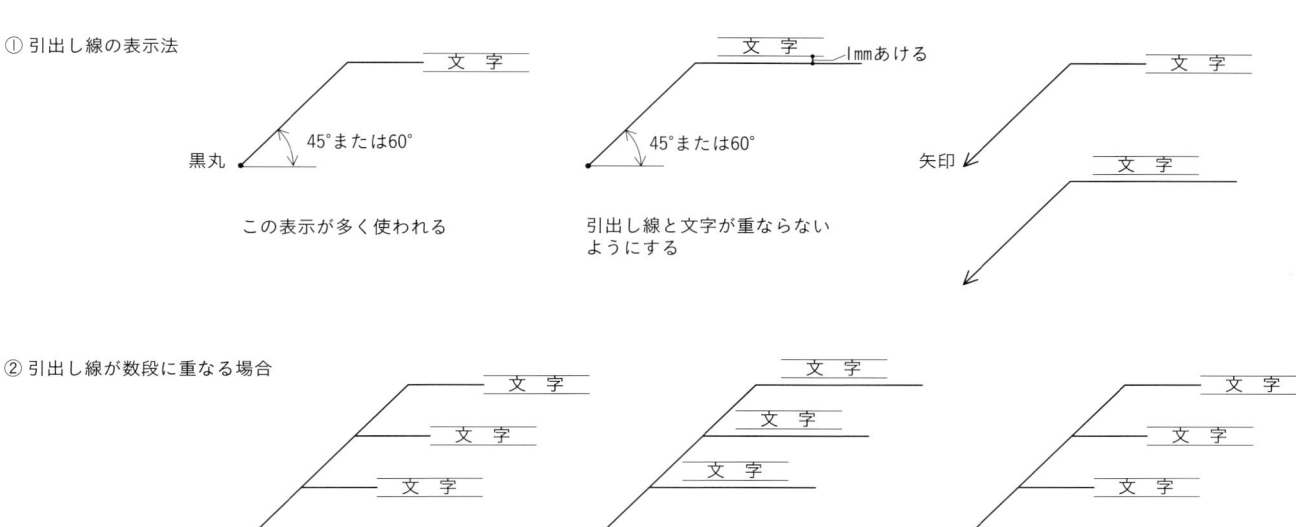

図 11　引出し線

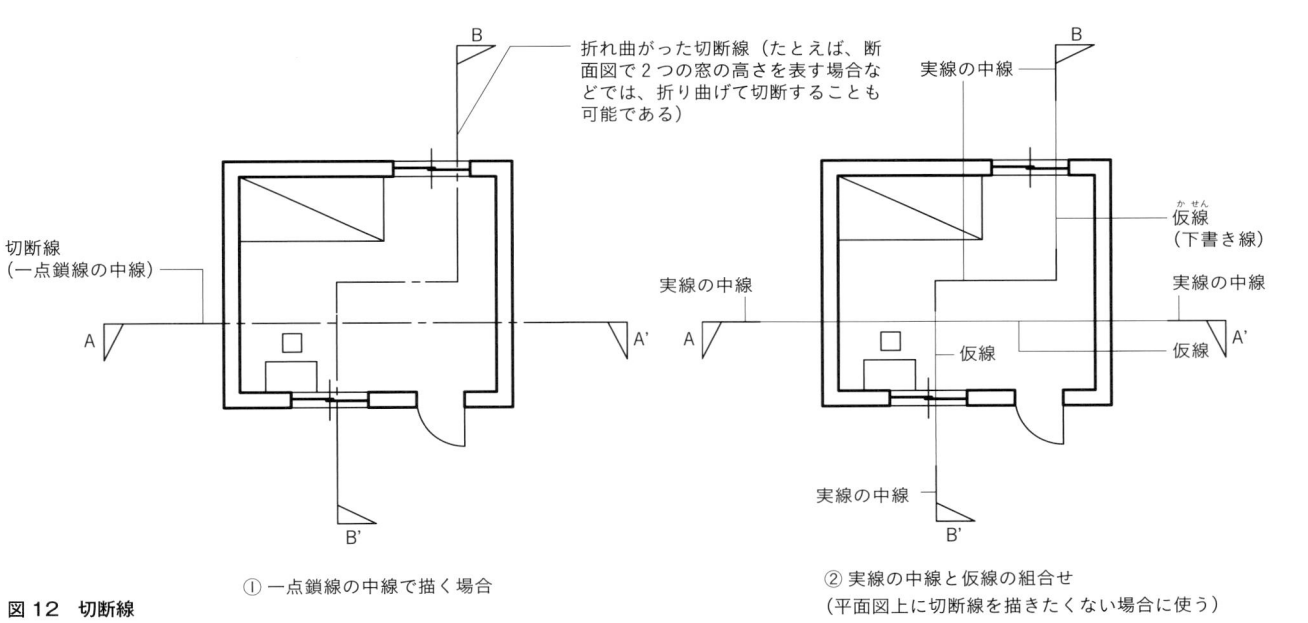

図 12　切断線

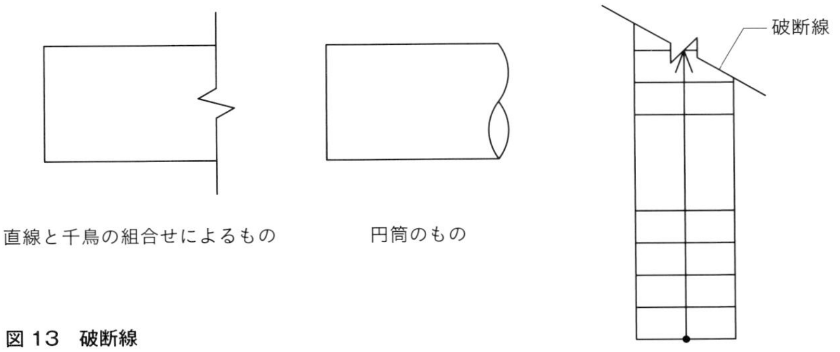

図 13　破断線

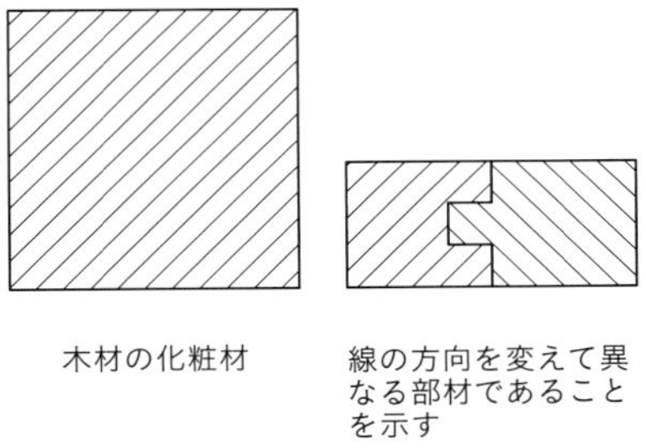

図 14　ハッチ線

## 2-4 文字・数字

### 1. 文字の種類

図面に使う文字には使い方によって、図面上に書き込む文字、図面のタイトル用文字、表題用文字がある[表2]。また文字には、ひらがな、カタカナ、漢字、アルファベット、数字などの種類がある[図15]。

図面上に書き込む文字の高さは一般に約2〜3mmであるが、高さ2mmで書く場合は、漢字を書き込むのがかなりむずかしくなる。図面のタイトル文字は高さ約4〜5mm、表題用文字は高さ約7〜8mmが一般的である[図16]。

実務では室名やタイトル文字などはゴム印を使い、図面上に書き込むアルファベットや数字はテンプレートを使用することが多い。また表題用文字をていねいに書く場合は、明朝体やゴシック体の書体見本帳を参考にして、定規を使って書いたりするが、レタリング用シールなどを使う簡便な方法もある。文字、数字のよし悪しによって図面の印象が大きく変わるので、十分な練習が必要になる。

### 2. 文字の書き方のポイント

（1）文字の記入は横書きとし、縦書きはなるべく避ける。
（2）かなは、一般にひらがなとカタカナを混用して書いてはならない。ただし、外来語の表記にカタカナを使うことで混用することは差し支えない。
（3）文字は一般に直方体が多いが、斜体でも差し支えない。ただし、直方体の文字と斜体の文字は混用してはならない。
（4）文字の大きさの不ぞろいや形のばらつきをなくすようにする[図17]。そのために、補助線を上下に2本うすく引き、それをガイドラインとしてそのなかにしっかりと納まるように文字の高さを合わせて書く。
（5）表題用文字など大きい文字、または重要な文字は、文字を箱割りして書く[図18]。文字の間隔は文字の線の太さの2倍以上とる。
（6）癖のある字、くずし字などは避け、読みやすい文字を心がけること。
（7）建築製図用の文字は、線の先をはねずに、止めで書く[図19]。
（8）図面の文字を書き込む場所は、その位置や大きさに十分注意しなければならない。

**表2 使い方による文字の種類**

| | 文字の種類 | 文字の高さ | 使用する名称 |
|---|---|---|---|
| ① | 図面上に書き込む文字 | 約2〜**3** mm | 室名、寸法、仕上材、工法など |
| ② | 図面のタイトル用文字 | 約**4**〜**5** mm | 図面名称など |
| ③ | 表題用文字 | 約**7**〜**8** mm | 建物名称、設計者名など |

※文字の高さは一般に、表の太ゴシックの寸法のものをよく使う

あいうえおかきくけこさしすせそたちつてとなにぬねの ─ 3mm
はひふへほまみむめもやゆよらりるれろわをん
アイウエオカキクケコサシスセソタチツテトナニヌネノ
ハヒフヘホマミムメモヤユヨラリルレロワヲン
1 2 3 4 5 6 7 8 9 0
a b c d e f g h i j k l m n o p q r s t u v w x y z
居間　食堂　台所　厨房　寝室　子供室　洋室　和室　応接室　書斎　玄関　廊下　洗面脱衣室　浴室　便所
リビング　ダイニング　キッチン　ダイニングキッチン　ベッドルーム　サンルーム　テラス　アプローチ
910　1820　3,000　3,640　7,280　10,000
吹付タイル仕上　半磁器タイル張り　木製建具　モルタル　コンクリート　鉄骨
畳　フロートガラス　割栗　メタルラス　床下換気口　アスファルト防水
軒桁120×120　柱105×105　アンカーボルトφ13　石膏ボード⑦12　敷居45×105

| 仕様書 | 仕上表 | 案内図 | 配置図 | 5mm |

平面図　　立面図　　断面図　　矩計図

詳細図　　天井伏図　　屋根伏図　　床伏図

小屋伏図　　展開図　　建具表　　軸組図

原寸図　　外構図　　透視図　　日影図

木造平屋建て住宅　　7mm

木造2階建て住宅

鉄筋コンクリート造3階建て事務所ビル

鉄骨造2階建てコミュニティセンター

図15　いろいろな文字

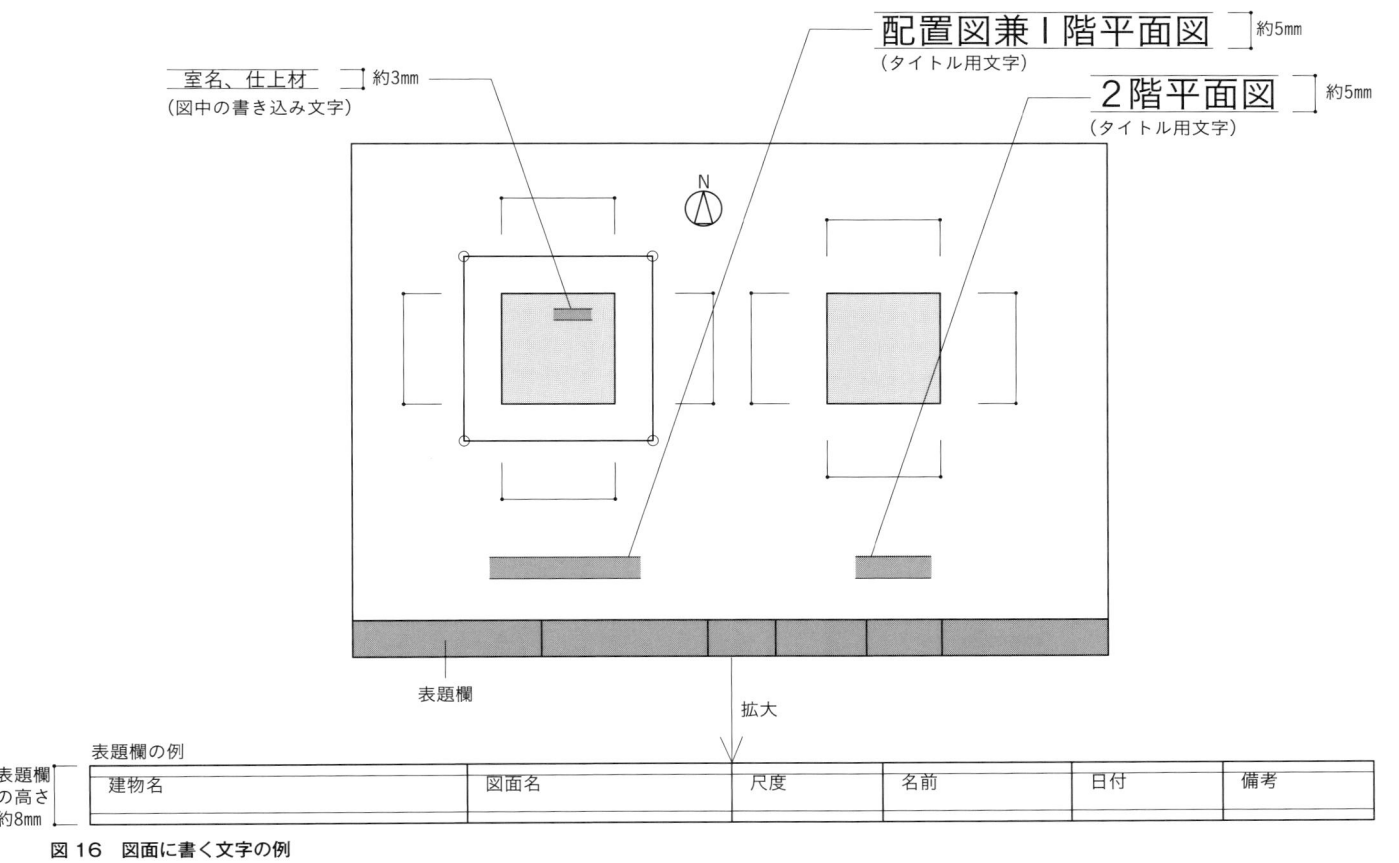

図16　図面に書く文字の例

## 3. レタリング

レタリングは視覚的な効果を上げるためにデザインした文字で、いろいろな種類がある［表3、4］。設計図の表紙などを書体にならって書く［図20］。

代表的な書体には、明朝体やゴシック体がある。明朝体は、書籍、新聞、雑誌などでもっとも一般的に使われる書体で、横線を水平に細く引き、縦線を垂直に太く引く書体である。ゴシック体は横線、縦線、点、はね、すべて同じ太さで書いたものであり、角ばっていて、かたい感じのする角ゴシック体と、丸みがあり、やわらかい感じの丸ゴシック体がある。また、明朝体の書体の横線を右上がりの斜めの線にし、横線と縦線の幅の差を少なくした宋朝体という書体もある。

レタリングも図面の印象に影響を与える大切な要素である。実際にはレタリング用シールを貼るか書体見本帳の文字を適当な大きさにコピーして、その上にトレーシングペーパーなどをのせてトレースすることが多い。しかし、文字のデザインがどのようなものかを体得するには、一度、書体見本帳を見たり、あるいは表3、表4にある文字を参考にしながら、図20のようにていねいに描いてみることをすすめる。

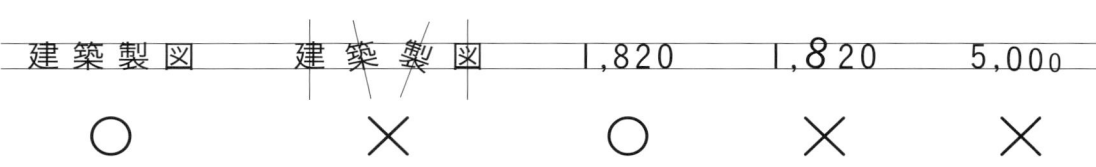

図17　文字の書き方のよい例、悪い例

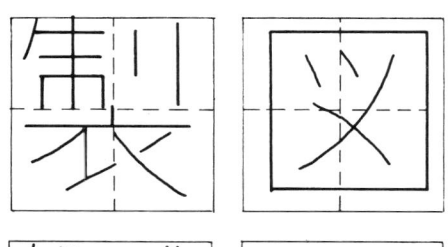

図18　表題用文字

縮　尺　× 文字がはねている

縮　尺　○ 止めで書くときっちりした文字になる

図19　文字の止めとはね

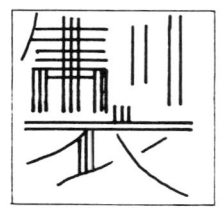 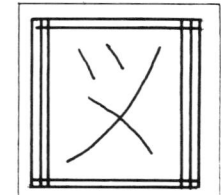

文字の枠いっぱいに単線で文字の形を書く。手書き（フリーハンド）または定規を使ってもよい。書体見本帳などを見ながら、文字の形、プロポーションなどに気をつけて、全体にバランスよく書く。むずかしい場合は、書体見本帳の文字を4分割し、書くほうの枠も左の図のように4分割すると、位置関係がよくわかる

定規を使って、横線と縦線を幅をもたせて書く。横線は細く水平に、縦線は太く垂直に描く

書体見本帳を見ながら、線の始まりと終わりの細部に気をつけて仕上げる

鉛筆またはロットリング（製図用ペン）などで清書する

図20　明朝体の描き方

表3 いろいろな和文書体

| 書体 | 書体の例 | | | | |
|---|---|---|---|---|---|
| 明朝体 | 建築製図 | 平面図 | 立面図 | 断面図 | 矩計図 |
| 角ゴシック体 | 建築製図 | 平面図 | 立面図 | 断面図 | 矩計図 |
| 丸ゴシック体 | 建築製図 | 平面図 | 立面図 | 断面図 | 矩計図 |
| 宋朝体 | 建 築 製 図 | 平面図 | 立面図 | 断面図 | 矩計図 |

表4 いろいろな欧文書体

| 書体 | 書体の例 |
|---|---|
| Helvetica neue | ABCDEFGHIJKLMNOPQRSTUVWXYZ<br>abcdefghijklmnopqrstuvwxyz |
| Bodoni Svty ITC TT | ABCDEFGHIJKLMNOPQRSTUVWXYZ<br>abcdefghijklmnopqrstuvwxyz |
| Bernhard Modern Std | ABCDEFGHIJKLMNOPQRSTUVWXYZ<br>abcdefghijklmnopqrstuvwxyz |
| Garamond Bold | ABCDEFGHIJKLMNOPQRSTUVWXYZ<br>abcdefghijklmnopqrstuvwxyz |
| Snell Roundhand | ABCDEFGHIJKLMNOPQRSTUVWXYZ<br>abcdefghijklmnopqrstuvwxyz |

## 2-5 表示記号・図形

### 1. 材料構造表示記号

平面図や矩計図などの部材の切り口（断面）を表示する場合には、材料構造表示記号（JIS A 0150）を使う［表5］。材料構造表示記号は、材質の種類と図の尺度によって、表5のように決められている。このなかで特に木材および木造壁の項目の縮尺1/20または1/50程度の場合で、化粧材（敷居、鴨居、構造材でもそのまま仕上材として使われた場合）、構造材（柱、梁、土台など）、補助構造材（間柱、根太など）の表示記号の違いに注意すること。

**表5　材料構造表示記号（JIS A 0150）**

| 表示記号＼縮尺 | 1/100または1/200 | 1/20または1/50 | 1/2または1/5 |
|---|---|---|---|
| 壁一般 | | | |
| コンクリートおよび鉄筋コンクリート | | | |
| 軽量壁一般 | | | |
| 普通ブロック壁／軽量ブロック壁 | | | |
| 鉄骨 | | | |
| 木材および木造壁 | 真壁造／真壁造／大壁造／柱を区別しない場合 | 化粧材／構造材／補助構造材 | 化粧材／構造材／補助構造材／合板 |
| 地盤 | | | |
| 割栗 | | | |
| 砂利・砂 | | | |
| 石材または擬石 | | | |
| 左官仕上げ | | | |
| 畳 | | | |
| 保温・吸音材 | | | |
| 網 | | | メタルラス／ワイヤラス／リブラス |
| 板ガラス | | | |
| タイルまたはテラコッタ | | | |

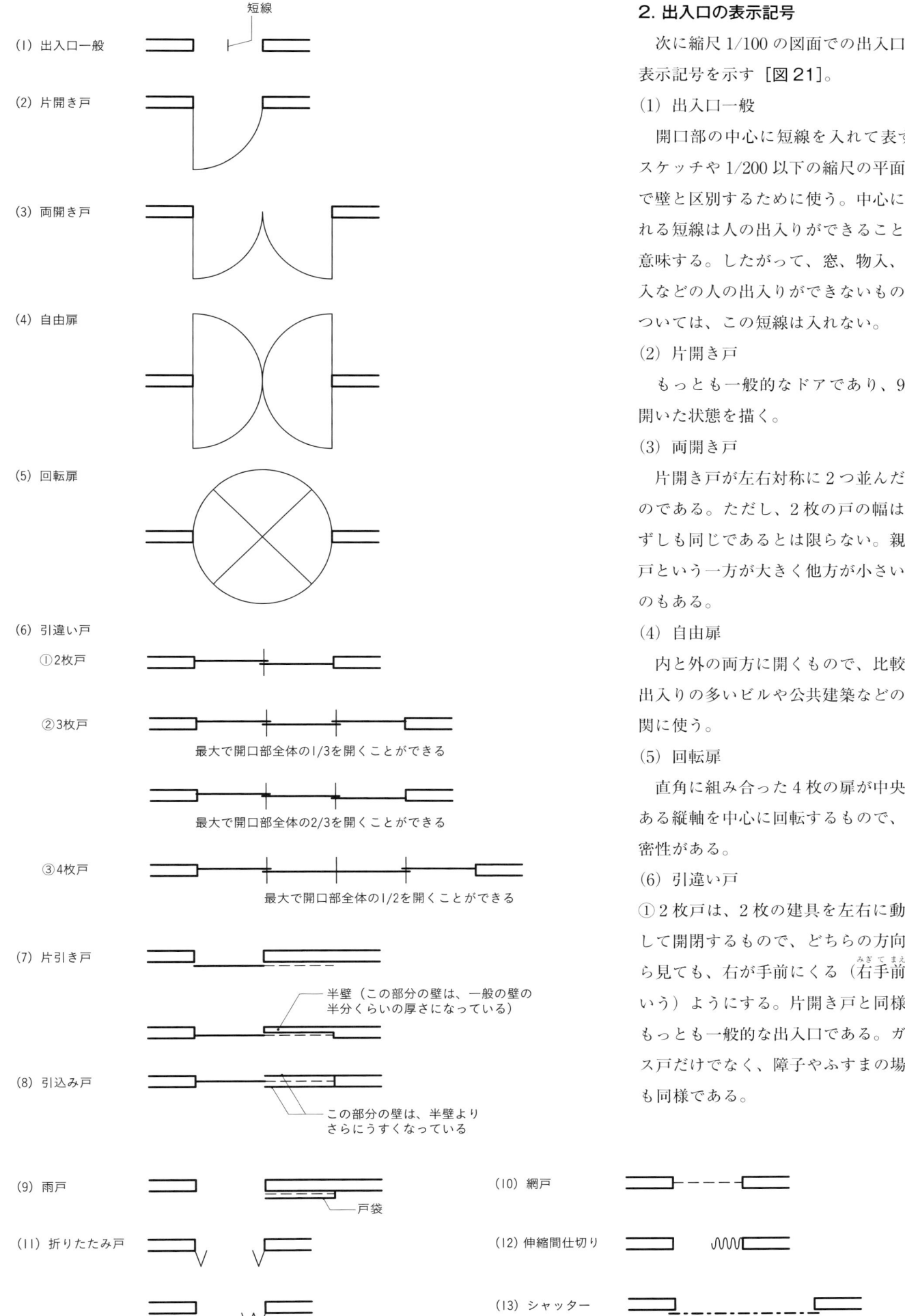

図21 出入口の表示記号

## 2. 出入口の表示記号

次に縮尺 1/100 の図面での出入口の表示記号を示す［図21］。

(1) 出入口一般

開口部の中心に短線を入れて表す。スケッチや 1/200 以下の縮尺の平面図で壁と区別するために使う。中心に入れる短線は人の出入りができることを意味する。したがって、窓、物入、押入などの人の出入りができないものについては、この短線は入れない。

(2) 片開き戸

もっとも一般的なドアであり、90°開いた状態を描く。

(3) 両開き戸

片開き戸が左右対称に2つ並んだものである。ただし、2枚の戸の幅は必ずしも同じであるとは限らない。親子戸という一方が大きく他方が小さいものもある。

(4) 自由扉

内と外の両方に開くもので、比較的出入りの多いビルや公共建築などの玄関に使う。

(5) 回転扉

直角に組み合った4枚の扉が中央にある縦軸を中心に回転するもので、気密性がある。

(6) 引違い戸

①2枚戸は、2枚の建具を左右に動かして開閉するもので、どちらの方向から見ても、右が手前にくる（右手前という）ようにする。片開き戸と同様にもっとも一般的な出入口である。ガラス戸だけでなく、障子やふすまの場合も同様である。

② 3枚戸は、溝、またはレールが2本で戸が3枚のものと、溝、またはレールが3本で戸が3枚のものがある。前者は最大の開口が1/3であるのに対して、後者は最大で2/3開けることができる。ガラス戸だけでなく、障子やふすまの場合も同様である。

③ 4枚戸は、溝、またはレールが2本で戸は4枚になる。ガラス戸だけでなく、障子やふすまの場合も同様である。

(7) 片引き戸

戸が一方の壁に納まるもので、部屋の出入口付近が狭い場合によく使う。

(8) 引込み戸

片引き戸に似ているが、戸が壁のなかに引き込まれ、開いたときに開口部がすっきりと納まる。

(9) 雨戸

枚数に関係なく溝は1本で、戸袋のなかに引き込んで納める。

(10) 網戸

防虫の目的で使う。

(11) 折りたたみ戸

大きな部屋を仕切る場合などに使うもので、両側に折りたたむものと、一方にのみ折りたたむものがある。

(12) 伸縮間仕切り

アーコディオンドアと呼ばれる比較的固い材質でできているものが一般的である。カーテンなどの表示にも使うので、材質や開閉方式などを記入する。

(13) シャッター

上に巻き上げる方式のものが一般的である。住宅では車庫の出入口などに使う。

## 3. 窓の表示記号

次に縮尺1/100の図面での窓の表示記号を示す［図22］。

(1) 窓一般

窓一般を表す。スケッチや1/200以下の縮尺の平面図に使う。出入口一般は中央に短線を描くので、窓一般と容易に区別できる。

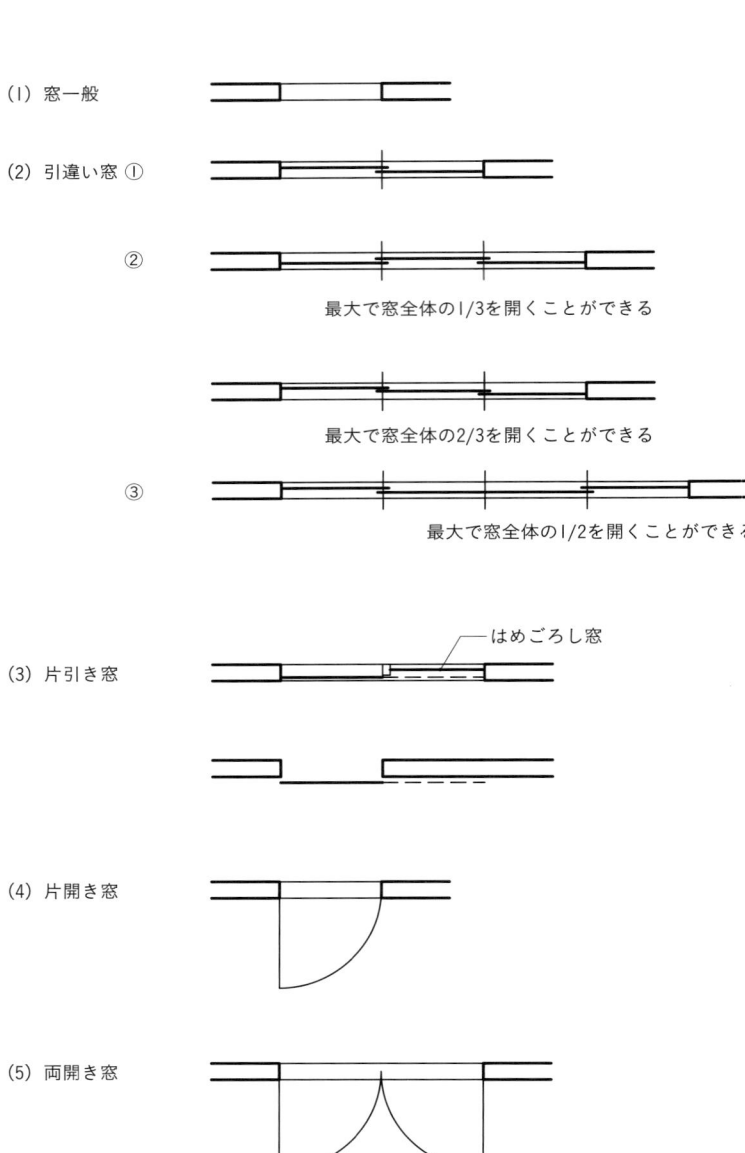

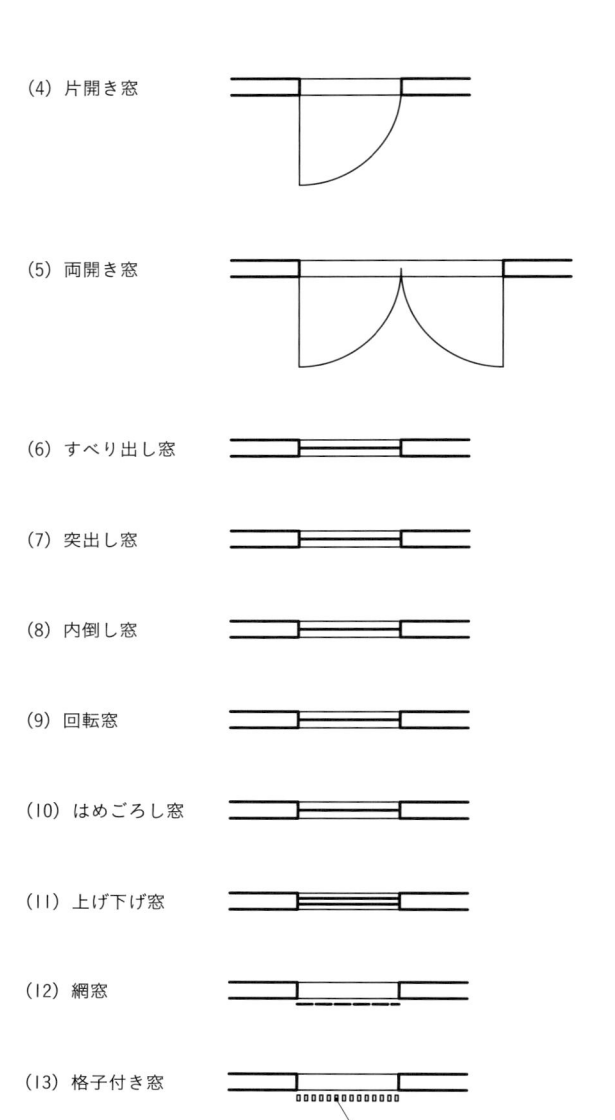

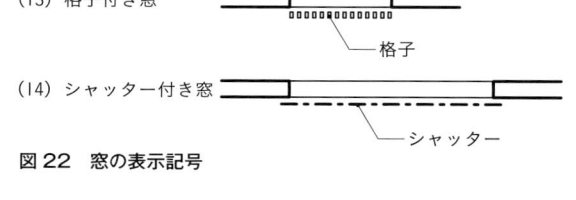

図22 窓の表示記号

(2) 引違い窓

①もっとも一般的な窓で、2枚の建具を左右に動かして開閉する。窓のどちらから見ても、右が手前（右手前）になるように描く。

②窓部分に3枚の建具が入っているもので、形式としては、出入口の引違い戸（3枚戸）と同じである。

③窓部分に4枚の建具が入っているもので、形式としては、出入口の引違い戸（4枚戸）と同じである。

(3) 片引き窓

一方の建具がもう一方のはめごろし窓や壁に納まるもの。

(4) 片開き窓

外側に開くものと内側に開くものがある。

(5) 両開き窓

片開き窓が左右対称に2つ並んだもの。

(6) のすべり出し窓から (10) のはめごろし窓までの平面表示は、図22にあるように同じになる。これらの窓は平面表示だけではどの窓なのか区別することはできず、立面図、断面図、詳細図、建具表記などの図面によって判断する。

(6) すべり出し窓［図23］

窓の下部を外側に押し出すようにして開ける窓である。突出し窓と似ているが、建具の上部が上枠に固定されず、開けると一度下にすべり出してから開くようになっている。洗面、便所、浴室などのあまり大きくない窓に使い、引違い窓に次いでよく使う。

(7) 突出し窓［図24］

窓の下部を外側に押し出すようにして開ける窓である。建具の上部が上枠に固定されているので、上枠を軸にして外側に開く。

(8) 内倒し窓［図25］

窓の上部を内側に倒して開ける窓である。らんまに多く使う。

(9) 回転窓

横軸に沿って回転する横軸回転窓［図26］と縦軸に沿って回転する縦軸回転窓［図27］がある。

(10) はめごろし窓

閉めた状態のまま、開閉できない窓である。空調したオフィスビルや外の眺めを観賞するためのピクチャーウィンドゥなどに使い、住宅では採光だけを目的としたらんま窓や玄関の戸の脇に使う。

(11) 上げ下げ窓［図28］

上下2枚の建具を上げ下げして開閉する窓である。

(12) 網窓

一般に網戸と呼ばれ、主として防虫の目的で設けられる。

(13) 格子付き窓

格子は、窓の外側に主として防犯の目的で設けられる。

(14) シャッター付き窓

窓の外側にシャッターを設けたもので、シャッターは一点鎖線で表す。

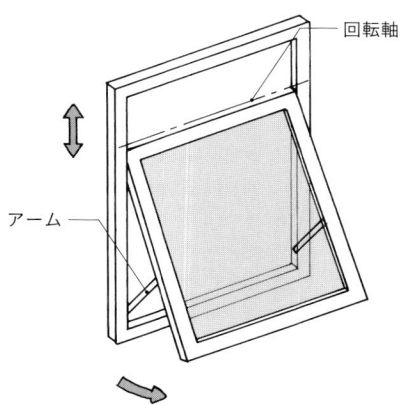

図23　すべり出し窓

図24　突出し窓

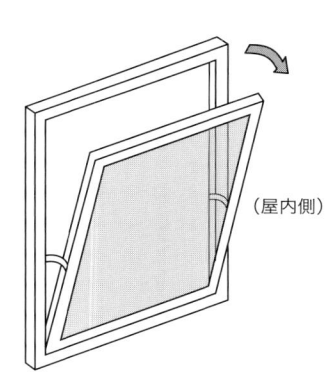

図25　内倒し窓

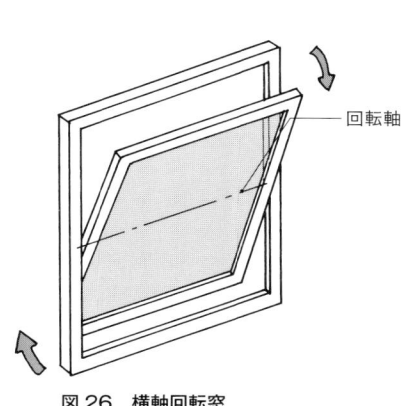

図26　横軸回転窓

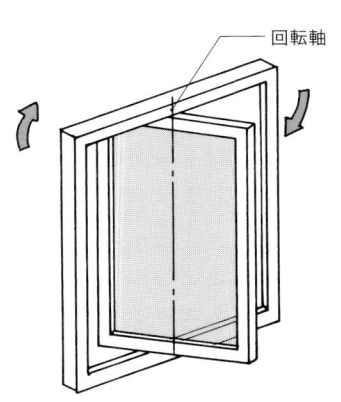

図27　縦軸回転窓

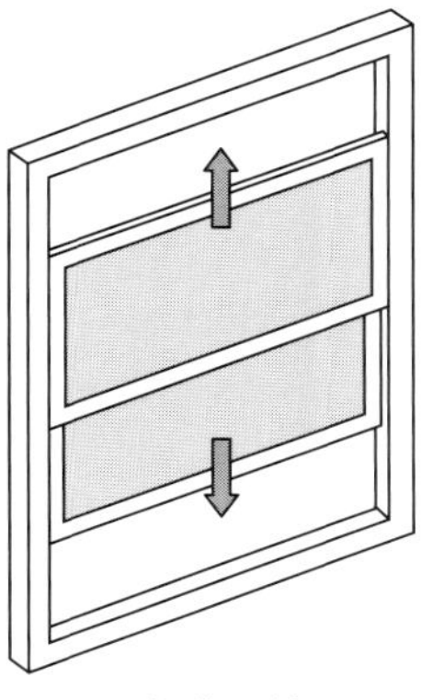

図28　上げ下げ窓

## 4. 平面表示記号、立面表示記号

表示記号のなかには、前述の材料構造表示記号、出入口の表示記号のほかに縮尺や図面表現などによって変化するものがある。

(1) 平面表示記号
①方位（オリエンテーション）[図29]
②厨房・衛生機器、家具 [図30]
③階段（折り返し階段、回り階段）、スロープ [図31]
④仕上材 [図32]
⑤エレベーター、換気扇 [図33]
⑥樹木 [図34]
⑦自動車 [図36]

(2) 立面表示記号
①樹木 [図35]
②自動車 [図37]

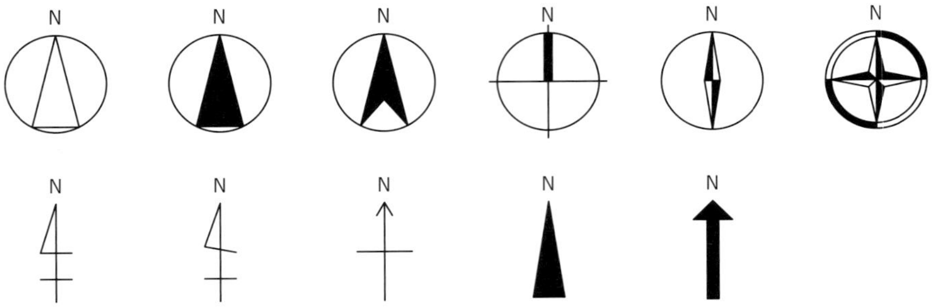

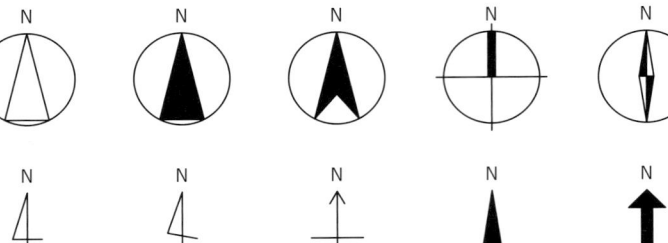

図29　方位（オリエンテーション）

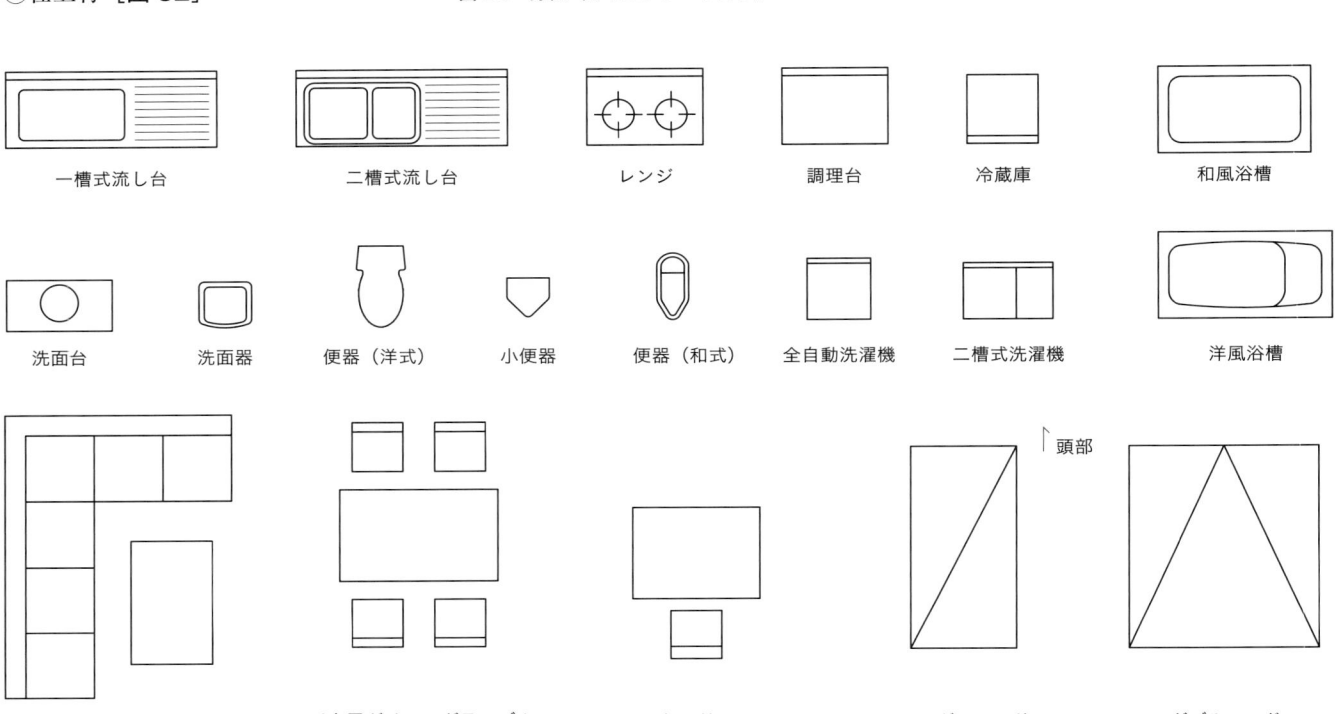

図30　厨房・衛生機器、家具

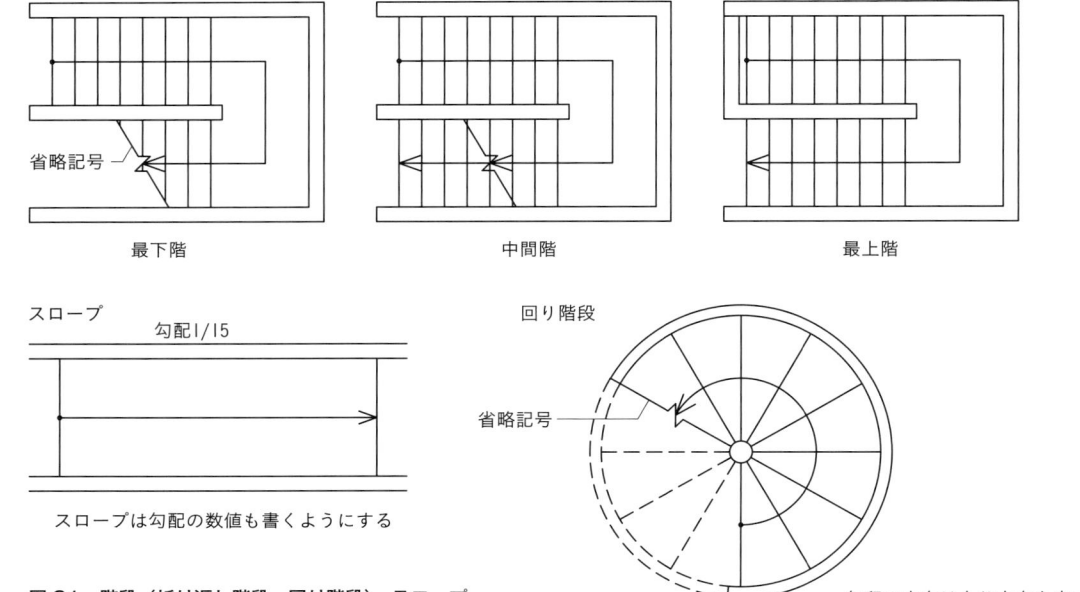

図31　階段（折り返し階段、回り階段）、スロープ

図32 仕上材
図33 エレベーター、換気扇
図34 樹木（平面表示）
図35 樹木（立面表示）
図36 自動車（平面表示）
図37 自動車（立面表示）

## 2-6 建築図面の種類

建築図面には意匠図面、構造図面、設備図面がある。

### 1. 意匠図面
(1) 表紙には作品名、設計者名、設計期日を表示する。
(2) 建築概要書には建物の所在地、規模、構造、階数、設備の概要を表示する。
(3) 仕様書には使用材料の種別・等級や工法などを表示する。
(4) 面積表には敷地面積、建築面積、延べ床面積、建ぺい率、容積率などを表示する。
(5) 仕上表には外部仕上材、内部仕上材を表示する。
(6) 案内図には敷地の地図、方位、地形などを表示する。北を上にする。
(7) 配置図には敷地の形状、道路、建物の配置、方位などを表示する。
(8) 平面図は部屋の配置を平面的に表すもので、建物・部屋の寸法、室名などを表示をする。
(9) 立面図は建物の外観を表示するもので、東・西・南・北の4面を表示する。
(10) 断面図は、建築の垂直断面で主要部を2面以上表示する。建物と部屋の断面形状、床高、階高、軒高、建築物の高さ、天井高などの寸法を表示する。
(11) 矩計図には主要断面の形状、構造部材、下地材料、仕上材料、工法、寸法などを表示する。
(12) 詳細図には建物全体または一部の平面の詳細（平面詳細図）、断面の詳細（断面詳細図）あるいは、出入口、窓、階段などの各部分の詳細（部分詳細図）を表示する。
(13) 天井伏図には天井の形状、仕上げ、照明の位置などを表示する。
(14) 屋根伏図は屋根面を上から見下ろした図で、屋根の形状、仕上材料、屋根勾配などを表示する。
(15) 展開図は部屋の各壁面の詳細を表し、壁や開口部などの位置、仕上材料、寸法などを表示する。
(16) 建具表には建具の形状、寸法、材質、個数、付属金物などを表示する。
(17) 現寸図には実物大（1/1）の各部の詳細を表示する。
(18) 外構図には建物配置や庭、門、へい、駐車場などの外構部分の位置、材料、寸法を表示する。
(19) 透視図には建物の外観や内観の空間構成や雰囲気を絵で表現する。
(20) 日影図には必要に応じて冬至における建物の日照の状況を表示する。

### 2. 構造図面
(1) 仕様書には材料、工法、メーカー名などを表示する。
(2) 杭伏図には杭の位置、大きさなどを表示する。
(3) 基礎伏図には基礎の位置、大きさなどを表示する。
(4) 床伏図には柱、梁、床の位置、形状などを表示する。
(5) 小屋伏図には小屋梁、屋根の位置、形状などを表示する。
(6) 軸組図には柱、間柱、筋かいの垂直架構材、開口部の位置を表示する。
(7) 断面リストには柱、梁、床、階段などの断面リスト、詳細を表示する。
(8) 詳細図には架構部分の詳細などを表示する。
(9) 構造計算書は構造設計図の根拠となるもので、強度を計算したものである。

### 3. 設備図面
(1) 仕様書には、材料、工法、メーカー名などを表示する。
(2) 電気設備図には、電気設備にかかわる配置図、系統図、平面図、各部詳細図、機器・器具一覧表などを表示する。
(3) 給排水衛生設備図には、給排水衛生設備にかかわる配置図、系統図、平面図、各部詳細図、機器・器具一覧表などを表示する。
(4) 空調換気設備図には、空調換気設備にかかわる配置図、系統図、平面図、各部詳細図、機器・器具一覧表などを表示する。
(5) ガス設備図には、ガス設備にかかわる配置図、系統図、平面図、各部詳細図、機器・器具一覧表などを表示する。
(6) 防災設備図には、防災設備にかかわる配置図、系統図、平面図、各部詳細図、機器・器具一覧表などを表示する。
(7) 昇降機設備図には、エレベーターのかご、昇降路の平面図、断面図、機器表などを表示する。

# 第3章

## 建築製図の基本

## 3-1 製図の準備

### 1. 図面の汚れ防止

製図作業にとりかかる前に、手をきれいに洗い、製図板上の清掃を行う。定規などの用具の裏面が汚れていると図面がきたなくなるので、よく汚れを落としておく。また製図作業の途中でもこまめに汚れを落とすように心がける。

図面が汚れる原因としては、定規などの用具の裏面が汚れていることのほかに、図面上にある消しゴムの消し屑を刷毛でこまめに落とさないこと、シャープな線を描かずにぼけた線を描くこと、手の脂が図面につくこと、必要以上に描き直しが多いことなどがあげられる。これらのことに注意して描くと、図面の汚れがかなり少なくなる。

また図面の汚れ防止には、すでに描いた部分にトレーシングペーパーをのせて保護するという方法もある。

製図を終了したときは、製図用具などの後片づけや清掃をしっかりして作業環境を整え、図面の保管も行うようにする。

### 2. 用紙の貼り方［図1］

用紙を製図板上の描きやすい位置に置き、定規に用紙の下辺を合わせたら、用紙の四隅をドラフティングテープで固定する。図面の続きを描く場合は、すでに描いた水平線に定規を合わせる。

T定規の場合は、図1のようにすり定規の部分に近づけて用紙を貼ると描きやすい。T定規は左手でしっかりと押さえないと、作図のときにT定規の右端が下にずれるので注意する。

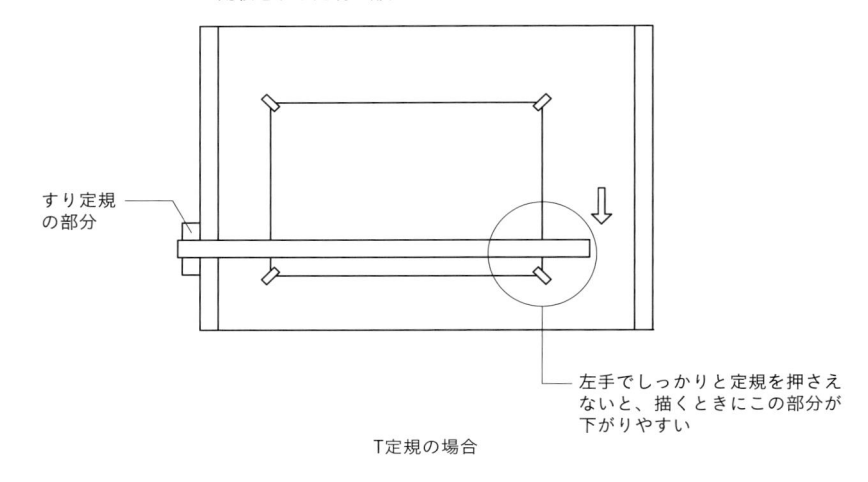

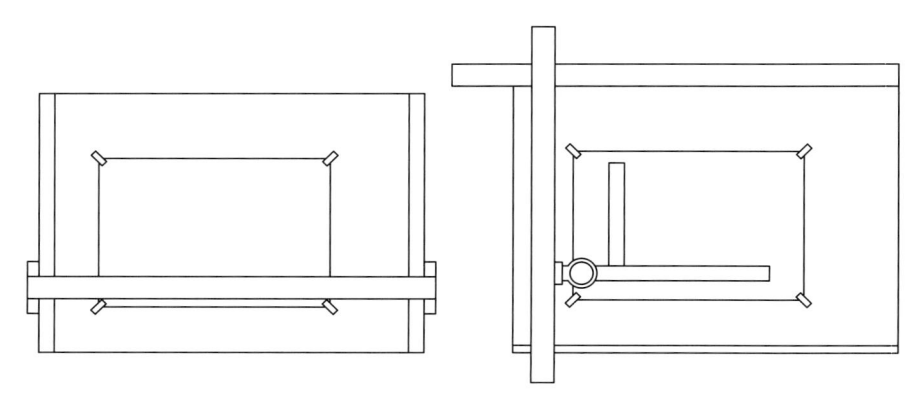

図1 用紙の貼り方

## 3-2 線の描き方

線を描くときのポイントを次に示す。
（1）鉛筆の持ち方は、芯の先がよく見えるように、線を描く方向に一定の角度（約15°）を保ち、安定させる［図2］。
（2）正確で見やすい線を描くようにする。
（3）描き始めから終わりまで、一定の速度と筆圧を保ち、一定の濃さや太さの線を一気に描く。線を逆方向に描いたり、描き足したりしない。
（4）鉛筆は回し書き［図3］をすると、一定の太さを保ち、かつシャープな線を描くことができる。
（5）水平線は左から右に、垂直線は下から上に描く。体を製図板に並行にして下から上に垂直線を描きづらい場合は、体をわずかに斜めにして、水平線と同じように左から右に描くような気持ちで描くと描きやすい［図4］。
（6）1本の線に濃さや太さのばらつきがないようにする。また太線ならば、それぞれの太線どうしも、線の濃さや太さのばらつきがないようにする。実線が直交するコーナーは、あきができたり、線がはみ出ないようにする。直交するコーナーの部分を少し濃く描くと、図面がしまって見える。破線、一点鎖線などは長さとあきの不ぞろいがないようにする［表1］。

実線の円と直線がつながるところは、なめらかに結ぶようにする。先に円を描き、それに直線を結ぶようにするとよい［図5］。
（7）硬い芯で力を入れて描くと、紙が破れたり、消しゴムで消しても線の跡が残ることがある。鉛筆の硬さは2H、H、F、HBから選ぶとよいが、一般には0.5mmの太さの芯で太線、中線、細線の3種類の線を描き分けることができるようにする。ただし、はじめのうちは細線に0.3mmの芯を使ってもかまわない。
（8）"めりはり"のある図面になるように、線の濃淡、太さ、強弱の使い分けができるように心がける。

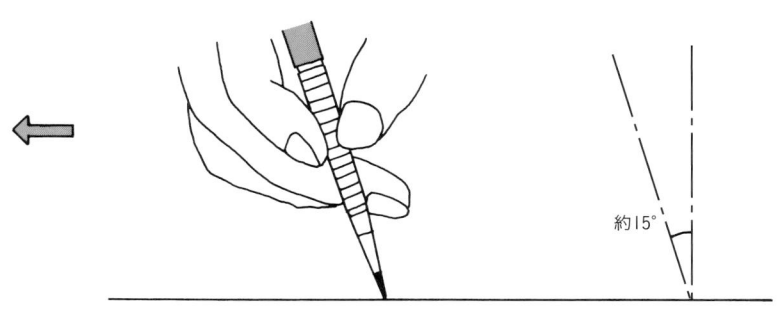

図2　線の描き方

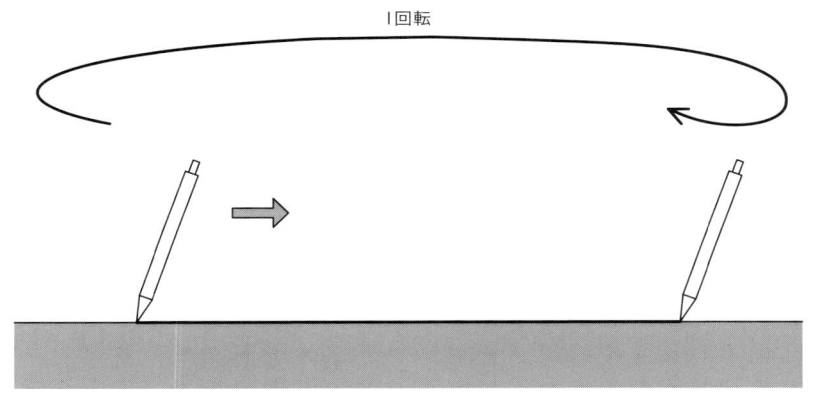

図3　回し書き

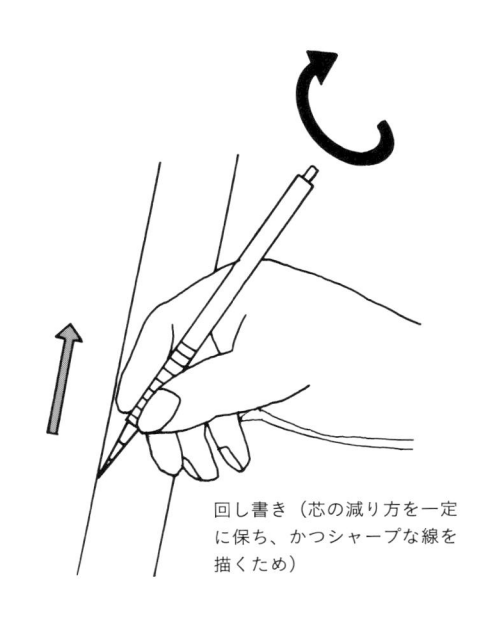

回し書きは線の長さに関係なく、回す早さを加減して1回転で書き終わるようにする

長い線の場合は少しゆっくり回して1回転させる

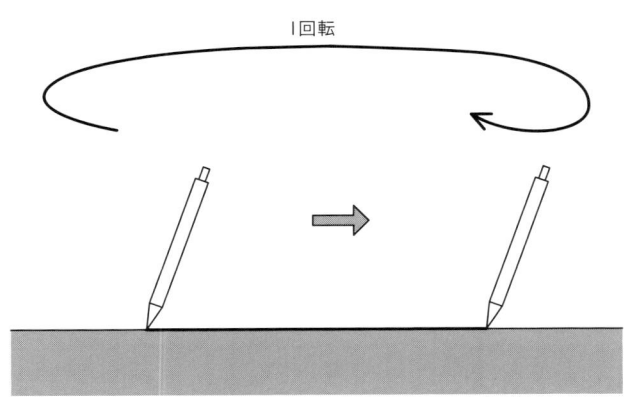

短い線の場合は少し早めに回して1回転させる

回し書き（芯の減り方を一定に保ち、かつシャープな線を描くため）

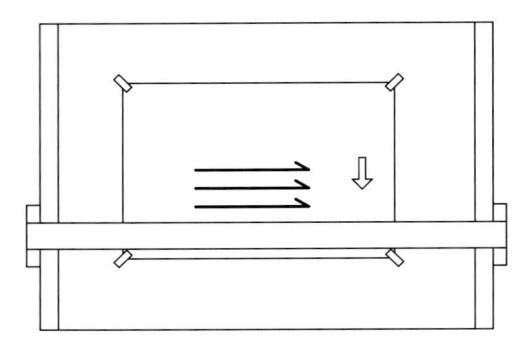

水平線の場合
（線は左から右へ描く。定規は上から下に移動する）

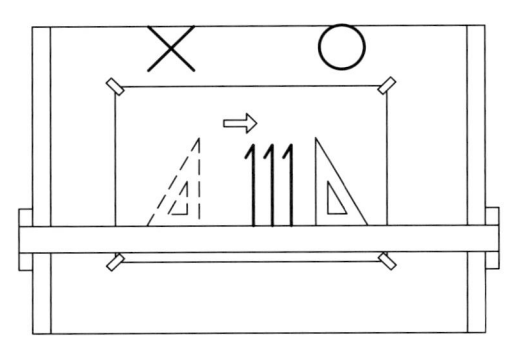

垂直線の場合
（線は下から上へ描く。三角定規や勾配定規は左から右に移動する。三角定規や勾配定規を破線のように置いてはいけない）

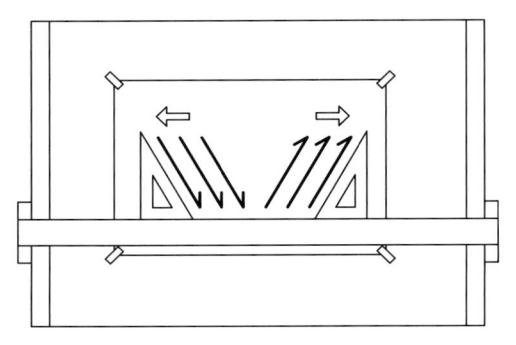

斜線の場合
（右下がりの線は上から下へ描き、定規は右から左に移動する。右上がりの線は下から上に描き、定規は左から右に移動する）

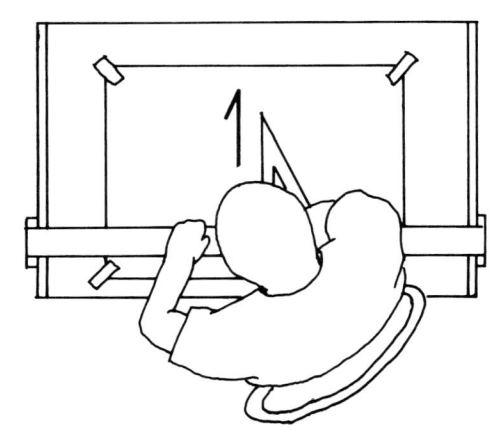

垂直線は体をわずかに斜めにして、水平線と同じように左から右に描くような気持ちで描くと描きやすい

**図4　水平線、垂直線、斜線の描き方**

**表1　線の描き方のよい例、悪い例**

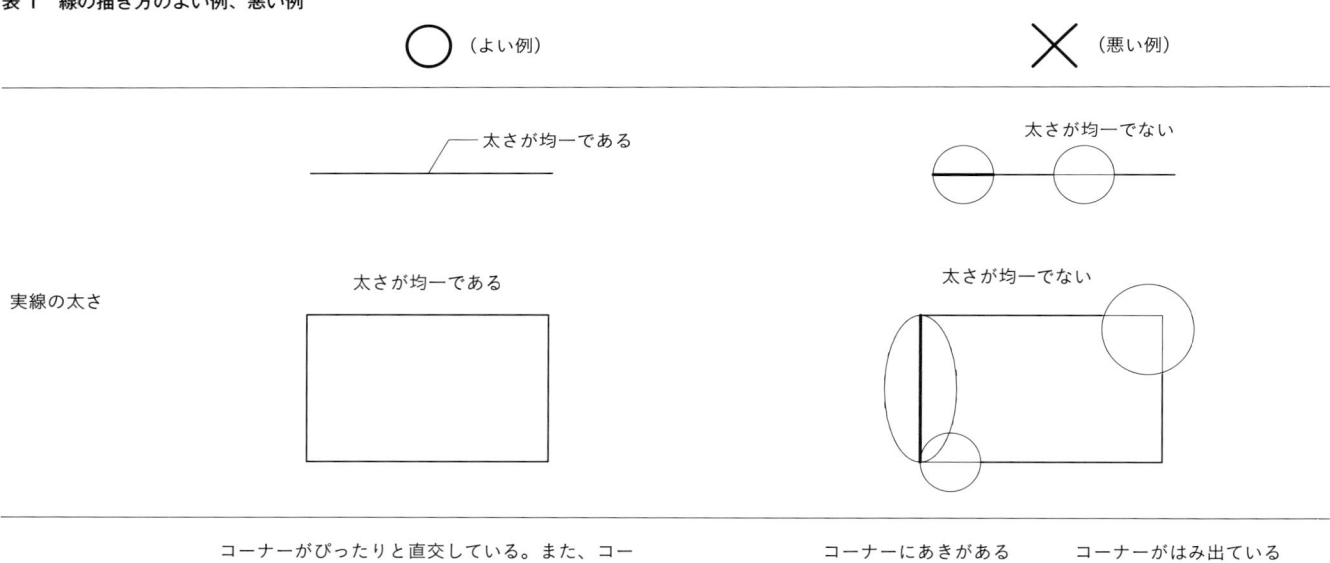

| | ○（よい例） | ×（悪い例） |
|---|---|---|
| 実線の太さ | 太さが均一である | 太さが均一でない |
| 実線のコーナー | コーナーがぴったりと直交している。また、コーナーを少し濃く描くと図面がしまって見える 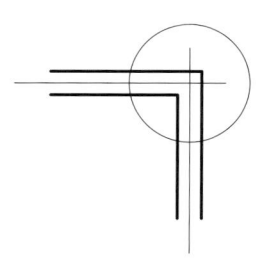 | コーナーにあきがある　　コーナーがはみ出ている |

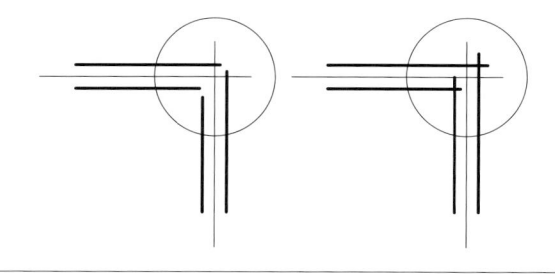

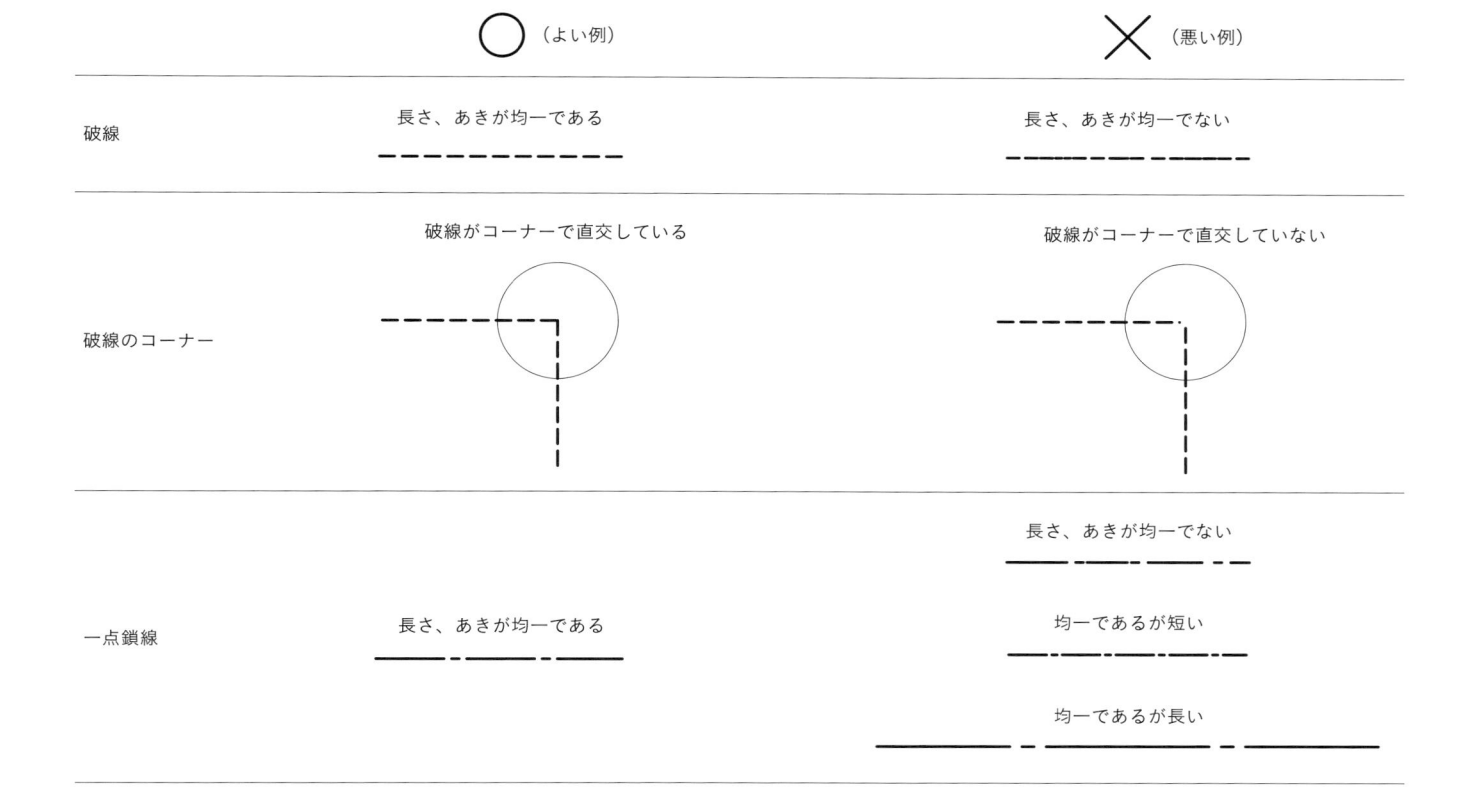

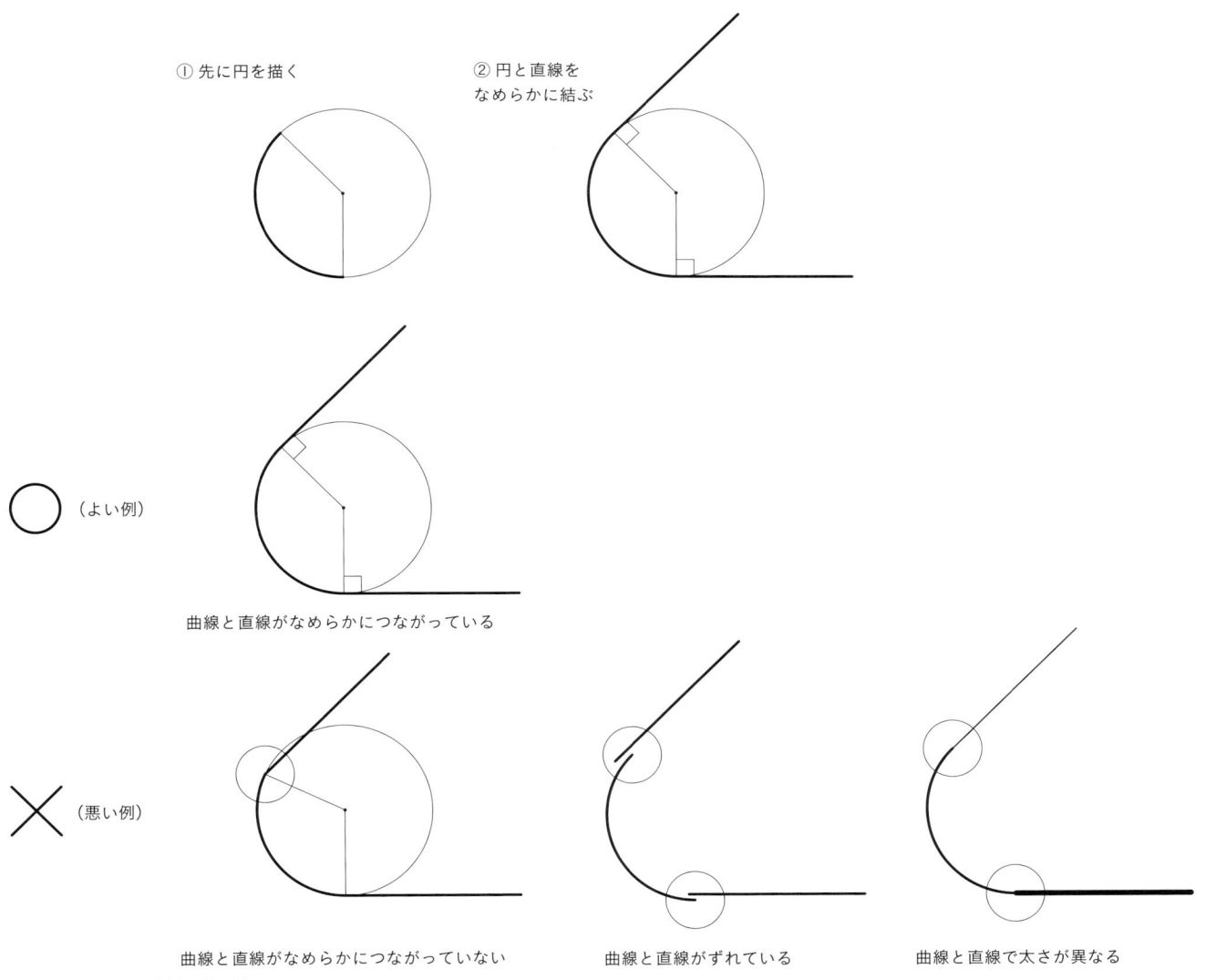

|  | ○（よい例） | ×（悪い例） |
|---|---|---|
| 破線 | 長さ、あきが均一である | 長さ、あきが均一でない |
| 破線のコーナー | 破線がコーナーで直交している | 破線がコーナーで直交していない |
| 一点鎖線 | 長さ、あきが均一である | 長さ、あきが均一でない<br>均一であるが短い<br>均一であるが長い |

① 先に円を描く　② 円と直線をなめらかに結ぶ

○（よい例）
曲線と直線がなめらかにつながっている

×（悪い例）
曲線と直線がなめらかにつながっていない　　曲線と直線がずれている　　曲線と直線で太さが異なる

**図5　実線の円と直線の結び方**

第3章　建築製図の基本　39

## 3-3 線の練習

### 1. 線の練習Ⅰ [図6]

線の種類（実線、破線、一点鎖線、二点鎖線）を正しく描き、線の太さ（太線、中線、細線）をしっかり描き分けることができるようにする。また製図用具を正しく使うことができ、スケールで正確な寸法をとれるようにする。

(1) 用紙はA3ケント紙（またはA3トレーシングペーパー）を使う。
(2) 輪郭線と表題欄を描いたら、まず全体の輪郭（225×345mm）を仮線で描く。
(3) 横線を15mm間隔で描く。順序はいちばん上の実線の太線2本から描き始め、最後にいちばん下の一点鎖線の中線2本を描く。
(4) 縦線を15mm間隔で描く。順序はいちばん左の実線の太線2本から描き始め、最後にいちばん右の二点鎖線の細線を描く。
(5) ポイント
① 37頁「**3-2 線の描き方**」を参照して描く。
② あらかじめ仮線（下書き線）を描いてから清書する。仮線は消しゴムで消す必要がないくらいのうすい線で描く。また仮線は、コピーしても写らないくらいの線のうすさである。
③ 線は重ね引きや返し引きなどは行わずに、描き始めから終わりまで同じ調子で描く。描き始めや描き終わりのところがうすくならないようにしっかり線を止めるようにする。

### 2. 線の練習Ⅱ [図7]

いろいろな図形を正確にきれいに描くようにする。水平線や垂直線だけでなく、三角定規や勾配定規で正確な角度の斜線を描き、またコンパスで正確な寸法の円を描くことができるようにする。円弧と直線がある場合は、円弧を先に描き、後でその円弧にきれいにつなげるように直線を描く。

(1) 用紙はA3ケント紙（またはA3トレーシングペーパー）を使う。
(2) 輪郭線と表題欄を描いたらレイアウト（寸法の割り付け）を次の順序で行う[図8]（42頁）。なお、表題欄は図6を参照すること。
① 横方向の輪郭線を2等分し、中心線を仮線で描く。
② 中心線上に横線の間隔をとり、横線

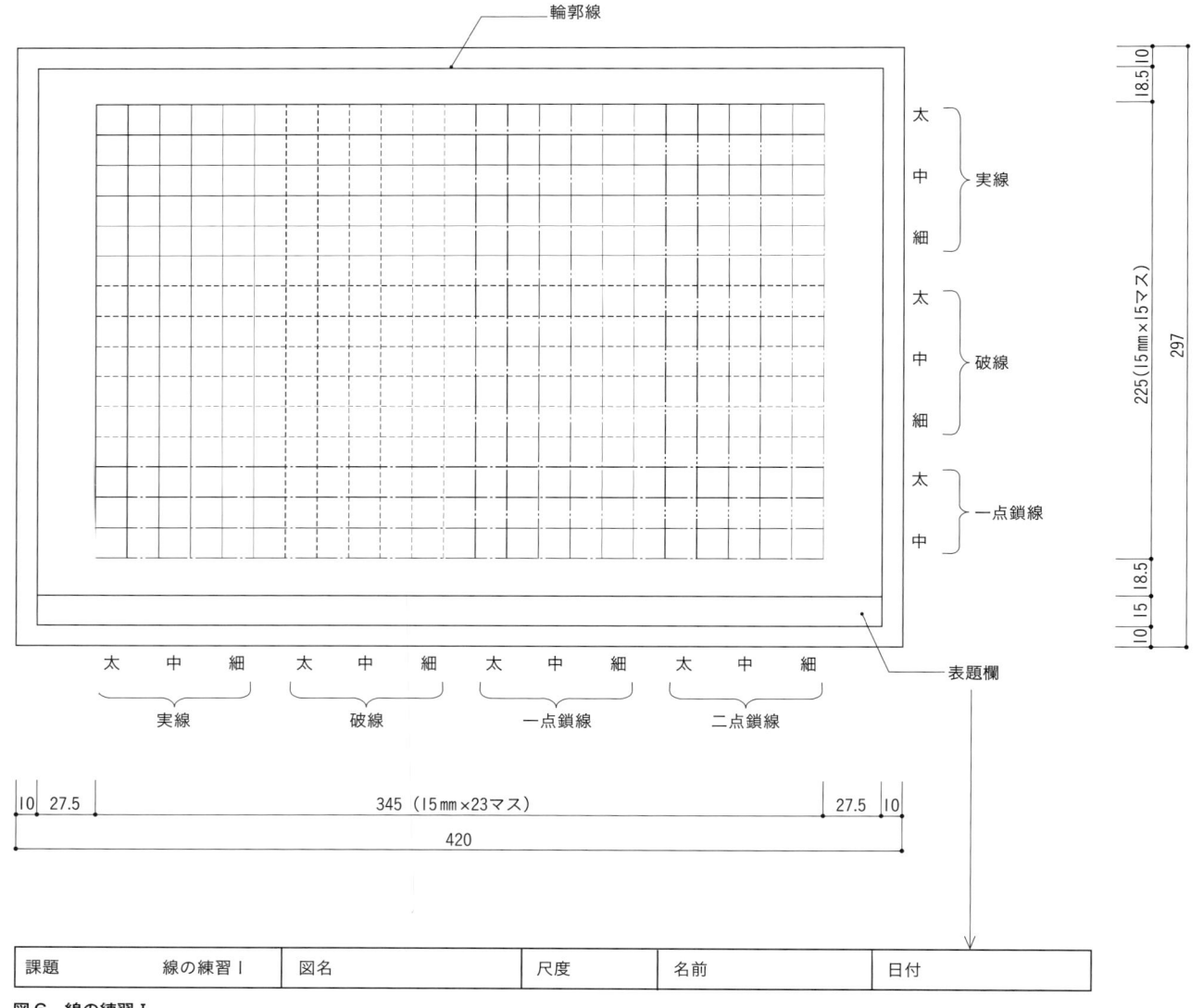

**図6 線の練習Ⅰ**

を仮線で描く。
③中心線より縦線の間隔をとり、縦線を仮線で描く。
④A〜F図の輪郭線を実線の中線で描く。

(3) 各図の描き方のポイント

それぞれ仮線を描いてから、実線の中線や細線で仕上げること。

①A図は、10×10cmの輪郭線を4分割した5×5cmの枠のなかに、5mm間隔の横線、縦線、45°の斜線（右上がりと右下がり）を実線の中線で描く。

②B図は、10×10cmの輪郭線を4分割した5×5cmの枠のなかに、2mm間隔の横線と縦線、1mm間隔の45°の斜線（右上がりと右下がり）を実線の細線で描く。

③C図は、10×10cmの輪郭線を4分割した5×5cmの枠のなかに、次の線を描く。

（a）上段の左：2.5mm間隔の横線と縦線を実線の細線で描く。

（b）上段の右：5mm間隔の横線と縦線を破線の中線で描く。

（c）下段の左：5mm間隔の横線、縦線、45°の斜線（右上がりと右下がり）を実線の中線で描く。

（d）下段の右：2.5mm間隔の横線、縦線、45°の斜線（右上がりと右下がり）を実線の細線で描く。

④D図は、外側から中心に向かって半径2cmの1/4円のコーナーをもつ線を実線の中線で描く。最初に仮線で1cm間隔の横線と縦線を描いてから、コンパスで1/4円を先に描き、円の曲線となめらかにつながるように直線を実線の中線で描く。1/4円の曲線と直線の濃さは同じにする。

同様にして、中心に向かって内側の線を描いていくが、中心にもっとも近いものは半径2cmの円になる。

⑤E図は次の順序で実線の中線で描く［図9］。

（a）いちばん外側の半径5cmの円を描く。

（b）半径2.5cmの同心円を描く。

（c）60°ごとに円を6分割する仮線を描き、点a〜fをとる。

（d）中心Oとa〜fの各点を直径とする円（半径2.5cm）を6個描く。

（e）最後にa'〜f'の点がずれないで1点できれいに交差しているかチェックし、交差していない場合は、再度はじめから描き直す。

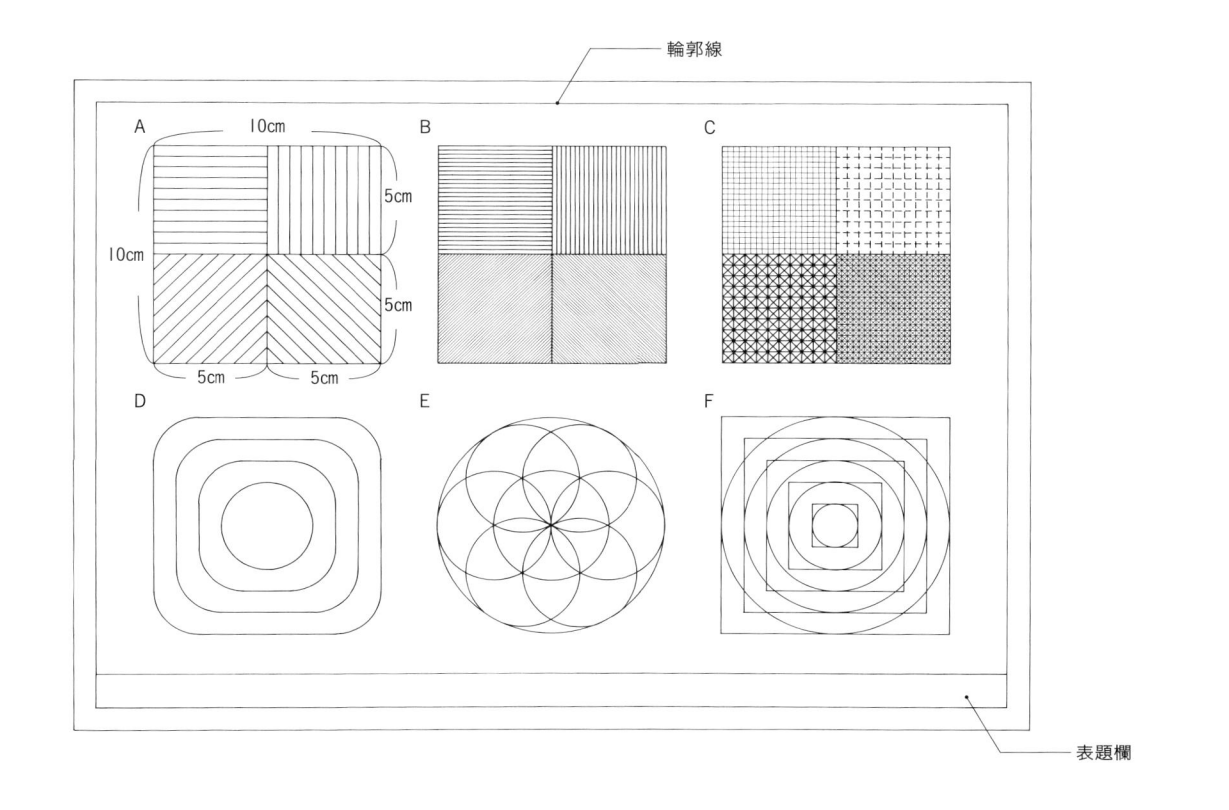

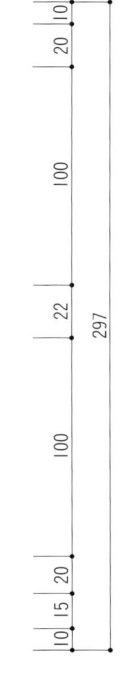

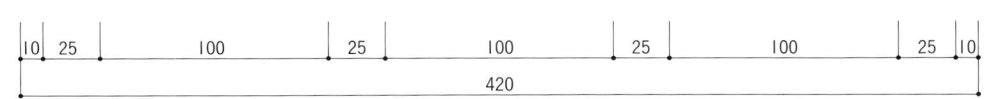

図7　線の練習Ⅱ

第3章　建築製図の基本

⑥ F図を次の順序で、実線の中線で描く［図10］。

(a) 半径5cmの円を描き、それに外接する10×10cmの正方形を描く。

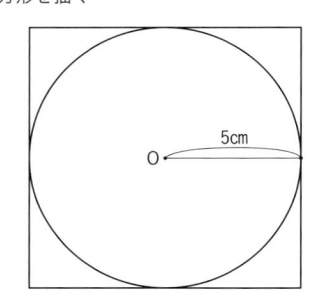

(b) (a)で描いた正方形の1cm内側に、同様に半径4cmの円を描き、それに外接する8×8cmの正方形を描く。

(c) 中心に向かって同じように描いていき、各正方形のコーナーが仮線で描いた対角線上にあるかチェックする。対角線上にない場合は再度はじめから描き直す。

① 横方向の輪郭線を2等分し、中心線を仮線で描く

② 中心線上に横線の間隔をとり、横線を仮線で描く

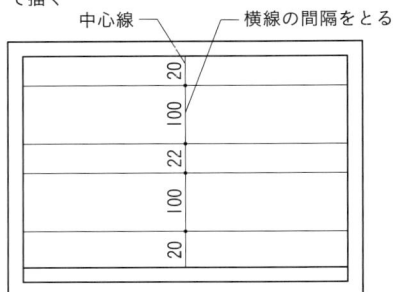

③ 中心線より縦線の間隔をとり、縦線を仮線で描く

④ A〜Fの輪郭線を実線の中線で描く

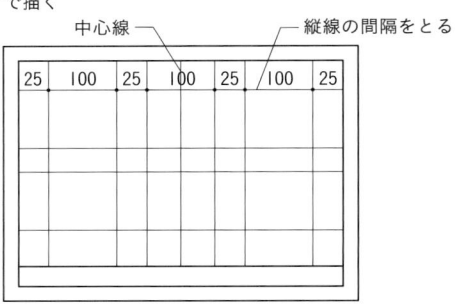

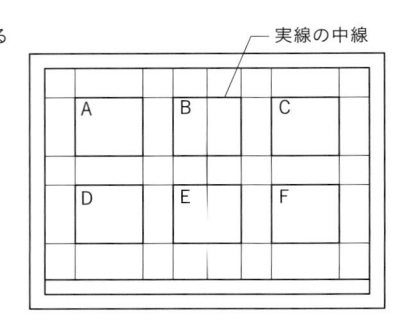

**図8　線の練習Ⅱのレイアウト**

(a) いちばん外側の半径5cmの円を描く

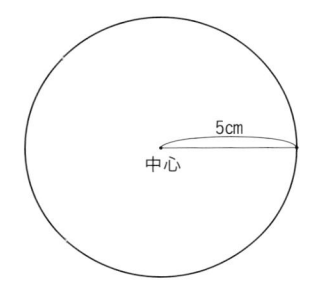

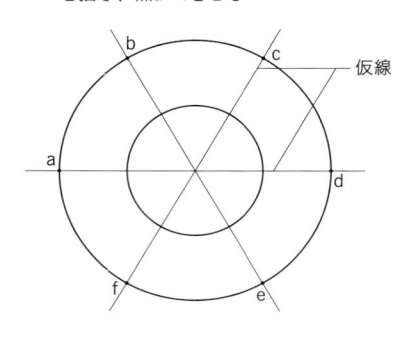

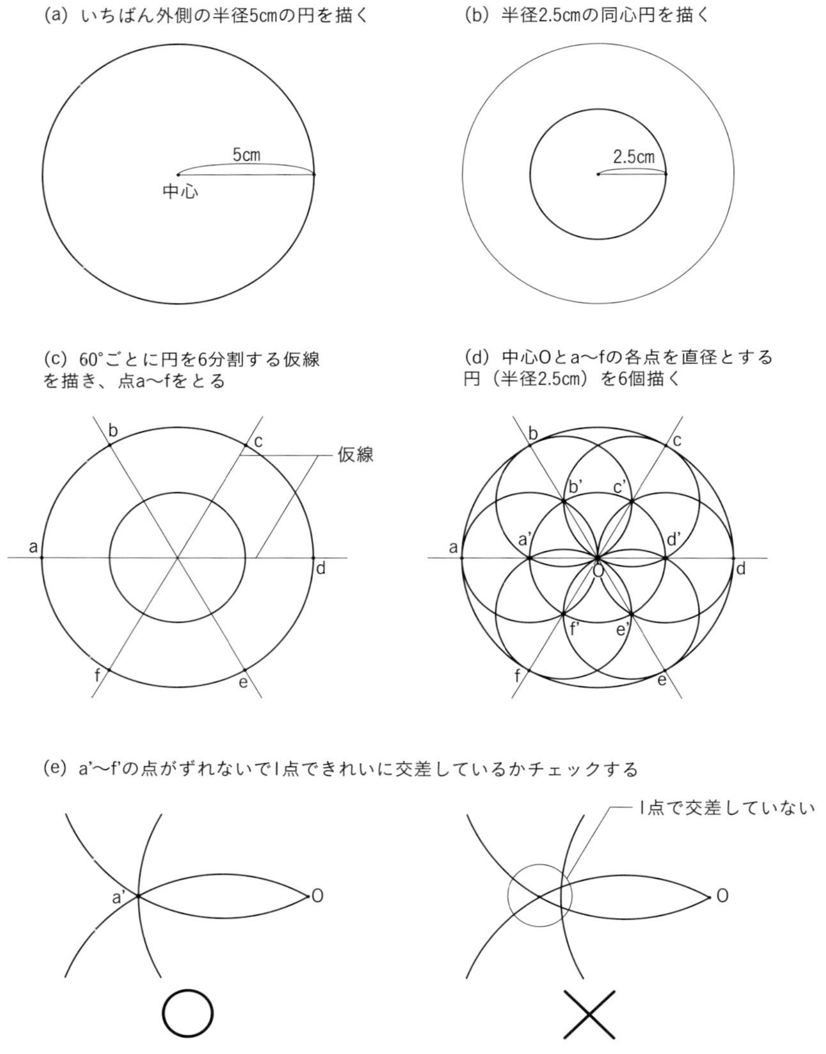

(b) 半径2.5cmの同心円を描く

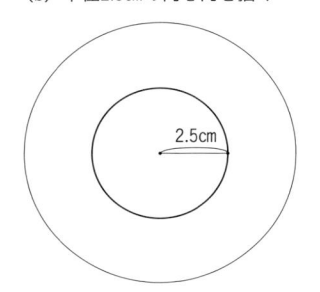

(c) 60°ごとに円を6分割する仮線を描き、点a〜fをとる

(d) 中心Oとa〜fの各点を直径とする円（半径2.5cm）を6個描く

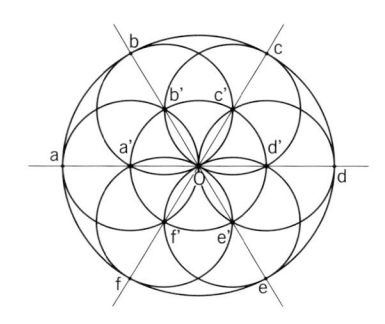

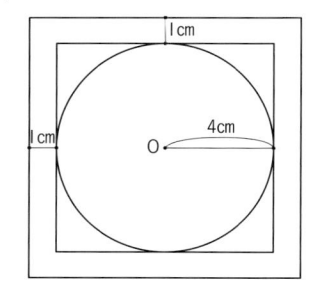

(e) a'〜f'の点がずれないで1点できれいに交差しているかチェックする

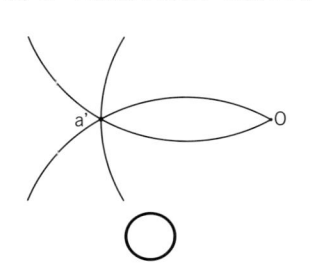

**図9　E図の描き方**

(a) 半径5cmの円を描き、それに外接する10×10cmの正方形を描く

(b) (a)で描いた正方形の1cm内側に、同様に半径4cmの円を描き、それに外接する8×8cmの正方形を描く

(c) 中心に向かって同じように描いていき、各正方形のコーナーが対角線上にあるかチェックする

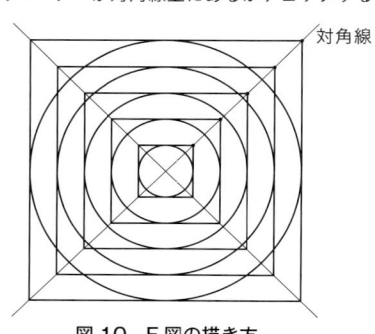

**図10　F図の描き方**

# 第4章

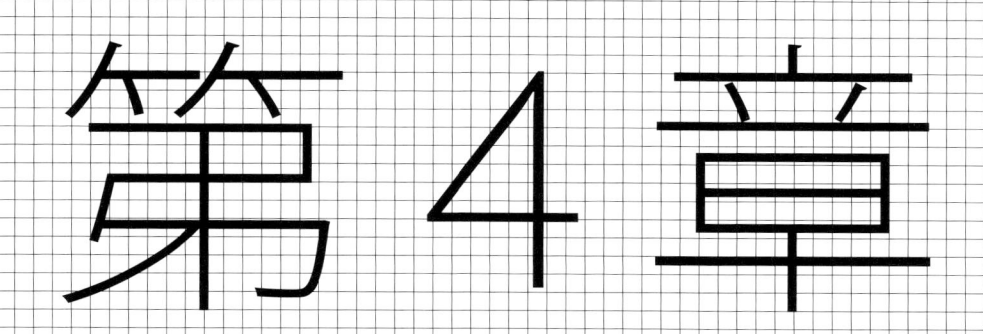

## 木造平屋建て住宅の製図

# 木造平屋建て住宅の作図プロセス

## 4-1　木造平屋建て住宅の平面図

### 1. 平面図の基本的な考え方

平面図は建物の各階の間取り、各室の広さ、開口部（窓やドアなど）の位置・大きさなどを表すために描く図面である。間取り図ともいい、設計や施工上もっとも基本となる重要な図面であり、各階の床上1〜1.5mで水平に切断して、床の方向を見た状態で描く[図1]。

### 2. 平面図を描くときのポイント

平面図を描くときのポイントを次に示す。

（1）原則として、図面の上が北になるように描く。
（2）切断面の柱、壁などは、実線の太線で筆圧を強くして描く。
（3）切断面の向こうに見える姿（見えがかり）は、実線の中線や細線で描き、切断面の実線の太線とはっきり区別して描く。
（4）開口部の窓やドアは平面表示記号にもとづいて描く。
（5）断面図（場合によっては矩計図）の切断位置を示す切断線を記入する。
（6）柱、壁、開口部、家具、設備機器の形状、種類などを記入する。
（7）室名、基準線番号（通り芯番号）、寸法、方位、図面名、縮尺などを記入する。
（8）縮尺は規模により1/100、1/50、1/200とするが、住宅では原則として1/100とする。

図1　木造平屋建て住宅を床上1.5mで水平に切断する

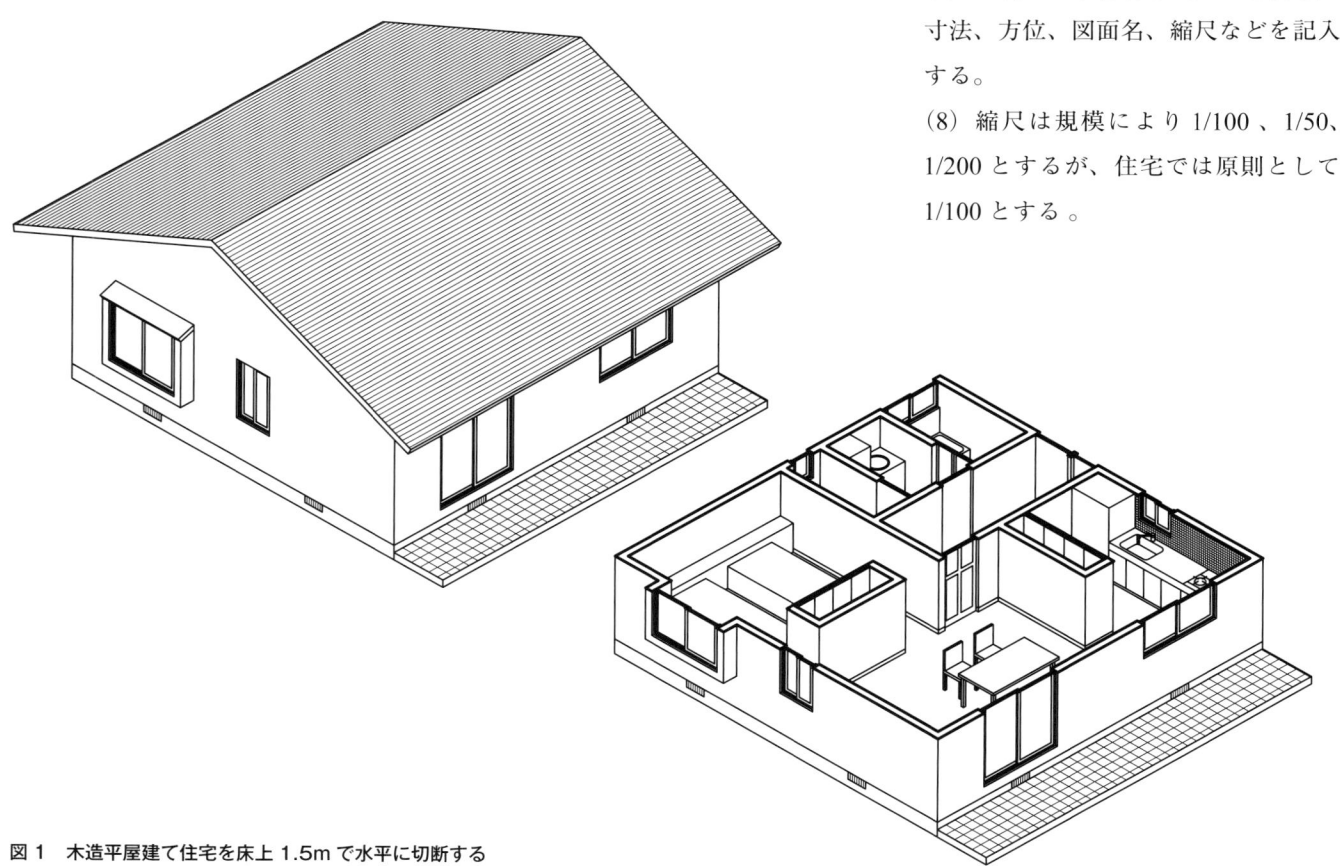

- 窓の切断面（実線の太線）
- 壁の切断面（実線の太線）
- 窓枠の見えがかり（実線の中線）

図2　平面図の窓の表示

- 壁
- 水平切断面（床上1〜1.5m）
- 壁の切断面（実線の太線）
- 窓の切断面（実線の太線）
- 窓枠の見えがかり（実線の中線）
- 床上1〜1.5m

1.の作業を終えたら、壁や柱などを仮線で描く

**1. 敷地と道路を描く** → **2. 壁、柱を実線の太線で描く** → **3. 開口部（窓、出入口）、内部建具（ドアなど）を実線の中線で描く**

3.を終えた段階がひとつの大きな区切りとなる。3.を終えたら、平面図の各部屋のなかを描く

4.で各部屋のなかを描いたら、今度は外構（庭など）を描く

**4. 住宅設備機器、家具、床・カウンターの仕上げを実線で描く** → **5. 外構を実線の中線で描く** → **6. 寸法線を実線の細線で描き、名称、寸法、凡例などを記入する**

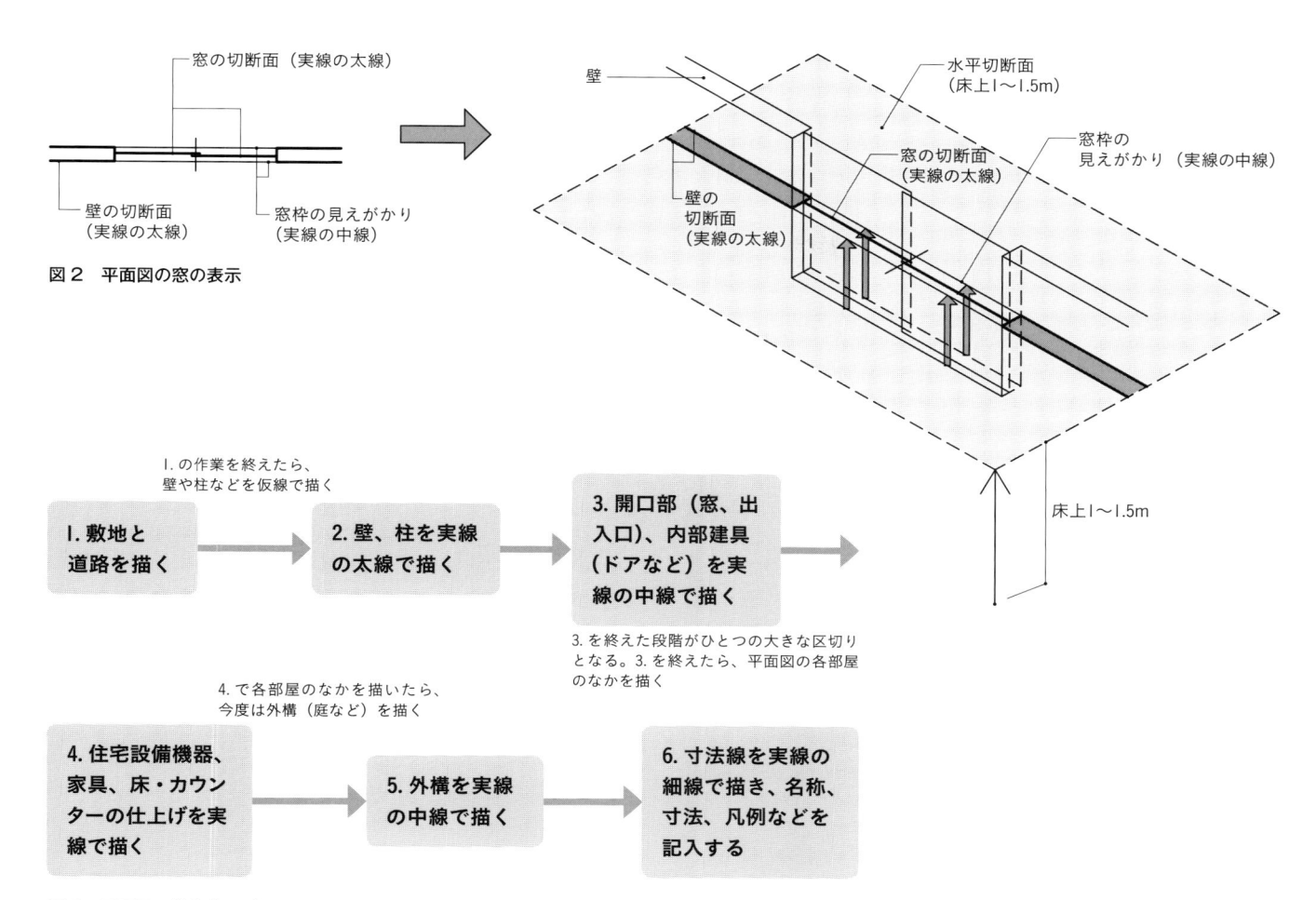

図3　平面図の描き方のプロセス

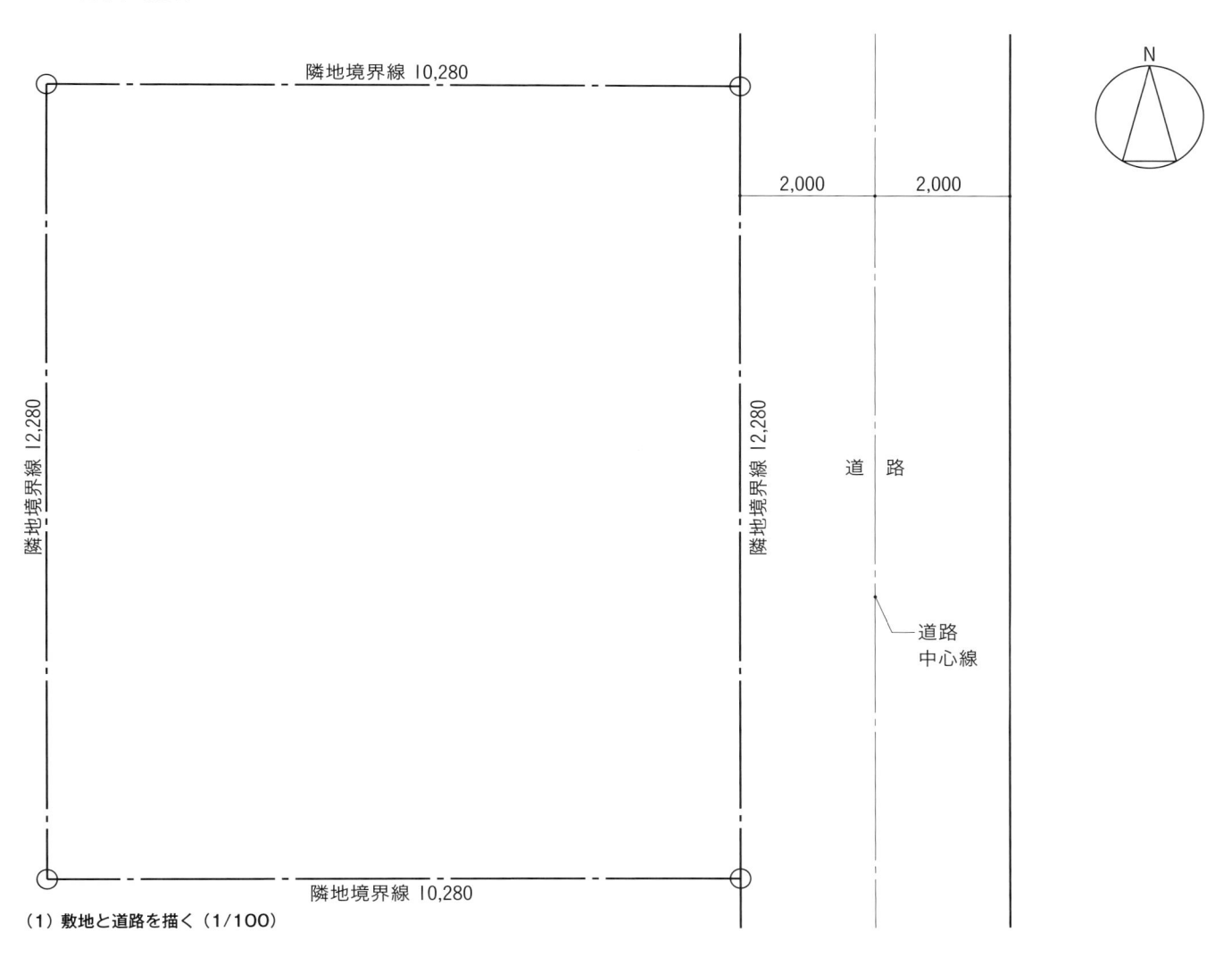

- 隣地境界線 10,280
- 隣地境界線 12,280
- 隣地境界線 12,280
- 隣地境界線 10,280
- 2,000　2,000
- 道路
- 道路中心線
- N

（1）敷地と道路を描く（1/100）

第4章　木造平屋建て住宅の製図

## 3. 平面図に描き込む要素

(1) 壁、柱、窓、出入口などの水平切断面。
(2) 建具の開閉形式。
(3) 住宅設備機器（流し、ガス台、洗面器、浴槽、便器など）。
(4) 家具（造り付け家具、移動家具）。
(5) 階段とその上り方向。
(6) 断面図（場合によっては矩計図）の切断位置。
(7) 天窓（トップライト）がある場合は、その位置と高さ。
(8) 寸法線と寸法。
(9) 室名、基準線番号（通り芯番号）、方位、凡例など。
(10) 配置図を兼ねる場合は外構、前面道路。

## 4. 平面図（1/100）の窓の表示

切断面を実線の太線で描き、見えがかりを実線の中線で描くという製図上の原則にのっとって描く［図2］。

## 5. 木造平屋建て住宅の平面図の描き方（完成図は62頁）

木造平屋建て住宅の平面図の描き方の順序は、次のようになる［図3］。

(1) 敷地と道路を描く（図は前頁）
①配置図、平面図は原則として北を上にして描く。
②道路境界線、隣地境界線を一点鎖線の太線で描く。敷地の反対側の道路境界線を実線の太線で描く。道路中心線を一点鎖線の細線（または中線）で描く。
③敷地の四隅にテンプレートを使い、○印を記入する。

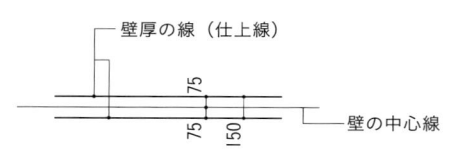

**図4** 壁厚の線を仮線で描く

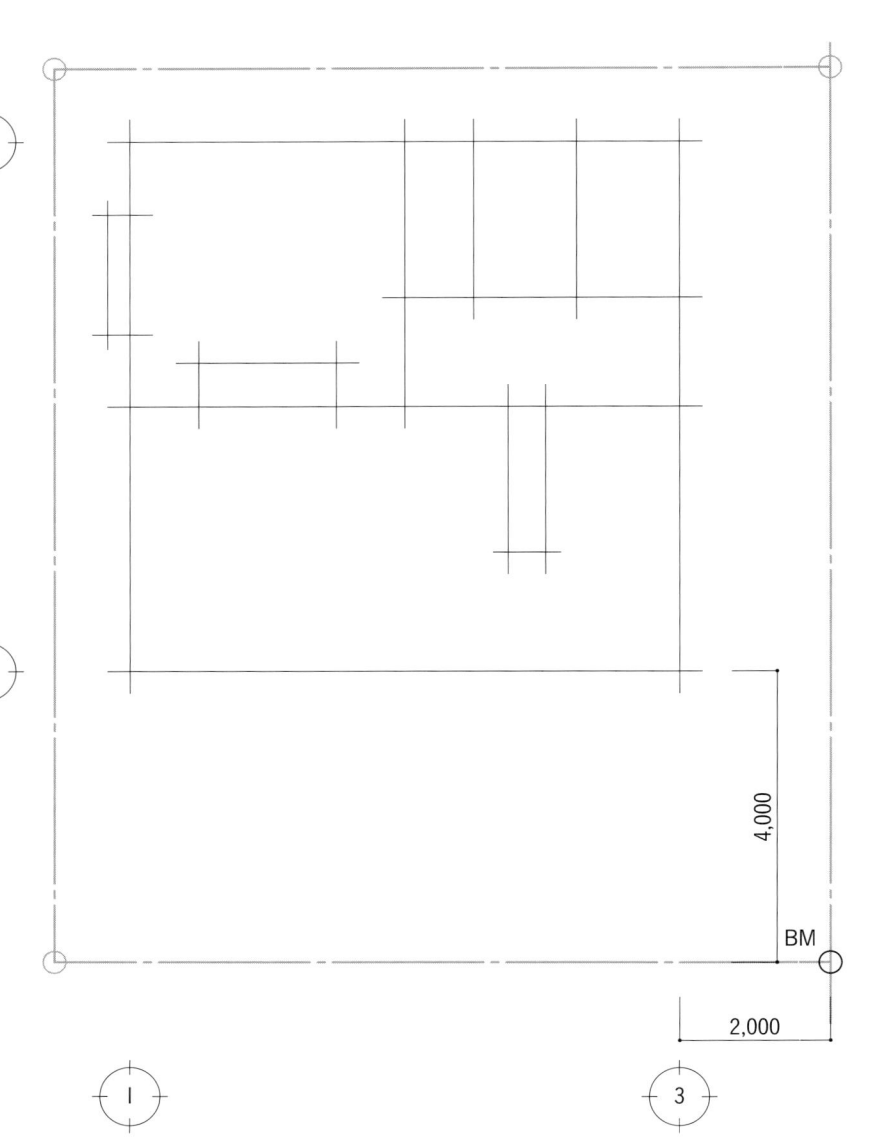

(2) 壁の中心線（基準線）を仮線で描く（1/100）

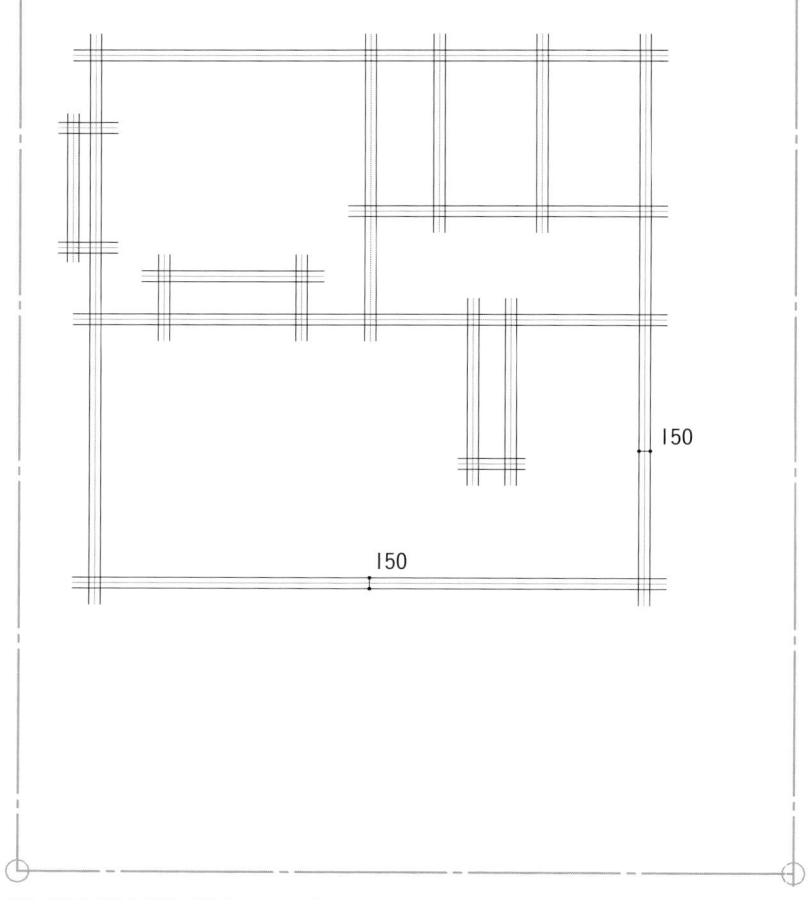

(3) 壁厚の線を仮線で描く（1/100）

(2) 壁の中心線（基準線）を仮線で描く（図は前頁）

①壁の中心線は後で壁厚や柱幅をとるときの基準の線となる。この壁の中心線は自分でわかる程度のうすい仮線で描くため、後で消す必要はない。この仮線をうまく使いこなせることが、作図の上達には必要である。

②敷地の基準点（BM／ベンチマーク）から建物までの横方向（X 方向）の寸法 2,000mm と縦方向（Y 方向）の寸法 4,000mm を正確にとる。

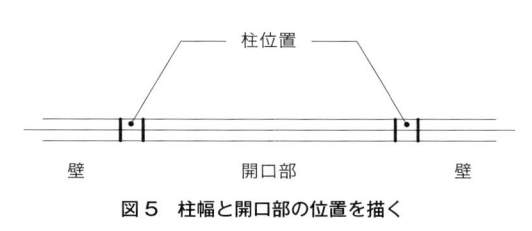

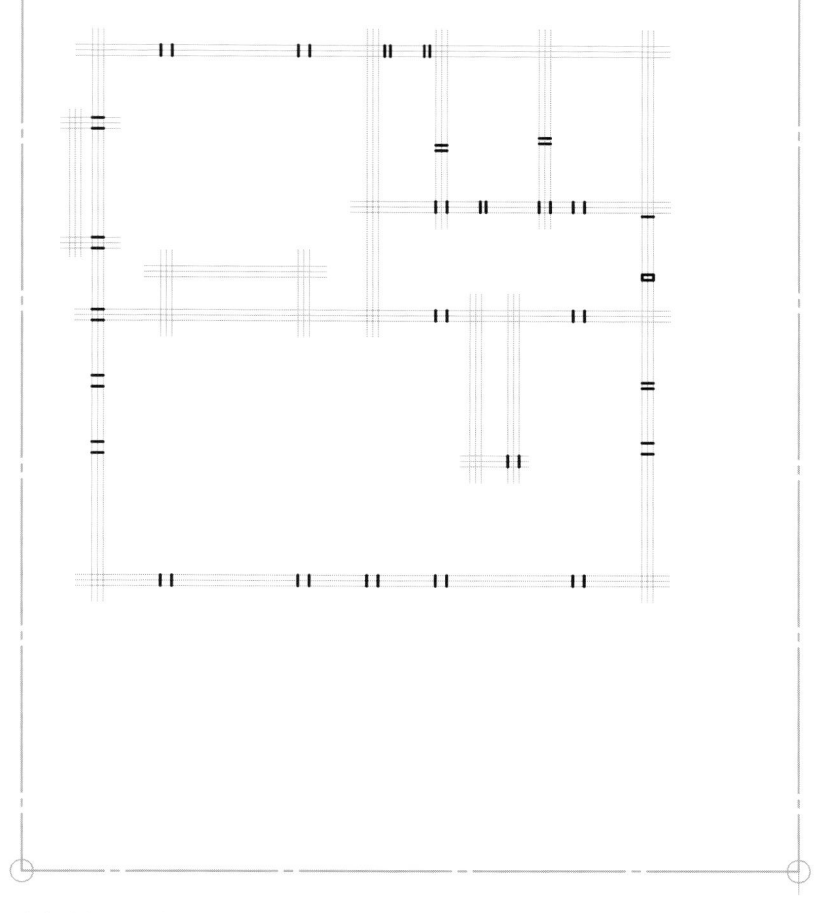

**図 5　柱幅と開口部の位置を描く**

（4）柱幅と開口部の位置を濃い実線の太線で描く（1/100）

(3) 壁厚の線を仮線で描く（図は前頁）

　在来木造工法の壁厚は 150 ～ 180mm 程度なので、1/100 の図面では 1.5 ～ 1.8mm 程度となるが、一般に壁厚は 1.5mm で描く［図 4］。したがって、壁の中心線から両側に 75mm（1/100 の図面で 0.75mm）ずつ振り分けて壁の厚みをとり、壁厚の線を仮線で描く。最初は三角スケールを使って 0.75mm を振り分け、壁厚 1.5mm を正確にとるのはむずかしいが、練習を重ねることで描けるようになる。

(4) 柱幅と開口部の位置を濃い実線の太線で描く［図 5］。

(5) 壁、柱を濃い実線の太線で、筆圧を強くして描く

　前の第 2 ～ 4 の段階は、この第 5 の段階の作業を容易に、かつ一気に完成させるための仮線による下書きの段階である。

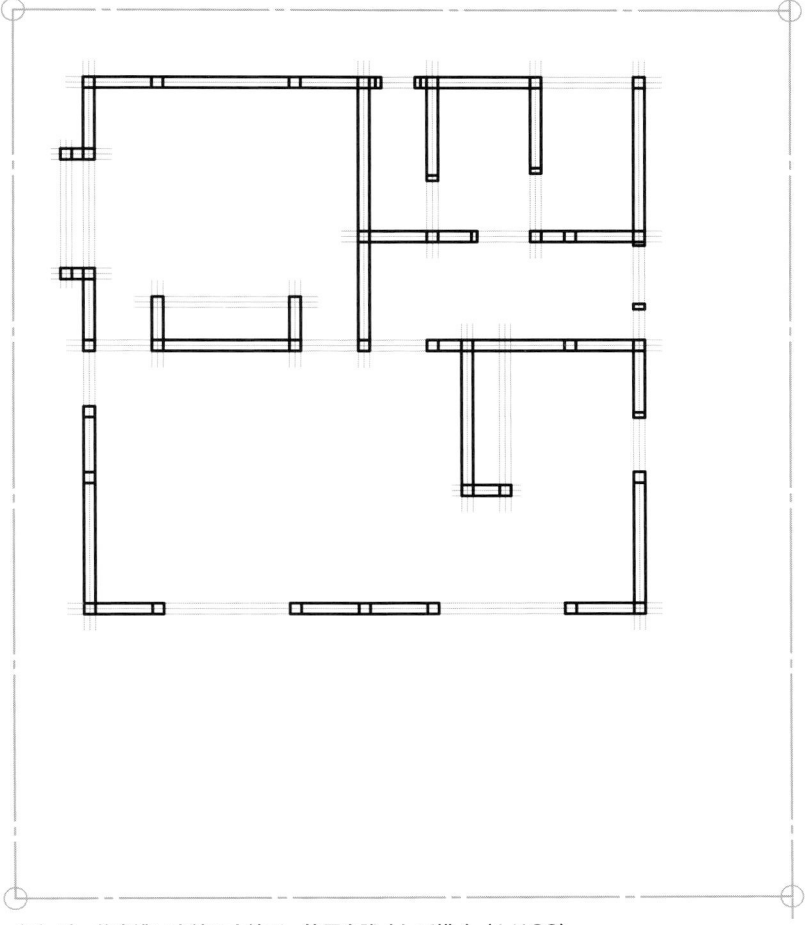

（5）壁、柱を濃い実線の太線で、筆圧を強くして描く（1/100）

(6) 開口部などを実線の中線で描く [図6]

引違い窓、引違い戸などは、右手前として中央で重なるようにし、召し合わせ部分はあまり長すぎたり短すぎたりしない。また召し合わせ部分にはすき間をつくらない [図7]。

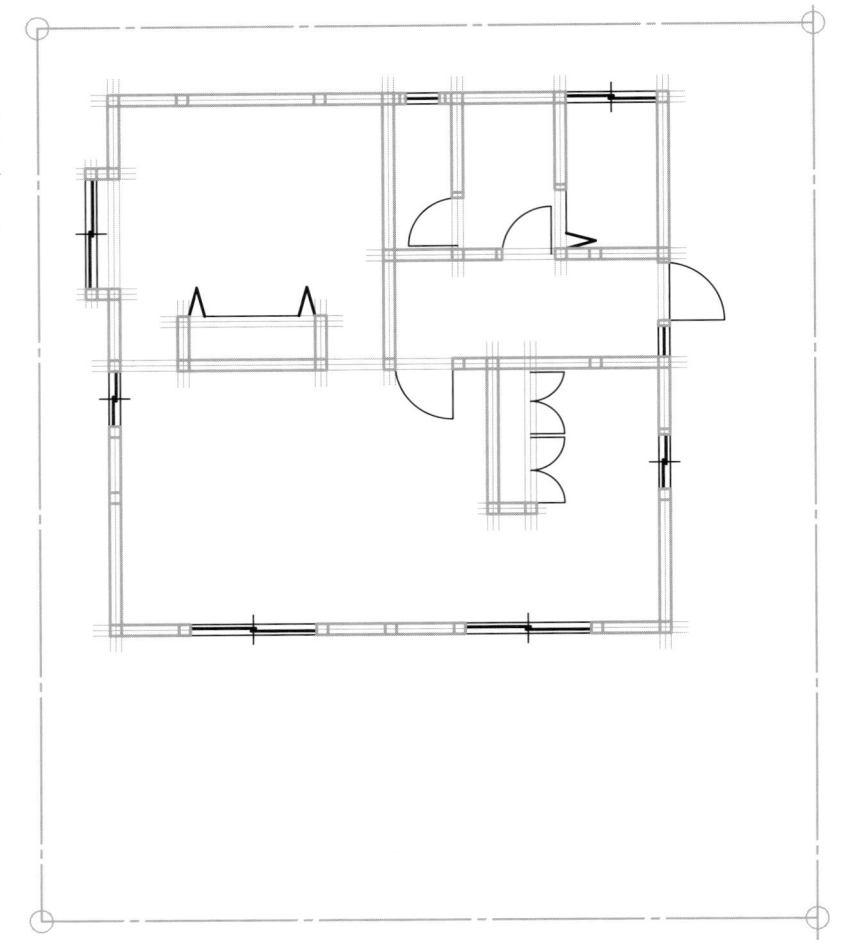

(6) 開口部などを実線の中線で描く（1/100）

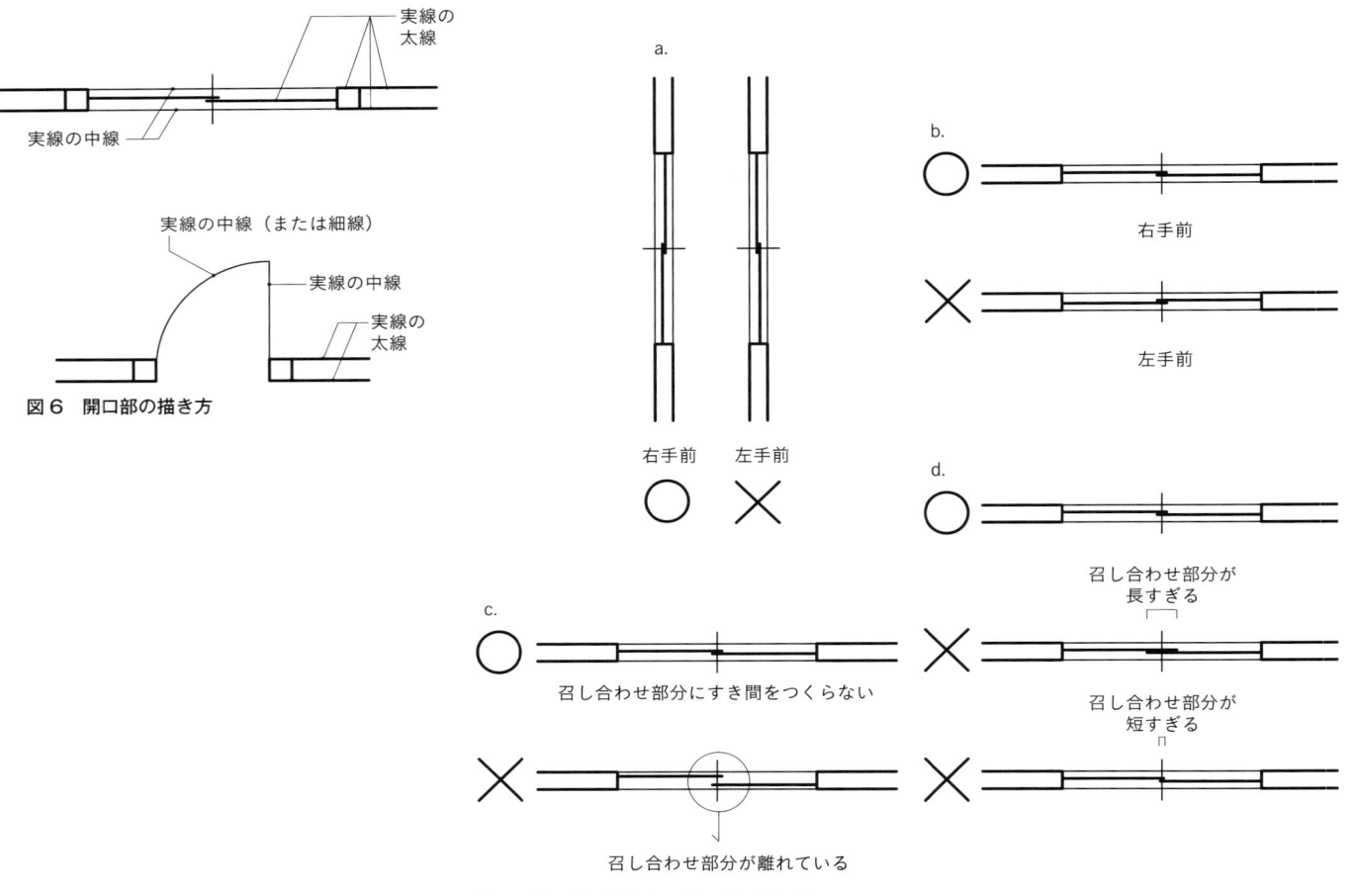

図6　開口部の描き方

図7　開口部の描き方のよい例、悪い例

（7）住宅設備機器、家具などを実線の中線で描く

①台所の厨房機器、洗面器、便所などの住宅設備機器をテンプレートなどを使って実線の中線で描く。また冷蔵庫、洗濯機、家具（造り付けでない家具）も実線の中線で描くが、これらのものは建築工事には含まれない場合が多いので、点線で描くこともある。

②台所、洗面脱衣室、浴槽、便所に換気扇の表示［図8］をする。

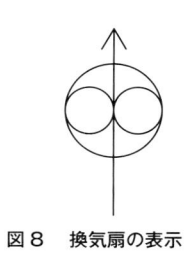

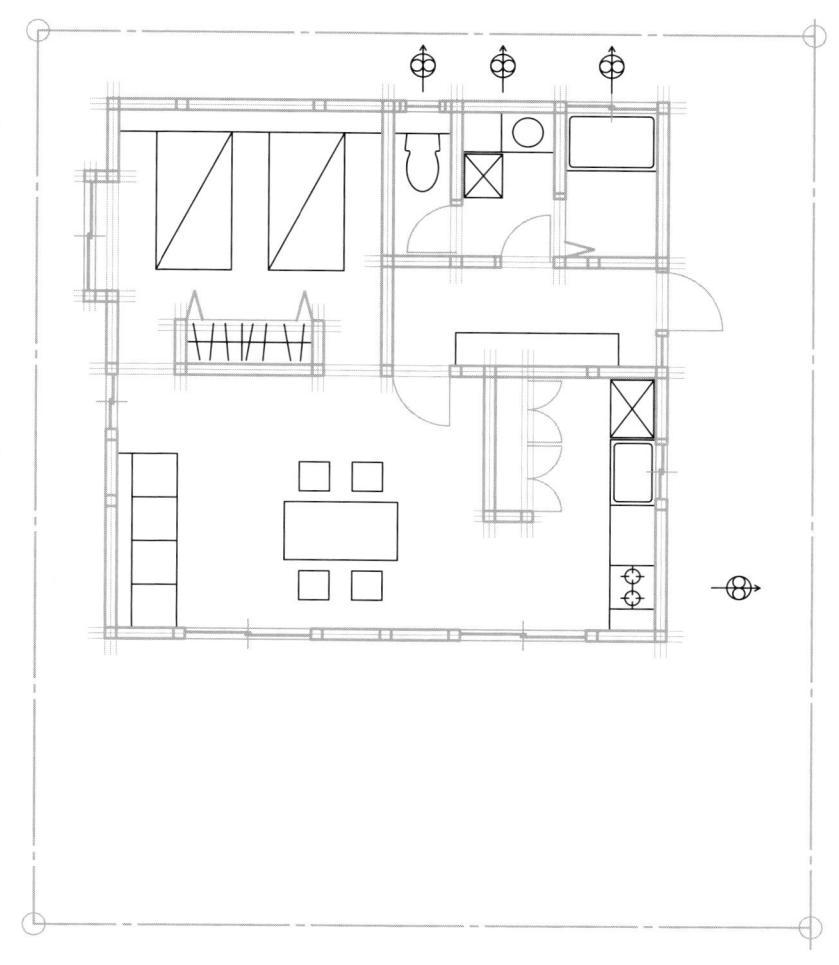

図8　換気扇の表示

（7）住宅設備機器、家具などを実線の中線で描く（1/100）

（8）床、カウンターの仕上げを実線の細線で描く

玄関、浴槽の150角タイル張りの床仕上げと、寝室の出窓とベッドのカウンターの木目の仕上げを実線の細線で描く。

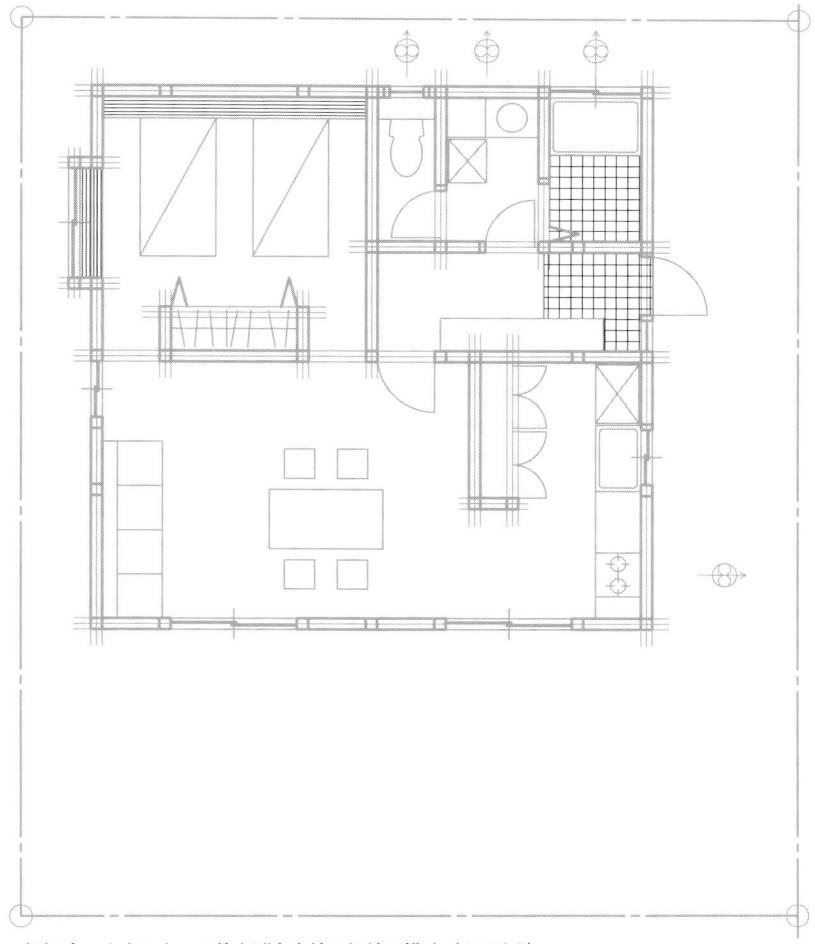

（8）床、カウンターの仕上げを実線の細線で描く（1/100）

(9) 外構を実線の中線で描く

①樹木、寄せ植え、門扉を実線の中線で描く。またアプローチ、テラスの200角タイル張りの床仕上げを実線の細線で描く。

②ポーチ上部の庇、屋根の軒の外形線を破線の中線で描く。

(10) 寸法線を実線の細線で描く

見やすい図面にするために、寸法線は原則として敷地の外側に描く。ただし、レイアウト上、用紙に寸法線が納まらない場合は敷地内に描いてもよいが、外構の内容がわかりづらくならないような位置にする。

(11) 名称、寸法、凡例などを記入する（完成図は62頁）

部屋の名称、寸法、基準線の番号（通り芯番号）、凡例、断面図の切断位置、図面名称、縮尺、方位などを記入する。文字や数字はていねいに描くことが大切である。

①部屋の名称を、部屋のほぼ中央に記入する。

②寸法の数字は高さ3mmとし、数字が寸法線にふれないように少し離して描く。

③基準線の番号（通り芯番号）を直径8mm程度の円のなかに、X方向では左から右に1、2、3……と記入し、Y方向では下から上にA、B、C……と記入する。起点となるところは、一般に建物の左下のコーナーである。

④換気扇の凡例を示す。

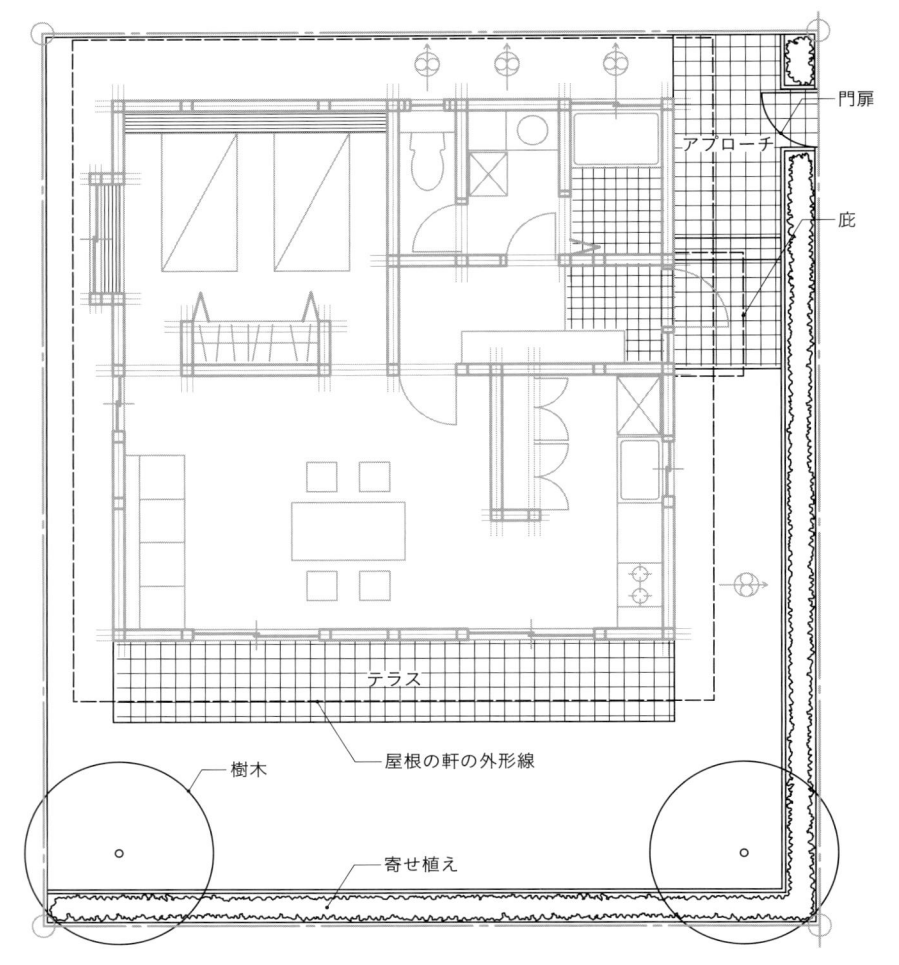

(9) 外構を実線の中線で描く（1/100）

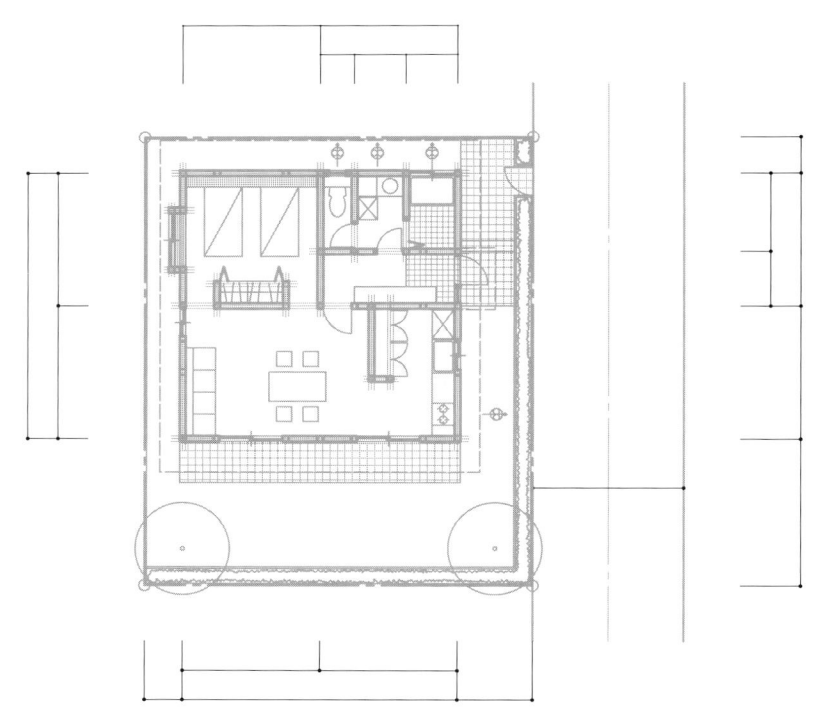

(10) 寸法線を実線の細線で描く（1/200）

## 4-2　木造平屋建て住宅の立面図

### 1. 立面図の基本的な考え方

立面図は建物の外観を表す図面であり、建物の各面を鉛直画面に正投影したものである［図9］。描かれる面により、北立面図、東立面図、南立面図、西立面図などという。

### 2. 立面図を描くときのポイント

立面図を描くときのポイントを次に示す。
（1）原則として、北、東、南、西の各立面図を描く。
（2）屋根、外壁、開口部、庇、小屋裏換気口、格子、ぬれ縁、テラス、床下換気口などの形状を描く。またそれらの仕上材のパターンを必要に応じて描く。
（3）地盤面（GL）を実線の太線で描く。
（4）とい、仕上名などを必要に応じて記入する。
（5）基準線番号（通り芯番号）、図面名、縮尺などを記入する。
（6）縮尺は規模により、1/100、1/50、1/200とするが、住宅では原則として1/100とする。

### 3. 立面図に描き込む要素

（1）外壁、屋根、庇などの外形。
（2）窓、戸袋、出入口、格子。
（3）基礎の立上り上端の線。
（4）小屋裏換気口、床下換気口。
（5）ぬれ縁、テラス。
（6）（必要に応じて）屋根、外壁などの仕上材のパターン。
（7）（必要に応じて）とい、仕上名など。
（8）側面にある庇、ぬれ縁、テラス、戸袋などの見えがかり。

### 4. 立面図（1/100）の窓の表示

立面図に描く窓は3本の線により、窓枠と窓框を描く。

引違い窓（アルミサッシ）の描き方のよい例と悪い例［図10］、戸袋付き引違い窓（アルミサッシ）の描き方［図11］を示す。

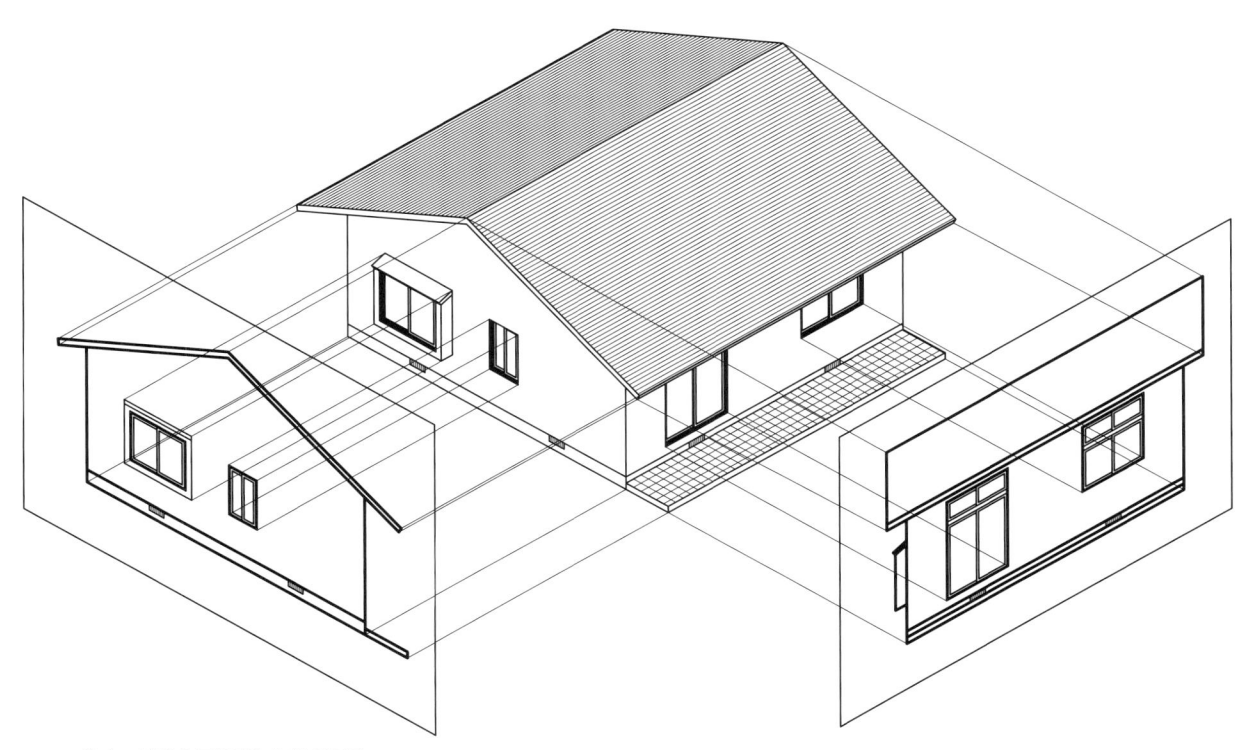

図9　住宅の外観を正投影した鉛直画面

右手前 窓枠 窓框

○
窓は3本の線で表現する。窓框の見付け（幅）は窓枠の見付けよりわずかに大きくする

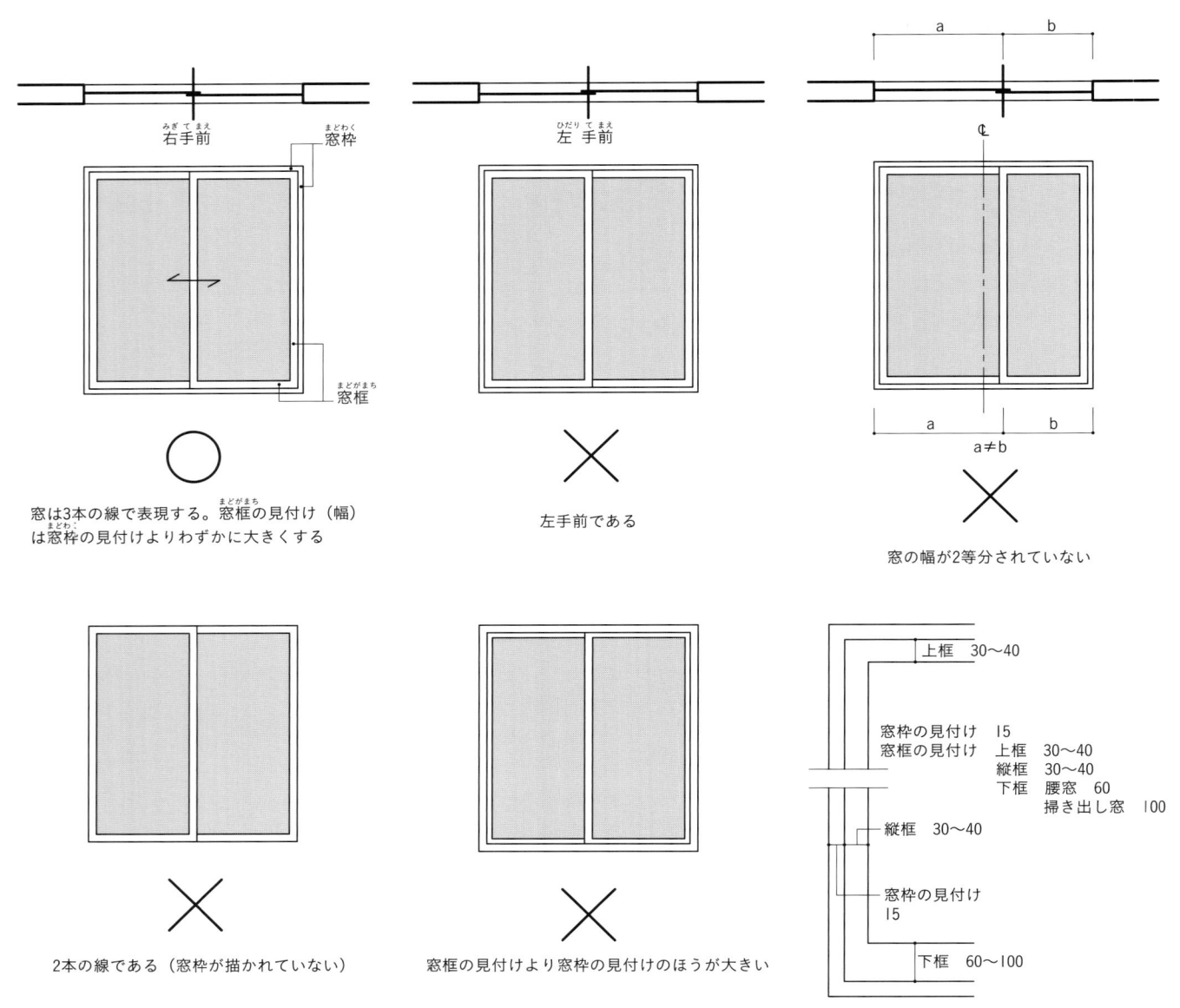

左手前

×
左手前である

a b
C
a b
a≠b

×
窓の幅が2等分されていない

×
2本の線である（窓枠が描かれていない）

×
窓框の見付けより窓枠の見付けのほうが大きい

上框　30〜40
窓枠の見付け　15
窓框の見付け　上框　30〜40
　　　　　　　縦框　30〜40
　　　　　　　下框　腰窓　60
　　　　　　　　　　掃き出し窓　100
縦框　30〜40
窓枠の見付け　15
下框　60〜100

**図10　引違い窓の描き方のよい例、悪い例**

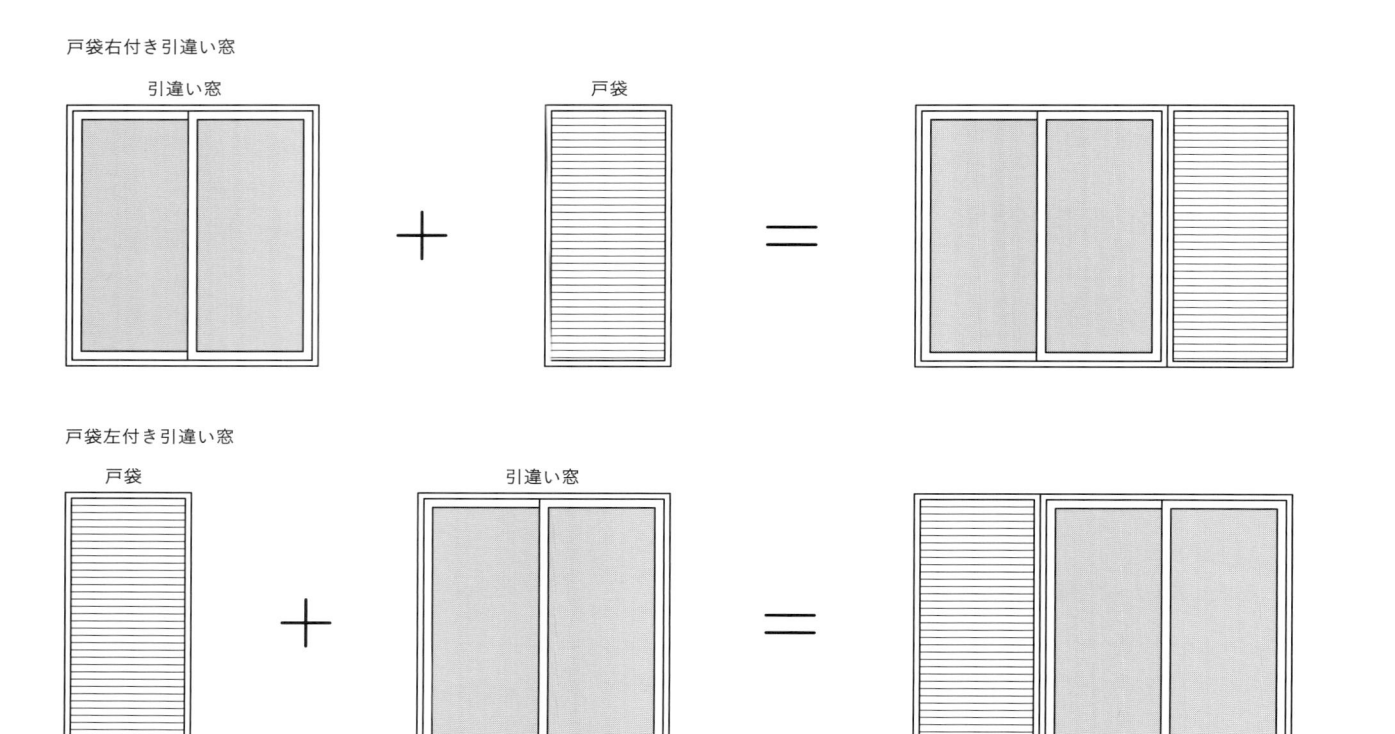

戸袋右付き引違い窓

引違い窓 ＋ 戸袋 ＝

戸袋左付き引違い窓

戸袋 ＋ 引違い窓 ＝

**図11　戸袋付き引違い窓の描き方**

| 1. 壁の中心線、高さの基準線を仮線で描く | → | 2. 外壁、屋根を実線の中線で描く | → | 3. 開口部を実線の中線で描く | → | 4. 細部を仕上げて完成する |

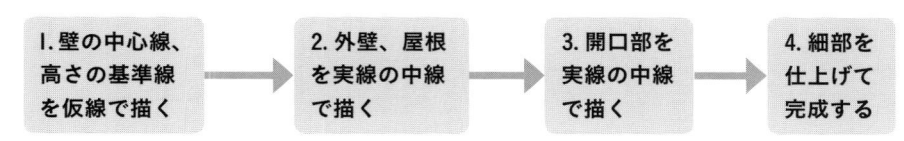

図12 立面図の描き方のプロセス

(1) 壁の中心線、高さの基準線を仮線で描く（1/100）

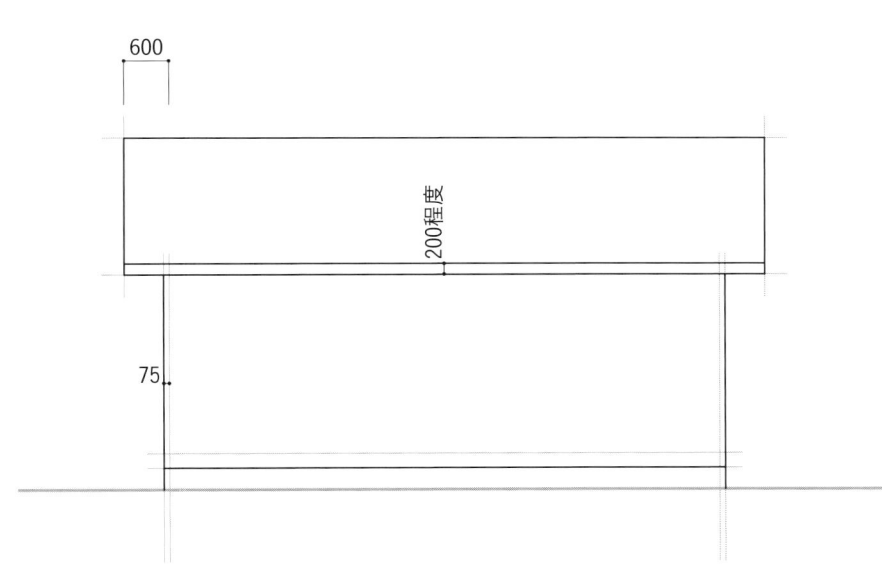

(2) 外壁、屋根を実線の中線で描く（1/100）

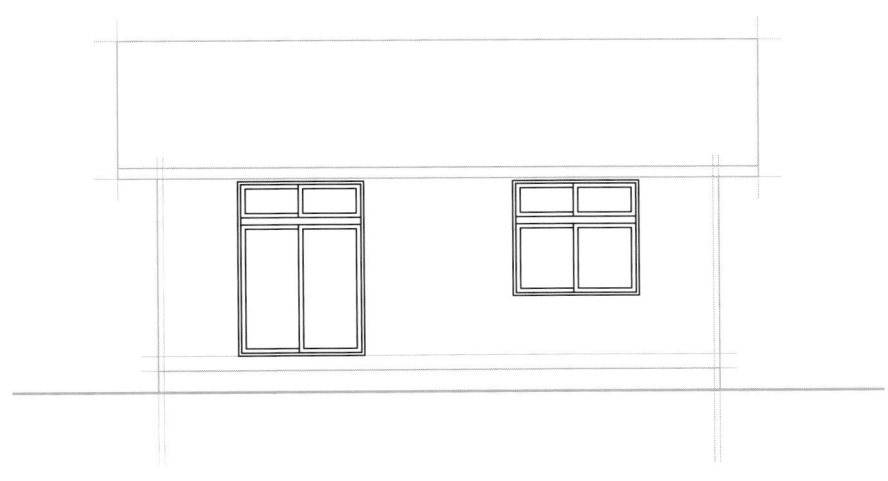

(3) 開口部を実線の中線で描く（1/100）

## 5. 木造平屋建て住宅の立面図の描き方（完成図は61頁）

木造平屋建て住宅の南立面図の描き方の順序は次のようになる［図12］。

(1) 壁の中心線、高さの基準線を仮線で描く

①地盤面（GL）を実線の太線で描く。
②壁の中心線、地盤面からの高さの基準線を仮線で描く（寸法は、60頁のA-A'断面図を参照）。

(2) 外壁、屋根を実線の中線で描く

①外壁の中心線から屋外側に75mmとり、建物の外形を実線の中線で描く。
②けらばの出600mmをとり、屋根を実線の中線で描く。軒先の厚みは200mm程度とする。

(3) 開口部を実線の中線で描く

柱芯から片側に52.5mmずつとり、平面図と同じ位置に開口部を実線の中線で描く。引違い窓の描き方を図に示す［図13、14］。

開口部の両側に柱があるため窓枠（縦枠）は柱芯よりも柱幅の1/2（52.5mm）だけ内側に描く。また窓框の見付け（幅）は窓枠の見付けよりも少し大きめに描く。窓の表示は慣れるにしたがって、目測で描けるようになる。

(4) 細部を仕上げて完成する

①床下換気口を表示する。床下換気口の大きさは150×400mmとし、5m以内に設ける。ただし土間床部分には設けないこと。
②側面の壁にある出窓、庇、換気扇のウェザーカバーなどの見えがかりを描く。
③テラス、ポーチを実線の中線で描く。
④屋根の仕上げを描く。屋根の成形セメント板（コロニアル板）の50mm間隔程度の仕上線を実線の細線で描く。
⑤外壁の基準線の番号（通り芯番号）を記入する。
⑥図面名称、縮尺を記入する。

**図13　開口部の描き方**

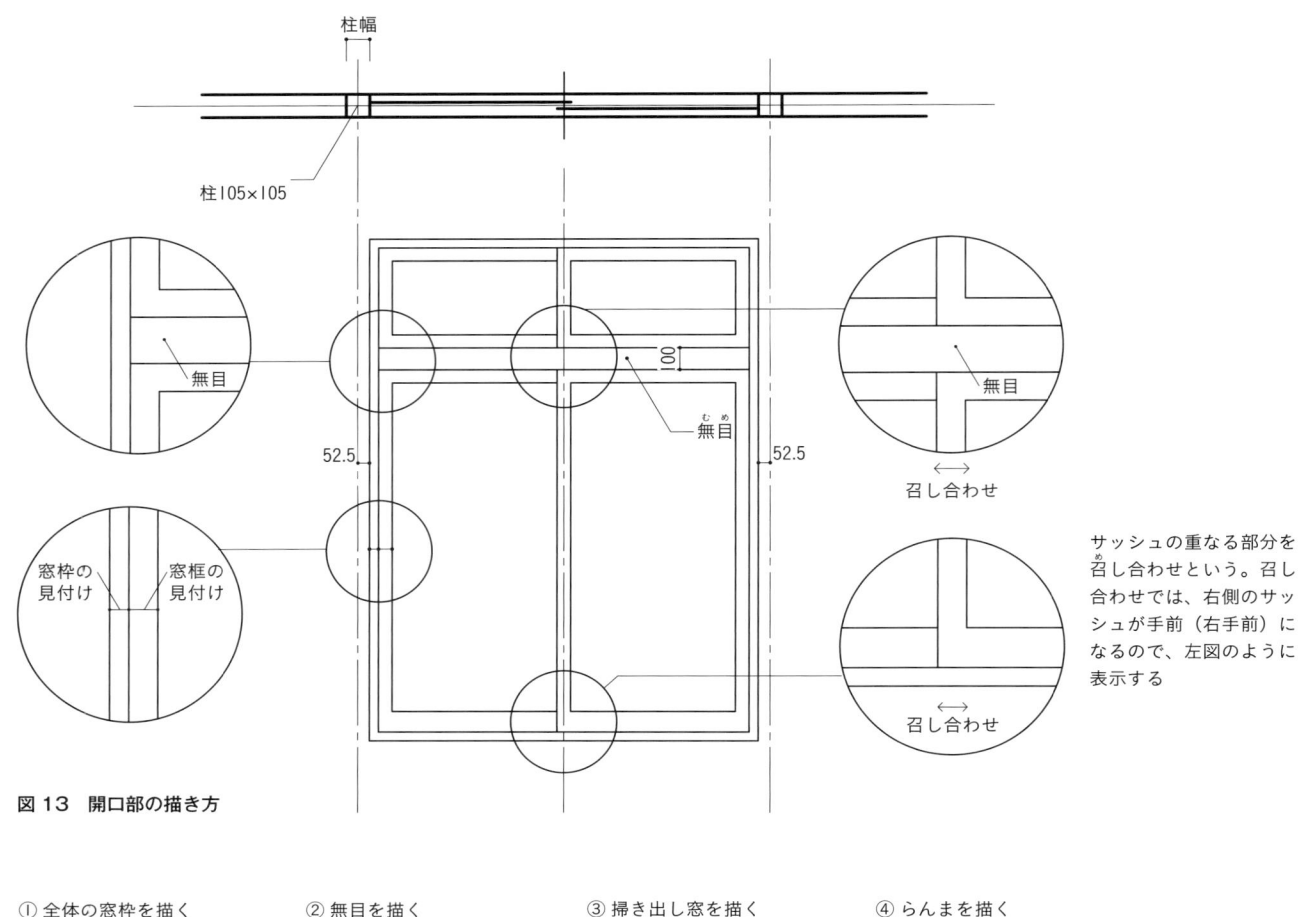

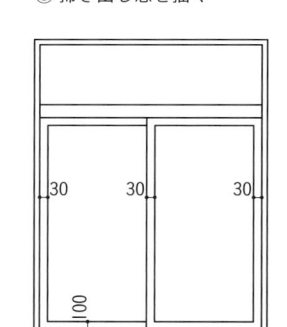

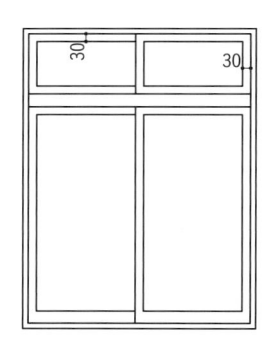

**図14　らんま付き引違い窓の描き方**

① 全体の窓枠を描く　② 無目を描く　③ 掃き出し窓を描く　④ らんまを描く

## 4-3　木造平屋建て住宅の断面図

### 1. 断面図の基本的な考え方

　断面図は、建物の基準高さや建物と地盤との関係などを表すために描かれる図面である。平面図が建物を水平に切断した状態で描くのに対して、断面図は建物を垂直に切断した状態で描く［図15、16］。切断する位置は建物の主要な部分で、その建物の構成をもっともよく表す部分とする。

　平面図上での断面図の切断位置を表す切断線は一般に一直線が多いが、建物によっては直角に折り曲げる（クランクする）場合があり、それぞれの切断位置の表示方法は中線と仮線を組み合わせるか［図17］、またはすべて一点鎖線で描く。

### 2. 断面図を描くときのポイント

　断面図を描くときのポイントを次に示す。

（1）床、壁、天井、屋根などの切断面は実線の太線で描く。
（2）切断面より奥にある見えがかりを描く場合は、実線の中線で描く。
（3）地盤面（GL）を実線の太線で描く。
（4）2階建ての建物では、原則として1階と2階の切断位置を同じにする。
（5）最高高さ、軒高、階高、床高、天井高、開口部内法高、腰高、軒の出、屋根勾配、外壁の中心線間の寸法、間仕切壁の中心線間の寸法などを記入する［図18］。
（6）室名、基準線番号（通り芯番号）、図面、縮尺などを記入する。
（7）縮尺は規模により1/100、1/50、1/200とするが、住宅では原則として1/100とする。

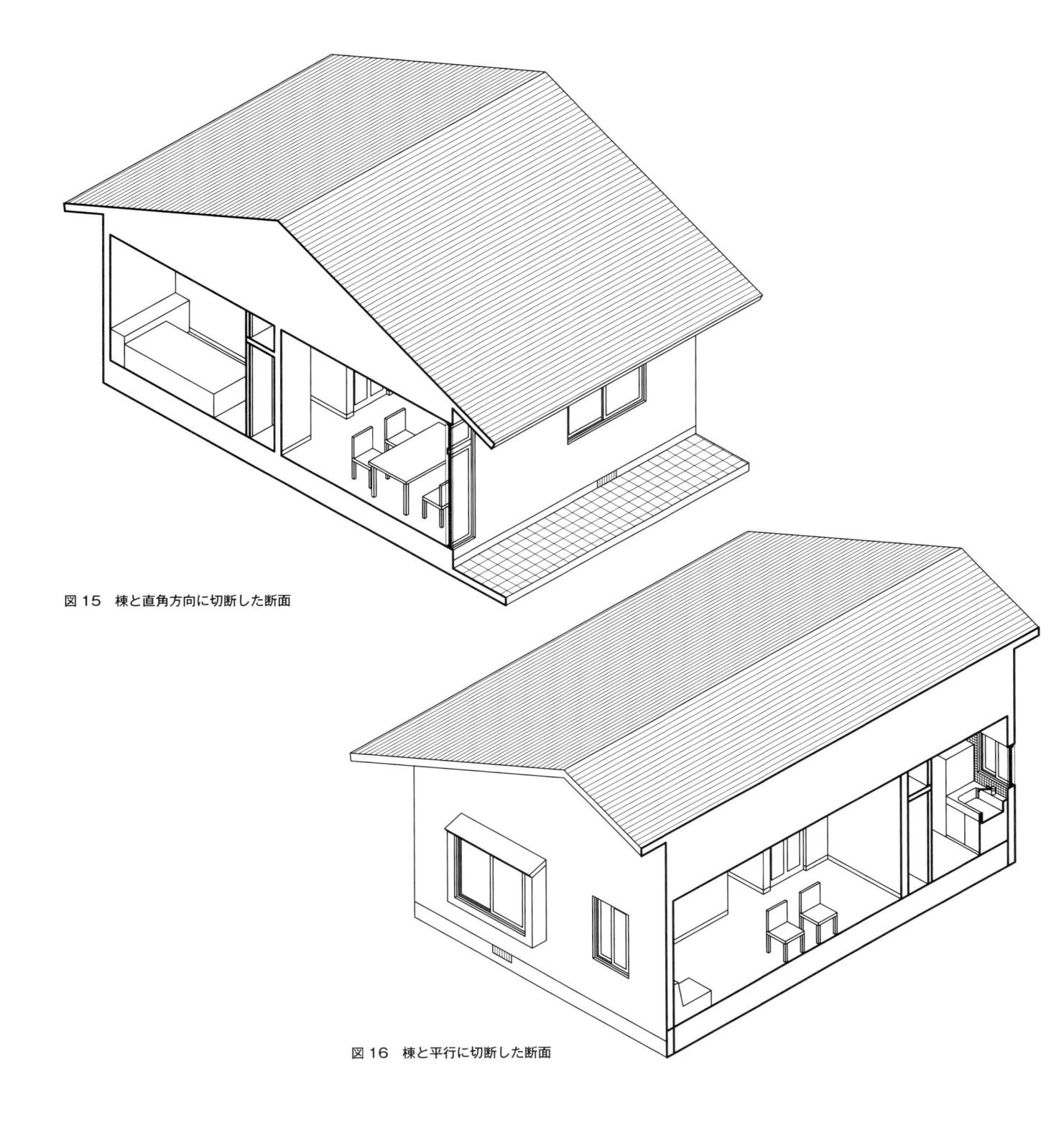

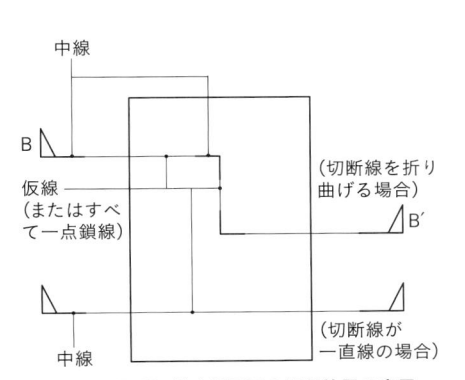

図15 棟と直角方向に切断した断面

図16 棟と平行に切断した断面

図17 平面図に描く断面図の切断位置の表示

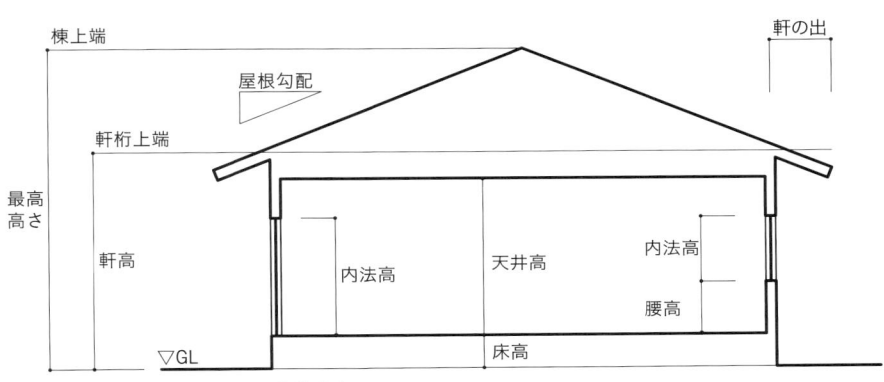

図18 断面図に表示する基準寸法

## 3. 断面図に描き込む要素

（1）壁、屋根、軒、窓、出入口などの垂直切断面。
（2）地盤面。
（3）最高高さ、軒高、階高、床高、天井高、開口部内法高、腰高、軒の出、屋根勾配、外壁の中心線間の寸法など。
（4）寸法線。
（5）室名、基準線番号（通り芯番号）、図面、縮尺など。
（6）（必要に応じて）切断面より奥にある見えがかりを描く。

図 19　断面図の開口部の表示

## 4. 断面図（1/100）の窓の表示

1/100 の断面図で、引違い窓を描く［図 19］。

## 5. 木造平屋建て住宅の断面図の描き方（完成図は 60 頁）

木造平屋建て住宅の断面図の描き方の順序は次のようになる［図 20］。

（1）壁の中心線、高さの基準線などを仮線で描く

①外壁の中心線、高さの基準線などを仮線で描く。
②A 点から 4 寸勾配で、屋根勾配の基準線を仮線で描く［図 21］。屋根勾配のとり方は勾配定規を使うか、または比による計算で軒桁の上端から棟木の上端までの高さ h の値を求める。
③軒の出 910mm をとる。

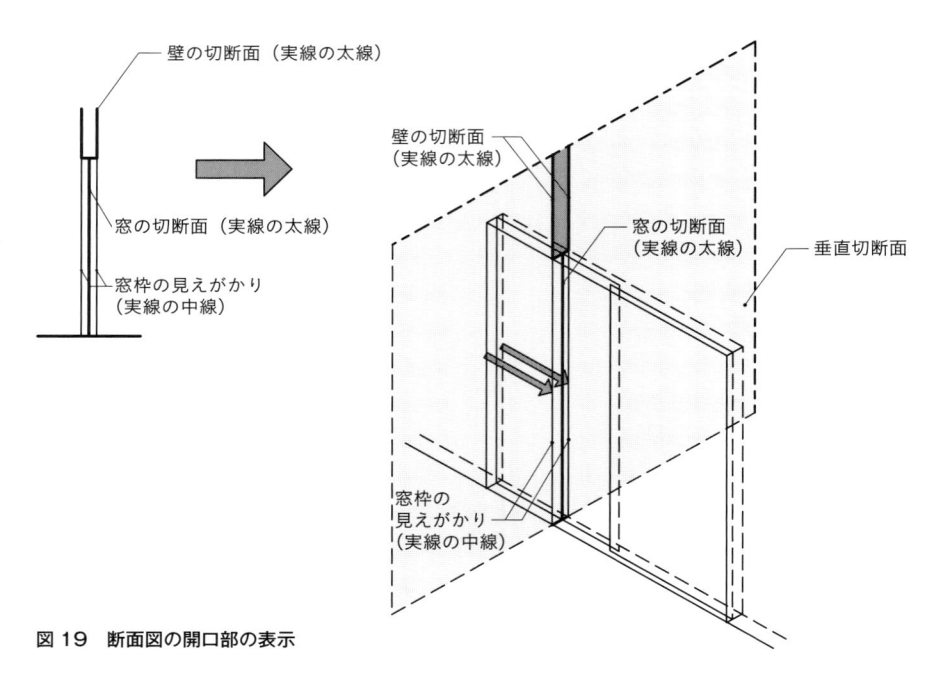

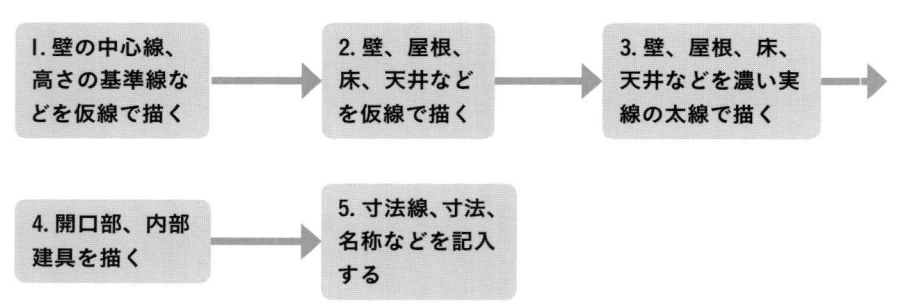

図 20　断面図の描き方のプロセス

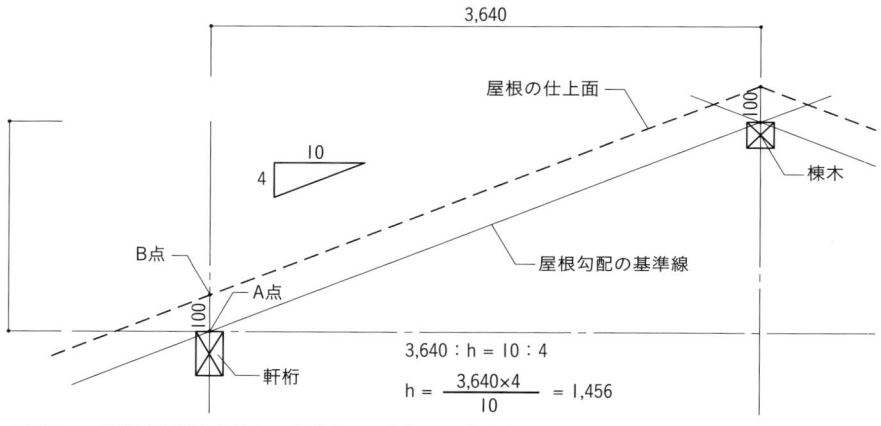

$3,640 : h = 10 : 4$

$h = \dfrac{3,640 \times 4}{10} = 1,456$

図 21　軒桁の上端から棟木の上端までの高さ h の求め方

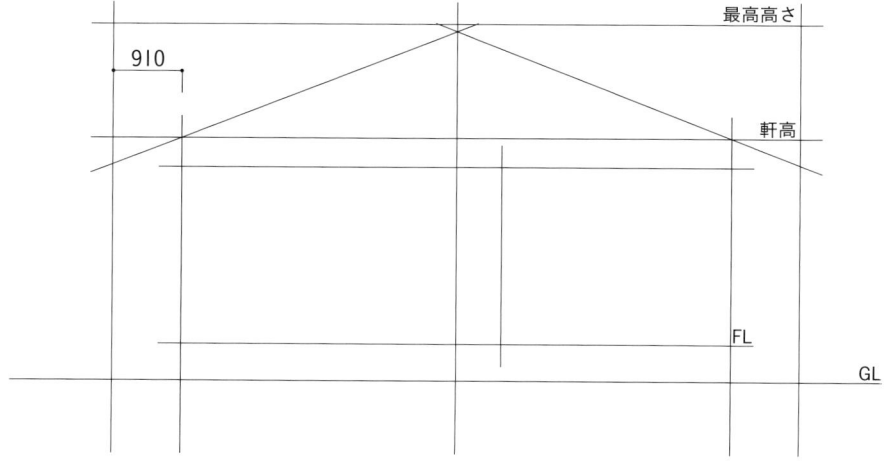

（1）壁の中心線、高さの基準線などを仮線で描く（1/100）

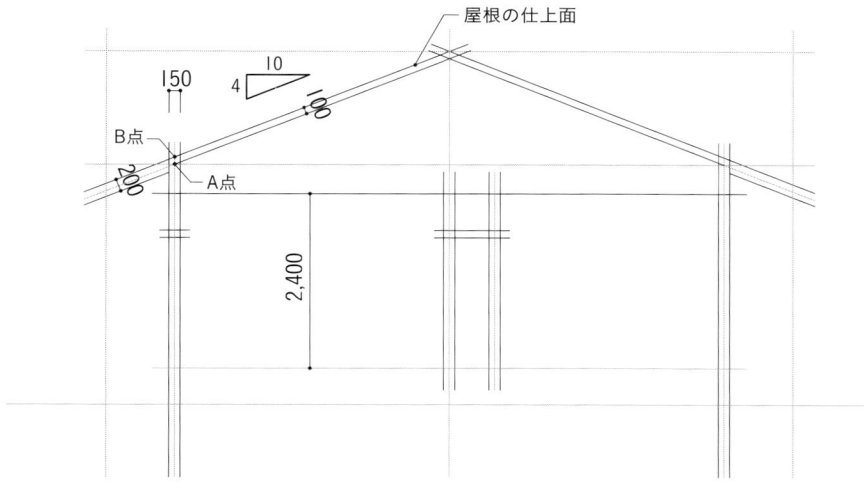

(2) 壁、屋根、床、天井などを仮線で描く（1/100）

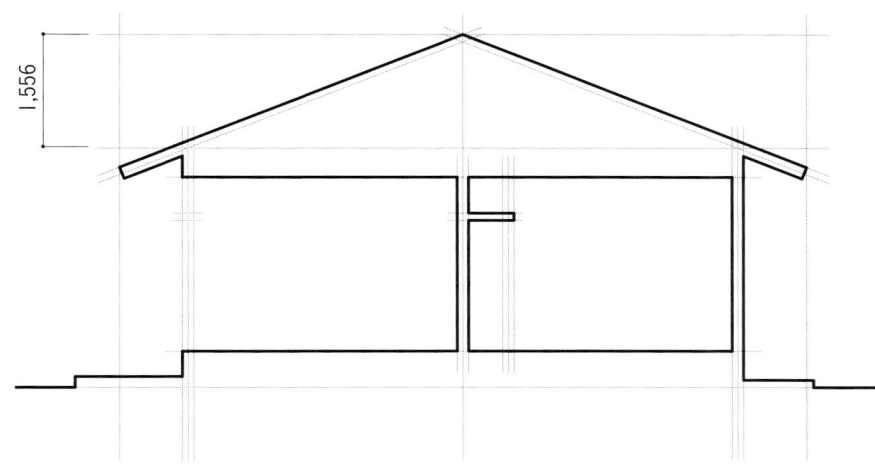

(3) 壁、屋根、床、天井などを濃い実線の太線で描く（1/100）

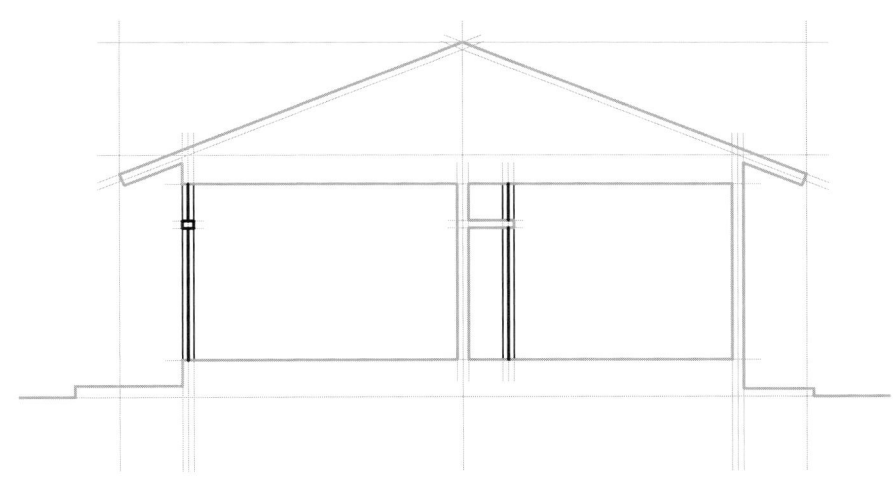

(4) 開口部、内部建具を描く（1/100）

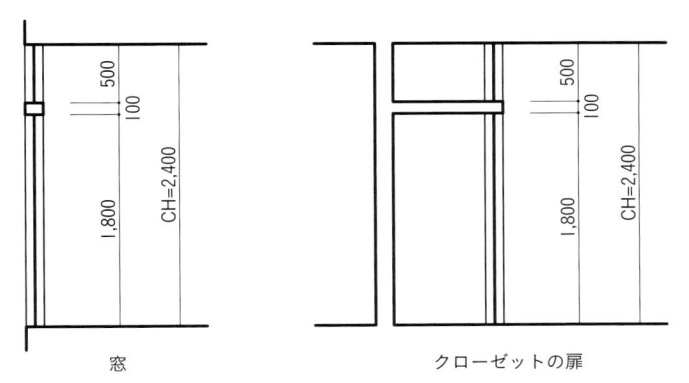

図22　切断する位置の窓や内部建具の高さ寸法

(2) 壁、屋根、床、天井などを仮線で描く

①壁の中心線から両側に75mmずつ振り分けて、壁の厚み150mmをとる。

②A点から屋根の厚み100mmをとった点をB点とし、B点を起点として4寸勾配の屋根面を仮線で描く。また軒の厚み200mmをとる。

③天井面（天井高2,400mm）を仮線で描く。

④切断する位置の窓や内部建具の高さ寸法をとる［図22］。

(3) 壁、屋根、床、天井などを濃い実線の太線で描く

切断面の壁、屋根、床、天井を筆圧を強くして、濃い実線の太線で描く。屋根部分の高さは（1）の②で求めた数値 h＝1,456mmに屋根の厚さ100mmを加え、1,556mmとなる。

(4) 開口部、内部建具を描く

断面図の開口部や内部建具の描き方は平面図と同様に、図22のように、開口部や内部建具は実際の太線で、奥に見える窓枠などの見えがかりは実線の中線で描く。

(5) 寸法線、寸法、名称などを記入する（完成図は60頁）

①寸法線を実線の細線で描く。

②寸法、基準線の番号（通り芯番号）、屋根勾配を記入する。

③部屋名、図面名称、縮尺を記入する。

## 4-4 アイソメトリック図法とアクソノメトリック図法

### 1. アイソメトリック図法（通称アイソメ）

アイソメは平面図の角を水平線上に置き、30°、30°に振り分けて描く。そして30°方向、垂直方向すべてに実寸をとり、ほかの図面と同じ要領で描く［図23、24、28］。

### 2. アクソノメトリック図法（通称アクソメ）

アクソメは平面図の角を水平線上に置き、30°、60°に振り分けて描く。そして30°方向、60°方向、垂直方向すべてに実寸をとり、ほかの図面と同じ要領で描く［図25～27、29］。

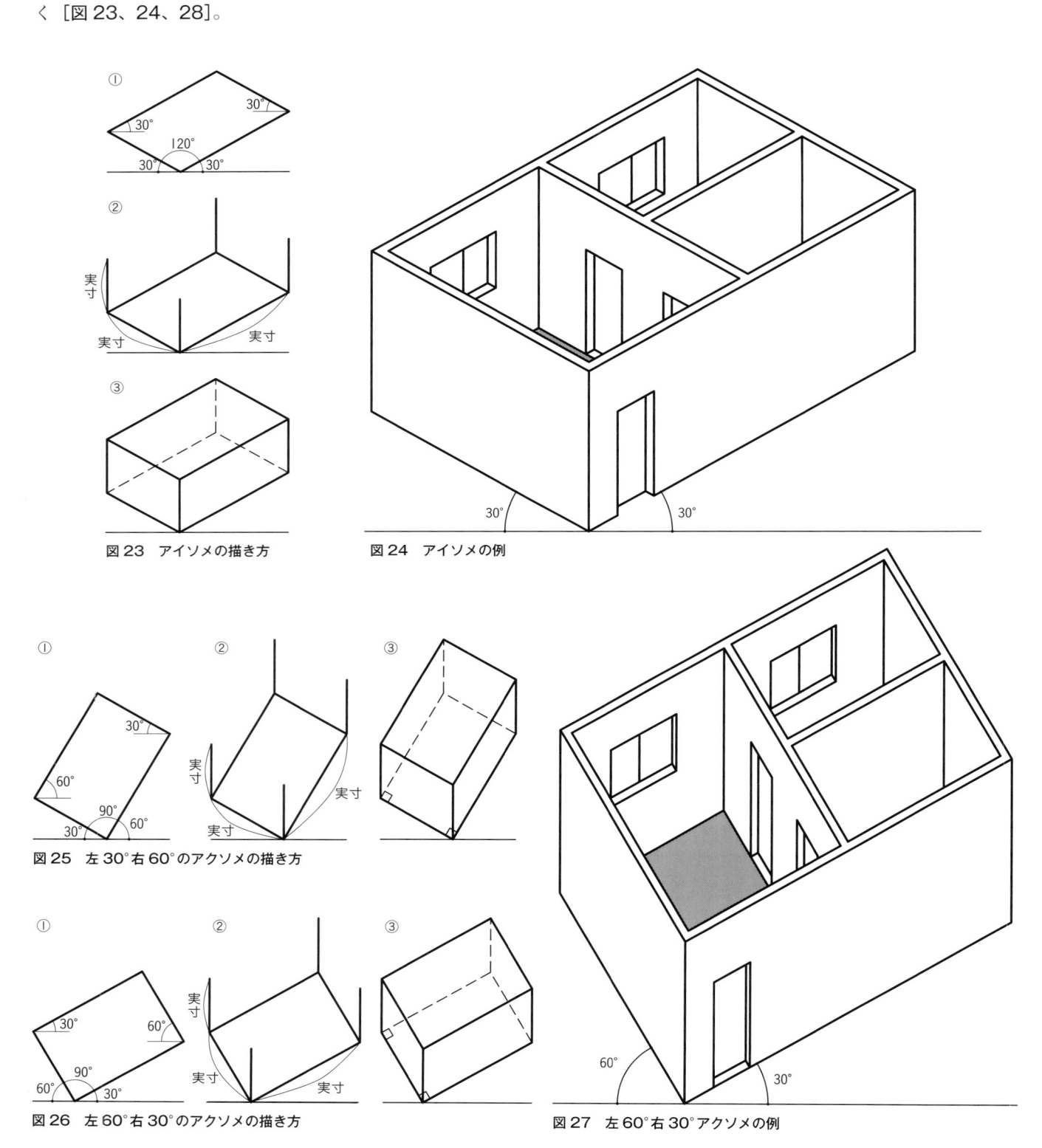

図23　アイソメの描き方

図24　アイソメの例

図25　左30°右60°のアクソメの描き方

図26　左60°右30°のアクソメの描き方

図27　左60°右30°アクソメの例

図28 台所のアイソメ

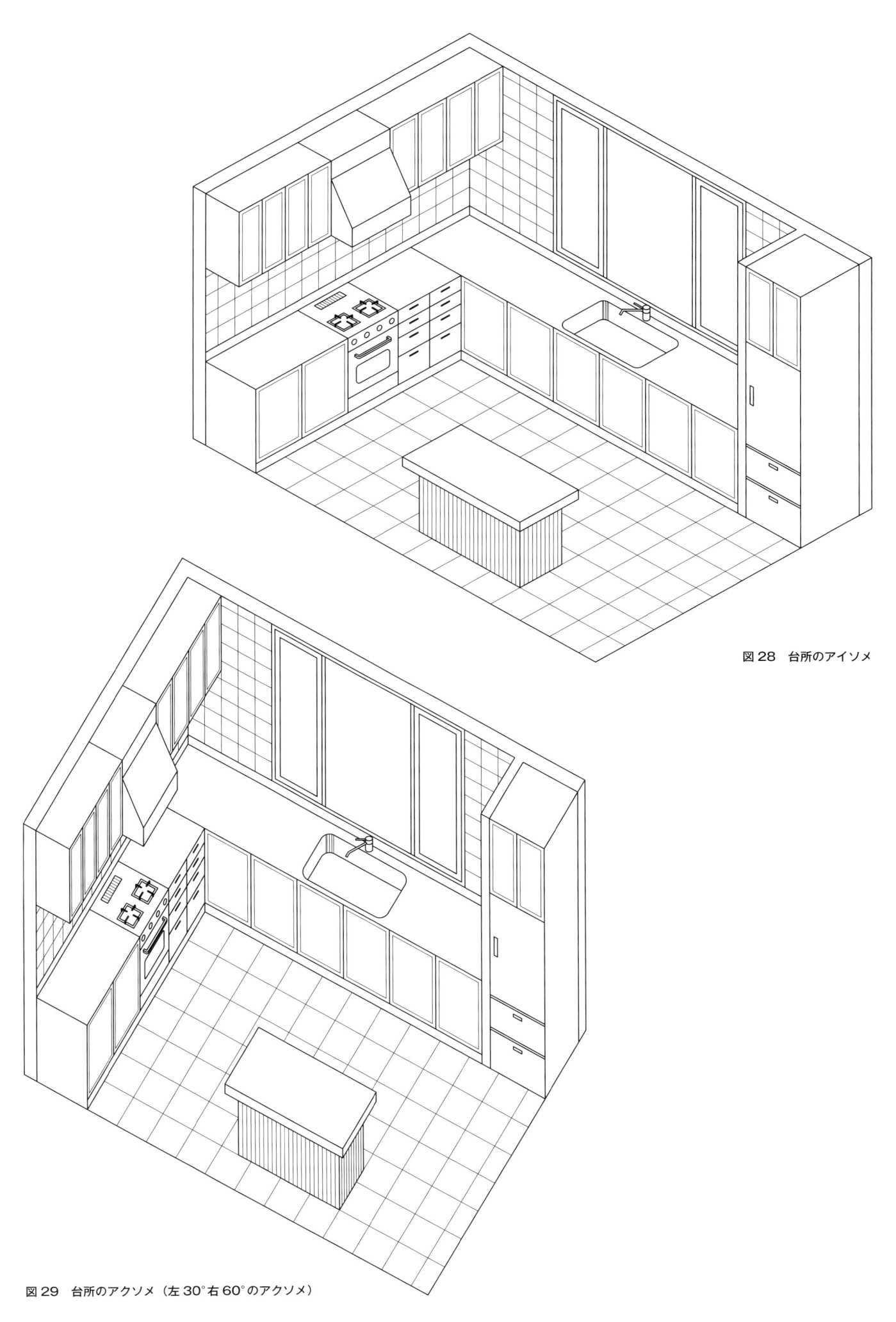

図29 台所のアクソメ（左30°右60°のアクソメ）

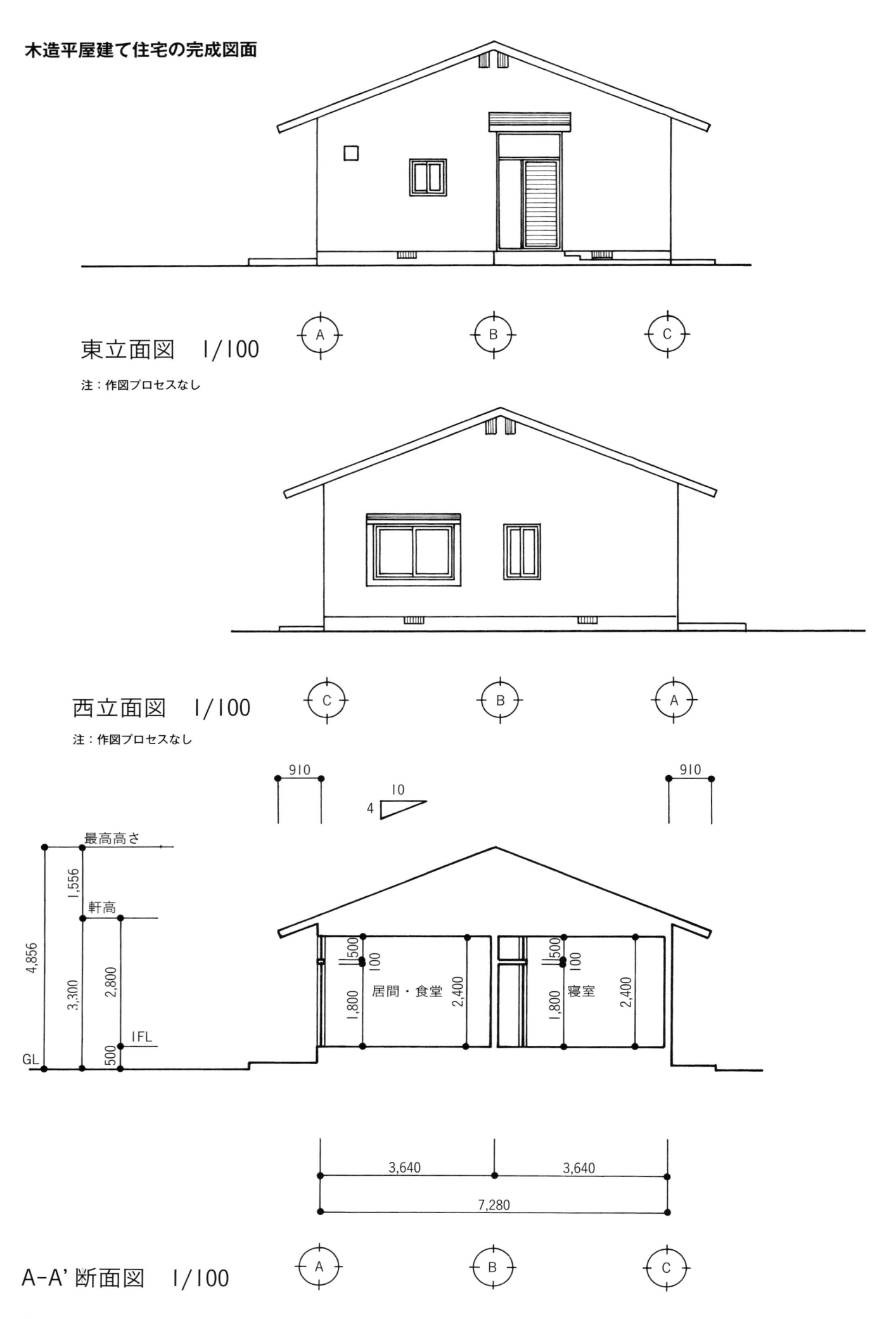

**木造平屋建て住宅の完成図面**

東立面図　1/100

注：作図プロセスなし

西立面図　1/100

注：作図プロセスなし

A-A'断面図　1/100

南立面図　1/100

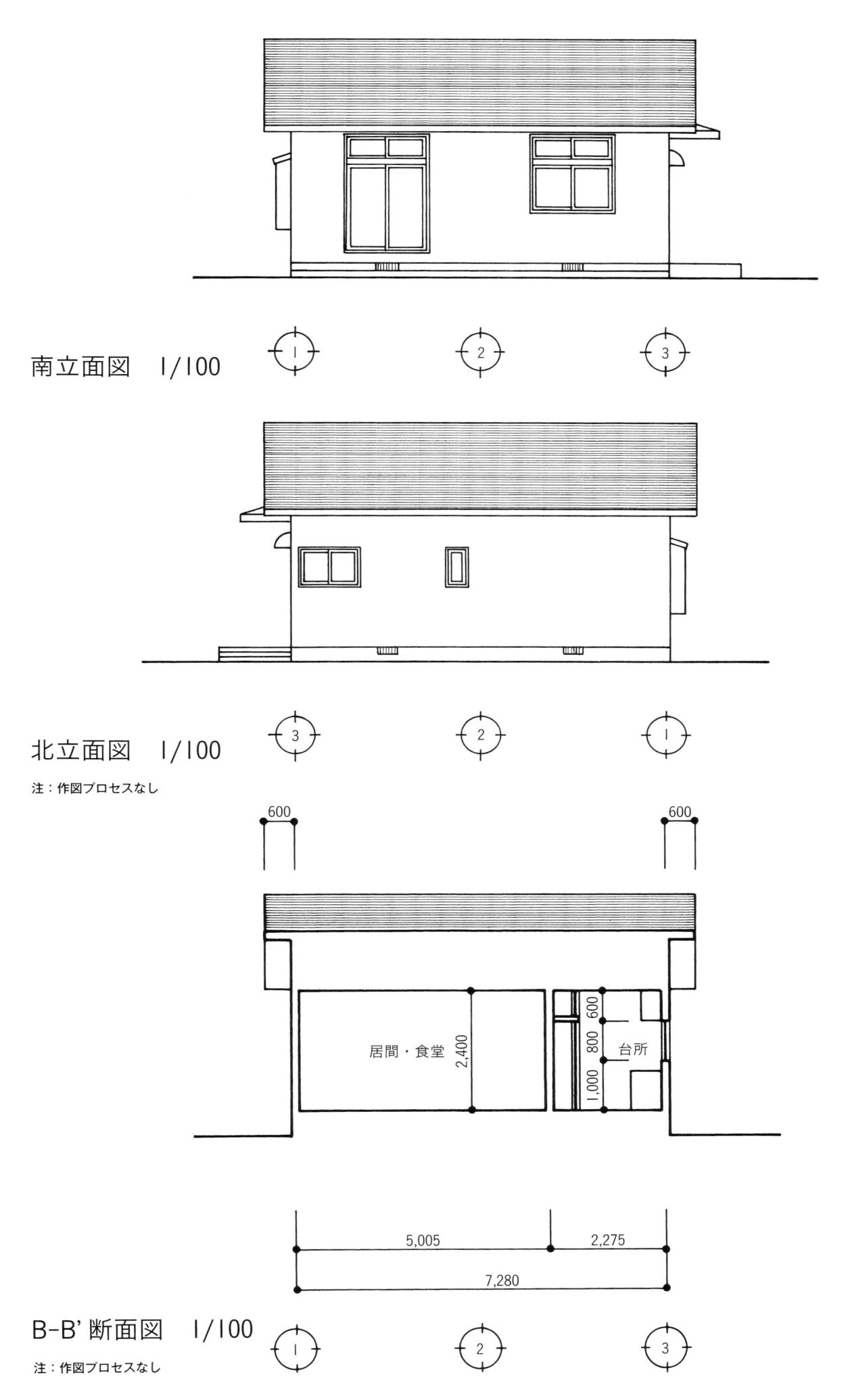

北立面図　1/100

注：作図プロセスなし

B-B'断面図　1/100

注：作図プロセスなし

第4章　木造平屋建て住宅の製図

配置図・1階平面図
1/100

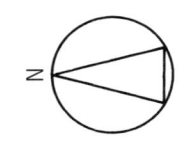

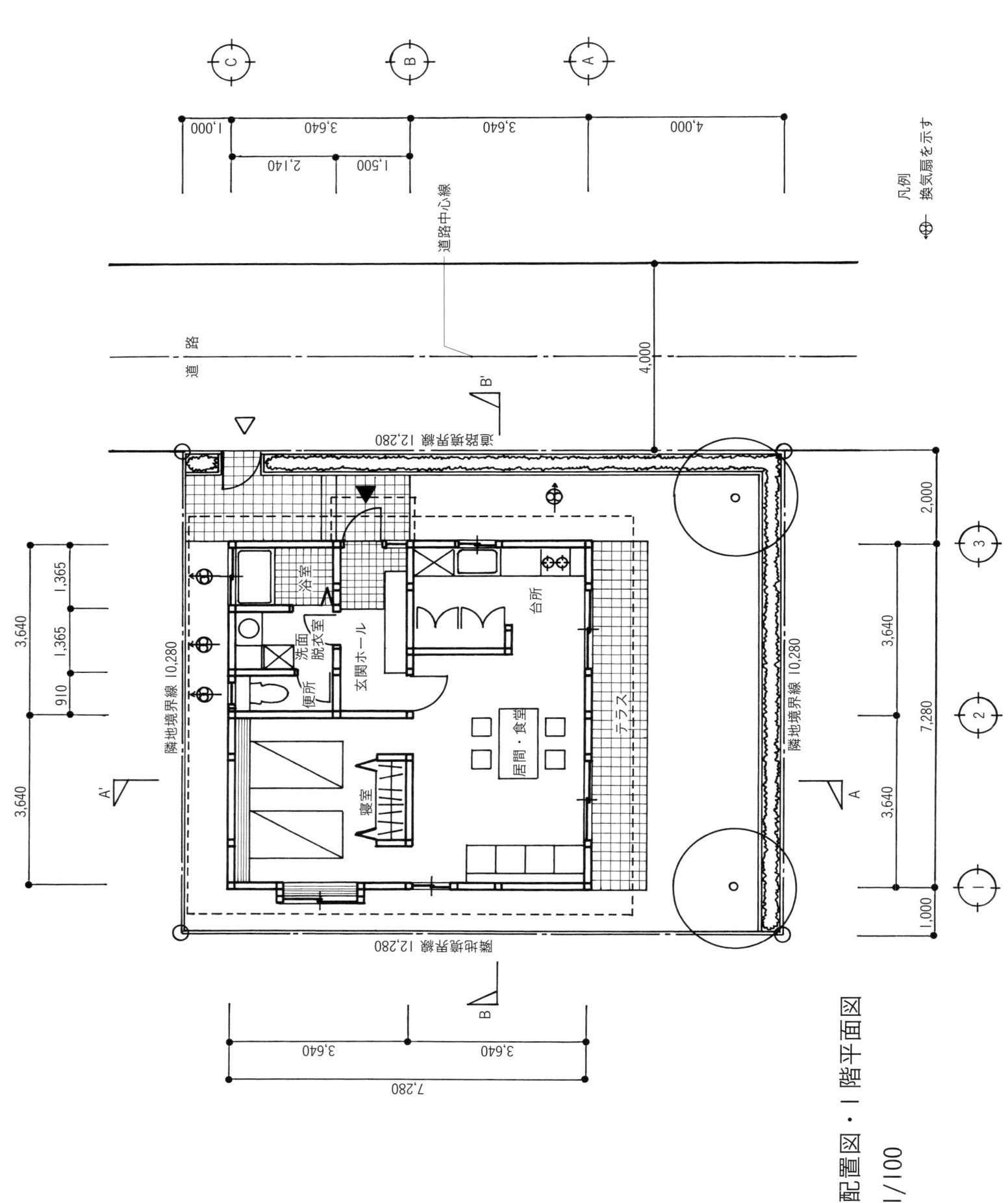

# 第5章

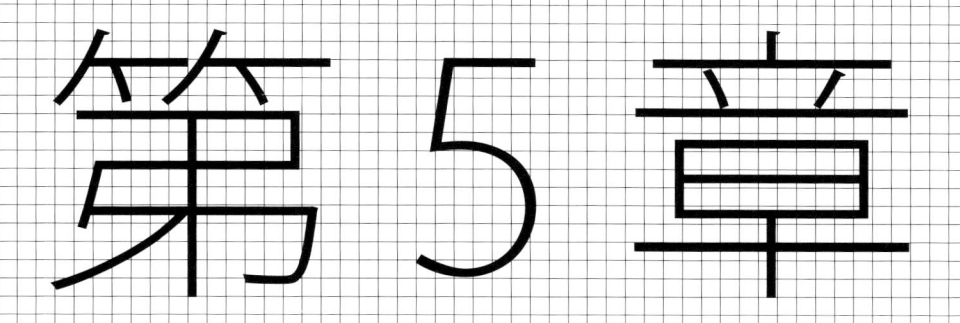

## 木造2階建て住宅の製図

# 木造2階建て住宅の完成図面

## 2階平面図 1/100

**凡例**
- 通し柱を示す
- △ 筋かい (30×90mm片入れ) の位置を示す
- ▲ 筋かい (30×90mmたすき掛け) の位置を示す
- ⊕ 換気扇を示す

部屋: 子供室、子供室、夫婦寝室、便所、吹抜け、バルコニー、屋根

寸法:
- 横方向 (通り①〜④): 3,640 / 4,550 / 4,550、計 12,740 (8,190)
- 縦方向 (通りA〜E): 2,275 / 1,365 / 3,640 / 3,640、計 7,280

基礎伏図 1/100

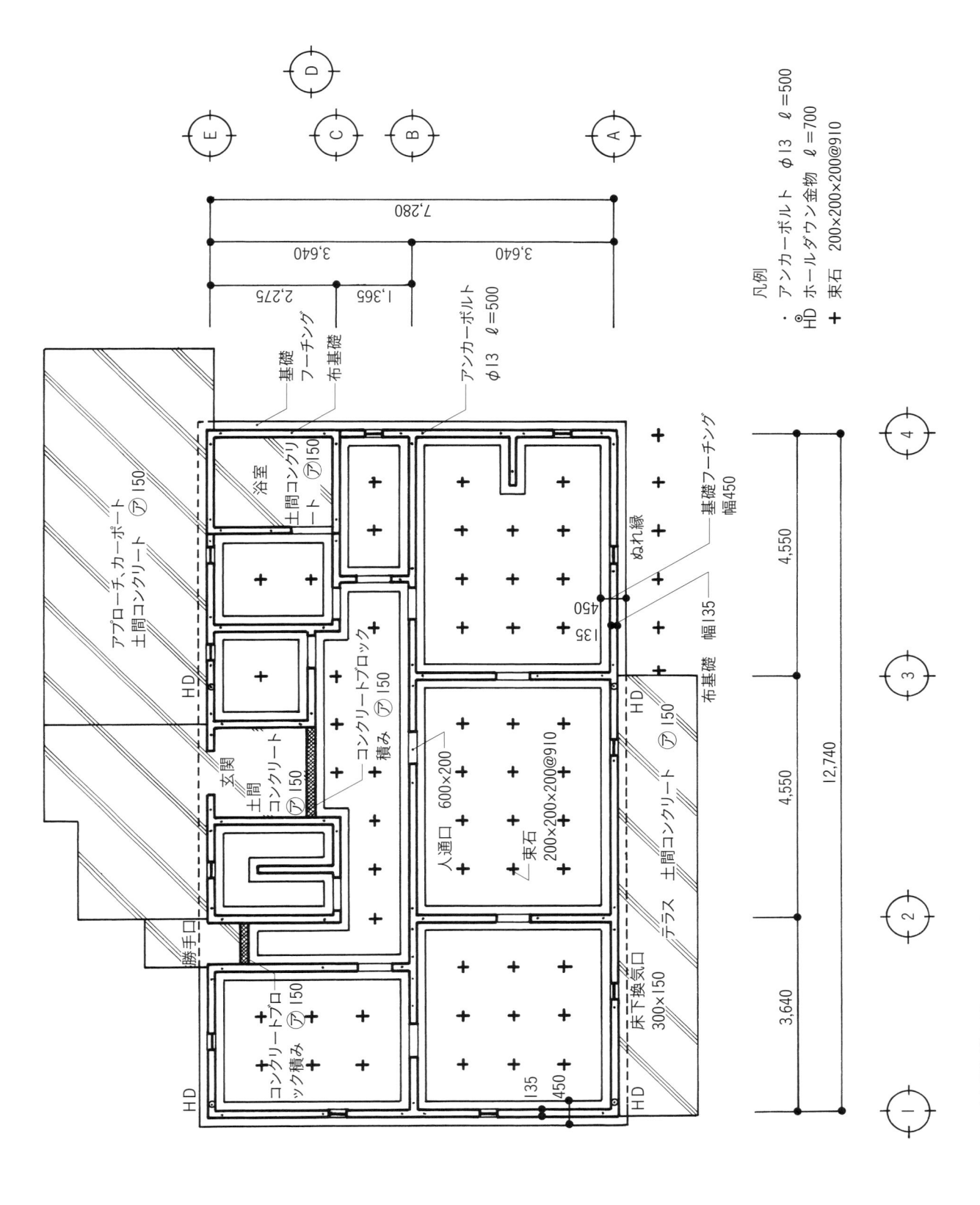

## 2階床伏図　1/100

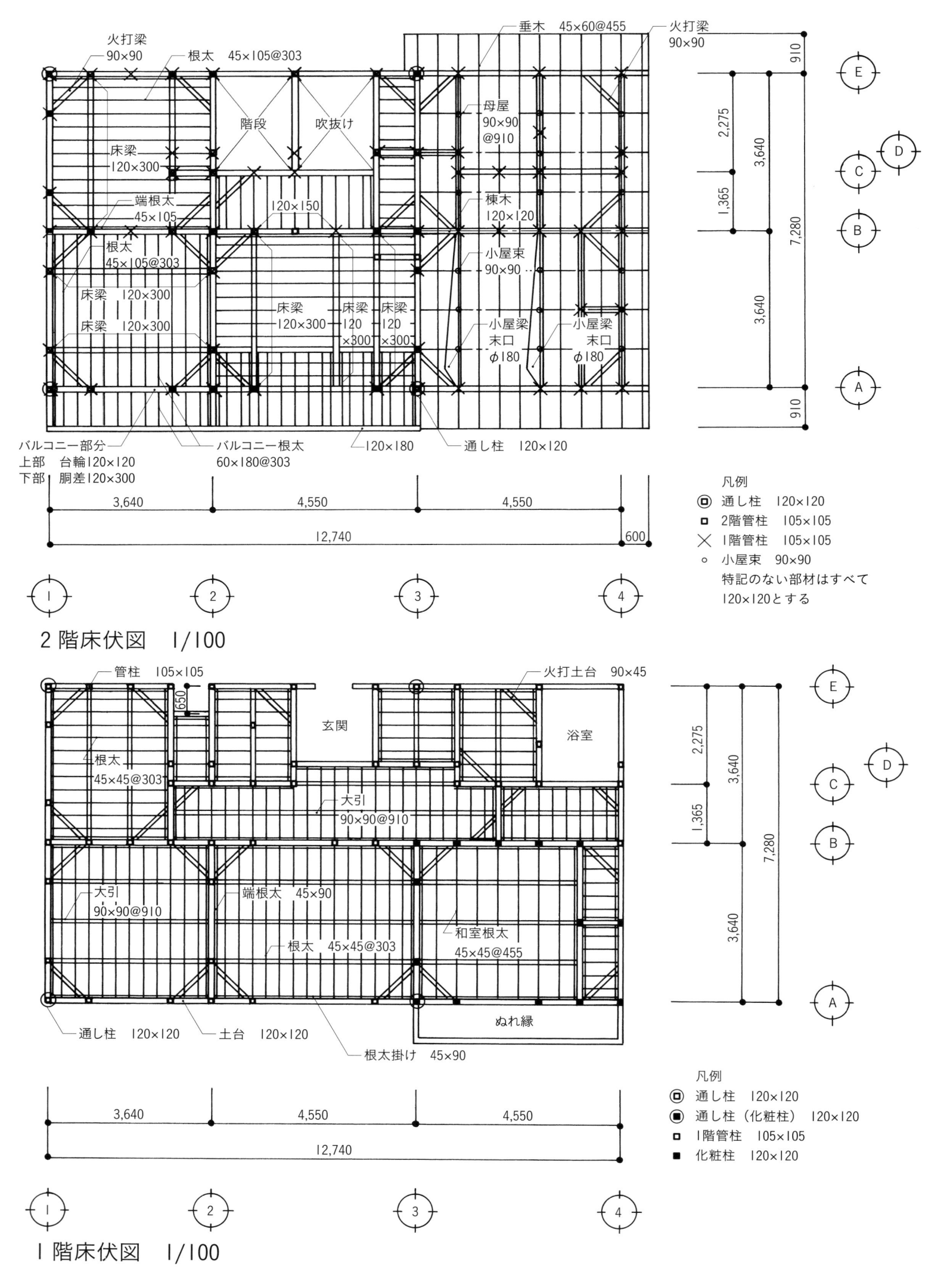

- 火打梁　90×90
- 根太　45×105@303
- 垂木　45×60@455
- 火打梁　90×90
- 床梁　120×300
- 階段
- 吹抜け
- 母屋　90×90@910
- 端根太　45×105
- 120×150
- 棟木　120×120
- 根太　45×105@303
- 小屋束　90×90
- 床梁　120×300
- 床梁　120×300
- 床梁　120×300
- 床梁　120×300
- 床梁　120×300
- 小屋梁末口　φ180
- 小屋梁末口　φ180
- バルコニー部分　上部 台輪120×120／下部 胴差120×300
- バルコニー根太　60×180@303
- 120×180
- 通し柱　120×120

寸法：3,640／4,550／4,550（計12,740）／600
縦方向：910／2,275／3,640／1,365／3,640／910（計7,280）
通り符号：1, 2, 3, 4／A, B, C, D, E

凡例
- ◉ 通し柱　120×120
- □ 2階管柱　105×105
- × 1階管柱　105×105
- ○ 小屋束　90×90
- 特記のない部材はすべて120×120とする

## 1階床伏図　1/100

- 管柱　105×105
- 火打土台　90×45
- 玄関
- 浴室
- 根太　45×45@303
- 大引　90×90@910
- 大引　90×90@910
- 端根太　45×90
- 根太　45×45@303
- 和室根太　45×45@455
- ぬれ縁
- 通し柱　120×120
- 土台　120×120
- 根太掛け　45×90

寸法：3,640／4,550／4,550（計12,740）
縦方向：2,275／3,640／1,365／3,640／910（計7,280）
通り符号：1, 2, 3, 4／A, B, C, D, E

凡例
- ◉ 通し柱　120×120
- ⦿ 通し柱（化粧柱）　120×120
- □ 1階管柱　105×105
- ■ 化粧柱　120×120

小屋伏図　1/100

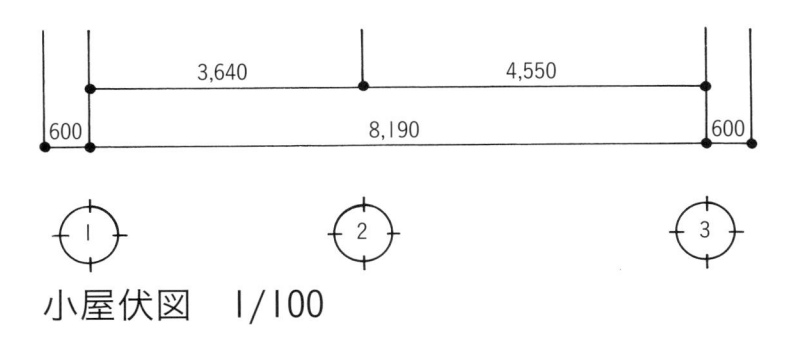

凡例
⊗　通し柱　120×120
×　2階管柱　105×105
○　小屋束　90×90
　　特記のない部材はすべて
　　120×120とする

第5章　木造2階建て住宅の製図

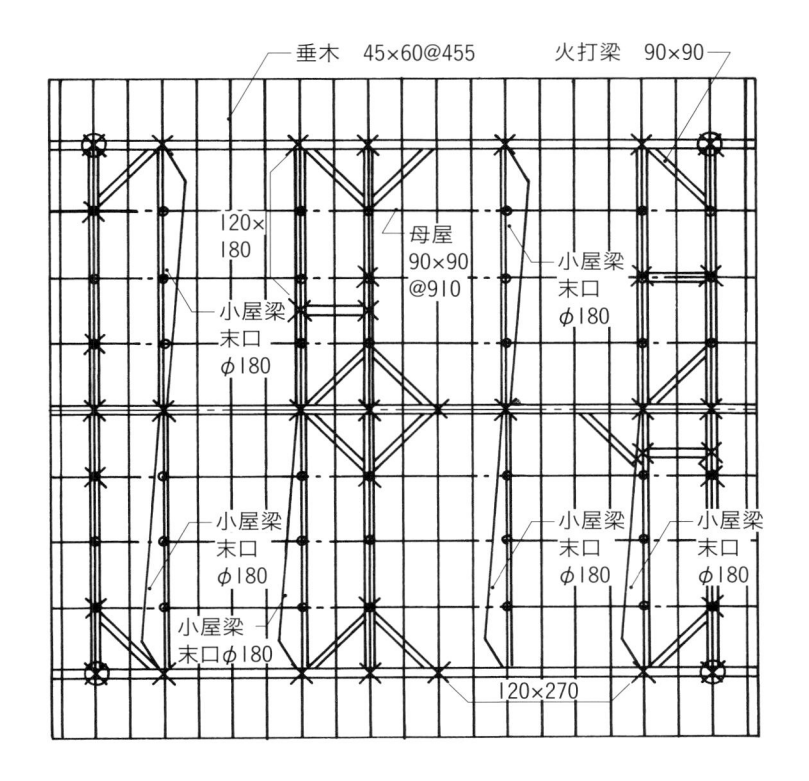

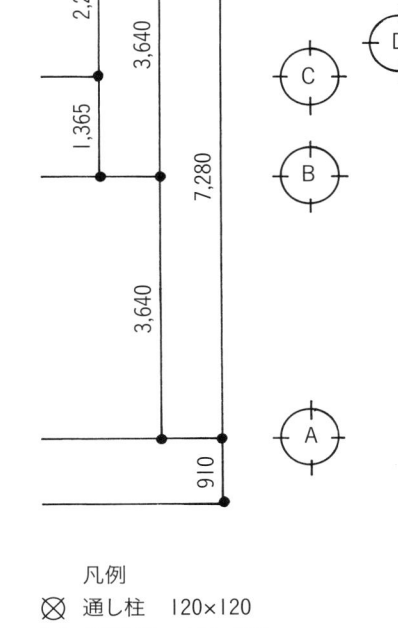

# 木造2階建て住宅の作図プロセス

## 5-1 木造住宅の基礎知識

### 1. 木造住宅の各部の名称

木造住宅の基本的な名称を説明する[図1]。木造住宅で、棟と平行な外壁を平壁といい、棟と直角な外壁を妻壁という。建物では、この平壁に出入口があることを平入り、妻壁に出入口があることを妻入りといい、平入りにするか妻入りにして計画するかによって、アプローチから見た建物の印象がかなり異なる。また、棟と平行な方向を桁行方向といい、棟と直角な方向を梁間方向という。

一般の木造住宅では屋根を外壁より外側に張り出すが、屋根が平壁より外側に設けられた部分を軒、屋根が妻壁より外側に設けられた部分をけらばといい、それぞれの外側に張り出した長さを軒の出、けらばの出という。

木造住宅の基礎は鉄筋コンクリートでつくられているが、これは、木材が湿気に弱く、直接土に触れたり、土に近いところでは土からの湿気の影響を受けて腐るので、それを防ぐためのものである。

### 2. 木造住宅の軸組

木造住宅の軸組（骨組）は、柱、梁、桁、筋かい、土台を構造材として用い、これらを組み合わせることによってつくられている[図2]。また、これらの構造材のほかに、間柱、火打材などの構造補助材によって構造的に補強されている。日本では、木造といえばこのつくり方で、これを在来軸組工法というが、この名称は、ツーバイフォーやログハウスなどの外来の工法が現れてきて、これらの工法と区別するためにつけられたものである。

軸組には、柱、間柱などの垂直材、土台、梁、桁などの水平材（横架材）、筋かい、火打材などの斜め材がある[図3]。

基礎は、鉄筋コンクリートでつくられ、断面は逆T字形をしている。この基礎の上に土台を置き、基礎のコンクリートがまだ固まらないうちにアンカーボルトを差し込んで、土台と緊結する。さらにその上に柱を立て、必要に応じて筋かいを入れることで地震や風などに対して強度を増し、胴差、軒、桁などの横架材を渡すなどして小屋組をつくる。

### 3. 木造住宅の基本寸法（モジュール）

木造住宅の基本寸法は910㎜であり、これは1間（1,820㎜）の半分の寸法である。一般にこの寸法を基準にして木造住宅はつくられる。

在来木造住宅では柱は1間（1,820㎜）以内ごと、間柱は455㎜（1,820㎜/4）以内ごとに設けるのが原則である。

次に柱を設けなければならない箇所を示す[図4]。

(1) 開口部や建具の両端。特に、幅1,800㎜以上の開口部の両端には、必ず柱を設ける。

(2) 壁の交差する部分。すなわち出隅、入隅部分や壁がT字形、十字形に交差する部分などである。

(3) 壁の端部。

(4) 壁で囲まれた1区画の短辺方向の距離（相対する壁間距離）が、最大でも5.4m（3間）を超えることのないように柱を設ける。

(5) 荷重の大きい梁の端部の直下や荷重の大きな負担のかかる所の直下。

一般に、建築物の隅など要所には通し柱（2階建て以上の木造建築物で、柱が土台から軒桁まで1本の柱で通っているもの）とし、その他の柱は管柱（2階建て以上の木造建築物で、土台から軒桁まで1本の柱で通さず、途中で胴差などで中断されているもの）とする。総2階の木造住宅では、建物の四隅を通し柱にするが、1階と2階の平面の大きさが異なる場合は、2階の四隅の位置を通し柱とするのが原則である。したがって、1階でも2階と同じ位置に通し柱がくるように計画する。

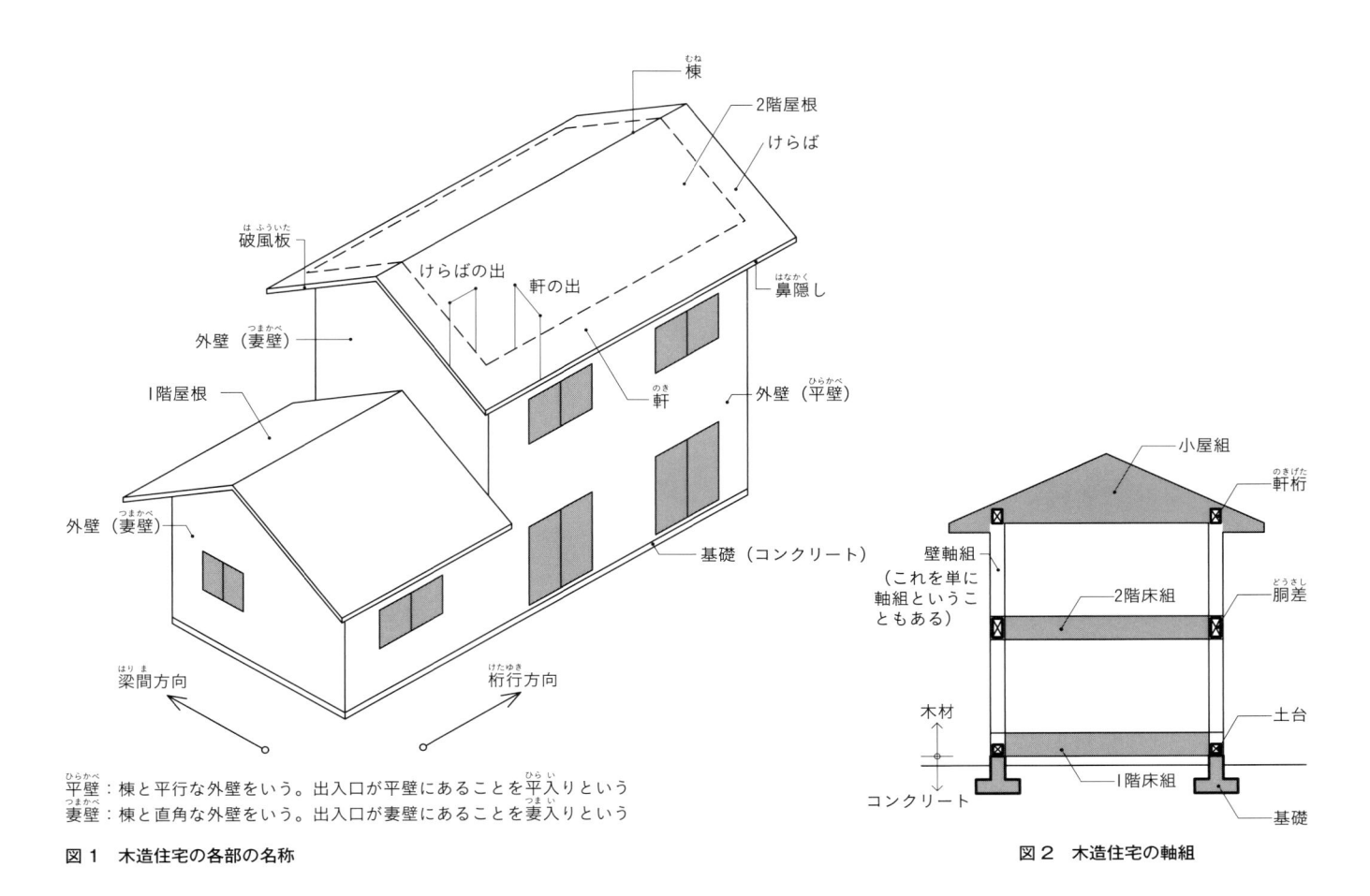

図1 木造住宅の各部の名称

平壁：棟と平行な外壁をいう。出入口が平壁にあることを平入りという
妻壁：棟と直角な外壁をいう。出入口が妻壁にあることを妻入りという

図2 木造住宅の軸組

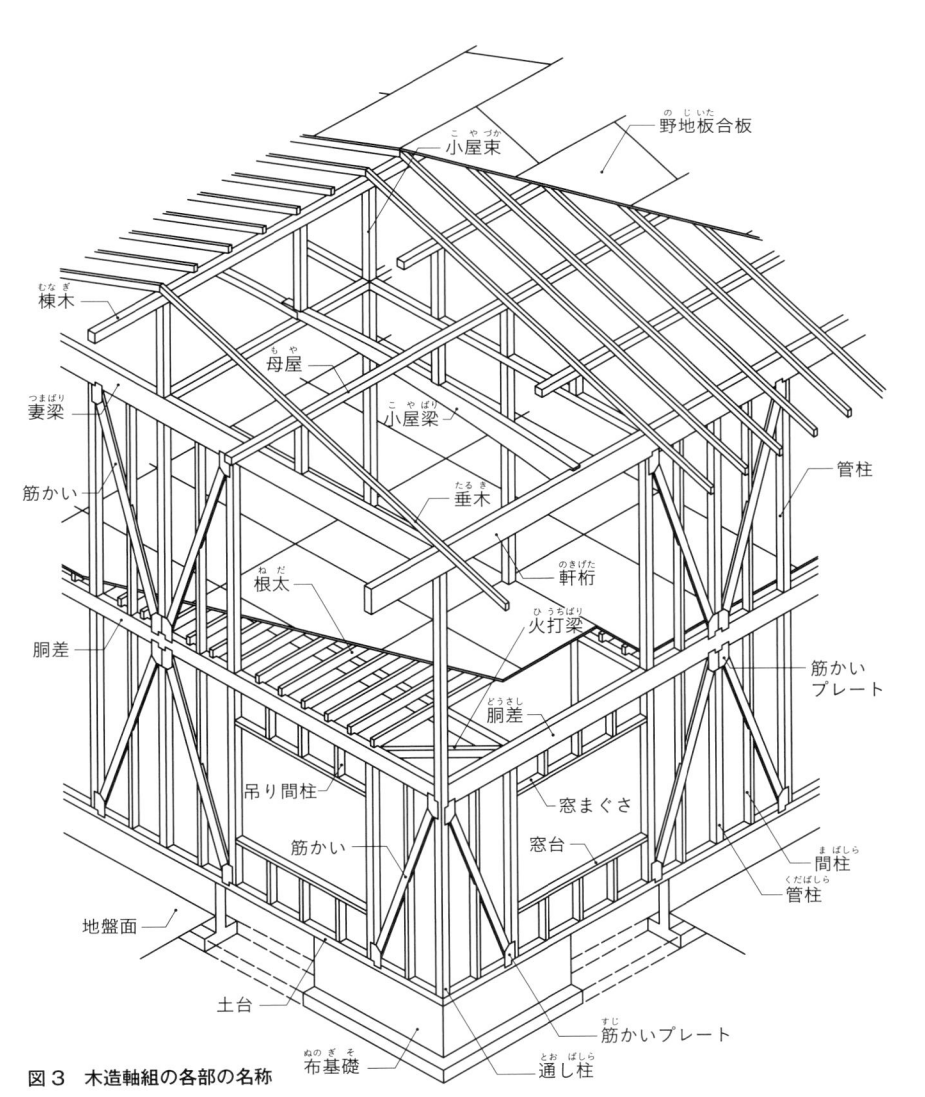

図3 木造軸組の各部の名称

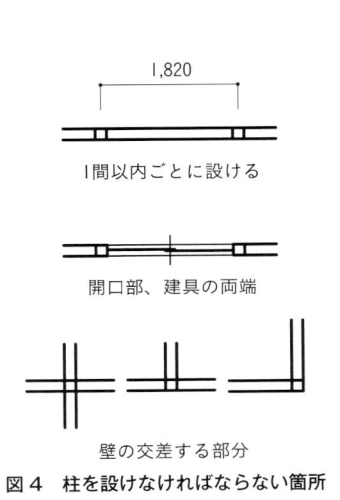

図4 柱を設けなければならない箇所

1,820
1間以内ごとに設ける

開口部、建具の両端

壁の交差する部分

第5章 木造2階建て住宅の製図　77

## 4. 筋かい

### (1) 筋かいの役割

筋かいについてのポイントを次の①～④に示す。

① 木造軸組工法は基本的に、柱の垂直材と軒桁、梁、胴差の水平材（横架材）と筋かいの斜め材から成っている。

② 筋かいは柱や梁と同じように構造材である。

③ 筋かいは地震や風によって建物にかかる水平力を負担するとともに、建物の剛性を高めるもので、非常に重要な部材である。

④ 木造軸組工法では、この筋かいなどを設けた壁を耐力壁という。

この筋かいに対して、間柱は構造補助材であるため、筋かいと間柱が交差する部分では間柱のほうを欠き込むようにする。筋かいには、X字形に設けるたすき掛け筋かい（両筋かい）と、片方にのみ設ける片入れ筋かい（片筋かい）があり［図5］、構造耐力性では**たすき掛け筋かいは片入れ筋かいの2倍の強度がある**とされている。

### (2) 筋かいの種類

筋かいには、圧縮力を負担する圧縮筋かいと引張力を負担する引張筋かいがある［図6］。圧縮力を負担する筋かいは、30×90mm以上の木材とし、引張力を負担する筋かいは15×90mm以上の木材または直径9mm以上の鉄筋とする。

### (3) 筋かい量の概算の求め方

2階建て以上の木造建築物または延べ床面積が50㎡を超える木造建築物は、建築物の梁間方向、桁行方向にそれぞれ必要な筋かいを設ける壁の長さ、すなわち筋かい量（軸組長さ）の計算をしなければならない。これを軸組計算といい、実務ではこの計算をしなければならないが、ここでは、筋かい量の概算値を求める簡便な方法があるのでそれを示す。

① 30×90mmの断面の片入れ筋かい（平面上の壁の長さが910mm）を基準として、これを1階、2階それぞれの梁間方向、桁行方向にどれだけ必要かを検討する。30×90mmの片入れ筋かい（平面上の壁の長さが910mm）を1カ所とすると、次のことがいえる。

(a) **1階では、床面積4㎡につき1カ所筋かいを入れる壁が必要になる**（金属板葺き、スレート葺きなどの軽い屋根でも瓦葺きなどの重い屋根でもともに、床面積4㎡につき1カ所でよい）。

(b) **2階では、軽い屋根の場合は床面積9㎡につき1カ所筋かいを入れる壁が必要になる**（ただし、重い屋根の場合は床面積6㎡につき1カ所とする）。

② 筋かいの倍率

30×90mmの片入れ筋かい（長さ910mm）を1カ所として計算する［図7］。

### (4) 筋かい量の計算例

前述の（3）により、1階80㎡、2階50㎡の床面積の各階の筋かい量を求めてみる［図8］。30×90mmの片入れ筋かい（長さ910mm）を1カ所として考える。

① 1階

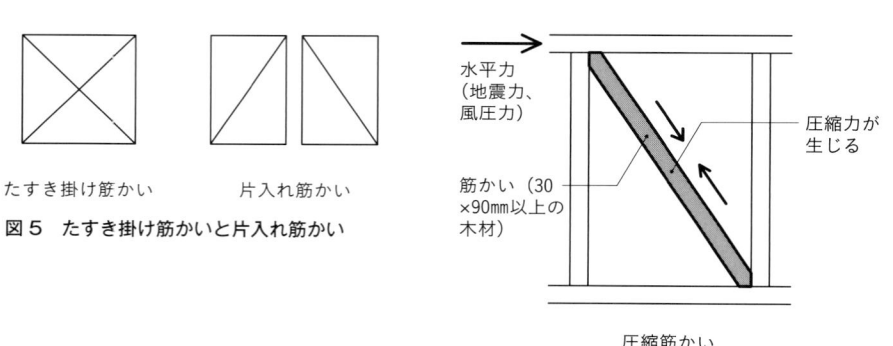

図5 たすき掛け筋かいと片入れ筋かい

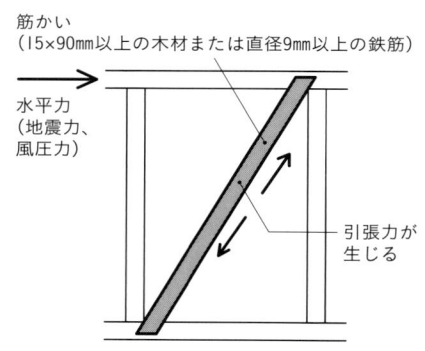

図6 圧縮筋かいと引張筋かい

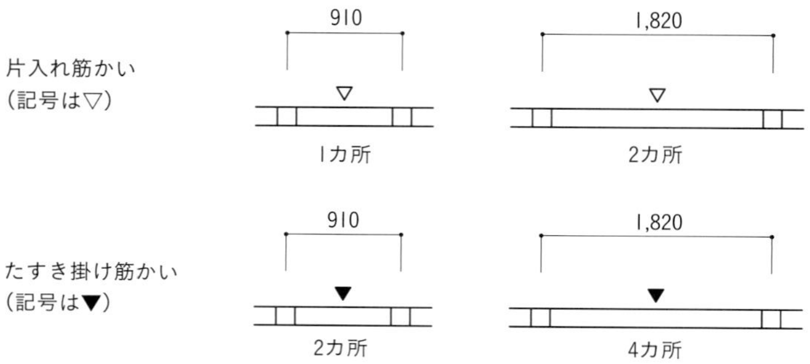

図7 筋かいの倍率

80㎡ ÷ 4㎡ ＝ 20 カ所

よって1階では、梁間方向、桁行方向ともに、建築物の外周壁と内壁も含めて20カ所必要である。

② 2階
　（a）軽い屋根の場合
　　50㎡ ÷ 9㎡ ≒ 5.6 →(くり上げ) 6カ所
　（b）重い屋根の場合
　　50㎡ ÷ 6㎡ ≒ 8.3 →(くり上げ) 9カ所

よって2階では、梁間方向、桁行方向ともに、建築物の外周壁と内壁も含めて、軽い屋根では6カ所、重い屋根では9カ所必要である。

建築物によっては開口部が多く壁の少ないものがあり、筋かいを設けにくい場合があるので、そのときは倍率が2倍になるたすき掛け筋かいを多く用いることで、筋かいを設ける壁の箇所を半分に減らすようにする。また、筋かいの部材の断面を45×90㎜や90×90㎜にすることで、倍率を上げる方法もある（45×90㎜は30×90㎜の約1.3倍の倍率、90×90㎜は2倍の倍率になる）。

たとえば、前述の建物で30×90㎜の片入れ筋かいのかわりに45×90㎜の片入れ筋かいを用いた場合は、1階では20カ所÷1.3＝15.4となり、くり上げて16カ所設置すればよいことになる。

(5) 立面図に記入する筋かいの方向

立面図に片入れ筋かいを記入する場合は、片入れ筋かいの傾きが右下がりの方向（＼方向）のものの数と、右上がりの方向（／方向）のものの数とが同じくらいになるように心がける。

図9のb、cのように筋かいを一方向のみに設けることは避け、またd、eのように1階と2階の筋かいの方向を同じ方向にすることも避けるように心がける。また、壁厚がうすい和室の真壁には、たすき掛け筋かいではなく片入れ筋かいを設けるようにする。

(6) 筋かいを設ける壁（耐力壁）の配置方法

建物に筋かいを設けるには、平面的にも立面的にも偏りのないバランスのとれた配置にする。筋かいは、建物の外周壁に優先して配置し、そのなかでも1階と2階で壁の位置が一致するところに最優先して配置する。外周壁のみでは筋かいの量が不足する場合は、内壁で補完する。また、2階建て部分と平家建て部分がある建物では、2階建て部分の外周壁に優先して筋かいを設け、不足するようなら、平家部分や内壁で補完する。

## 5. 住宅の各部寸法

(1) 住宅設備機器、家具の寸法

建築製図では、住宅設備機器、家具の寸法を把握することは重要なことである。住宅の各部屋の住宅設備機器、家具の寸法を次頁に示す［図10］。

(2) 駐車・駐輪スペースの寸法

一般の駐車スペースの寸法と車椅子使用者用の駐車スペースの寸法は異なることに留意する。駐車・駐輪スペースの寸法を81頁に示す［図11］。

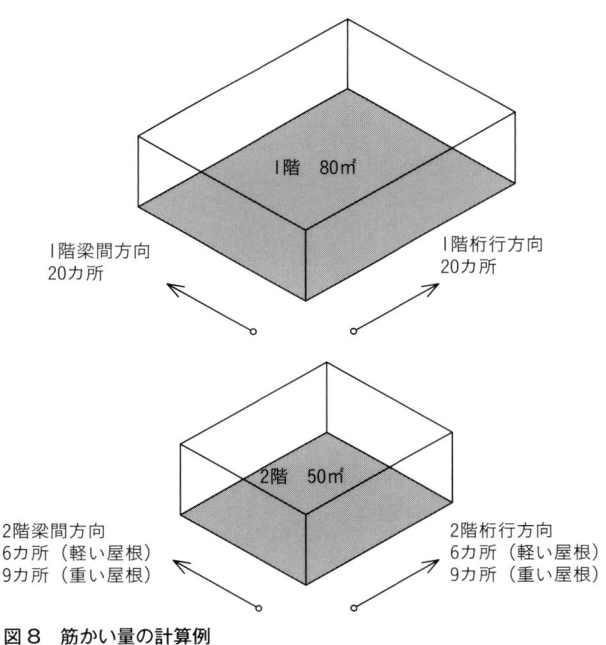

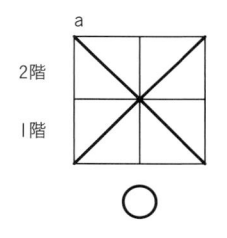

図8　筋かい量の計算例

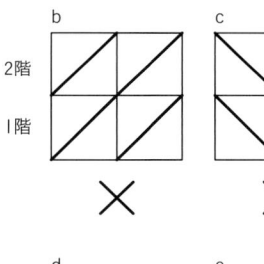

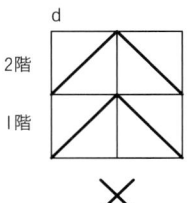

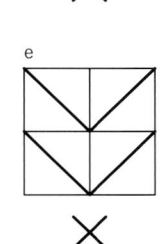

図9　立面図に記入する筋かいの方向

## 居間

- リビングセット
- 座卓（座布団 500×500）
- グランドピアノ
- サイドボード
- アップライトピアノ

## 食堂

- 6人用ダイニングテーブル（椅子 450×450）
- 4人用ダイニングテーブル
- 6人用ダイニング丸テーブル
- 4人用ダイニングテーブル
- 4人用ダイニング丸テーブル

## 寝室

- シングルベッド
- セミダブルベッド
- ダブルベッド
- ナイトテーブル
- ドレッサー（φ400）
- 布団
- クローゼット
- 洋ダンス、和ダンス
- 整理ダンス

## 台所

- 台所流し台
- 冷蔵庫
- 食器棚

## 子供室

- 学習机（椅子 450×450）
- 本棚

## 洗面脱衣室

- 二槽式洗濯機
- 全自動洗濯機
- 洗面台

## 浴室

浴槽

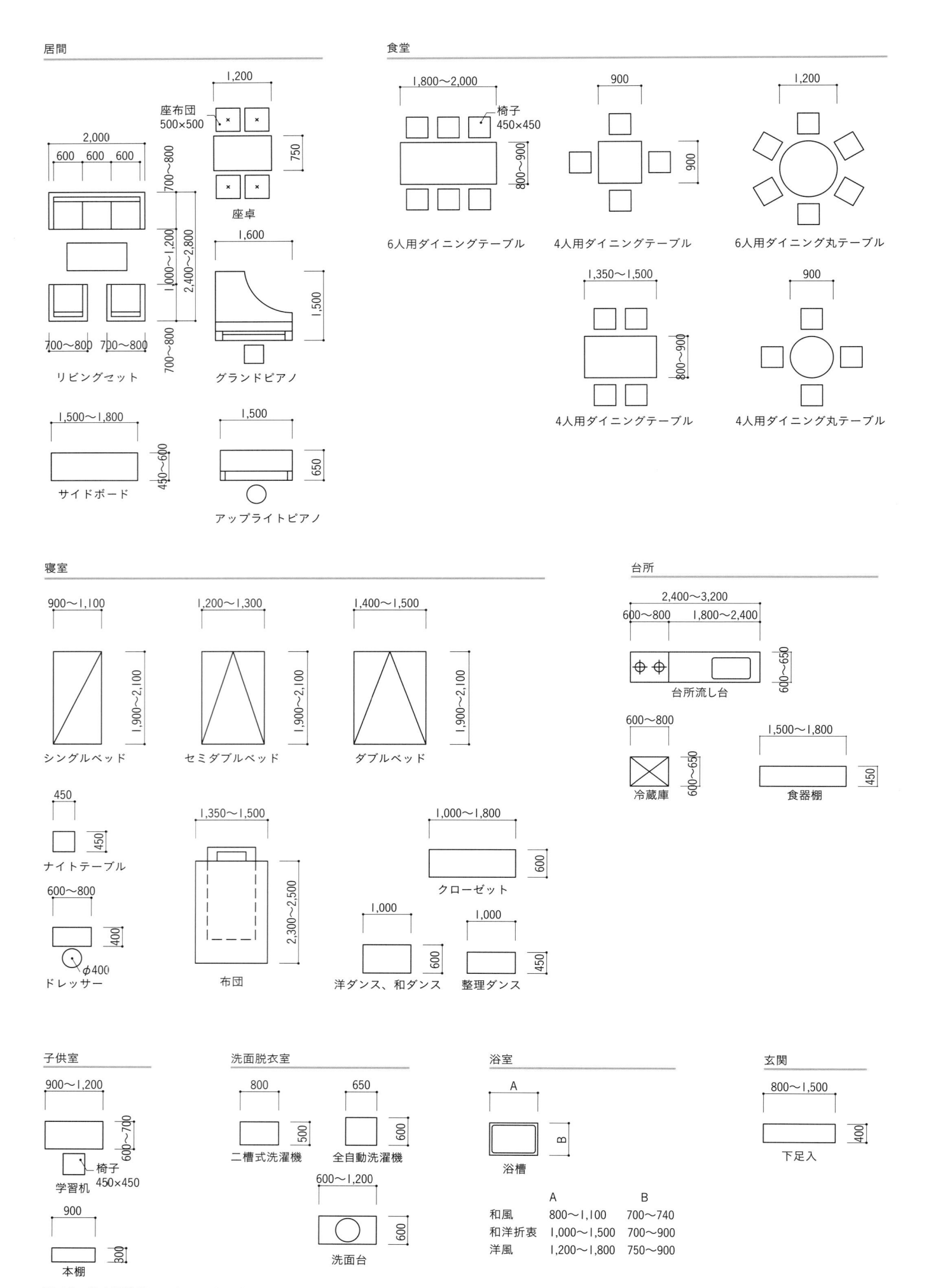

| | A | B |
|---|---|---|
| 和風 | 800〜1,100 | 700〜740 |
| 和洋折衷 | 1,000〜1,500 | 700〜900 |
| 洋風 | 1,200〜1,800 | 750〜900 |

## 玄関

- 下足入

**図10　住宅設備機器、家具の寸法（1/100）**

## 6. 車椅子の寸法と動作空間 ［図12］

（1）車椅子の寸法

全幅650mm以下、全高980mm以下、座の高さ400～450mm、折りたたんだときの幅320mm程度。

（2）出入口の幅は800mm以上。

（3）通路の幅

車椅子のみの場合は900mm以上、人とすれ違う場合は1,350mm以上、車椅子どうしがすれ違う場合は1,800mm以上。

（4）車椅子の最小回転直径（車椅子を中心に180°、360°回転できる直径）は1,500mm。

（5）車椅子の回転スペース

車椅子を中心に180°または360°回転する場合は、一辺1,700mm以上。片側車輪を中心に360°回転する場合は、一辺2,100mm以上。

（6）床は段差を避け、スロープを設ける。スロープの勾配は1/12（4.7°）以下とし、標準は室内では1/15、屋外では1/20とする。

（7）エレベーターのかごの内法寸法

間口1,400mm以上、奥行1,350mm以上、出入口の幅800mm以上、かごの床面積1.83㎡以上。

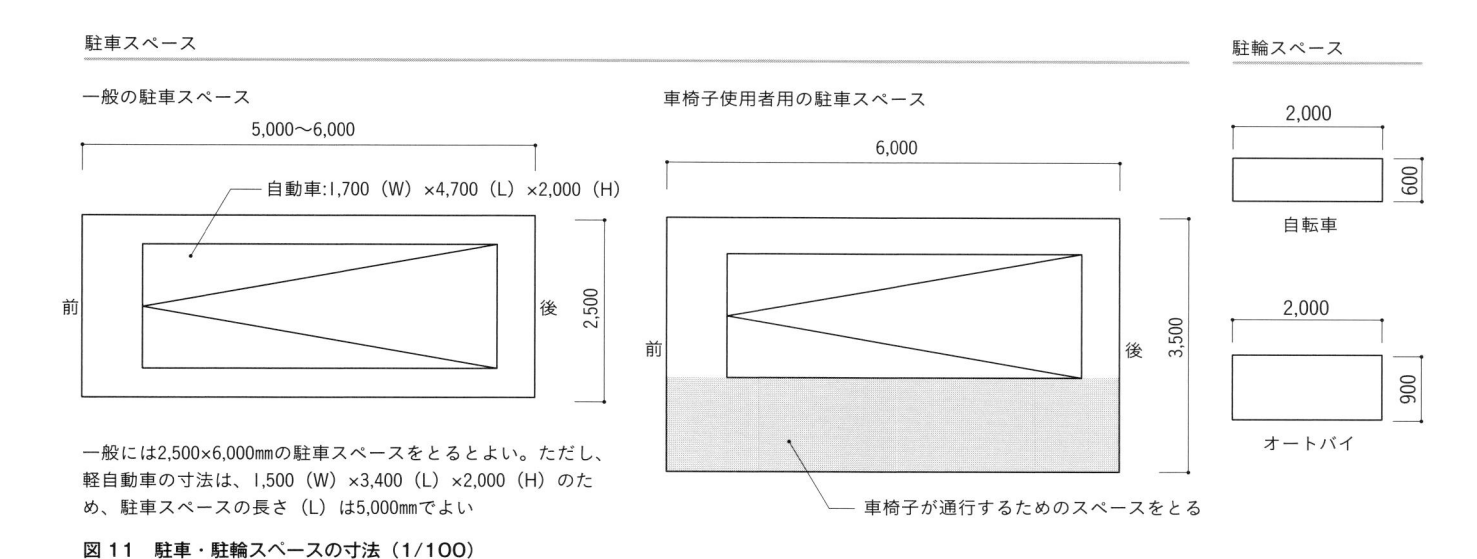

図11　駐車・駐輪スペースの寸法（1/100）

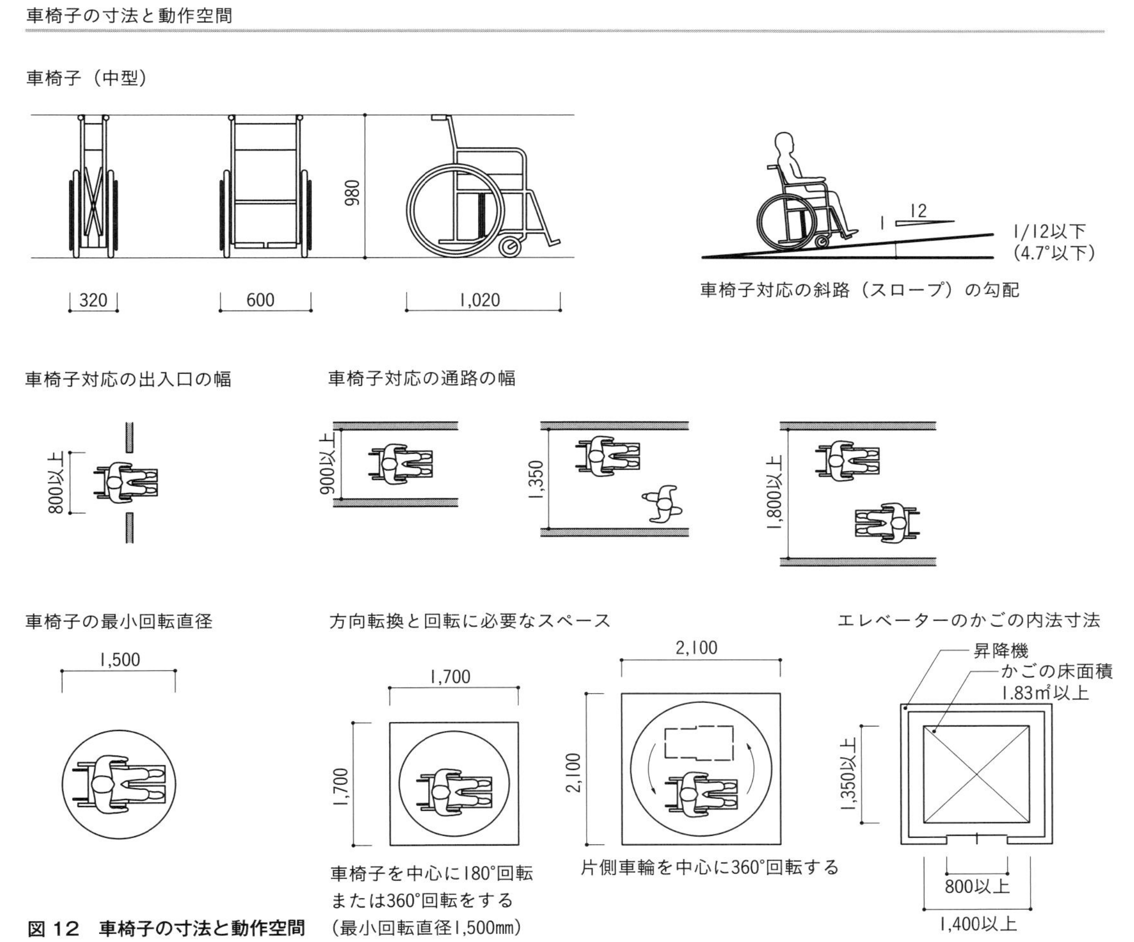

図12　車椅子の寸法と動作空間

## 5-2 配置図・1階平面図の描き方

**1. 敷地と道路を描く**

(1) 配置図、平面図は原則として北を上にして描く［図13］。
(2) 道路境界線、隣地境界線を一点鎖線の太線で描く。敷地の反対側の道路境界線を実線の太線で描く。道路中心線を一点鎖線の細線（または中線）で描く。道路境界線と隣地境界線をあわせて、敷地境界線という。
(3) 敷地の四隅は、テンプレートを使い、○印を記入する。
(4) 道路は原則として描くが、図面のレイアウト上道路が入らない場合は、敷地の反対側の道路境界線を省略してもよい。ただしその場合は、必ず道路幅員を表示する［図14］。
(5) 最初から道路境界線、隣地境界線を太線で描くと、平行定規や三角定規

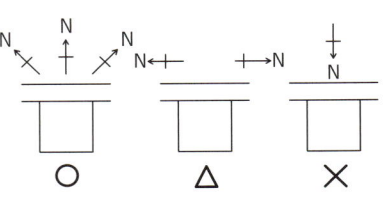

**図13 配置図、平面図の北の方向**

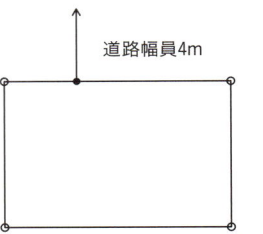

**図14 道路を描かない場合の道路幅員の表示**

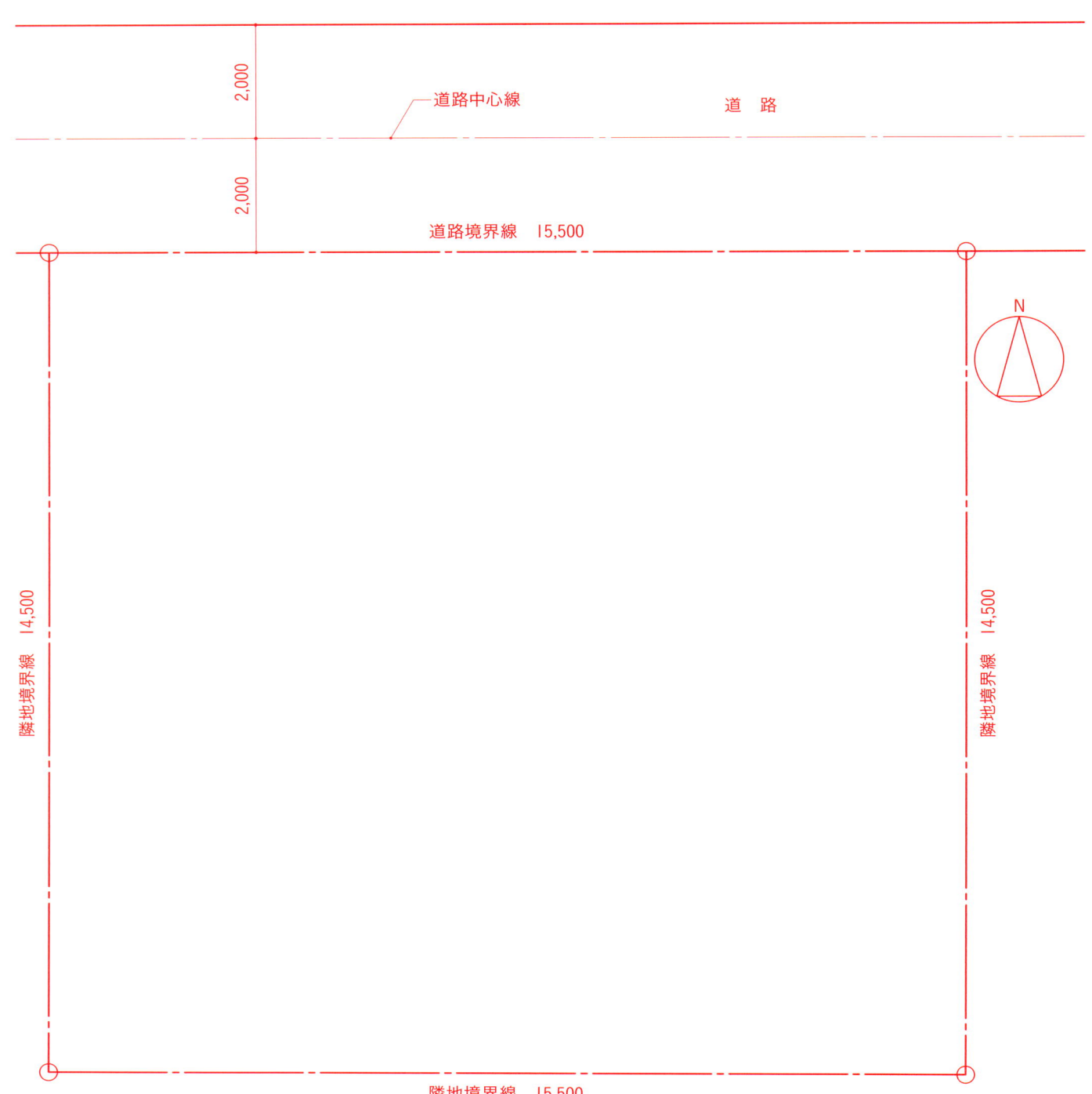

1. 敷地と道路を描く（1/100）

などで太線がこすれて図面が汚れやすくなるので、そのような場合は仮線で下書きして仕上げのときに太線で描いてもよい。また実務では、道路境界線、隣地境界線を実線の中線で描く場合もある。
（6）敷地と道路を描かないで、最初から建物の平面図を描き始めると、図面のレイアウトを失敗することがあり、描き直しすることもあるので注意すること。

## 2. 壁の中心線（基準線）を仮線で描く

（1）壁の中心線は後で壁厚、柱幅をとるときの基準の線となる。この中心線は自分でわかる程度のうすい仮線で描くため、後で消す必要はない。
（2）敷地の基準点（BM／ベンチマーク）から建物までの横方向（X方向）の寸法1,600mmと縦方向（Y方向）の寸法3,000mmを正確にとる。
（3）壁の中心線は部屋の大きさなどを表す基準の線のため、寸法を間違えて先に進むと、直しに大きな手間がかかるので正確にとる。

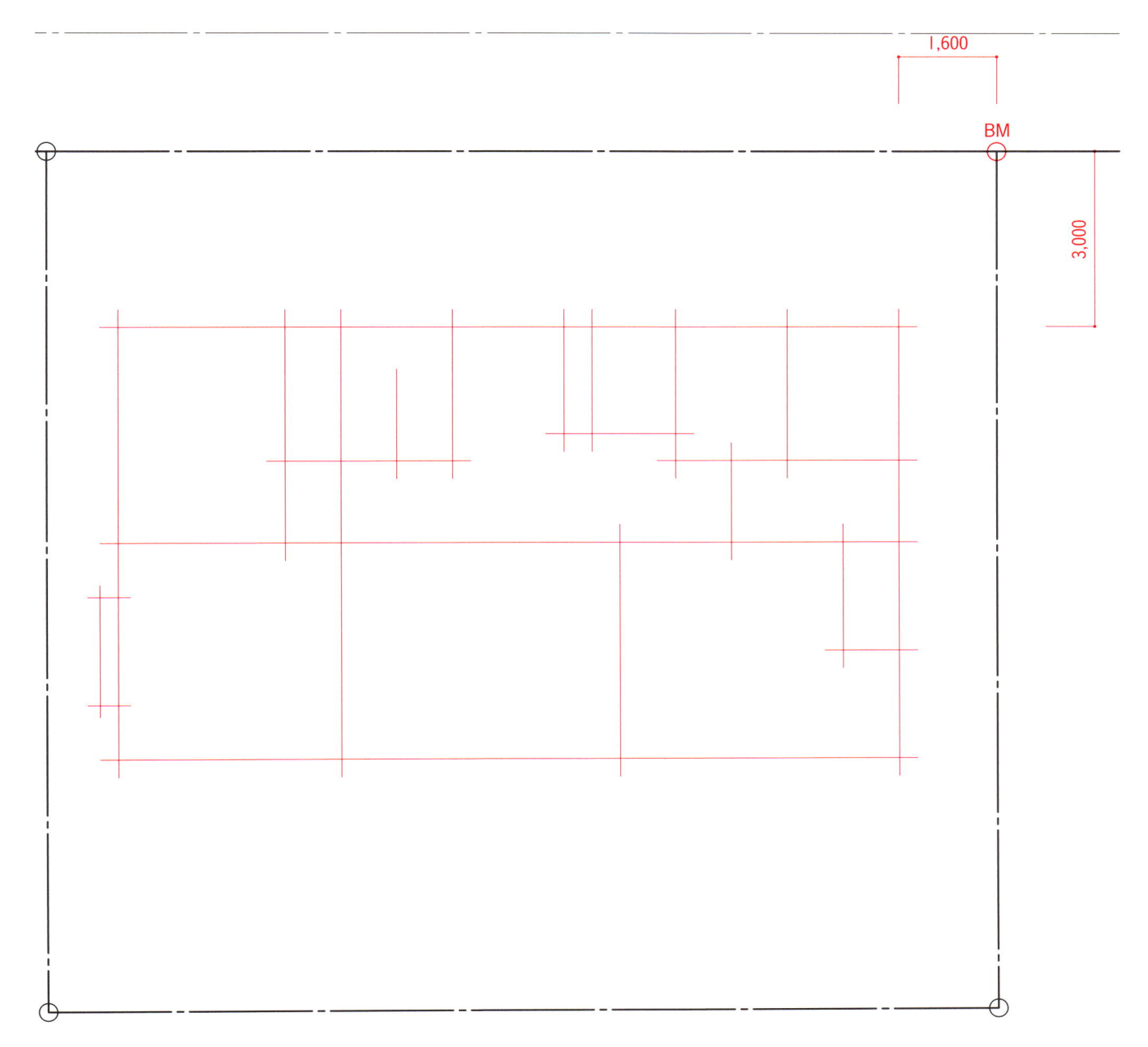

**2. 壁の中心線（基準線）を仮線で描く（1/100）**

## 3. 壁厚、柱幅の線を仮線で描く

（1）在来木造工法の 1/100 の平面図では、壁厚は、一般に 1.5 mm 程度で描く。したがって、壁の中心線から両側に 0.75 mm 振り分けて壁の厚みをとり、壁厚の線（仕上線）を仮線で描く［**図 15**］。この壁厚を表す仮線は、第 5 の段階で実線の太線で仕上げるための下書き線である。ただし便所と玄関の収納との間の壁は、家具工事とし、厚さ 80 mm をとる。

（2）最初は三角スケールを使って、0.75 mm を振り分け、壁厚 1.5 mm を正確にとるのはむずかしいが、練習を重ねることで正確で均等な壁厚の線を描くことができるようになる。また練習を繰り返すと、目測で 1.5 mm の壁厚を正確に描くことができるようになる。

（3）両側に均等に振り分けることができていない場合でも、実線の太線で仕上げる際に仮線の位置より少しずらして、均等になるように微調整することができる。

（4）壁厚は厚すぎても、細すぎてもいけない。またそれぞれの壁の壁厚にばらつきがあってもいけない。正確な壁厚を均等に仮線で描けるようにすることが作図上達の第一歩である。

（5）在来木造工法では、縦横の壁が交差する部分には柱を入れる。そのため図面では、壁の縦横の仮線を交差させ、柱の形ができるようにする。こうすると次の段階で、実線の太線で容易に柱を仕上げることができる（柱幅は一般に 105 mm または 120 mm であるが、1/100 の図面では作図を容易にし、また見た目にもわかりやすくするために柱幅を壁厚の線と同じ位置にして描く）［**図 16**］。

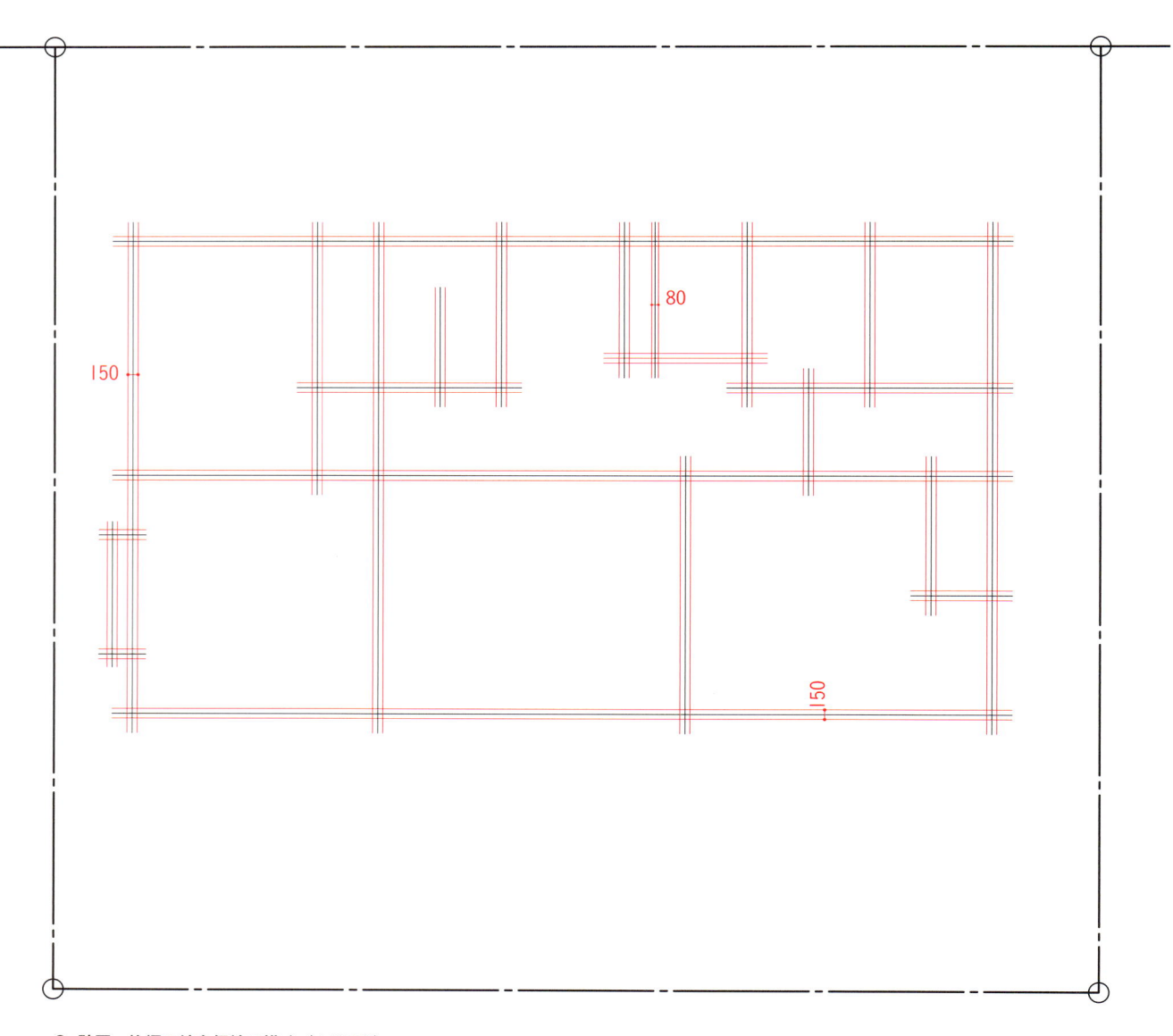

3. 壁厚、柱幅の線を仮線で描く（1/100）

## 4. 柱幅と開口部の位置を濃い実線の太線で描く

柱幅と開口部の位置すべてを濃い実線の太線で描く。これは次の段階で、壁や柱を実線の太線で一気に仕上げるために、壁、柱、開口部の位置が明確にわかるようにするためである［図17］。

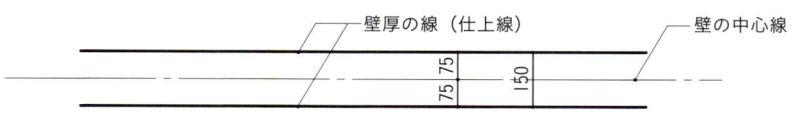

図15　木造の壁厚（1/200）

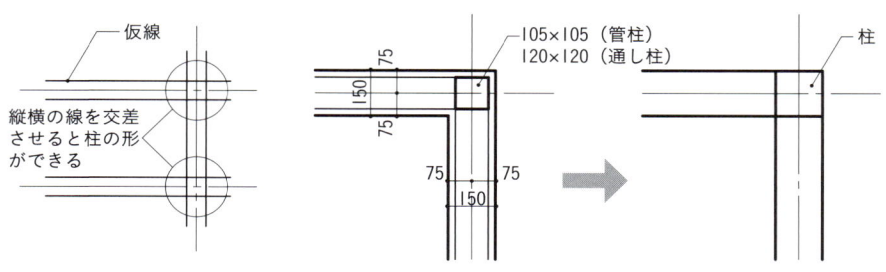

図16　柱の描き方

1/100の図面では、わかりやすくするために柱幅と壁厚は同じ位置にする

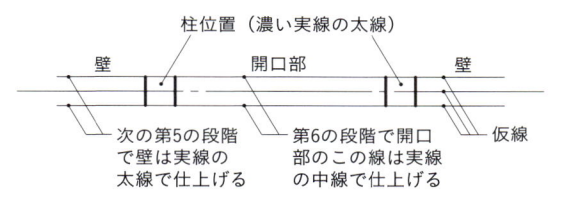

図17　開口部にある柱を濃い実線の太線で描く

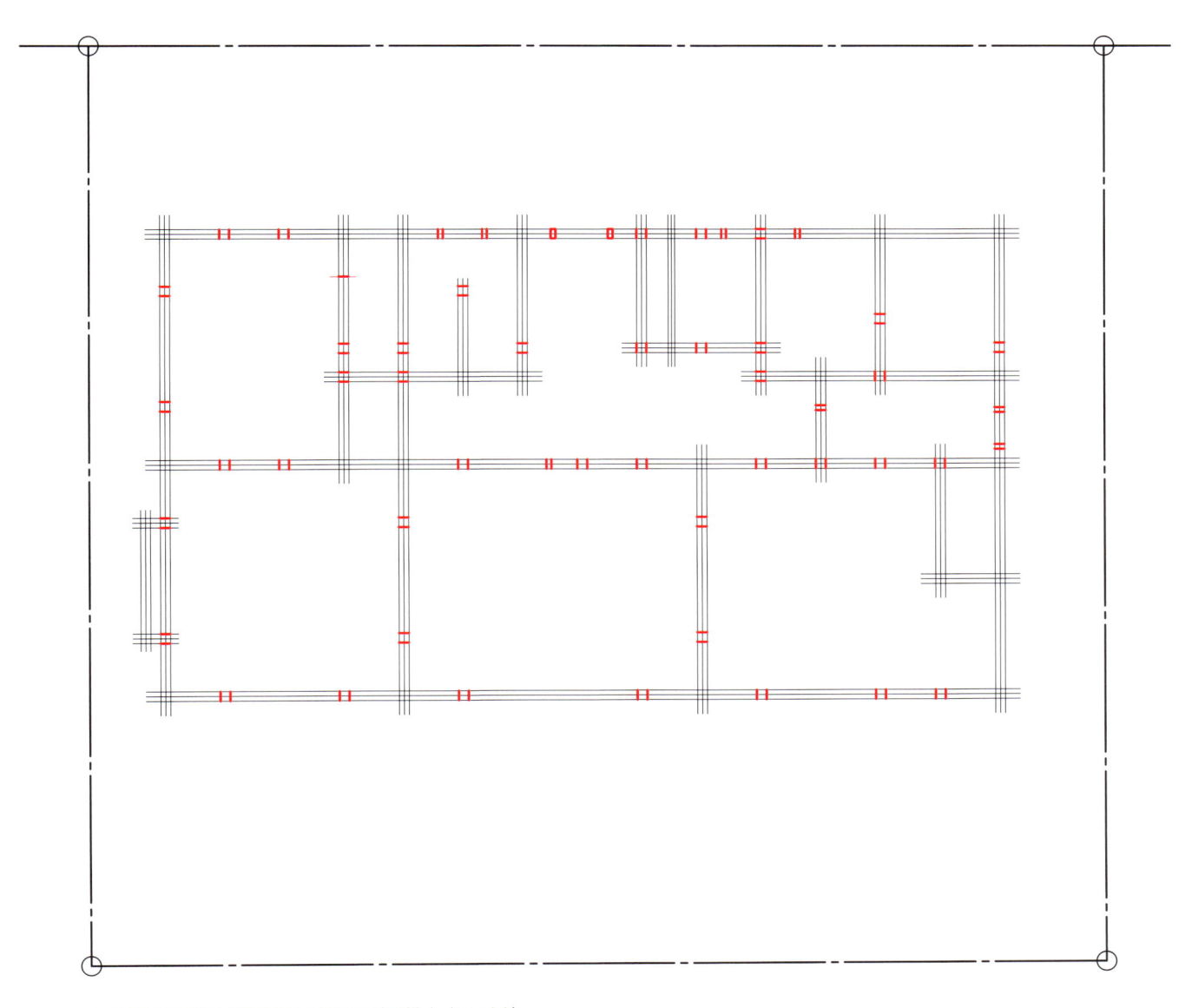

4. 柱幅と開口部の位置を濃い実線の太線で描く（1/100）

## 5. 壁、柱を濃い実線の太線で描く

（1）第3の段階で仮線で描いた壁厚の線を筆圧を強くして濃い実線の太線で仕上げる。和室8畳の室内の真壁の部分は、壁の仕上面が柱面より内側にあるので描き方に注意する［図18］。

大壁とは、柱が壁の中にあり、外側から見えないようにつくられた壁をいい、一般の洋室はこれでつくられる。これに対して真壁は、柱を外側から見えるようにした壁で、一般の和室の内部はこれでつくられる。この住宅の和室8畳部分の外壁部分は外側が大壁で、内側が真壁になっている。また和室8畳と居間や廊下との間の内壁は、居間や廊下側が大壁で、和室側が真壁になり、大壁と真壁の組合せとなっている。一般の在来木造工法の和室は、この大壁と真壁の組合せが多い［図19］。

（2）第3の段階で描いた戸の部分の壁厚の線は仮線であるため、あらためて消す必要はないが、もしいくらか目立つようなら消し板を使って消しゴムで消す［図20］。

（3）前の第2～4の段階はこの第5の段階の作業を容易に、かつ一気に完成させるための仮線による下書きの段階である。

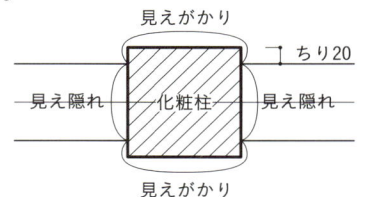

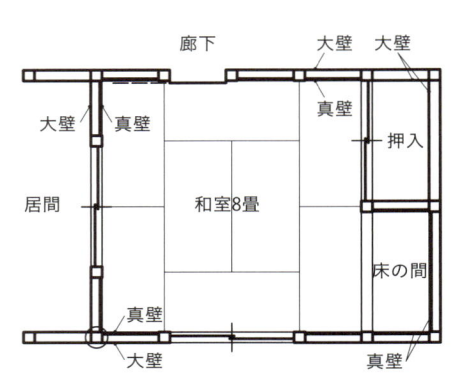

**図18 和室8畳の大壁と真壁**

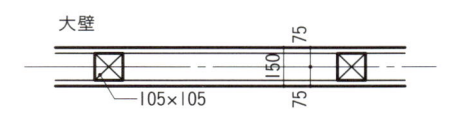

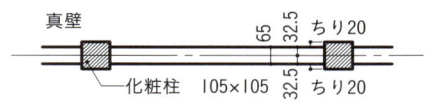

ちり：真壁での柱面と壁面との距離
見えがかり：部材が現れて目に見える部分
見え隠れ：部材が隠れて目に見えない部分

**図19 大壁と真壁**

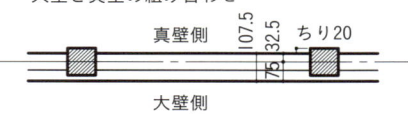

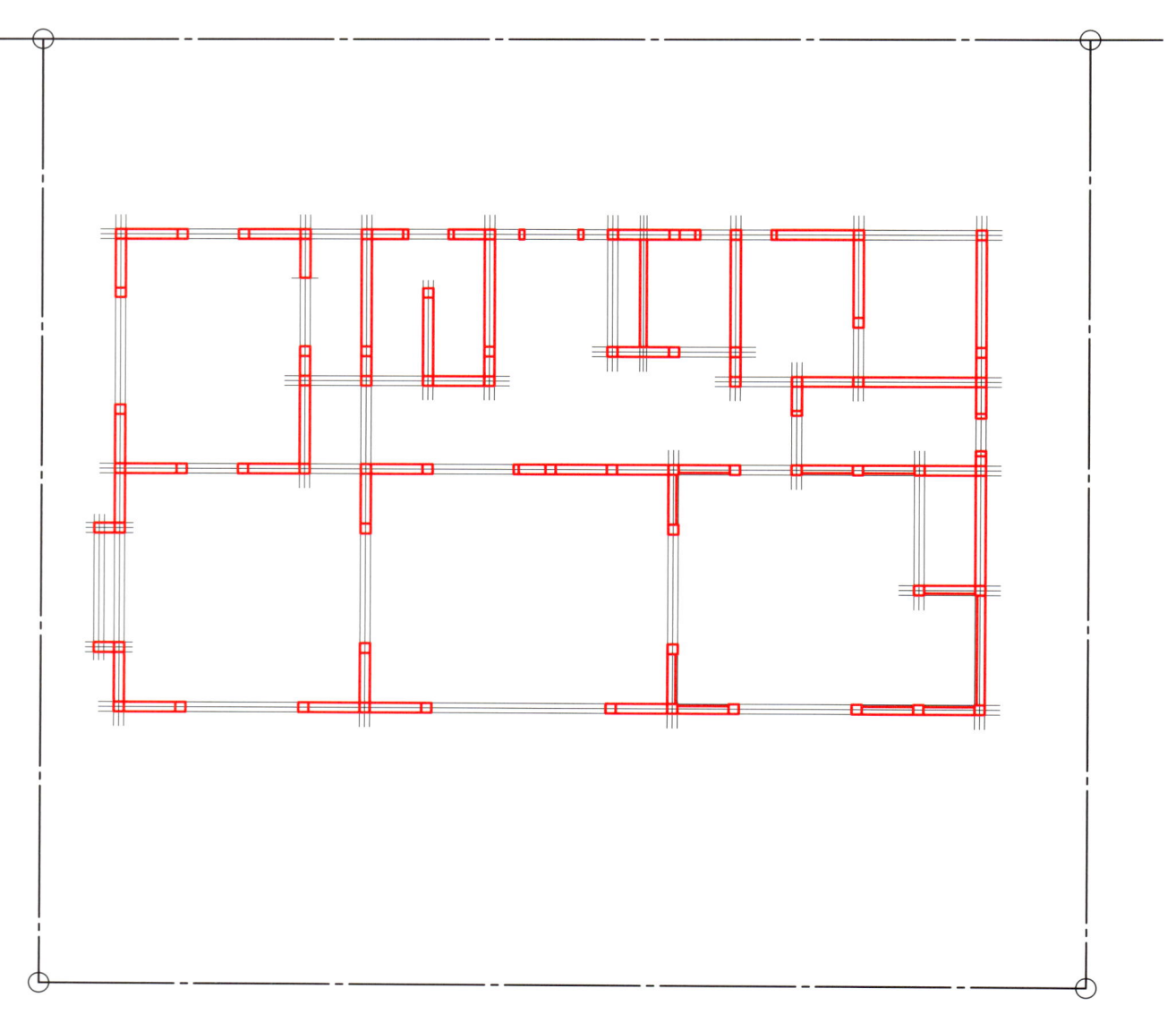

**5. 壁、柱を実線の太線で描く（1/100）**

## 6. 開口部などを実線で描く

（1）開口部には第2章29-31頁で示したいろいろな表示記号があるが、原則として、それらを使って建具を中線で描く。

（2）引違い窓（サッシュ）の両側の窓の見えがかりの線を実線の中線で描き、窓部分を実線の太線で描く［図21］。

（3）開き戸は円定規（テンプレート）で、1/4円と直線を実線の中線で描く（開き戸の1/4円の部分は細線で描いてもよい）［図22］。

（4）窓の格子を破線の中線で、雨戸を実線の太線で描く。

（5）この第6の段階を終えることが、作図上の大きな区切りになる。この段階を終えてから、階段、住宅設備機器、家具などの室内にあるものを描く作業に進む。

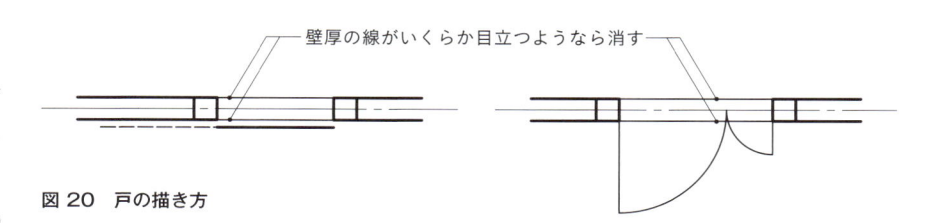

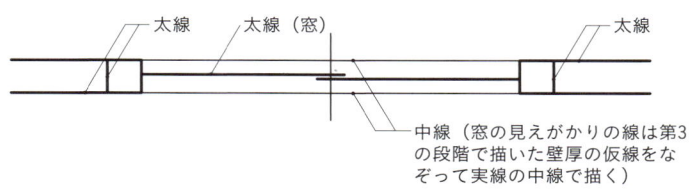

**図20　戸の描き方**

**図21　引違い窓の描き方**

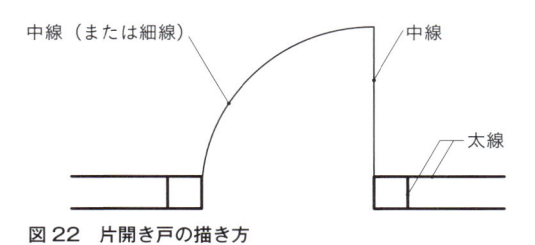

**図22　片開き戸の描き方**

**6. 開口部などを実線で描く（1/100）**

## 7. 階段、住宅設備機器、家具などを実線の中線で描く

（1）階段は途中で省略線を入れ、矢印の方向を上り方向とする。したがって、「UP・DN」や「上ル・下ル」などの記号を書く必要はない。踊り場のある階段では、1階、2階平面図とも踊り場を描くように省略線の位置を決める[図23]。また階段の手すりを忘れずに描く。

（2）台所の厨房機器、洗面器、便器などの住宅設備機器をテンプレートなどを使って実線の中線で描く。また冷蔵庫、洗濯機、家具（造り付けでない家具）も実線の中線で描くが、これらのものは建築工事に含まれない場合が多いので、点線で描くこともある。

（3）台所、洗面脱衣室、浴室、便所に換気扇の表示をする。

（4）一般に平面図では、次の住宅設備機器や家具を最低限表示する。

①居間
リビングセット（テーブル、ソファー）、テレビなど。
②食堂
ダイニングテーブルと椅子。
③台所
厨房機器（キッチンセット）、冷蔵庫、食器棚。
④洗面脱衣室
化粧洗面台、洗濯機。
⑤浴室
浴槽。
⑥便所
便器。
⑦玄関
下足入。
⑧夫婦寝室（洋室）
ベッド。
⑨子供室（洋室）
ベッド、机と椅子。

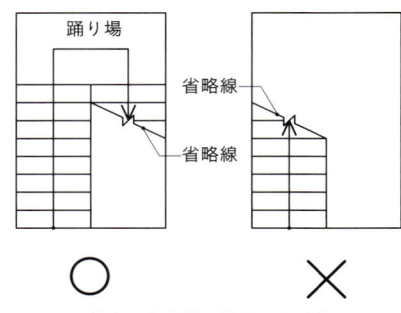

図23　階段の省略線の位置のとり方

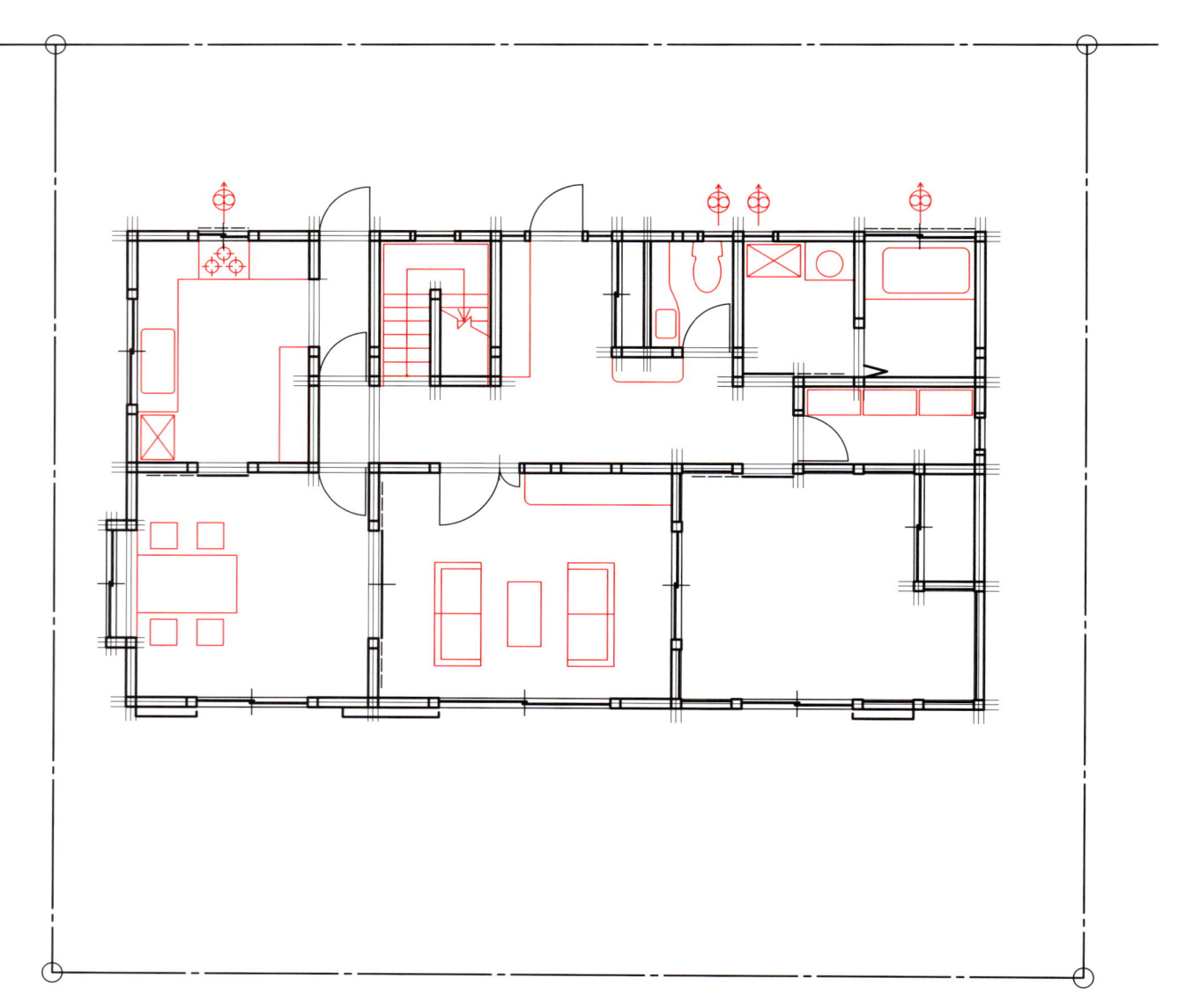

7. 階段、住宅設備機器、家具などを実線の中線で描く（1/100）

## 8. 床、カウンターの仕上げを実線の細線で描く

（1）和室8畳の畳の敷き方（畳割りという）、床の間の木目の仕上げ、玄関や浴室の150角タイル張りの床仕上げ、居間などのカウンターの仕上げを実線の細線で描く。床仕上げの線を実線の中線で描いたり、床仕上げを過剰に表現して、図面が見づらくならないように注意する。また床仕上げの表現の中間部分を省略する方法もある［図24］。

（2）一般的な畳の敷き方（畳割り）

畳の敷き方は、なるべく畳の合せ目が集まらない遣り違いに敷くのが一般的であるが、いも敷きのような敷き方もある［図25］。次に各和室の畳の敷き方を示す［図26］。和室の畳数の多い部屋では、畳を同じ方向に向けて単純に敷いて、いも敷きにする場合もある。

床仕上のパターンの両端を描き、中間を省略する

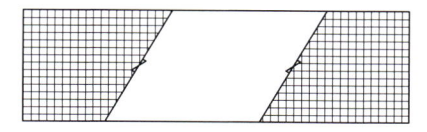

**図24　床仕上げの中間部分を省略する表現**

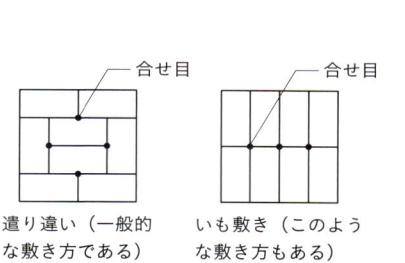

遣り違い（一般的な敷き方である）　　いも敷き（このような敷き方もある）

**図25　畳割り**

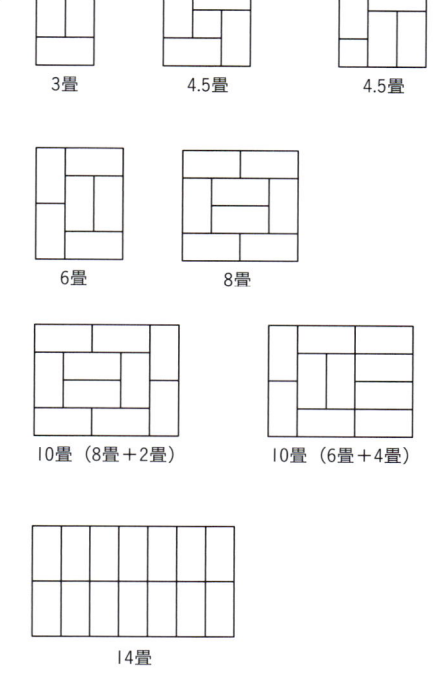

3畳　　4.5畳　　4.5畳

6畳　　8畳

10畳（8畳+2畳）　　10畳（6畳+4畳）

14畳

**図26　各和室の畳の敷き方**

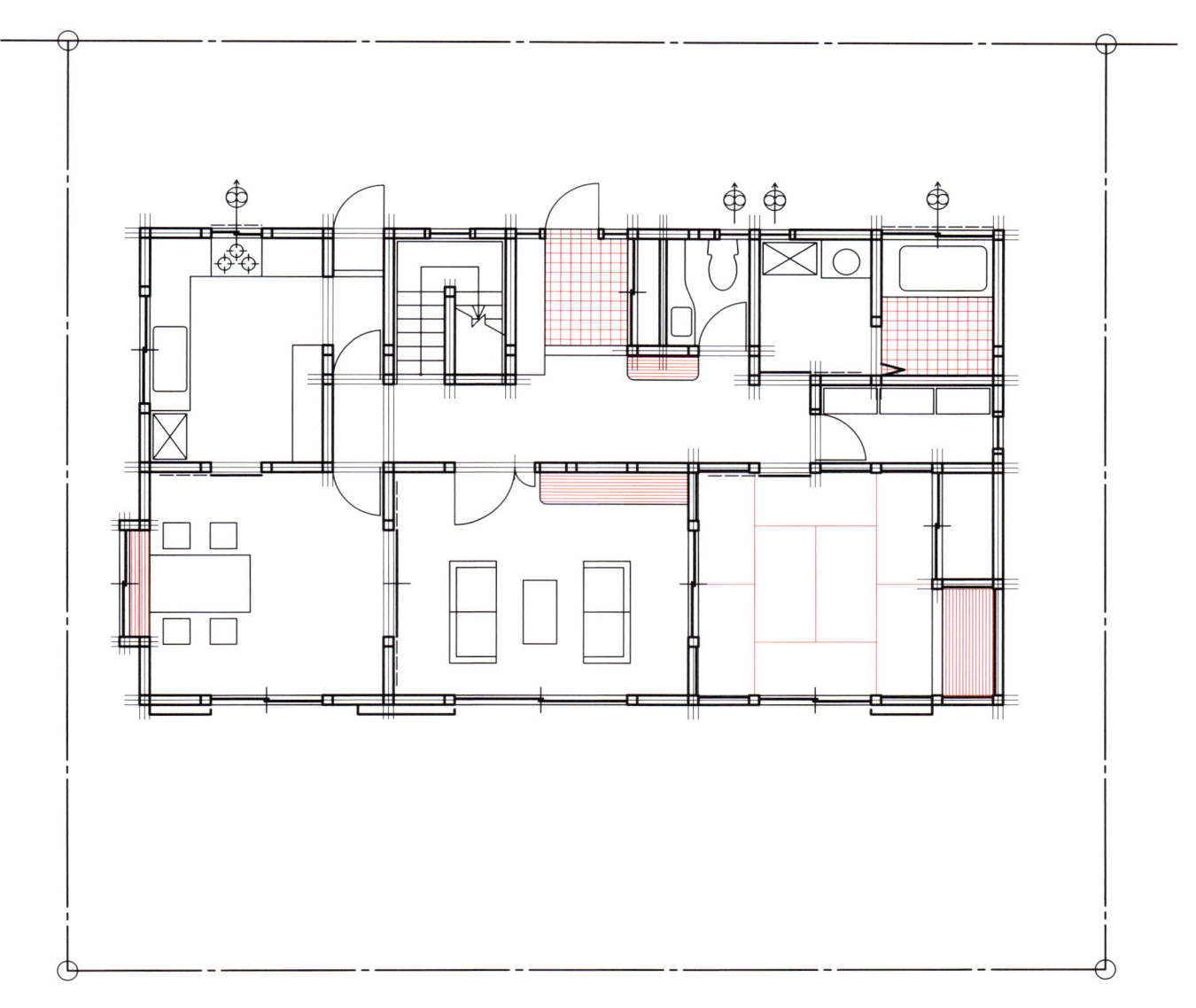

**8. 床、カウンターの仕上げを実線の細線で描く（1/100）**

第5章　木造2階建て住宅の製図

## 9. 外構を実線の中線で描く

　外構を過剰に表現して、建物と同じ調子で描くと、めりはりのない見づらい図面になる。そのような場合は過剰な表現を避けるとともに、建物のほうを目立たせるように、外構は建物の線よりいくらかうすくして、実線の中線で描く。

（1）一般に外構には次のものを描く。外構の表現については、第2章33頁を参照すること。

　以下の①〜⑤は実線の中線で、⑥は実線の細線で描く。

①ポーチ、スロープ、テラス、ぬれ縁
②駐車スペース
③駐輪スペース
④樹木、寄せ植え、芝、花壇
⑤門扉(もんぴ)、へい
⑥外構の床仕上げの表現

（2）上部庇(ひさし)、2階バルコニー部分の外形線を破線の中線で描く。

（3）建物の出入口の位置を▲印で、敷地の出入口の位置を△印で表示する。

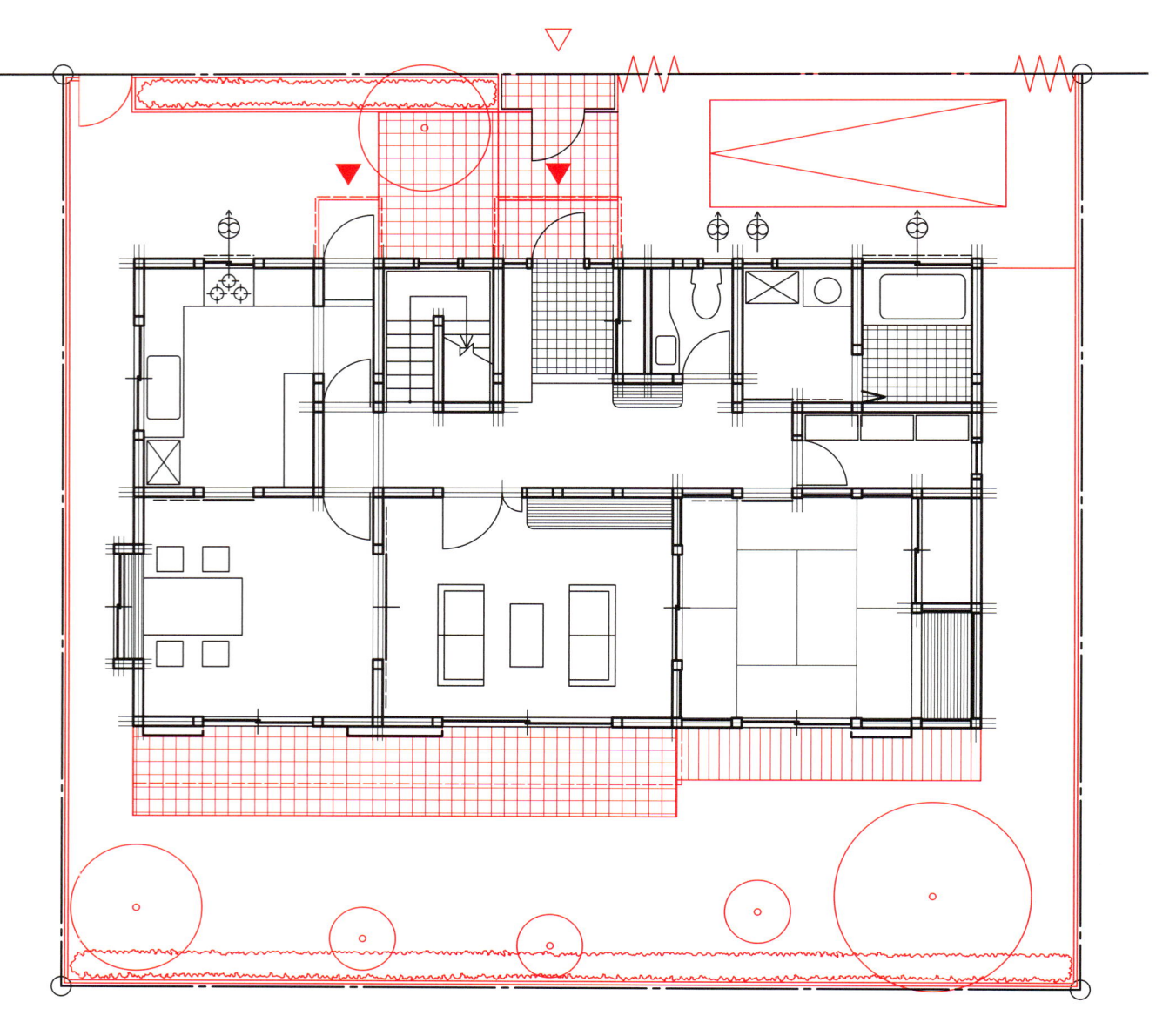

9. 外構を実線の中線で描く（1/100）

## 10. 寸法線を実線の細線で描く

寸法線は見やすい図面にするために、原則として敷地の外側に描く。ただし、レイアウト上、用紙に寸法線が納まらない場合は、敷地内に描いてもよいが、外構の内容がわかりづらくならないような位置にする。

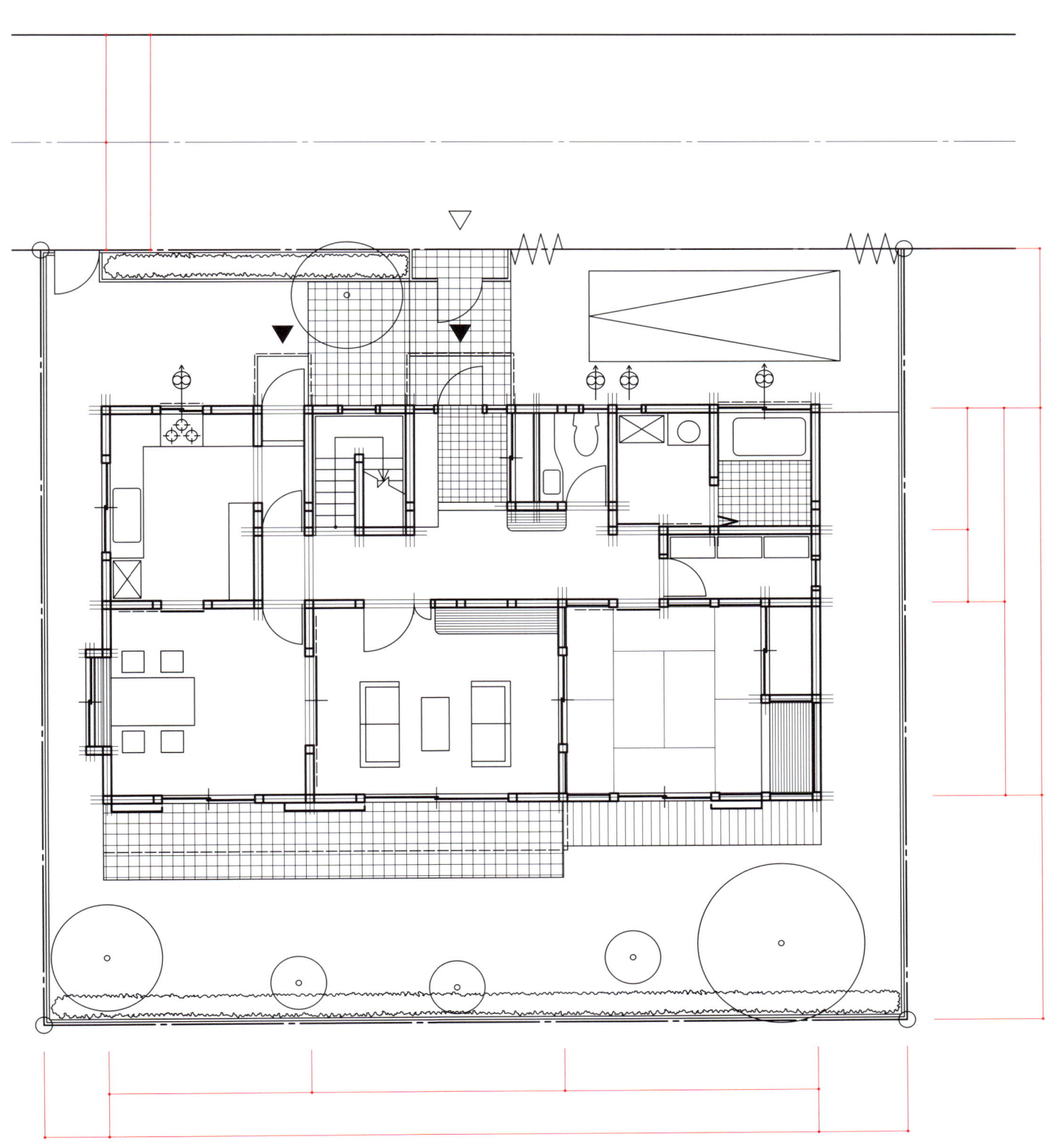

**10. 寸法線を実線の細線で描く　（1/100）**

## 11. 通し柱、筋かいなどを記入する

（1）通し柱の○印や筋かいの△印はテンプレートを使うと便利である。

（2）筋かいについては本章78-79頁を参照すること。和室の真壁は壁厚がうすいため、たすき掛け筋かいは入らず、片入れ筋かいのみ入る［図27］。

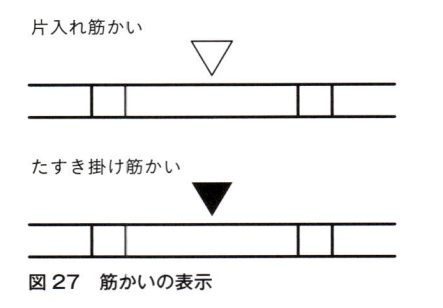

片入れ筋かい

たすき掛け筋かい

**図27　筋かいの表示**

## 12. 名称、寸法、凡例などを記入する（完成図は65-66頁）

部屋の名称、寸法、基準線の番号（通り芯番号）、凡例、断面図の切断位置、図面名称、縮尺、方位などを記入する。文字、数字などはていねいに書くことが大切である。

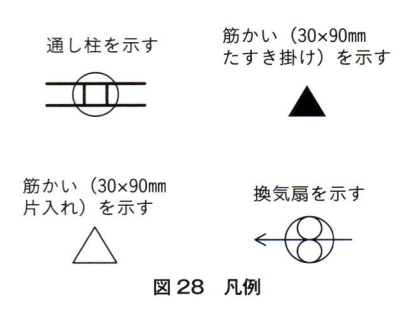

通し柱を示す

筋かい（30×90mm たすき掛け）を示す ▲

筋かい（30×90mm 片入れ）を示す △

換気扇を示す

**図28　凡例**

（1）部屋の名称を部屋のほぼ中央に記入する。

（2）寸法の数字は高さ3mmとし、数字を寸法線にふれずに少し離して、横線では寸法線の上に左から右へ、縦線では寸法線の左側に下から上へ記入する。

（3）基準線の番号（通り芯番号）を直径8mm程度の円のなかに、X方向では左から右に1、2、3……などと記入し、Y方向では下から上にA、B、C……などと記入する。起点となるところは、一般に建物の左下のコーナーである。

（4）1階、2階平面図の凡例には左のようなものがある［図28］。

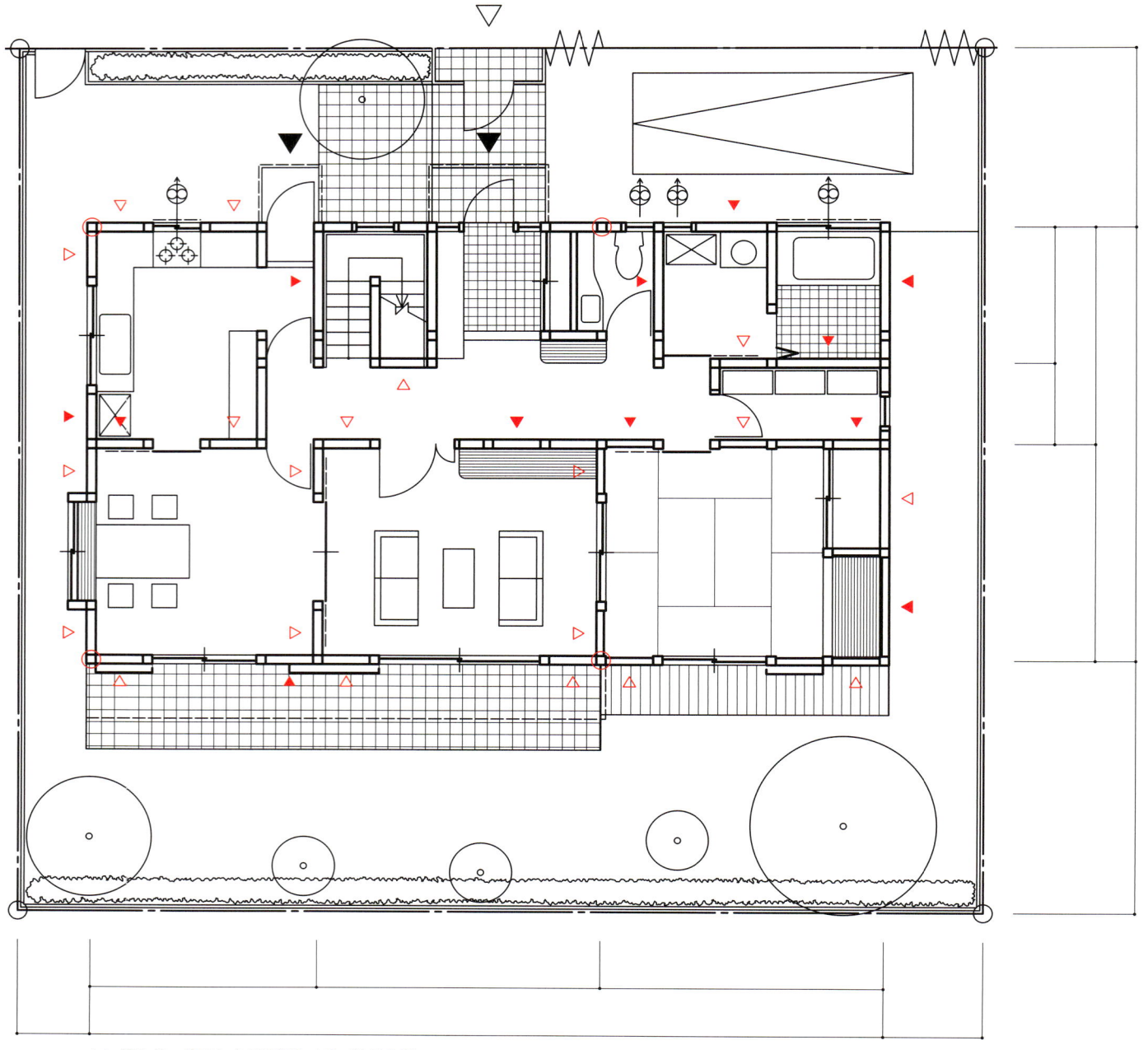

**11. 通し柱、筋かいなどを記入する（1/100）**

## 5-3　2階平面図の描き方

### 1. 壁の中心線（基準線）を仮線で描く
（1）壁の中心線を仮線で描く。またバルコニーの腰壁の中心線も仮線で描く。
（2）1階の屋根部分を描くため、1階壁の中心線も仮線で描く。

### 2. 壁厚、柱幅の線を仮線で描く
（1）壁の中心線から両側に75mm（1/100の図面で0.75mm）ずつ振り分けて壁の厚み150mmをとり、壁の線を仮線で描く。バルコニーの腰壁も同様に厚み150mmをとり仮線で描く。ただし、子供室と夫婦寝室のクローゼットは家具工事とし、厚み80mmをとる。

（2）壁の縦横の仮線を交差させ、柱の形ができるようにする。こうすると、次の段階で容易に太線で柱を仕上げることができる。

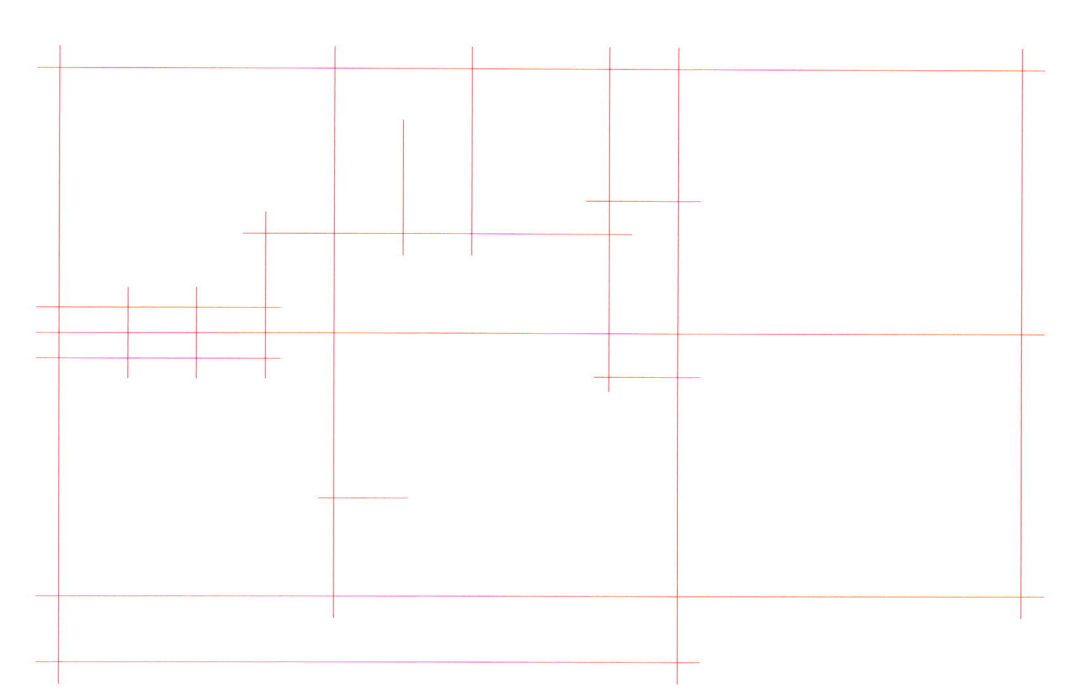

1. 壁の中心線（基準線）を仮線で描く（1/100）

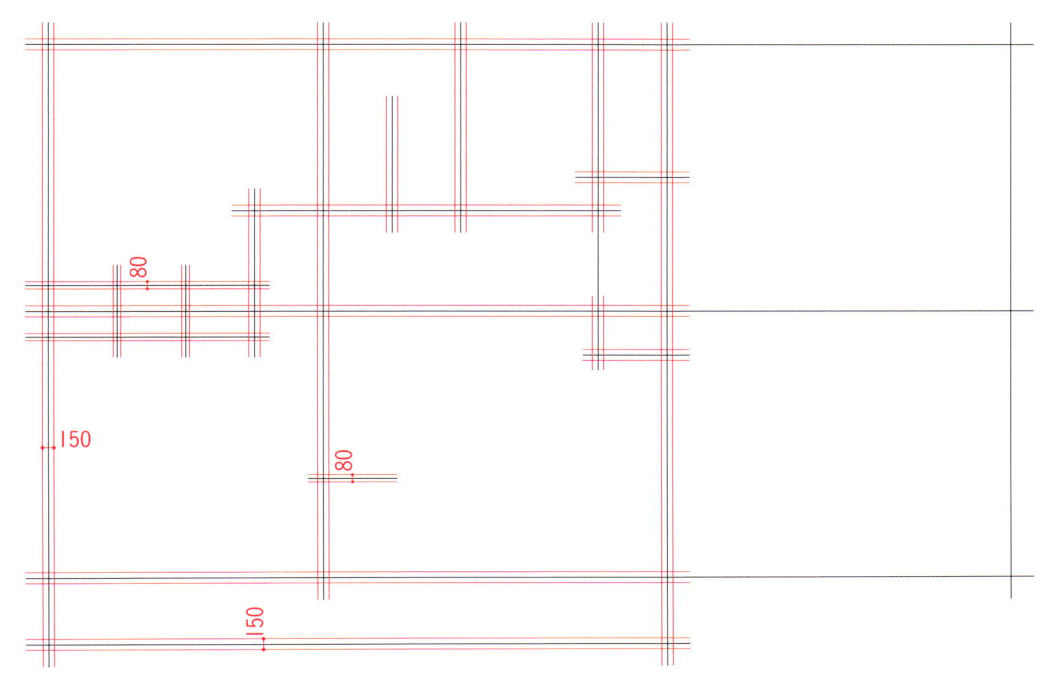

2. 壁厚、柱幅の線を仮線で描く（1/100）

## 3. 柱と開口部の位置を濃い実線の太線で描く

柱と開口部の位置すべてを濃い実線の太線で描く。

## 4. 壁、柱を濃い実線の太線で描く

(1) 第2の段階で仮線で描いた壁厚の線を筆圧を強くして濃い実線の太線で描く。

(2) バルコニーや吹抜けの手すりの壁は見えがかりの線なので、実線の中線で描く。

(3) 前の第1〜3の段階は、この第4の段階を容易に、かつ一気に完成させるための仮線による下書きの段階である。

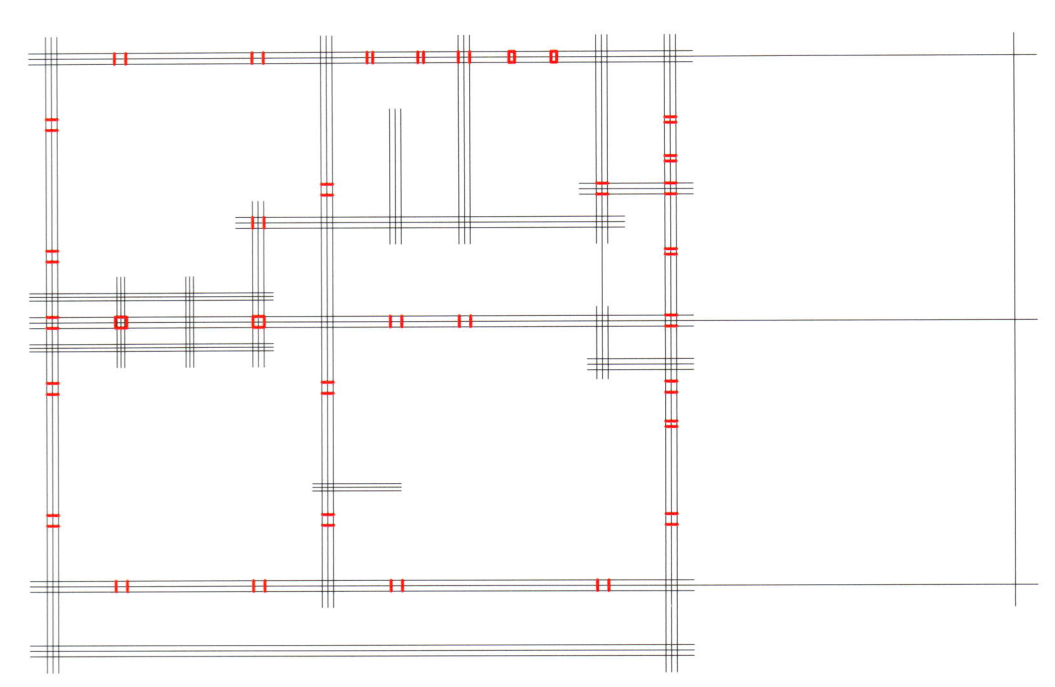

3. 柱と開口部の位置を濃い実線の太線で描く（1/100）

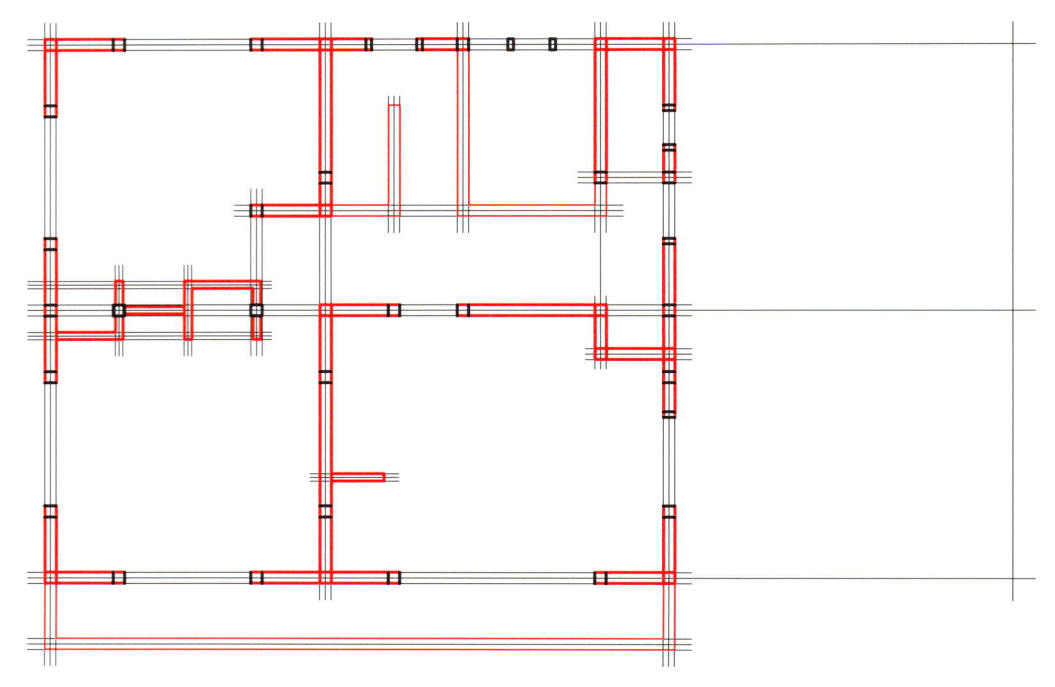

4. 壁、柱を濃い実線の太線で描く（1/100）

## 5. 開口部などを実線で描く

（1）開き戸は円定規（テンプレート）を使って、1/4円と直線を実線の中線で描く（開き戸の1/4円は実線の細線で、直線は実線の中線で描いてもよい）。

（2）引違い窓の両側の見えがかりの線を実線の中線で描き、窓部分は実線の太線で描く。

（3）雨戸を実線の太線で描く。

（4）この第5の段階を終えることが、作図上の大きな区切りになる。この段階を終えて、次の階段、住宅設備機器、家具などの室内にあるものを描く作業に進む。

## 6. 階段、住宅設備機器、家具などを実線の中線で描く

（1）階段は矢印の方向を上り方向とする。また階段の手すりを忘れずに表示する。

（2）洗面器、便器などの住宅設備機器はテンプレートなどを使って、実線の中線で描く。また造り付けでない家具は実線の中線で描く。ただし造り付けでない家具は建築工事に含まれない場合が多いので、点線で描くこともある。

（3）便所に換気扇の表示をする。

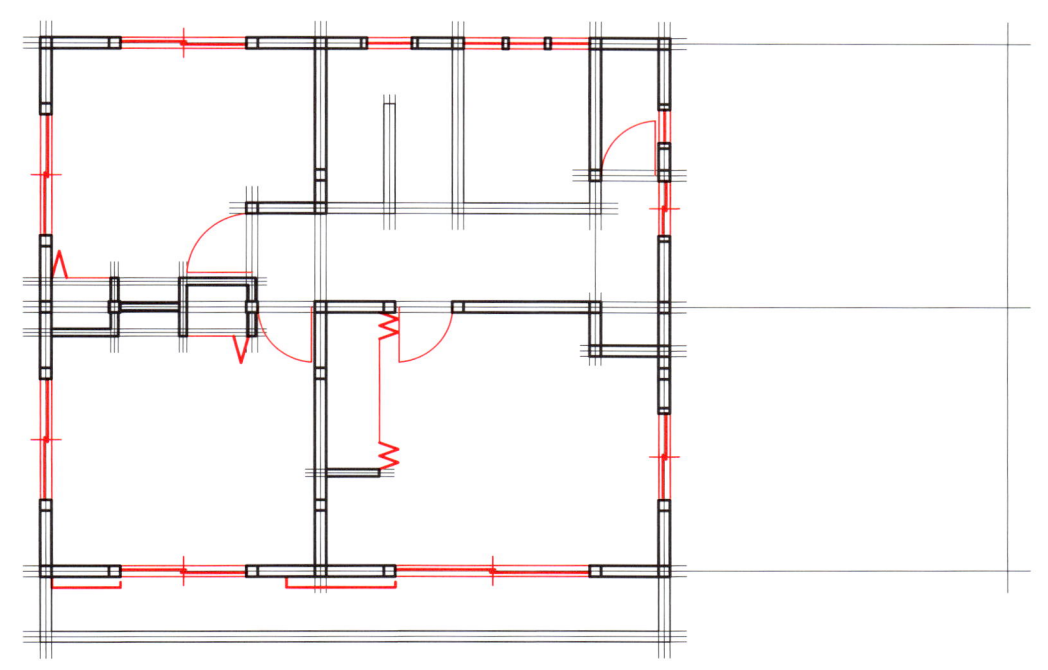

5. 開口部などを実線で描く（1/100）

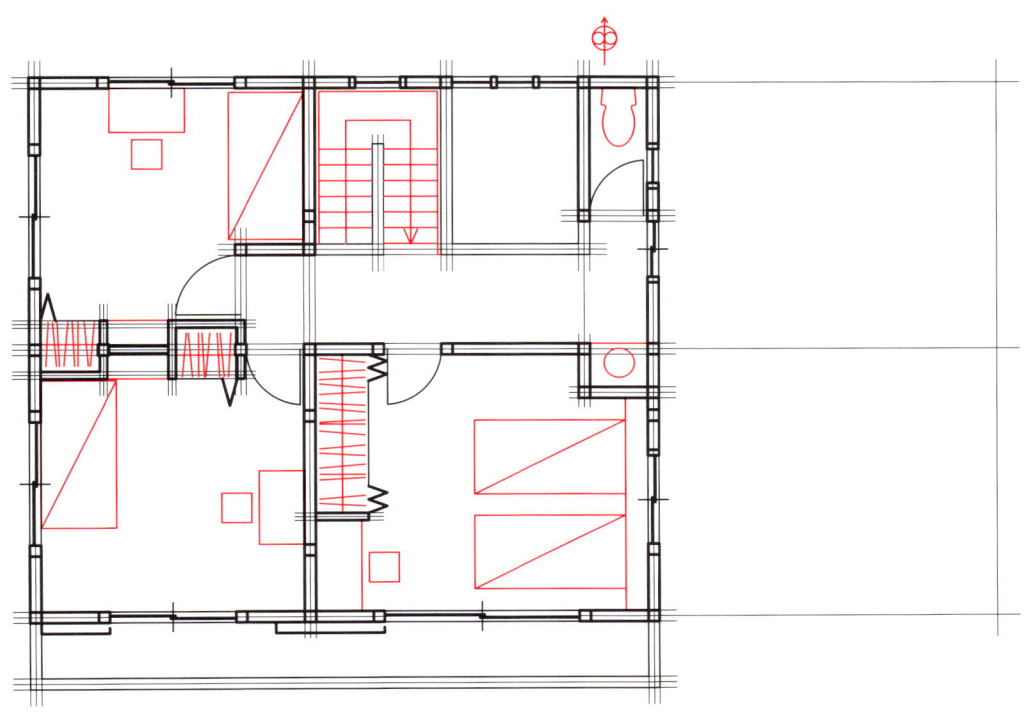

6. 階段、住宅設備機器、家具などを実線の中線で描く（1/100）

第5章　木造2階建て住宅の製図

## 7. 夫婦寝室のカウンターの仕上げを実線の細線で描く

カウンターの仕上げを実線の細線で等間隔に描く。等間隔に描く場合は、ひとつでも間隔の幅が異なる部分があると目立つので注意する。

## 8. 屋根、庇などを実線の中線で描く

(1) 1階屋根と庇の外形線を実線の中線で描く。屋根に水勾配の方向を表示する。
(2) 北側の子供室の窓の外にある花台を実線の中線で描く。
(3) 2階屋根の軒の外形線を破線の中線で描く。

## 9. 寸法線を実線の細線で描く（図は次頁）

寸法線は建物の図よりいくらか離して描く。建物の図に近づけて描くと、全体に見づらくなるので注意する。

## 10. 通し柱、筋かいなどを記入する（図は次頁）

(1) 通し柱の○印や筋かいの△印はテンプレートを使うと便利である。
(2) 吹抜け部分に、実線の細線で ⊠ の表示をする。

## 11. 名称、寸法、凡例などを記入する（完成図は64頁）

部屋の名称、寸法、基準線の番号（通り芯番号）、凡例、図面名称、縮尺などを記入する。

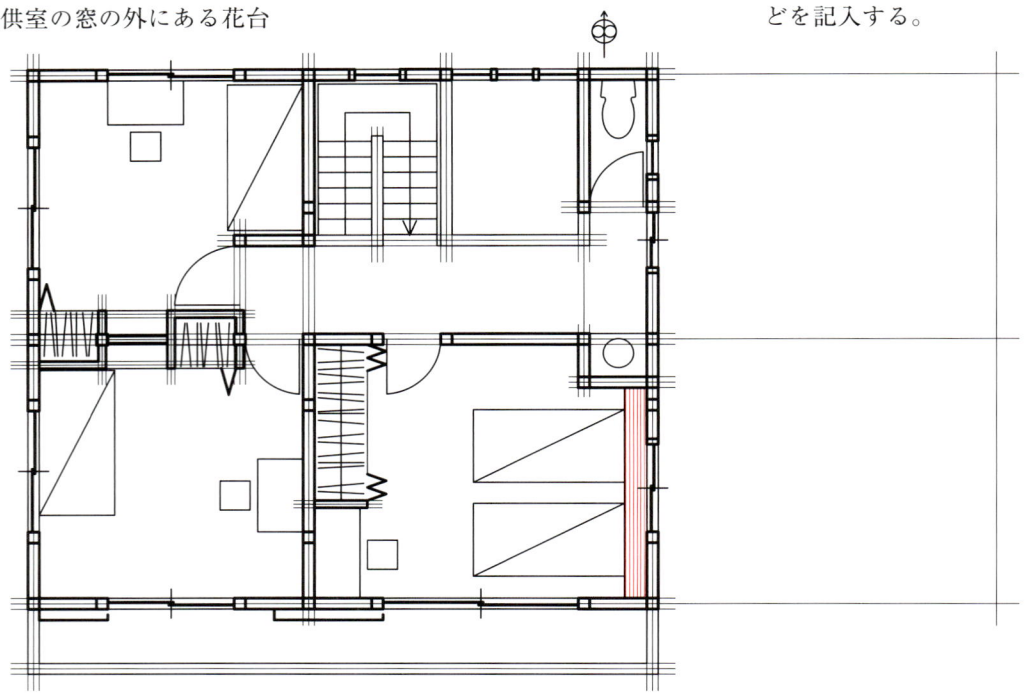

7. 夫婦寝室のカウンターの仕上げを実線の細線で描く（1/100）

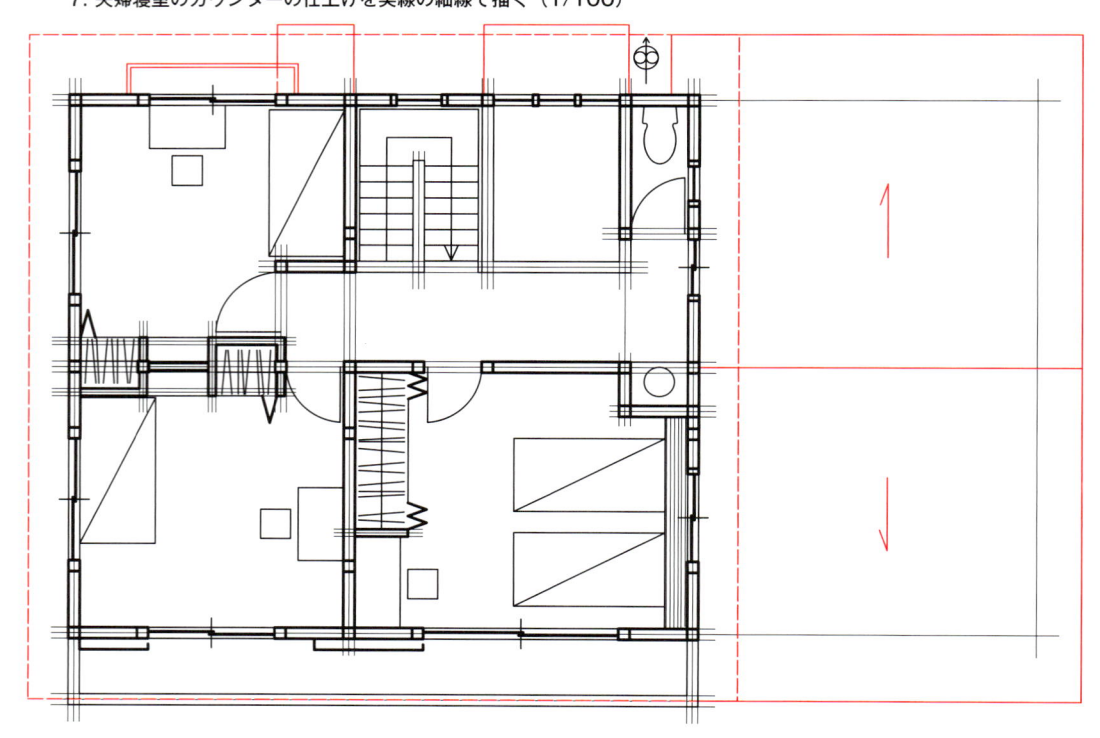

8. 屋根、庇などを実線の中線で描く（1/100）

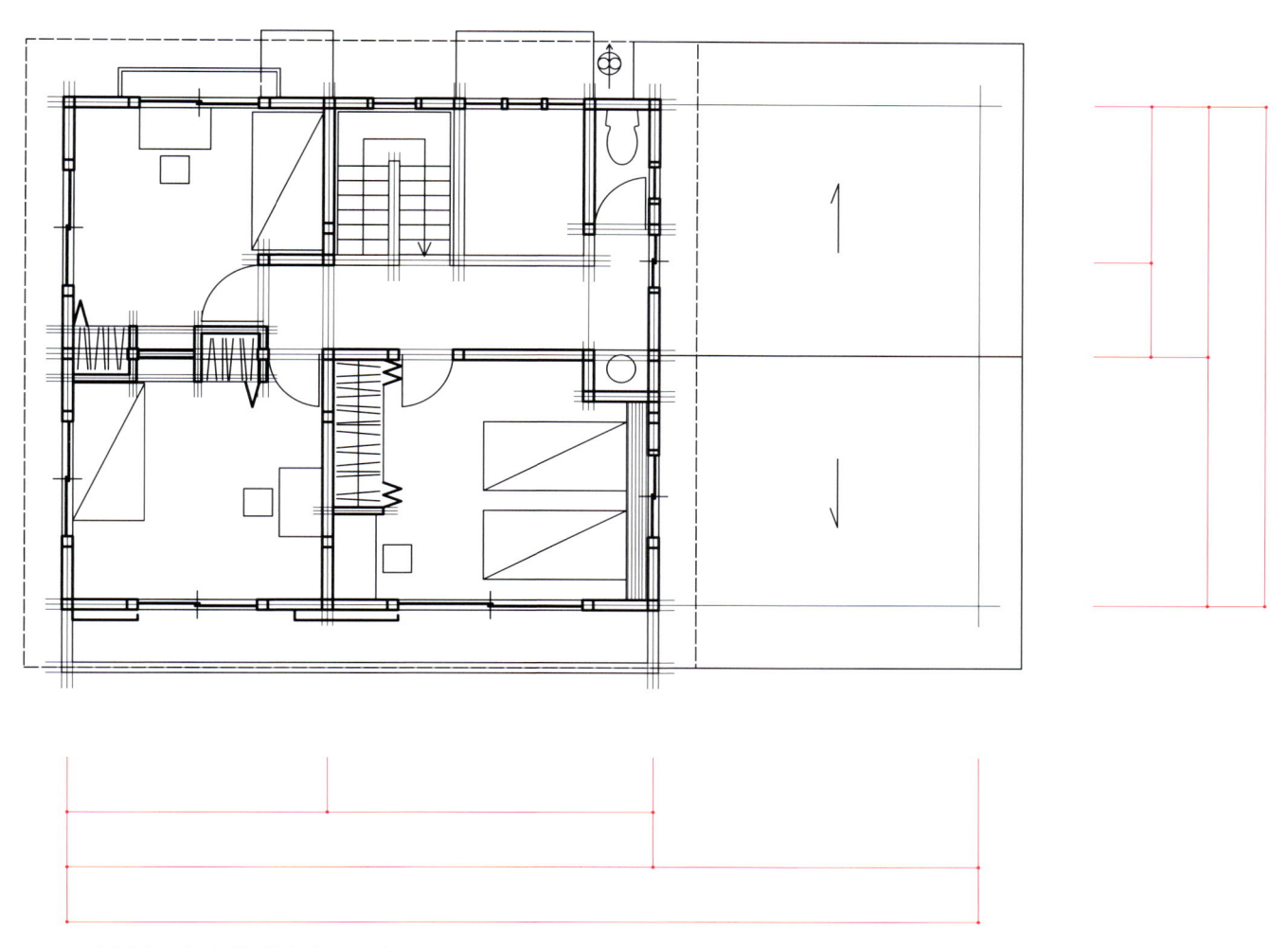

9. 寸法線を実線の細線で描く（1/100）

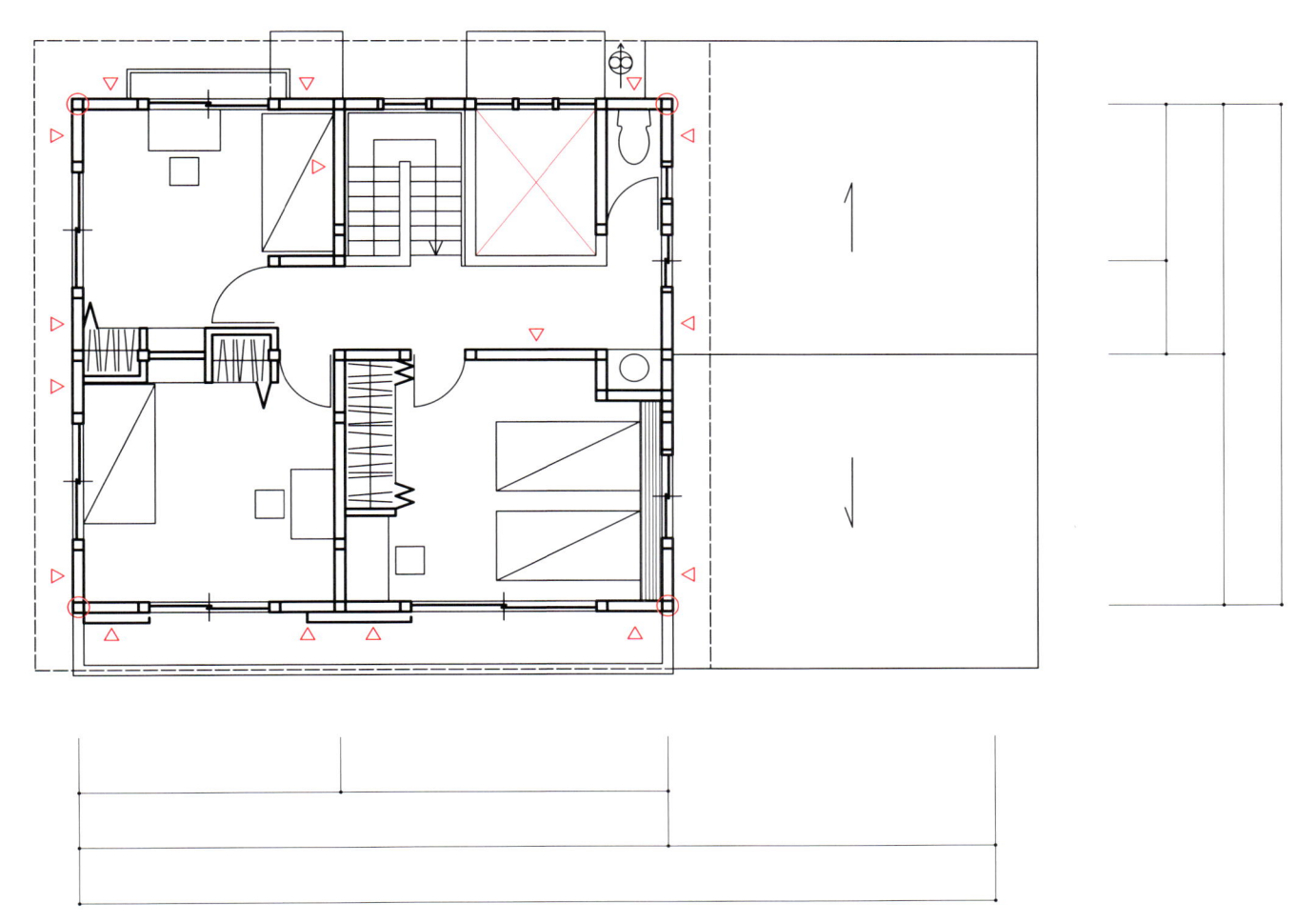

10. 通し柱、筋かいなどを記入する（1/100）

第5章　木造2階建て住宅の製図　97

## 5-4 立面図の描き方

立面図は高さ寸法を決めてから描く。立面図では、外構の駐車場、植栽、門、へいなどは特に描く必要はない。ただし、プレゼンテーション上必要な場合はそれらを描いてもかまわないが、それにより建物の立面図がわかりにくくならないようにする。また一般的に筋かいの位置は表示する必要はないが、要求のある場合には表示することもある。

次に南立面図の作図プロセスを示す。

### 1. 壁の中心線、高さの基準線を仮線で描く

（1）地盤面（GL）を実線の太線で描く。
（2）壁の中心線、地盤面からの高さの基準線を仮線で描く。高さの基準線には地盤面のほかに、1階床面（1FL）、2階床面（2FL）、軒高、最高高さなどがある。それらに加えて、バルコニーの手すりの高さ、1階と2階の窓の内法高、軒先などの高さも描く。軒先の高さについては、作図または計算により、軒高よりいくつ下がるかを求める［図29］。
（3）立面図の右側にある断面図の一部は、立面図を描くための高さの基準線を説明したもので特に描く必要はない。図29からわかるように、A点から屋根の厚み100㎜をとったB点が、壁の中心線上での屋根面（仕上面）になる。東・西立面図に関していえば、このB点が4寸勾配の屋根面を描くための起点となる。

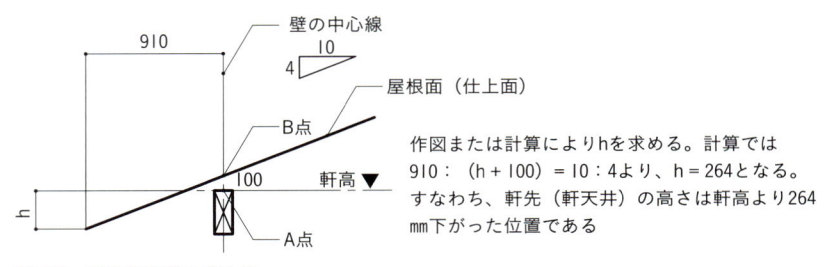

図29　軒先の高さの求め方

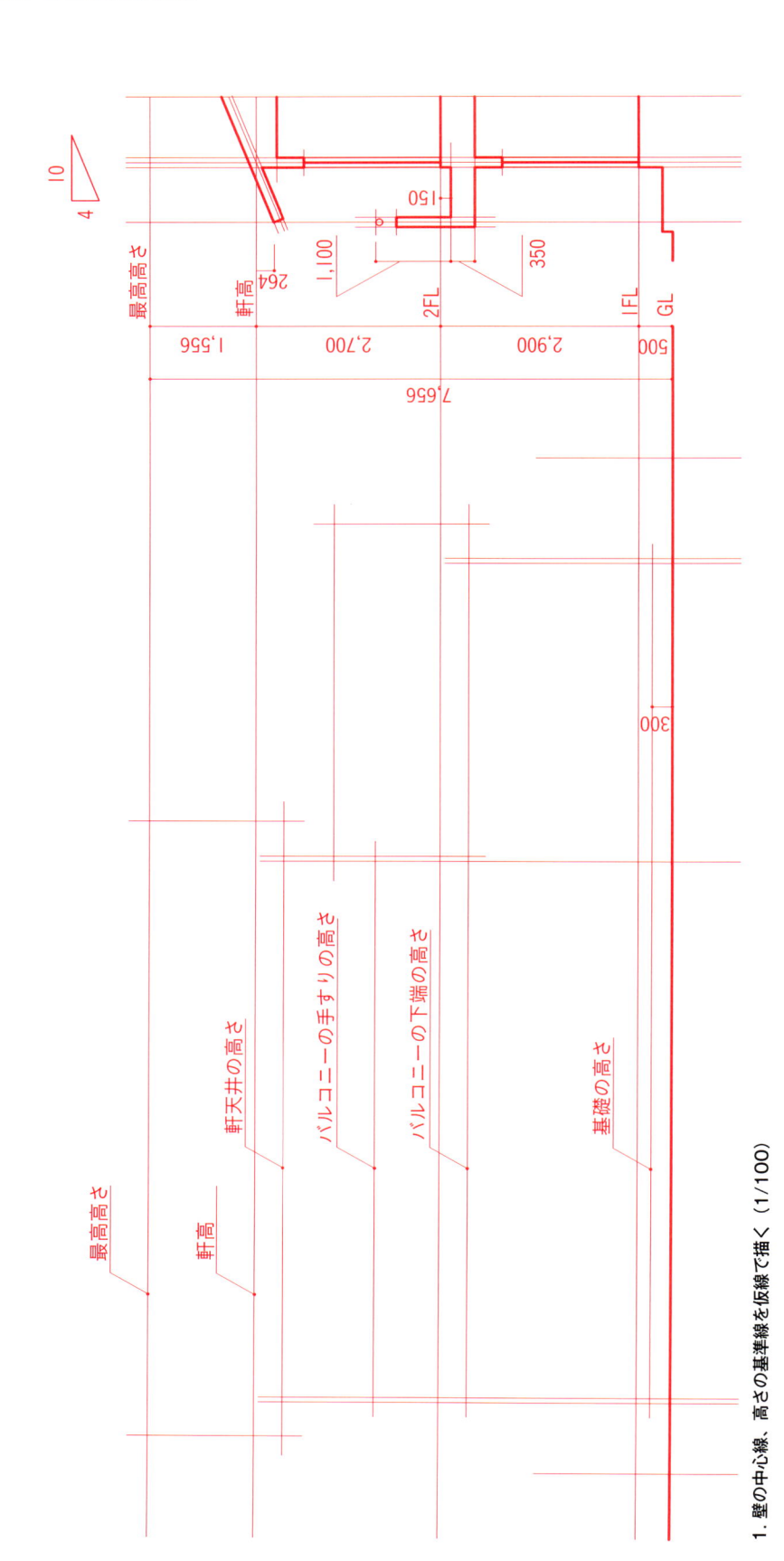

作図または計算によりhを求める。計算では910 ：（h + 100）= 10 ：4より、h = 264となる。すなわち、軒先（軒天井）の高さは軒高より264㎜下がった位置である

## 2. 外壁、屋根を実線の中線で描く

（1）外壁の中心線から屋外側に75mmをとり、建物の外形を実線の中線で描く。立体感を出すため建物の外形（輪郭線）を濃い実線の太線で描く方法もある。

（2）けらばの出600mmをとり、屋根を実線の中線で描く。軒先の厚みは200mm程度とする。

（3）バルコニーを実線の中線で描く。

## 3. 開口部を実線の中線で描く（図は次頁）

（1）柱芯から片側に52.5mmずつとり、平面図と同じ位置に開口部を実線の中線で描く［図30］。

（2）雨戸付き引違い掃き出し窓の描き方は次の通りである。

窓枠（縦枠）は開口部の両側に柱があるため、柱芯よりも柱幅の1/2（52.5mm）だけ内側に描く。また窓框の見付け（幅）は窓枠の見付けよりも大きめに描く。

サッシの重なる部分を召し合わせという。召し合わせでは、右側のサッシが手前（右手前）になるので、図30のように表示する。

## 4. 細部を仕上げて完成する（完成図は69-70頁）

（1）床下換気口を表示する。床下換気口の大きさは150×300mmとし、5m以内に設ける。ただし土間床部分には設けないこと。

（2）換気扇のウェザーカバー、庇などを描く。また側面の壁にある庇、換気扇のウェザーカバーなどの見えがかりがあれば描く。この南立面図では不用。

（3）側面の壁の出窓の見えがかりを描く。

（4）テラス、ぬれ縁を実線の中線で描き、隣地境界線を一点鎖線の細線で描く。

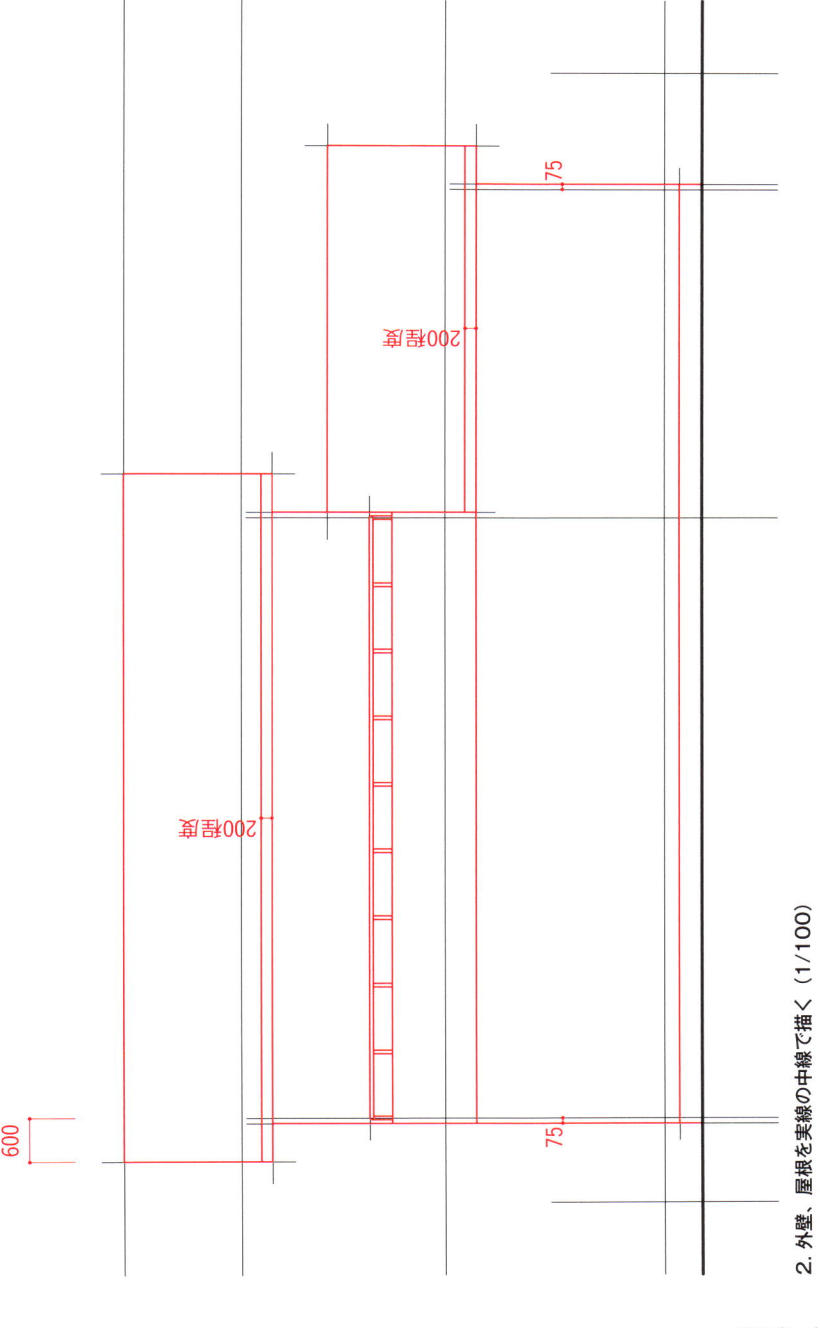

(5) 屋根、外壁などの仕上げを描く。屋根の成形セメント板（コロニアル板）の50mm間隔程度の仕上線を実線の細線で描く。戸袋の100mm間隔程度の仕上線を実線の細線で描く。外壁の仕上げがサイディングの横目地のときは、外壁に100または150mm間隔程度の仕上線を実線の細線で描く。

(6) 必要に応じて、筋かいの取り付け位置を破線で表示する。この場合、筋かいの種類（片入れ、たすき掛け）を区別して描き、凡例も表示する。

(7) 外壁の基準線の番号（通り芯番号）を記入する。

(8) 図面名称、縮尺を記入する。

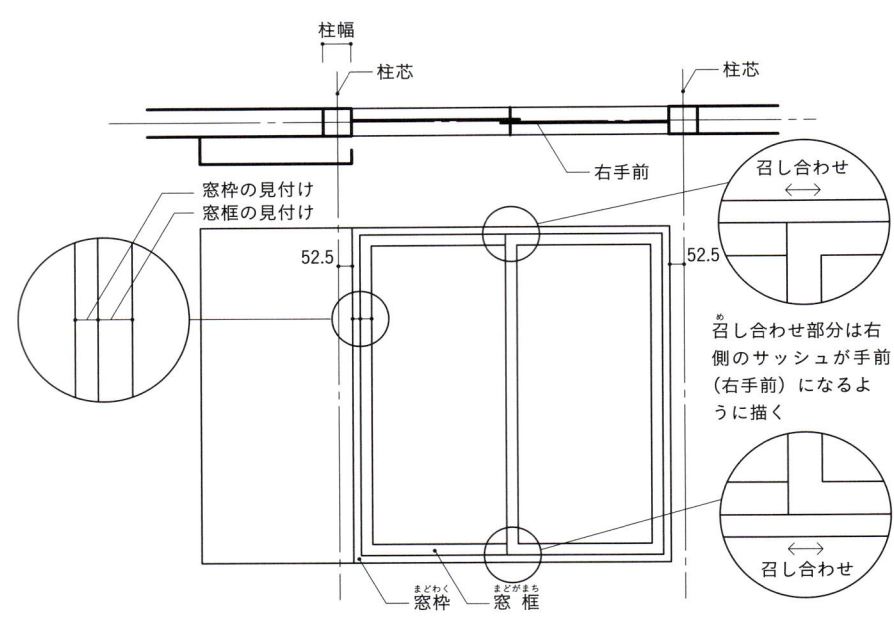

**図30 引違い掃き出し窓の描き方**

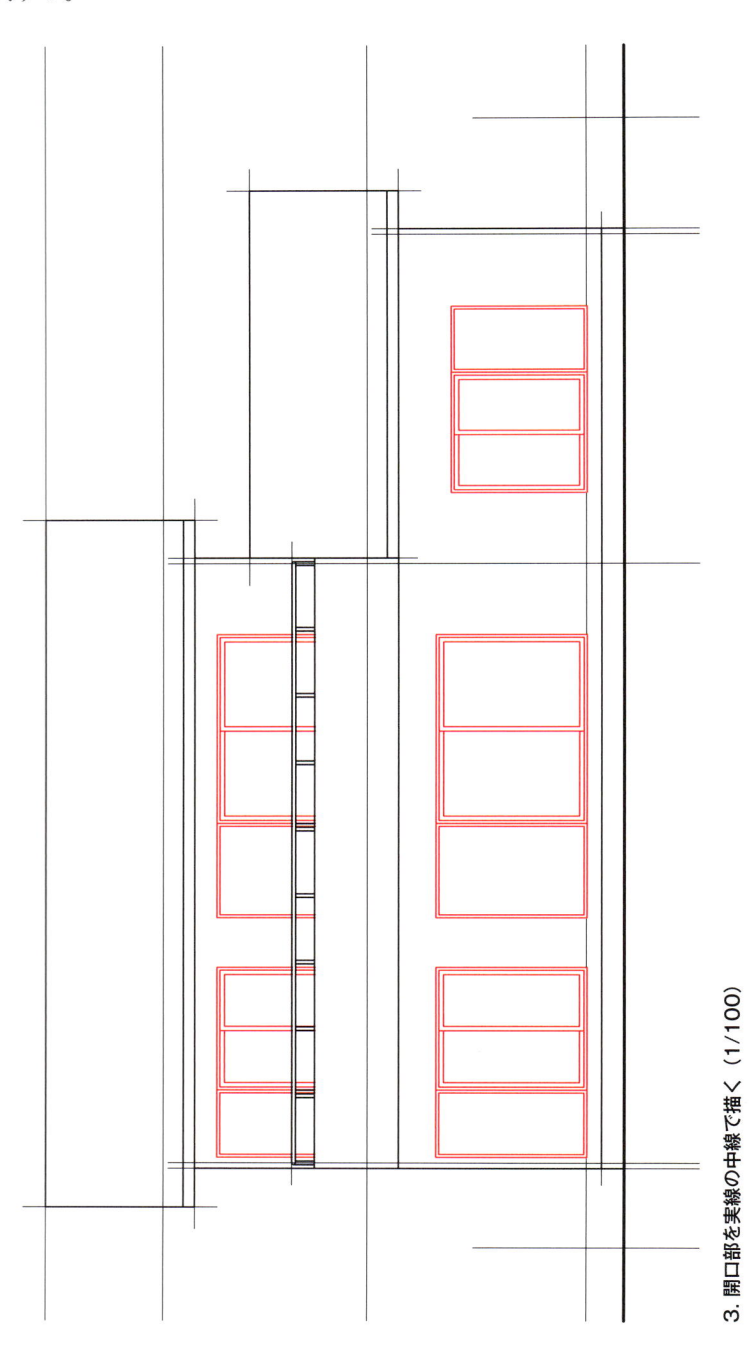

3. 開口部を実線の中線で描く（1/100）

## 5-5 断面図の描き方

断面図は、その建物の特徴をもっとも正確に表す箇所を切って描くことが原則である。

断面図は一般に主要な部屋を含むものとし、階段を含む箇所は避けるほうがよい。この建物では、1階部分の箇所で切った断面図を描くと、平家建ての建物と勘違いされる［図31］。

次にA-A'断面図の作図プロセスを示す。

### 1. 壁の中心線、高さの基準線などを仮線で描く

（1）外壁の中心線、高さの基準線を仮線で描く。高さの基準線には、地盤面（GL）、1階床面（1FL）、2階床面（2FL）、軒高、最高高さがある。

（2）最高高さを求める［図32］。A点から4寸勾配で、屋根勾配の基準線を仮線で描く。屋根勾配のとり方は勾配定規を使うか、または比による計算で図32のhの値を求める。

$3,640 : h = 10 : 4$

$h = 3,640 × 4/10 = 1,456$ mm

したがって、屋根部分の高さ（最高高さ - 軒高）は、

$H = 1,456 + 100 = 1,556$ mm

となる。

（3）軒の出910mmをとる。

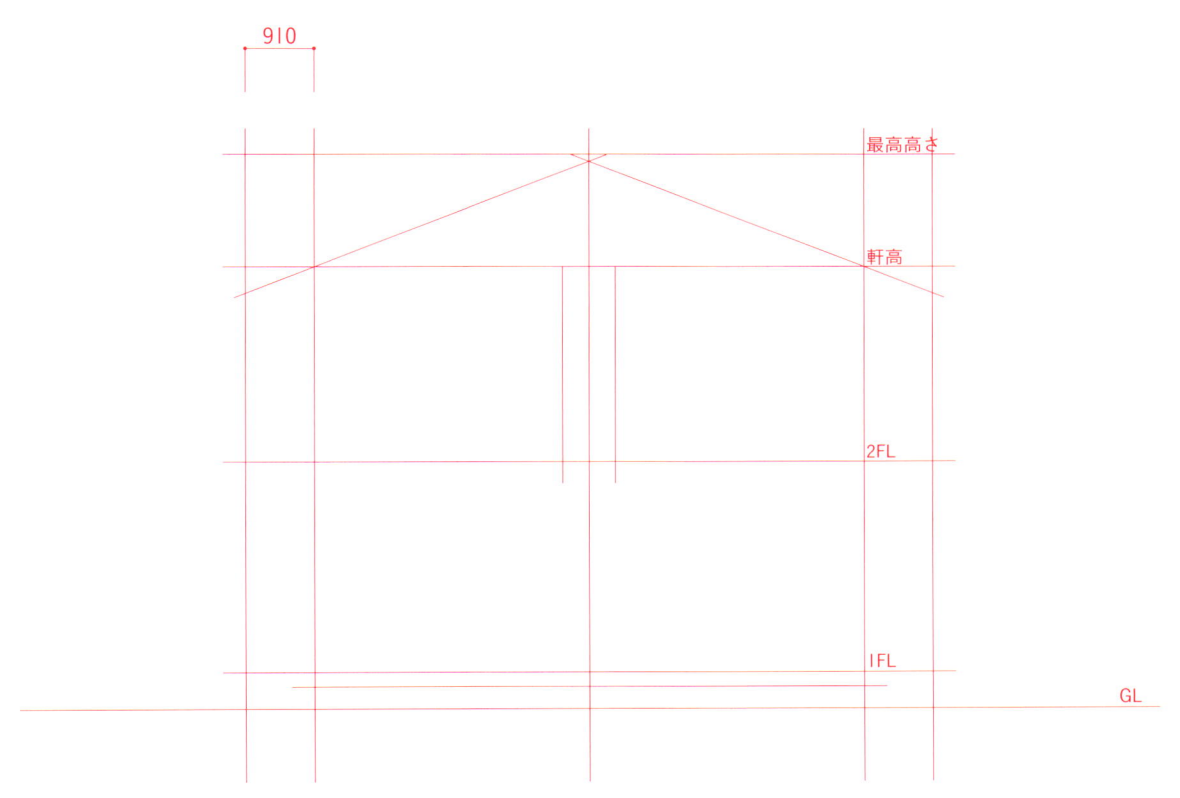

1. 壁の中心線、高さの基準線などを仮線で描く（1/100）

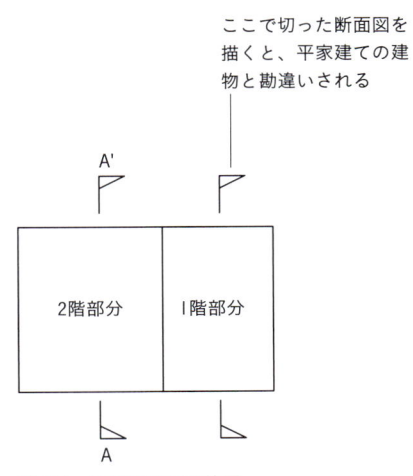

図31 断面図の切断位置

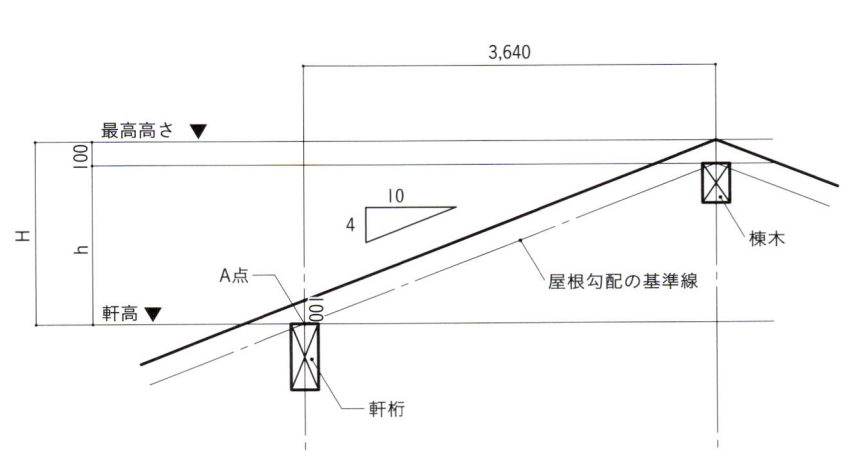

図32 屋根部分の高さの求め方

## 2. 壁、屋根、床、天井などを仮線で描く

（1）壁の中心線から両側に75mmずつ振り分けて、壁の厚み150mmをとる。

（2）A点から屋根の厚み100mmをとった点をB点とし、B点を起点として4寸勾配の屋根面を仮線で描く［図33］。屋根の厚みは垂木、野地板、屋根葺き材の厚みを合計して求めるので、屋根葺き材の種類によって屋根の厚みは異なる。一般に成形セメント板では100mm程度、日本瓦葺きでは150mm程度となる。

（3）1階と2階の天井面（天井高2,400mm）を仮線で描く。

（4）バルコニー、2階花台、テラス、軒裏を仮線で描く。

（5）切断する位置の窓や内部建具の内法寸法2,000mmをとる（ただし、69-70頁のB-B'断面図の和室8畳の内法寸法は1,800mmとする）。

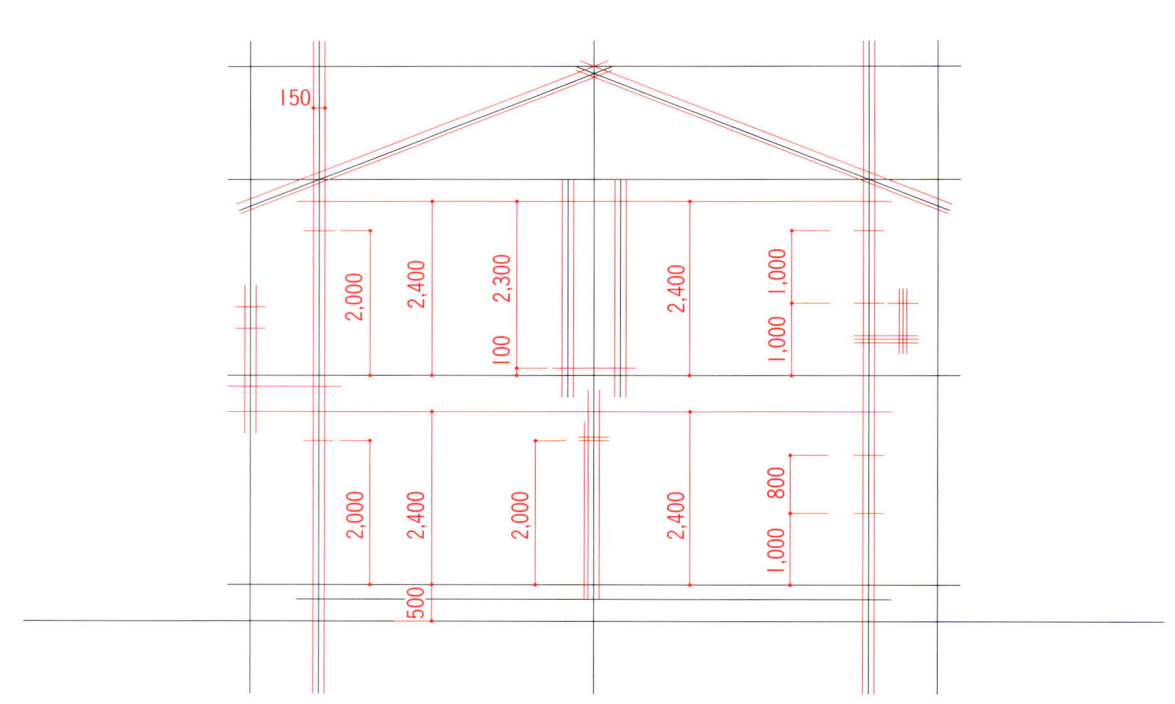

2. 壁、屋根、床、天井などを仮線で描く（1/100）

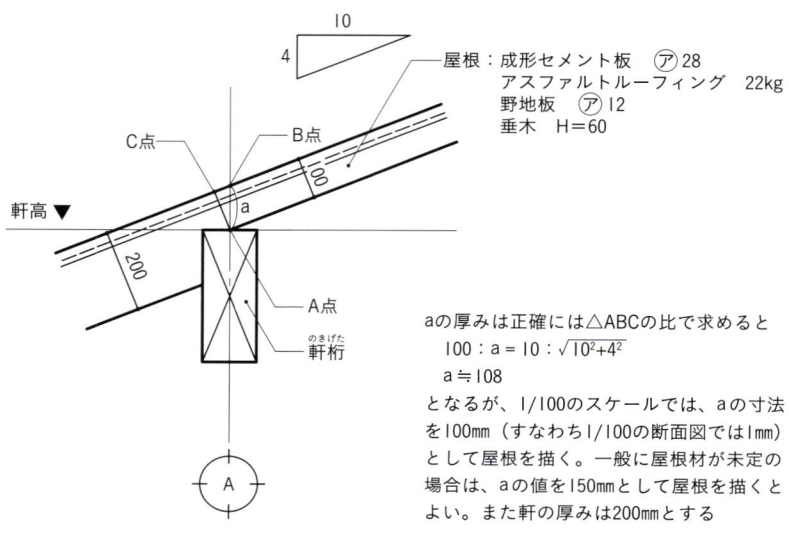

屋根：成形セメント板　㋐28
アスファルトルーフィング　22kg
野地板　㋐12
垂木　H=60

aの厚みは正確には△ABCの比で求めると
　　100：a = 10：$\sqrt{10^2+4^2}$
　　a ≒ 108
となるが、1/100のスケールでは、aの寸法を100mm（すなわち1/100の断面図では1mm）として屋根を描く。一般に屋根材が未定の場合は、aの値を150mmとして屋根を描くとよい。また軒の厚みは200mmとする

図33　屋根の厚み

## 3. 壁、屋根、床、天井などを濃い実線の太線で描く

切断面の壁、屋根、床、天井を筆圧を強くして、濃い実線の太線で描く。

## 4. 開口部、内部建具を描く

断面図の開口部や内部建具の描き方は平面図と同様に、開口部や内部建具は実線の太線で、窓枠など見えがかりは実線の中線で描く［図34］。

## 5. 寸法線、寸法、名称などを記入する（完成図は67-68頁）

（1）寸法線を実線の細線で描く。
（2）敷地境界線を一点鎖線の細線で描く。
（3）寸法、基準線の番号（通り芯番号）、屋根勾配を記入する。
（4）部屋名、図面名称、縮尺を記入する。

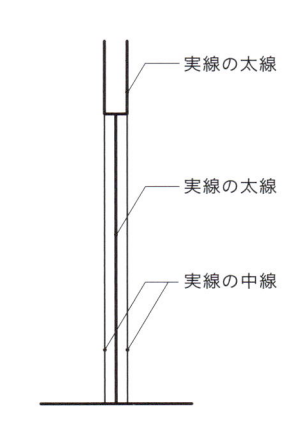

図34　断面図の開口部の描き方

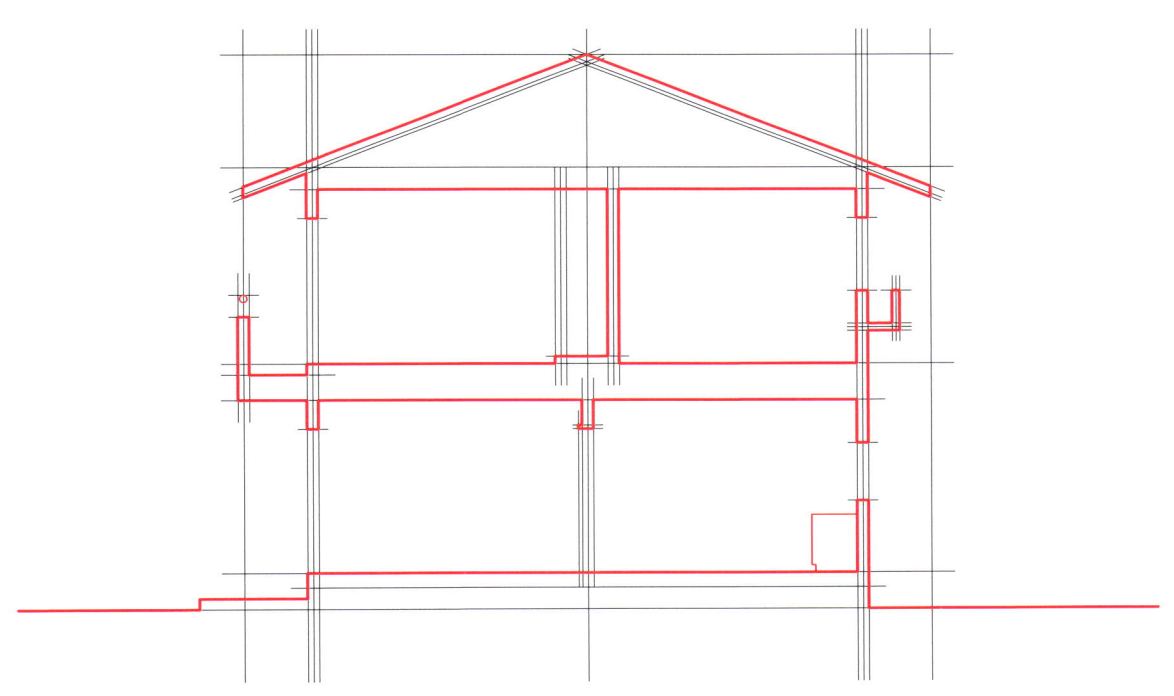

3. 壁、屋根、床、天井などを濃い実線の太線で描く（1/100）

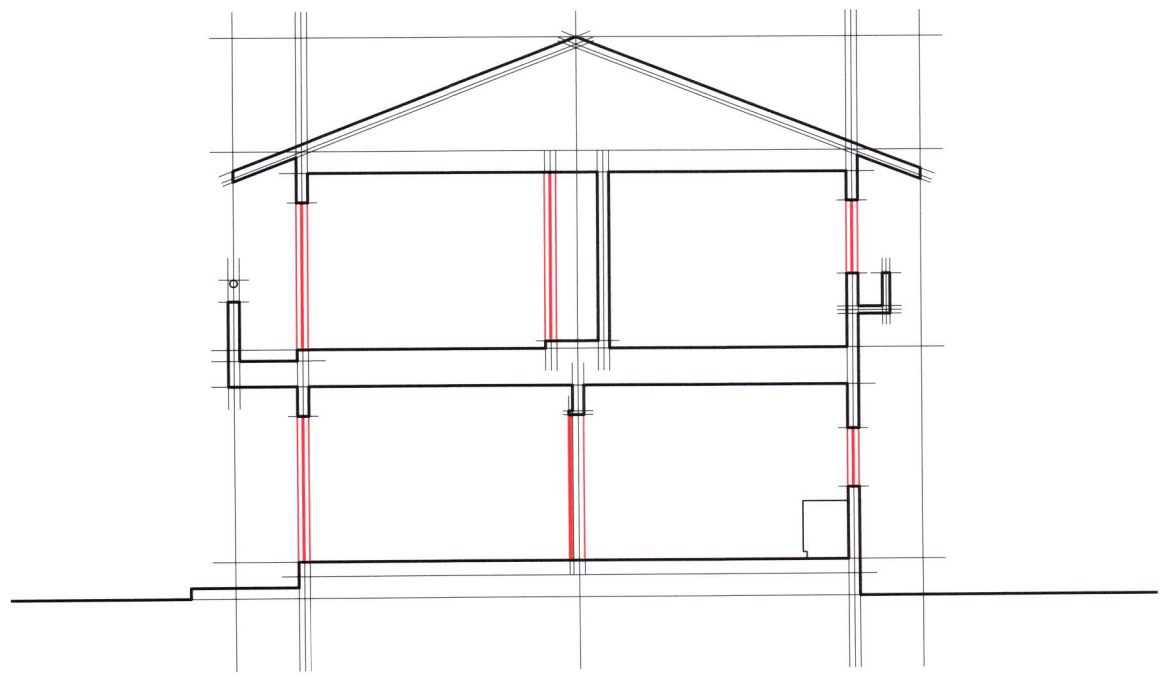

4. 開口部、内部建具を描く（1/100）

第5章　木造2階建て住宅の製図　103

## 5-6 矩計図の描き方

　矩計図は建物の各部分の標準的な高さをはじめとして、部材の寸法や仕上げ、部材の納まりなどを示す重要な図面である。矩計図を表す切断面は、その建物の特徴をもっとも明確に表すところで、また各部分の高さ関係がよくわかり、主要構造部材（床梁、小屋丸太など）の寸法や架構がよくわかる位置とする。

　矩計図は、すべてを仮線で下書きしてから仕上げると図面がわかりづらくなるので、各部分ごとに仮線で下書きして仕上げるようにする。また次の第2の段階である基礎と1階床組から、第4の段階である小屋組と屋根までの作図プロセスの順序を逆にして、小屋組と屋根から先に描いてもよい。

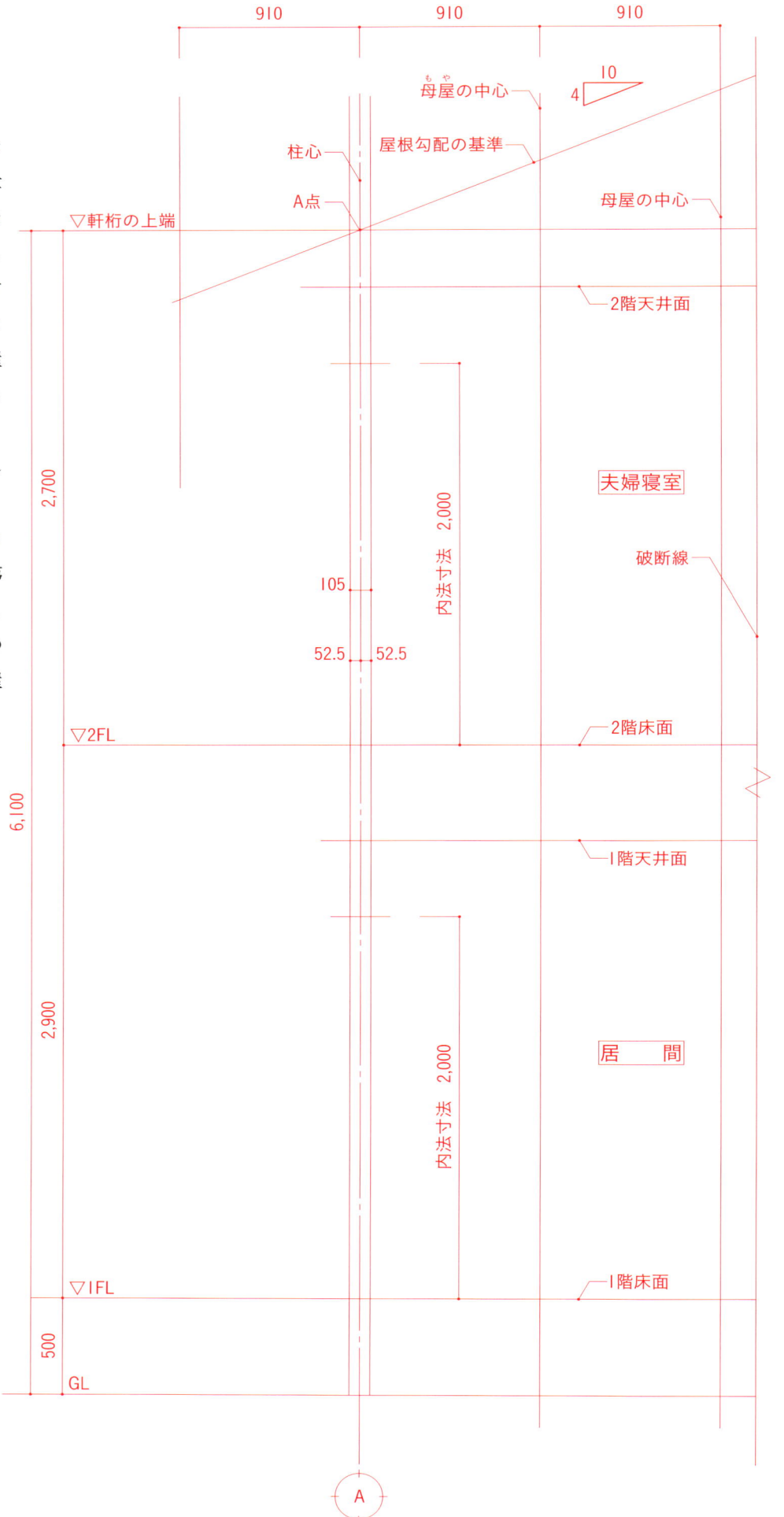

1. 壁の中心線（柱芯）、高さの基準線などを仮線で描く（1/30）

## 1. 柱の中心線（柱芯）、高さの基準線などを描く（図は前頁）

（1）柱の中心線を一点鎖線で、地盤面（GL）を仮線で描く。この2本の線は、矩計図を描く場合の基準となる大切な線である。

（2）高さの基準線（1階床高、2階床高、軒高）を仮線で描く。

（3）1階床面、2階床面より天井高、内法寸法、腰窓高を仮線で描く。

（4）A点より屋根勾配（4寸勾配）の基準線を描き、軒の出（910mm）、母屋の中心線を仮線で描く。

（5）柱芯より両側に52.5mm（105mm/2）ずつ振り分け、管柱を仮線で描く。

## 2. 基礎、1階床組を仮線で描き、仕上げる

（1）布基礎の断面を仮線で描く。地盤面より基礎の上端、基礎フーチングの深さ、捨てコンクリート、割栗石の厚みをとり、また柱芯より布基礎の幅や基礎フーチングの幅をとる。

（2）1階床組を仮線で描く。土台を描き、1階床面より下にフローリング㋐15mm、耐水合板㋐12mm、根太のせい45mmをとる。

（3）大引、床束、束石を大引の中心線から振り分け、根がらみ貫を仮線で描く。

（4）基礎、土台、大引、1階床面は筆圧を強くして濃い実線の太線で描く。切断面より奥にある見えがかりは実線の中線で描く。

2. 基礎、1階床組を仮線で描き、仕上げる（1/30）

## 3. 2階床組を仮線で描き、仕上げる

（1）台輪、胴差、床梁を仮線で描き、2階床面より下にフローリング⑦15mm、耐水合板⑦12mm、根太のせい105mmをとる。

（2）バルコニー根太を仮線で描く。バルコニー根太の上端は2階床面より220mm下げる。

（3）台輪、胴差、根太、床梁、バルコニー先端のつなぎ材、2階床面は筆圧を強くして、濃い実線の太線で描く。切断面より奥にある見えがかりは実線の中線で描く。

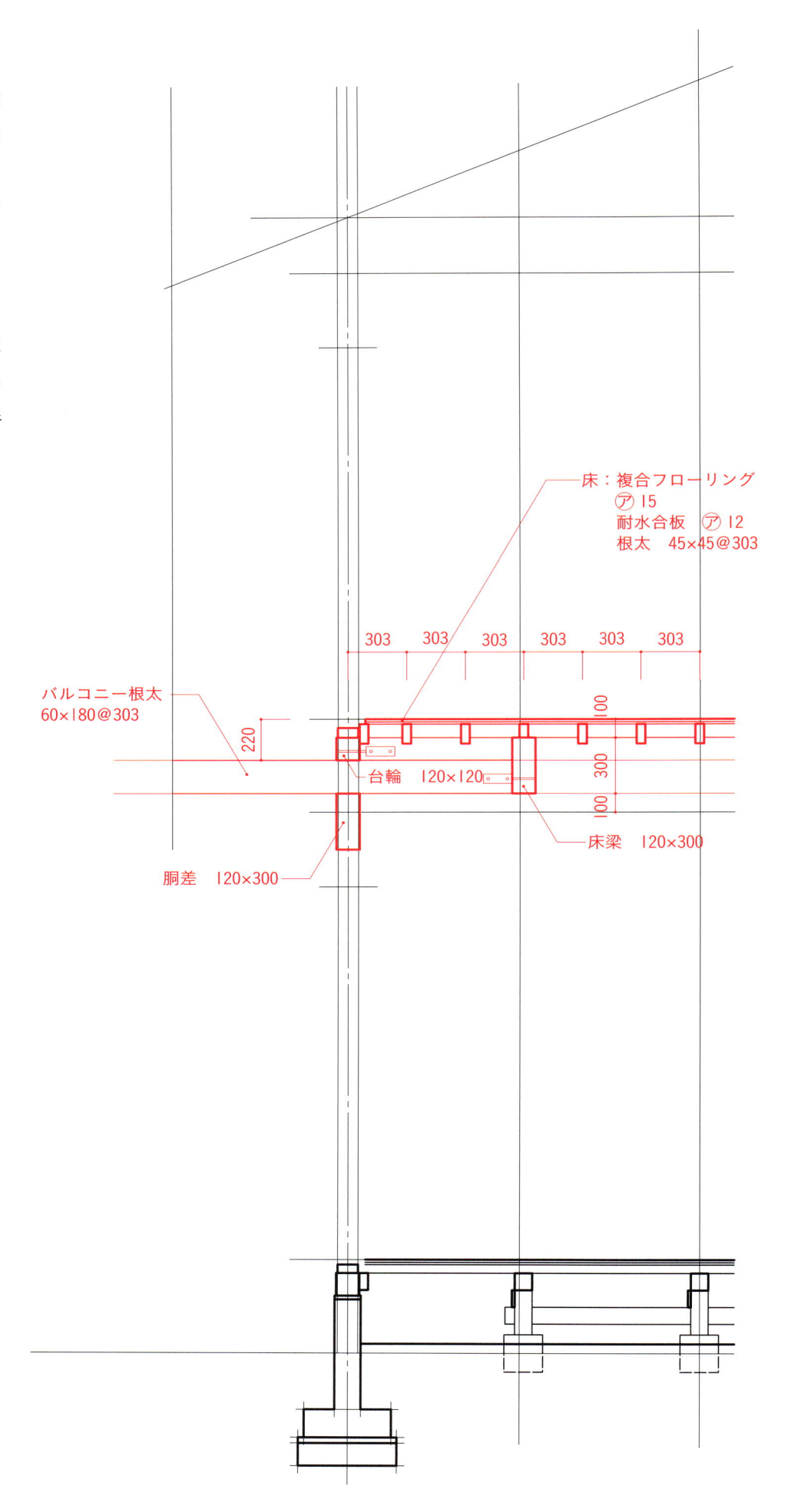

**3. 2階床組を仮線で描き、仕上げる（1/30）**

## 4. 小屋組、屋根を仮線で描き、仕上げる

（1）軒桁を仮線で描く。柱芯から60mmずつ振り分け、軒桁の幅120mmをとる。

（2）屋根勾配の基準線と直角に垂木のせい60mm、野地板⑦12mm、成形セメント板⑦28mmをとり、仮線で描く。また野地板の上に、アスファルトルーフィングを仕上げで描けるように仮線で描く。

（3）軒を仮線で描く。軒の出をとり、軒裏を仮線で描く。

（4）小屋梁、小屋束、母屋を仮線で描く。

（5）羽子板ボルト、ひねり金物を仮線で描く。

（6）軒桁、母屋などの部材の切断面や屋根、軒先、軒裏の仕上面を筆圧を強くして濃い太線の実線で描く。切断面より奥にある小屋梁、垂木、小屋束などの見えがかりは中線の実線で描く。また、アスファルトルーフィングを破線で描く［図35］（次頁）。

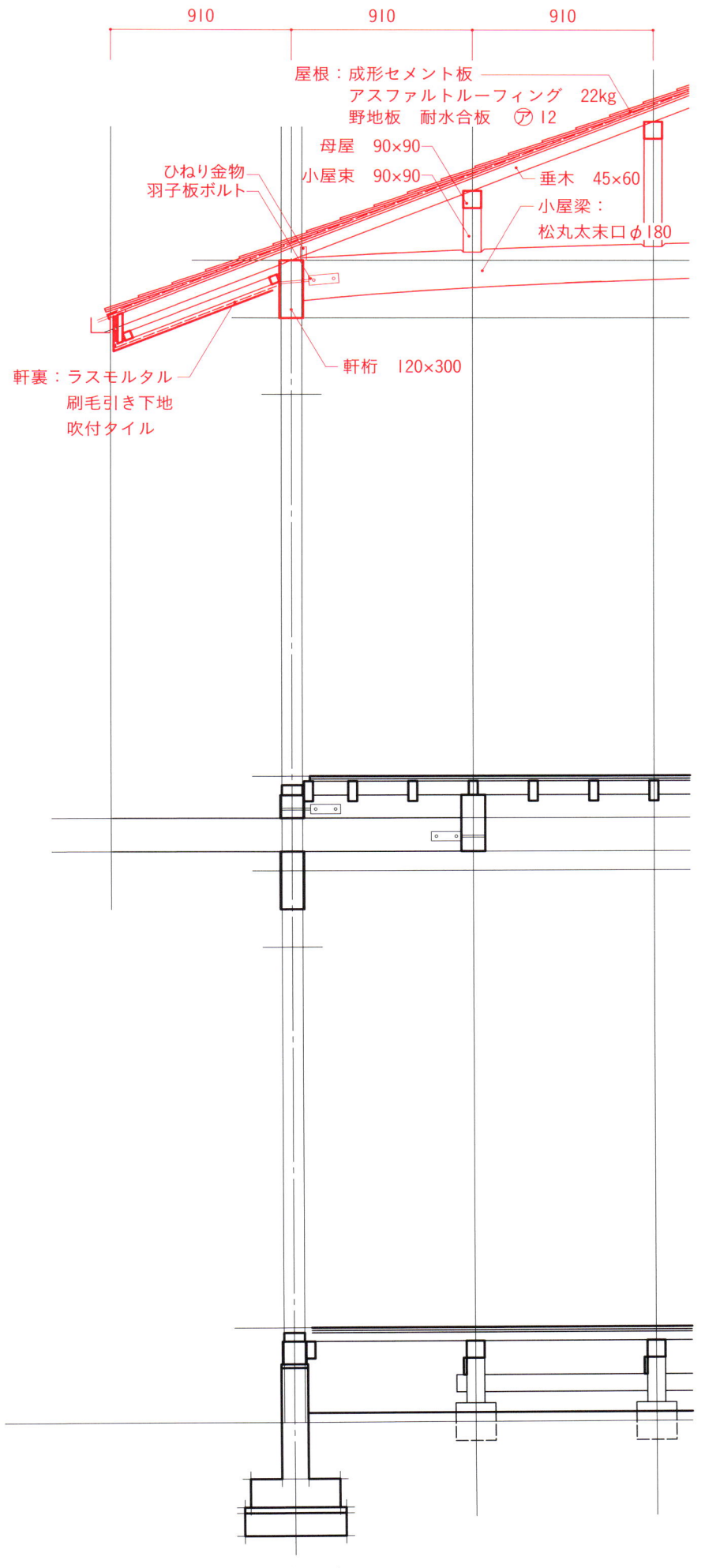

4. 小屋組、屋根を仮線で描き、仕上げる（1/30）

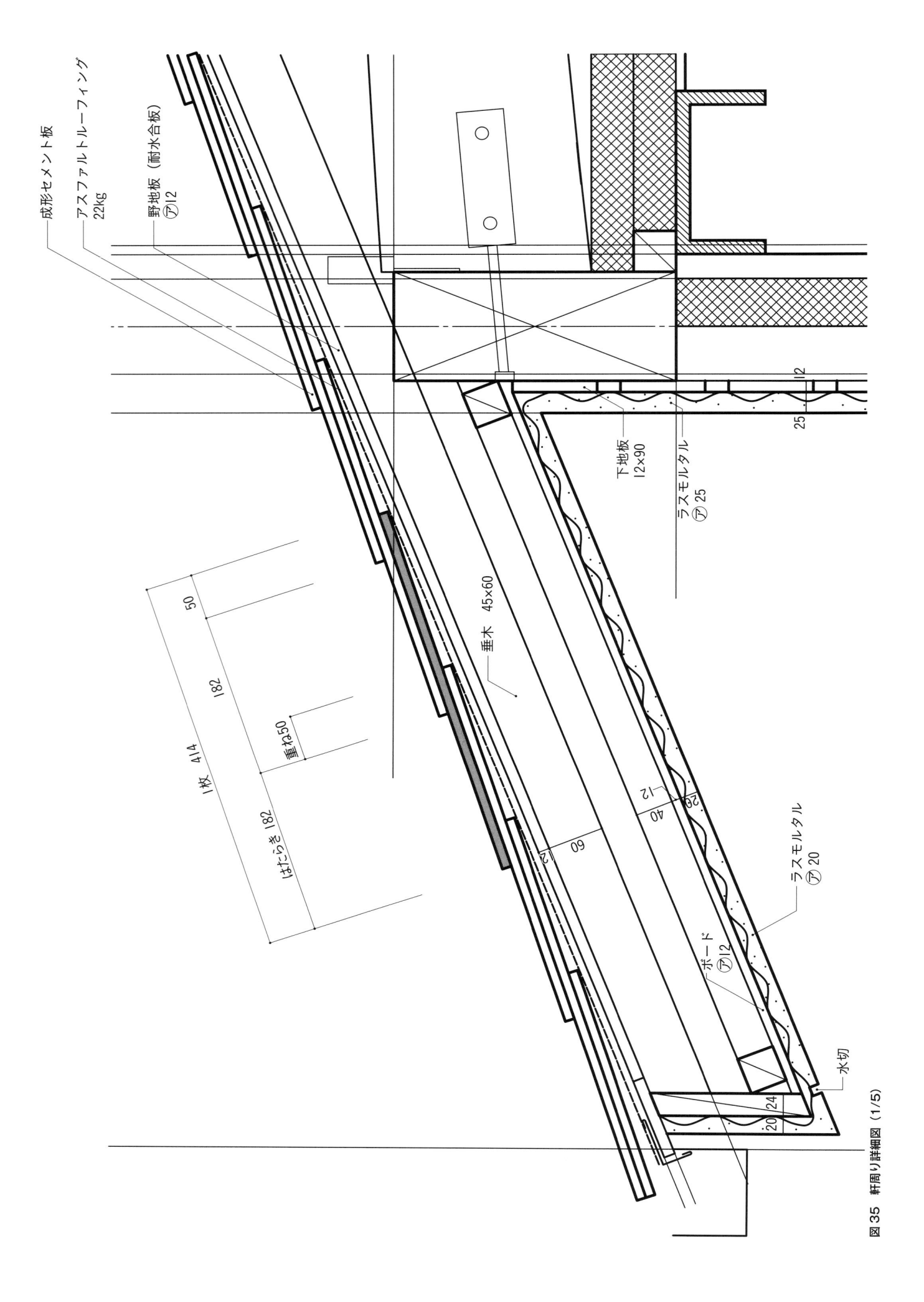

図35 軒周り詳細図 (1/5)

成形セメント板
アスファルトルーフィング 22kg
野地板（耐水合板）⑦12
下地板 12×90
ラスモルタル ⑦25
垂木 45×60
ボード ⑦12
ラスモルタル ⑦20
水切

1枚 414
182
50
重ね50
はたらき 182

## 5. 開口部を仮線で描き、仕上げる

（1）窓まぐさを仮線で描く。内法寸法を基準にして、窓まぐさの寸法 105 × 52.5mm をとる。

（2）額縁を仮線で描く。

（3）アルミサッシの上枠と下枠、框（かまち）、ガラス部分を仮線で描く。

（4）アルミサッシ、窓まぐさ、額縁などの部材の切断面を筆圧を強くして、濃い実線の太線で描く。切断面より奥にある見えがかりを実線の中線で描く［図36］。

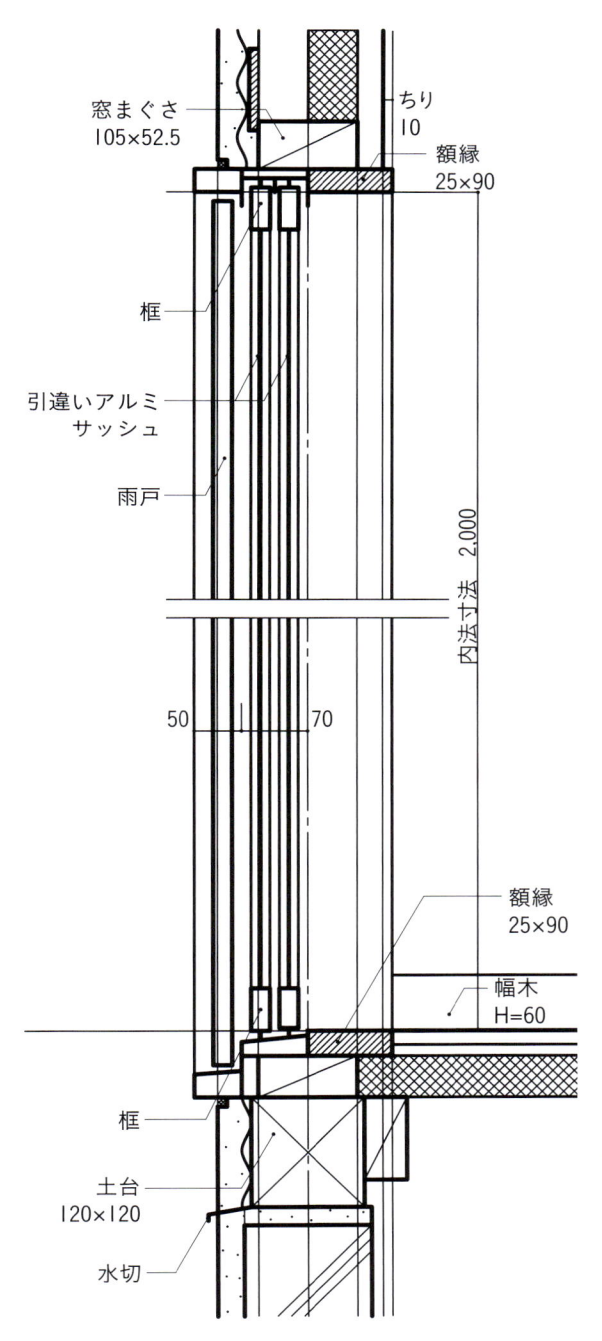

図36 窓周り詳細図（1/8）

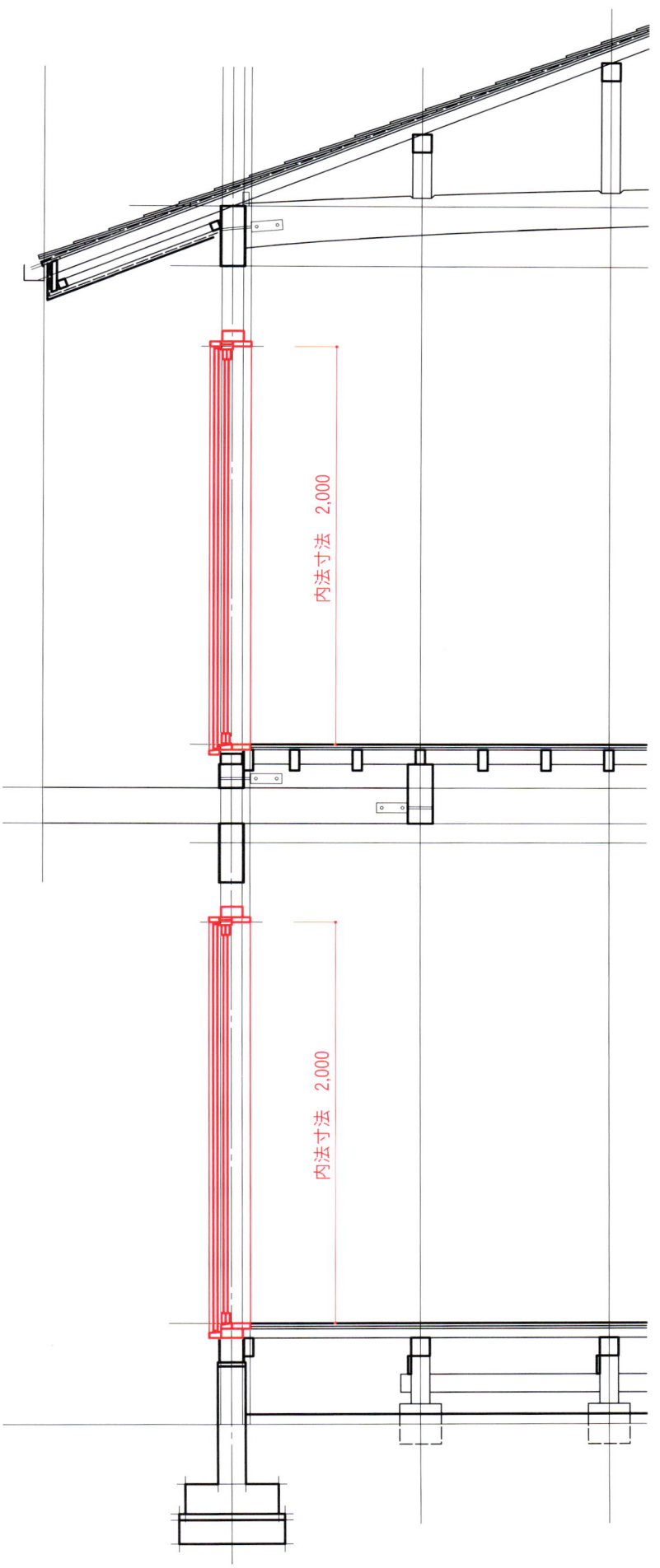

5. 開口部を仮線で描き、仕上げる（1/30）

## 6. 壁、天井を仮線で描き、仕上げる

(1) 1階、2階天井面より上に、天井石膏ボード㋐9㎜、野縁のせい45㎜をとり仮線で描く。

(2) 柱芯より455㎜間隔で野縁45×45㎜を、また910㎜の間隔で吊り木40×45㎜と吊り木受け末口φ75㎜を仮線で描く。

(3) 幅木、回り縁、カーテンボックスを仮線で描く。

(4) 外壁の室外側の仕上厚37㎜、外壁の室内側の仕上厚27㎜をとり、仮線で描く。

(5) 外壁の仕上面、1、2階天井の仕上面、野縁、吊り木受けの切断面を筆圧を強くして濃い実線の太線で描く。切断面より奥にある回り縁や幅木の見えがかりは実線の中線で描く。

## 7. バルコニー、テラスを仮線で描き、仕上げる（図は次頁）

(1) バルコニーの腰壁の両側に仕上厚37㎜をとる。バルコニーの床の仕上面（水上）は、2階床面より150㎜下げる。バルコニーの床は水上を基準として、水勾配1/100をとる。バルコニーの手すりを仮線で描く。

(2) バルコニーの床仕上面と外壁仕上面を筆圧を強くして、濃く描く。アルミ手すりと笠木は濃い実線の太線で、支柱は実線の中線で描く。

(3) テラスの土間コンクリートを仮線で描き、仕上げる。テラスの床は水勾配1/100をとる。

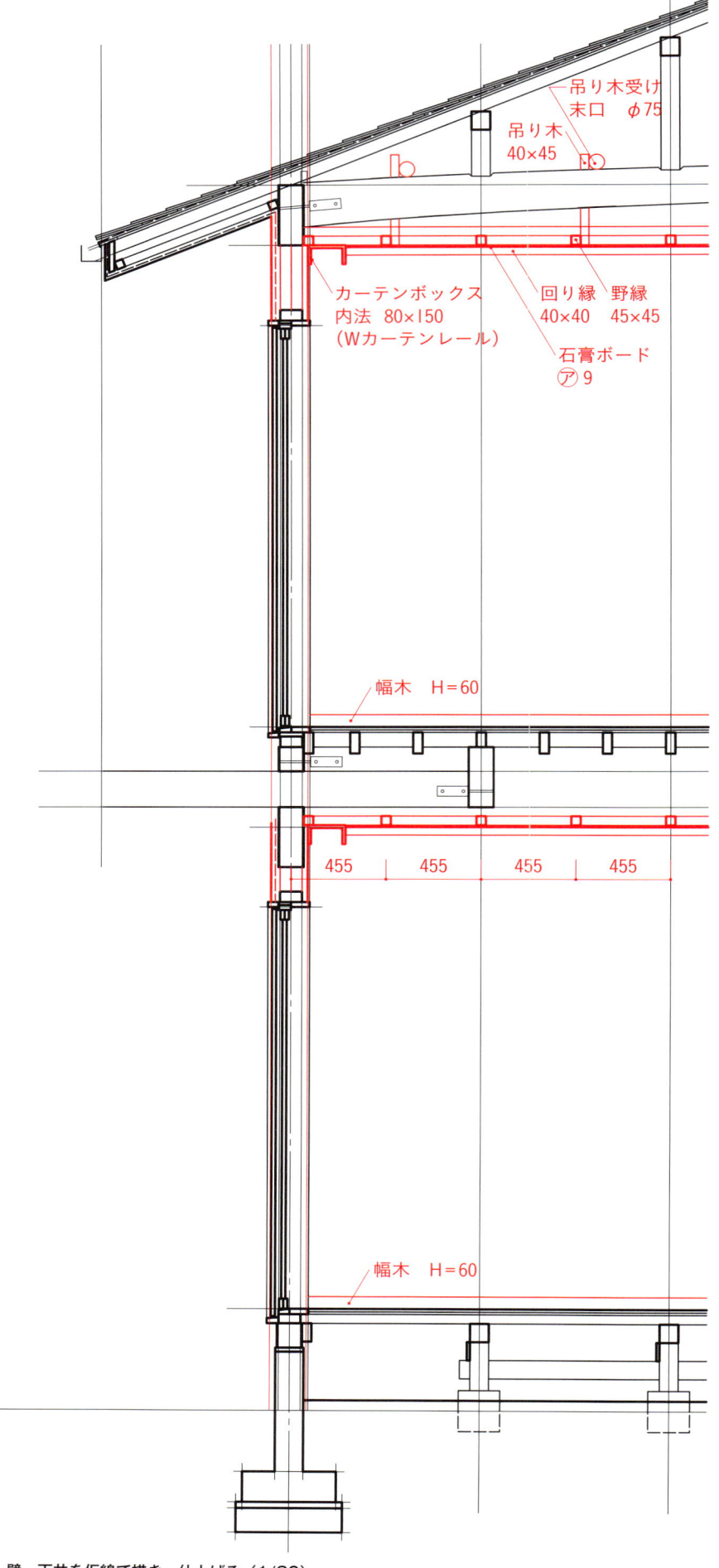

6. 壁、天井を仮線で描き、仕上げる（1/30）

## 8. 寸法線と寸法、引出し線と部材の名称、材料の表示記号、室名、図面名称、縮尺を記入する（完成図は71-72頁）

（1）寸法線と寸法補助線を細線で描き、寸法を記入する。

（2）引出し線と部材の名称を記入する。

部材寸法の記入例

垂木：45×60@455
垂木の幅 45 mm ― ― 垂木の間隔（ピッチ）455 mm
垂木のせい 60 mm

455 mmという寸法は910 mmの1/2の寸法で、303 mmは910 mmの1/3の寸法のこと

（3）構造、材料の表示記号を細線で記入する［図37］。

（4）通り芯番号を記入する。

（5）室名、図面名、縮尺を記入する。

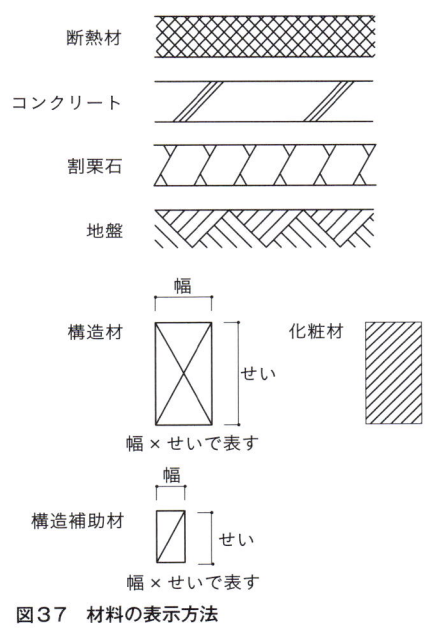

断熱材
コンクリート
割栗石
地盤

構造材　幅×せいで表す　化粧材

構造補助材　幅×せいで表す

図37　材料の表示方法

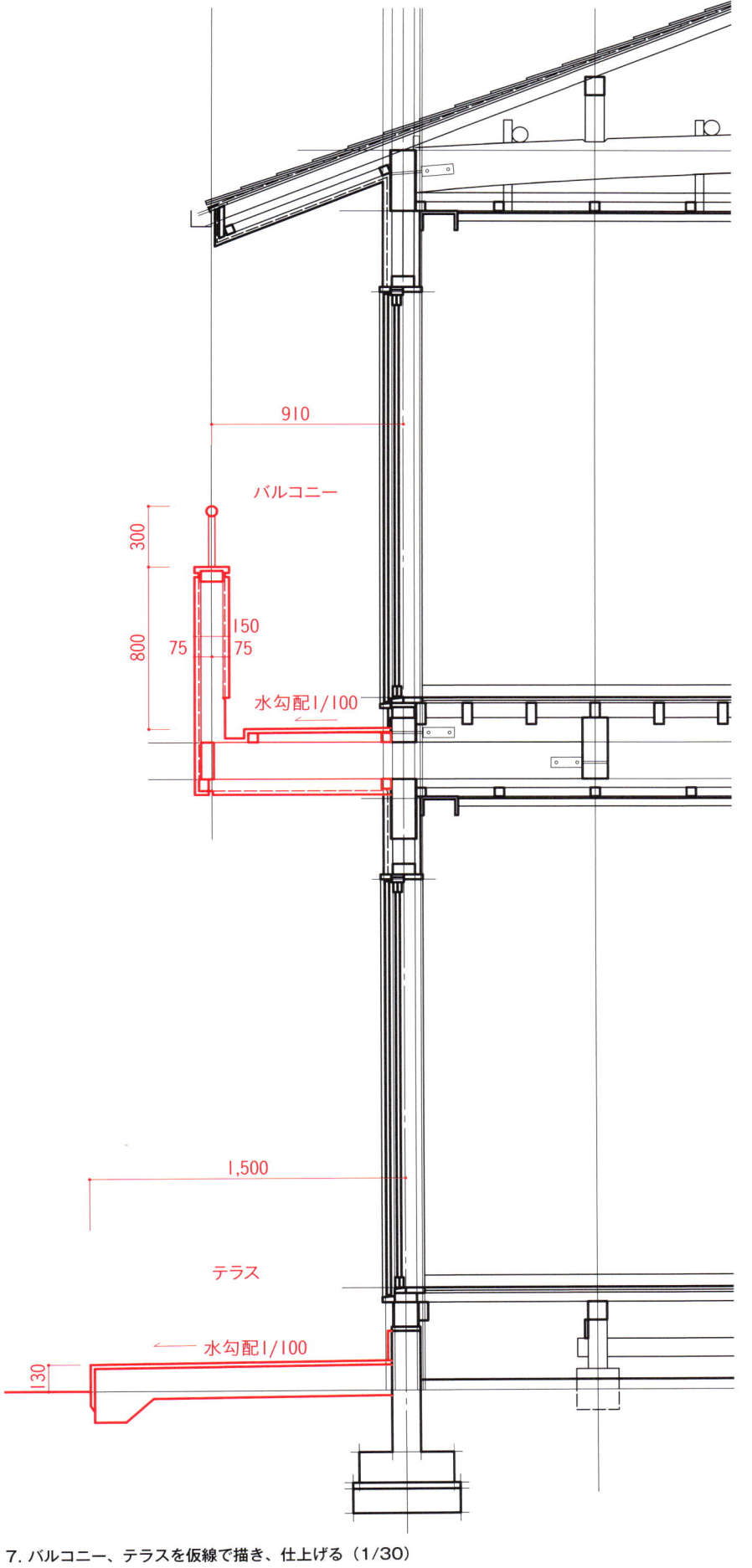

7. バルコニー、テラスを仮線で描き、仕上げる（1/30）

## 5-7 基礎伏図の描き方

### 基礎伏図を描くための基礎知識

1. 布基礎

外壁や間仕切壁の下に設けられる連続基礎をいう。右図は布基礎の基本的な寸法である［図38］。

2. 束石基礎

大引を受ける床束を立てるために据えられたものをいう。一般にコンクリート 200 × 200mmを910mm間隔で入れるが、玉石を用いることもある［図39］。

3. アンカーボルト

土台を基礎に緊結するために使われるボルトをいう。アンカーボルトの設置位置は、**筋かい端部の近くや仕口・継ぎ手の近くに設ける**。また柱芯より200mm程度の位置に設け、間隔は 2.7m 以下で設ける。通し柱にはホールダウン金物を設け、地震により柱が土台から引き抜かれることを防ぐ。

4. 床下換気口

床下の換気や通風のために、布基礎部分に設けられる孔をいう。5m 以内ごとに設け、大きさは 300cm²以上としなければならない。床下換気口の取り付け位置は柱や筋かいの直下は避けるようにする。一般に開口部の下に設けることが多い。また内部の人通口は床下の保守点検用として、人が床下を自由に通れるために設ける［図40］。

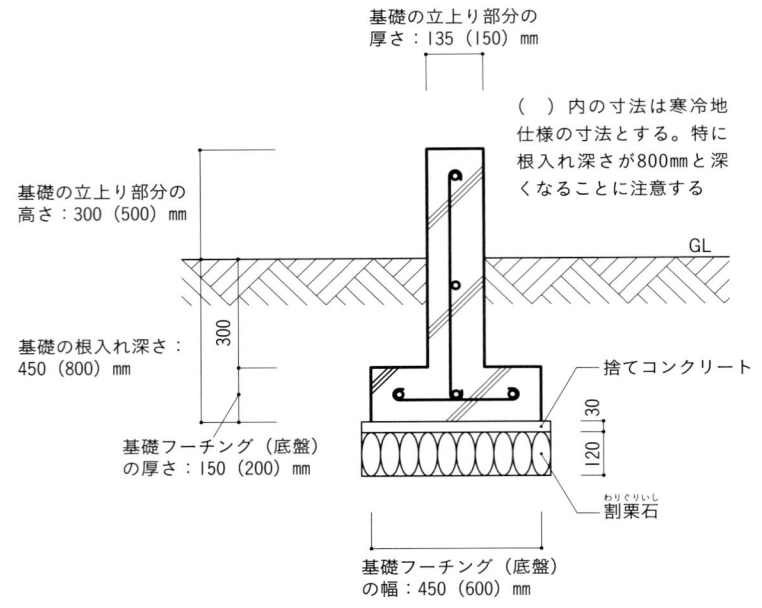

図38　布基礎の基本的な寸法

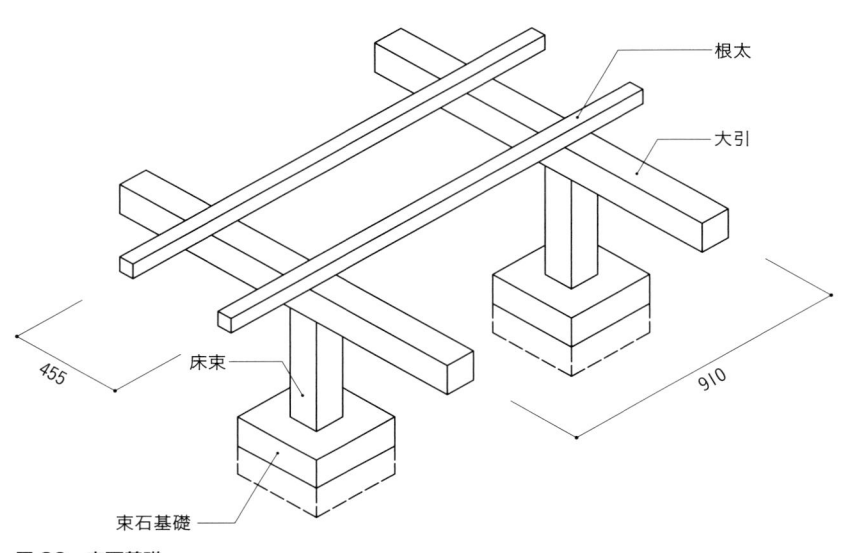

図39　束石基礎

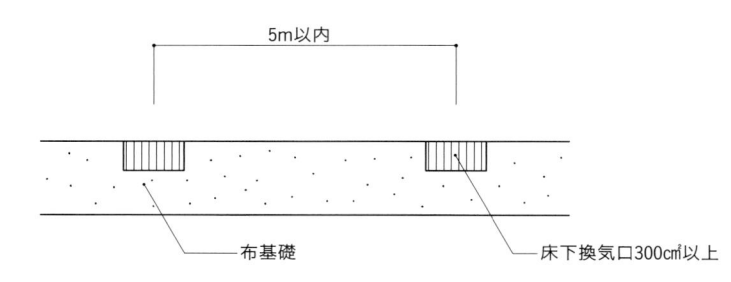

図40　床下換気口

5. 基礎伏図の作図上のポイント

（1）一般に、1階の外壁や内壁のある部分には、布基礎を設ける。特に、建物の外壁や筋かいが入る主要な内壁の下には、布基礎を設ける必要がある。また基礎フーチングの幅も表示する。

（2）束石の間隔は910mmとする。

（3）床下換気口を 5m 以内ごとに設ける。

（4）アンカーボルトの位置を表示する。ホールダウン金物の位置も表示する。

（5）玄関ポーチ、玄関、浴室、テラスなどは土間コンクリート打ちとする。

（6）浴室部分の基礎の立上り部分の高さがほかの基礎よりも高くなることがあるので、GLから浴室基礎天端までの高さを表示する。

（7）玄関、勝手口の上り框部分はコンクリートブロック（CB）を土間コンクリートの上に積む。

## 1. 壁の中心線を仮線で描く

外壁、内壁の中心線を仮線で描く。

## 2. 布基礎と床下換気口などを仮線で描く

（1）外壁、内壁の中心線より両側に67.5mmずつ振り分けて基礎幅寸法135mmをとり、仮線で描く。

（2）床下換気口の取り付け位置の中心線をとり、外壁では両側に150mmずつ振り分けて幅寸法300mmをとり、仮線で描く。また、内部の人通口は両側に300mmずつ振り分け、幅600mmをとり、仮線で描く。

（3）外壁、内壁の中心線より両側に225mmずつ振り分けて、基礎フーチングの幅寸法450mmをとり、仮線で描く。

（4）玄関と勝手口の上り框のコンクリートブロック（CB）は、両側に75mmずつ振り分けて厚さ150mmをとり、仮線で描く。

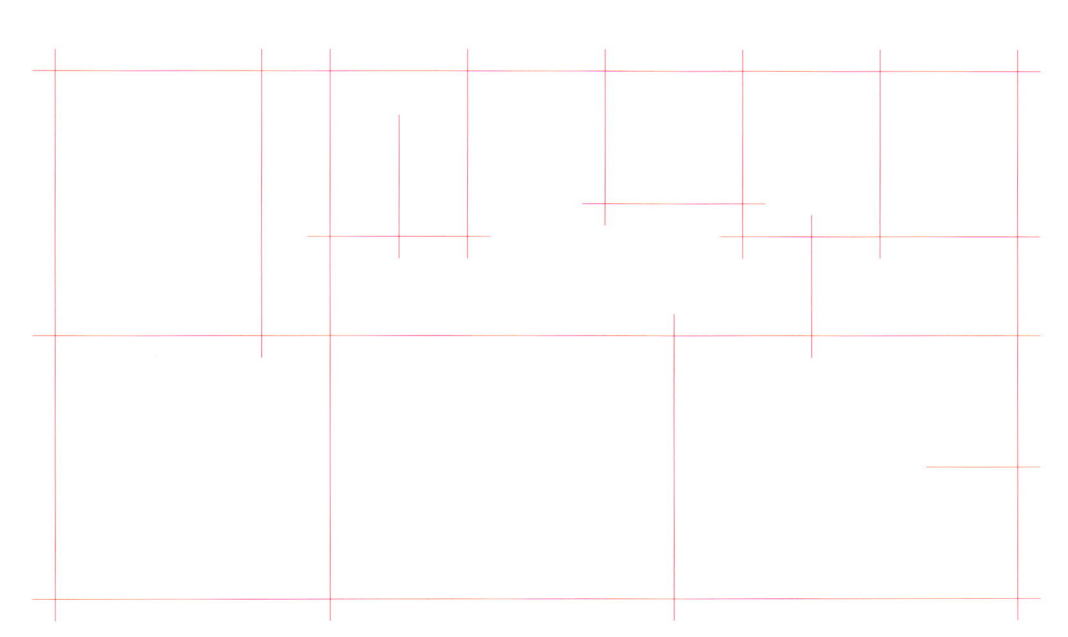

**1. 壁の中心線を仮線で描く（1/100）**

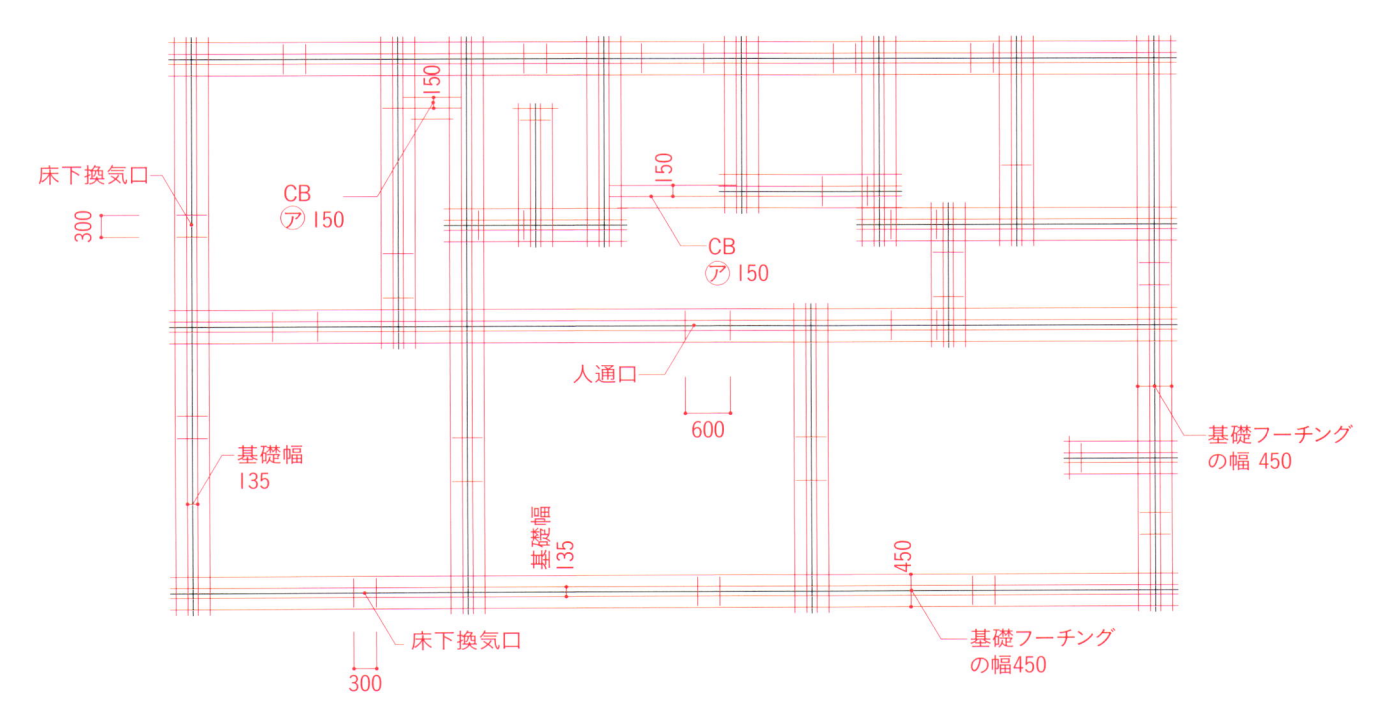

**2. 布基礎と床下換気口などを仮線で描く（1/100）**

## 3. 布基礎を実線の太線で描く

布基礎を筆圧を強くして、濃い実線の太線で描く。ただし、床下換気口と人通口の見えがかりは、実線の中線で描く。またコンクリートブロックも実線の太線で描く。

## 4. 基礎フーチング、土間コンクリートなどを実線の中線で描く

（1）アプローチ、カーポート、勝手口、テラスなどの土間コンクリートの外形線を実線の中線で描く。
（2）基礎フーチングを実線の中線で描く。ただし、土間コンクリート部分の基礎フーチングは、土間コンクリートの下にあるため、破線の中線で描く。

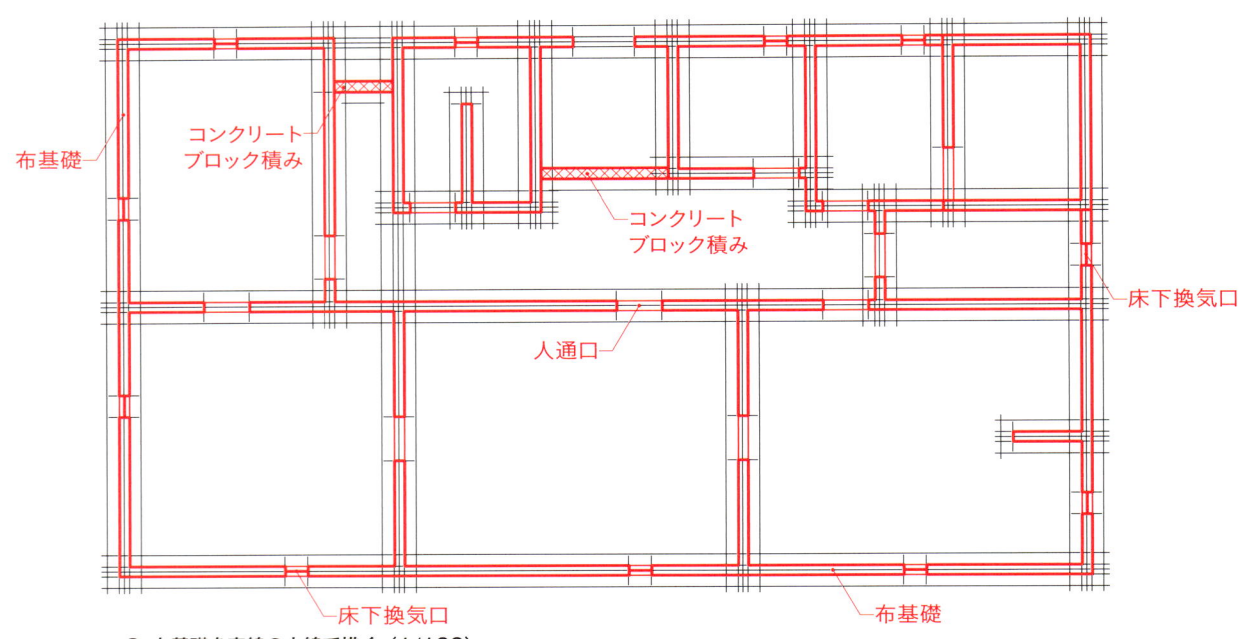

**3. 布基礎を実線の太線で描く（1/100）**

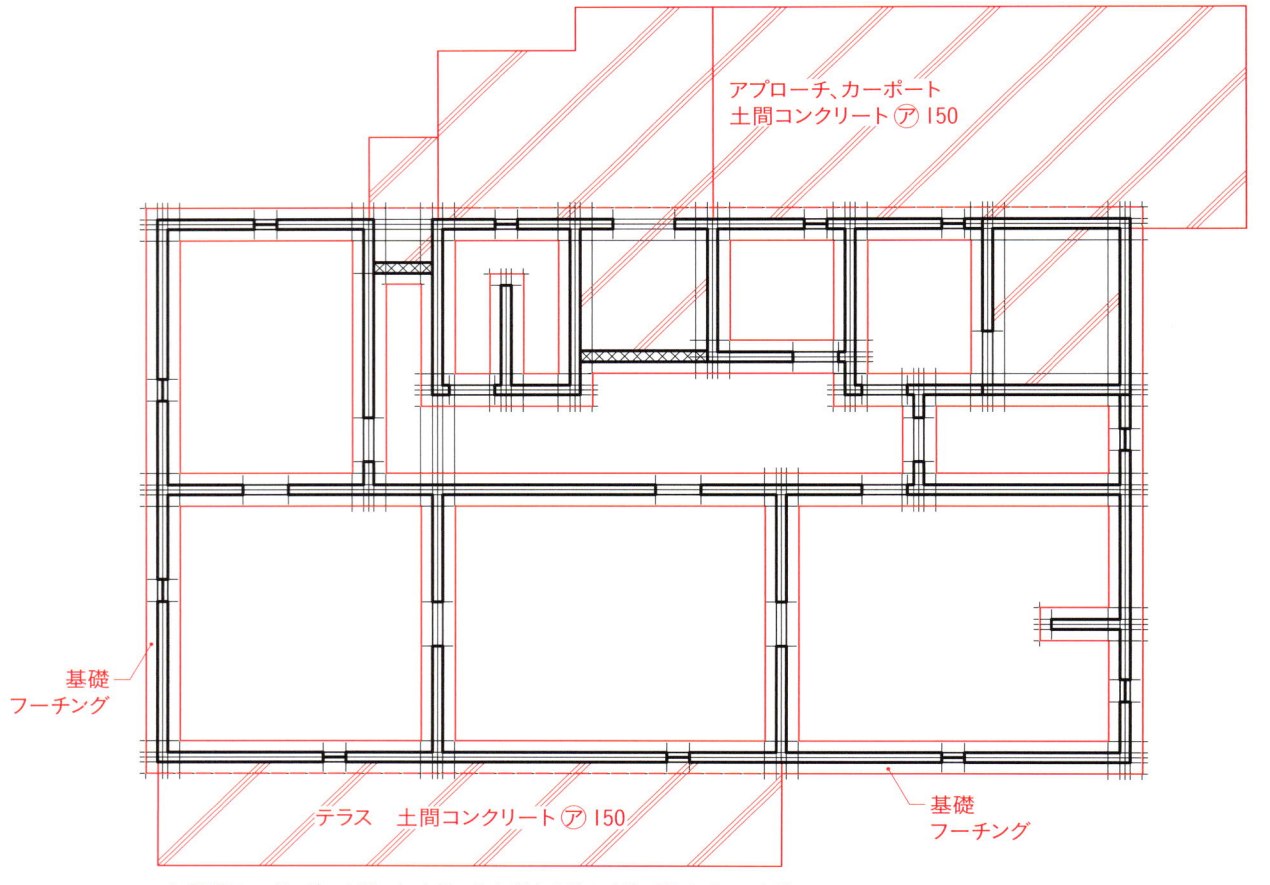

**4. 基礎フーチング、土間コンクリートなどを実線の中線で描く（1/100）**

## 5. 束石、アンカーボルトを表示する

（1）束石の取り付け位置（910mm間隔）を十字の印で表示する。

（2）アンカーボルトの取り付け位置を黒丸で、また、ホールダウン金物の取り付け位置を中に黒丸の入った丸に「HD」を付けて表示する。アンカーボルトの取り付け位置は柱芯から150〜200mm、ホールダウン金物のアンカーボルトの取り付け位置は柱芯から100mm程度離して表示する。

## 6. 表示記号、寸法線、寸法、名称などを記入する（完成図は73頁）

（1）コンクリートブロック、土間コンクリートの表示記号を記入する。

（2）寸法線を細線で描き、寸法、基準線の番号を記入する。

（3）部材の名称、凡例、図面名称、縮尺などを記入する。

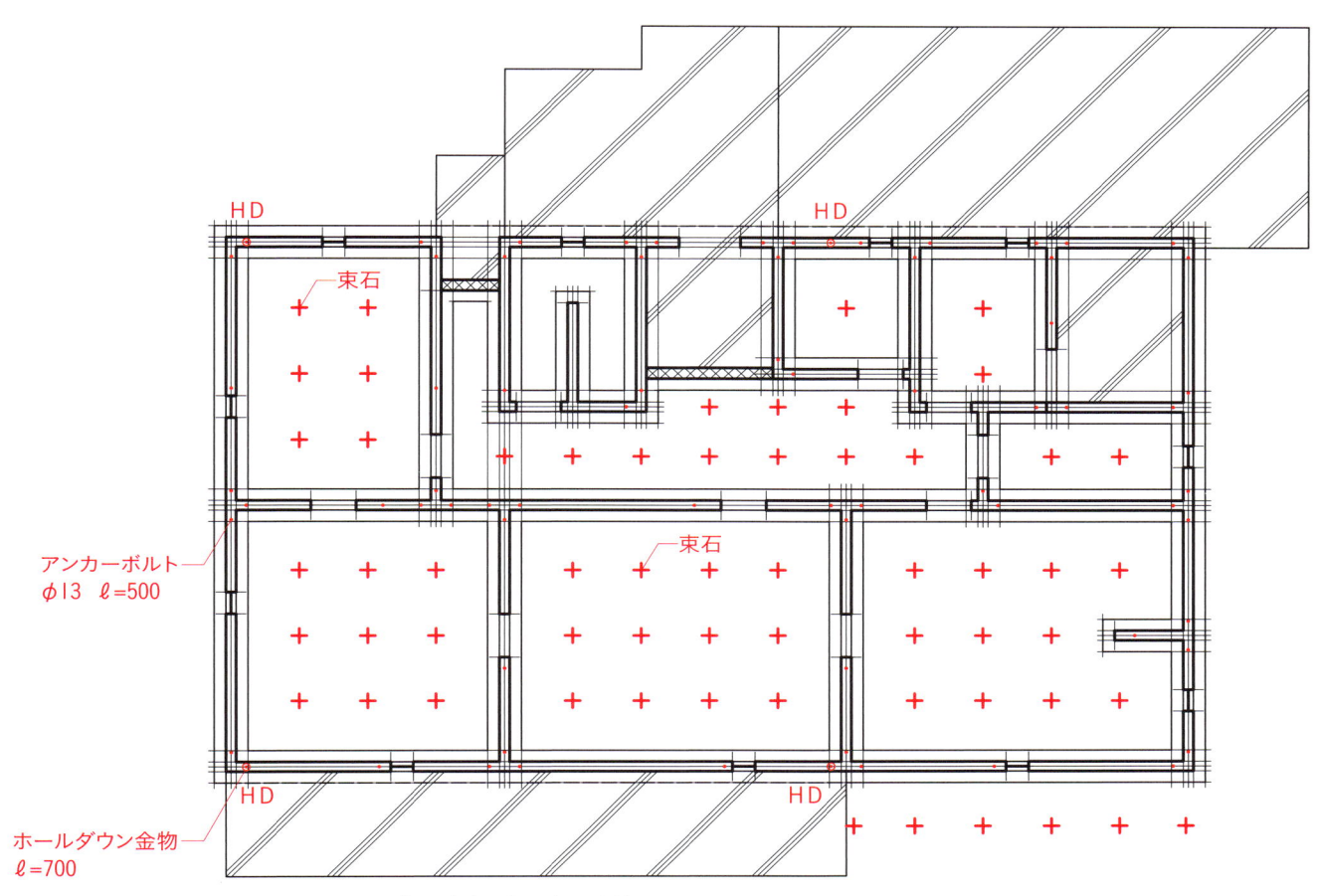

5. 束石、アンカーボルトを表示する（1/100）

## 5-8　1階床伏図の描き方

**1階床組図を描くための基礎知識**

1階床組は、床束、土台、大引、根太、火打土台、根がらみ貫などから成り立っている［図41］。

**1. 床束**

1階の大引を支える垂直材をいう。部材寸法は90×90mmで、910mm（半間）の間隔で入れる。束は短い垂直材の総称をいい、床束のほかに小屋組では母屋を支える小屋束や棟を支える真束などがある。

**2. 土台**

上に載る柱の脚部を固定し、上部の荷重を基礎に伝えるための水平材をいう。土台の寸法は120×120mmの角材とし、アンカーボルトで基礎にしっかりと緊結しなければならない。

**3. 大引**

1階床の根太を受ける角材で、一般に床束により支えられる。大引の間隔は910mm（半間）とし、一般に各室ごとに室の長手方向に架け渡す。

**4. 根太**

床組で、床板を受ける角材で、一般に大引により支えられる。1階の場合は大引の方向と直角に、2階の場合は床梁の方向と直角にして、303～455mm程度の間隔で架け渡す。また、鉄筋コンクリート造のスラブの上に直接根太を置く「転ばし床」というものもある。

一般に洋室は和室より重い家具などを置くことが多く、床に大きい荷重がかかるために303mm（910mm/3）の間隔で根太を入れる。それに対して和室は455mm（910mm/2）の間隔で入れる。またピアノを置く床部分の根太の間隔は227.5（910mm/4）～151.7mm（910mm/6）とする［表1］。

**5. 火打土台［図42］**

土台の隅角部を固定するために、45°に設けられた短い土台をいう。2階床組、小屋組では、同じような目的で火打梁を入れる。

**6. 根がらみ貫**

床束を相互に連結し動かないように固定する貫をいう。床束の側面を縦方向と横方向に入れて、床束に釘打ちする。小屋組では同じような目的で、小屋束を相互に連結する小屋貫がある。

**7. 1階床伏図の作図上のポイント**

（1）大引の間隔は910mm（半間）とし、一般に各室ごとに室の長手方向に架け渡す。

（2）根太は大引の方向と直角にして、間隔は一般に洋室で303mm、和室で455mmとする。

（3）通し柱に○印を記入する。一般に2階平面図の四隅の位置にある柱を通し柱とする。

（4）一般に、管柱は105×105mm、通し柱は120×120mmとする。また和室の化粧柱は120×120mmとすることが多い。

（5）根太掛けの表示を忘れないようにする。

**表1　根太の間隔**

| 部屋の種類 | 根太の間隔 |
| --- | --- |
| 洋室 | 303 mm（910 mm/3） |
| 和室 | 455 mm（910 mm/2） |
| ピアノ下の床部分 | 227.5（910 mm/4）～151.7（910 mm/6） |

※910/3は910の3つ割り、910/2は910の2つ割りなどという

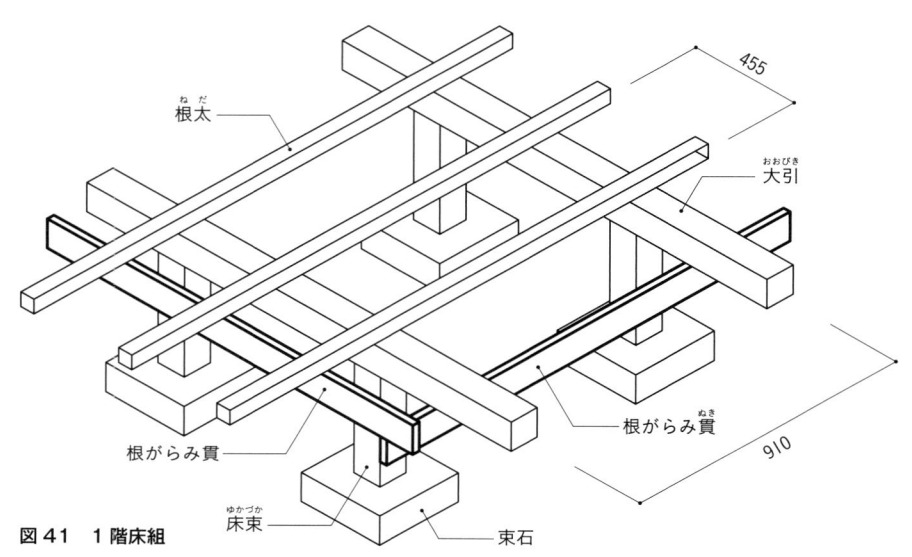

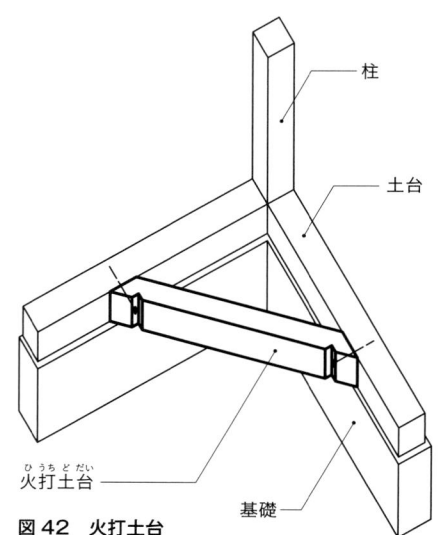

図41　1階床組

図42　火打土台

## 1. 壁の中心線を仮線で描く

外壁、内壁の中心線を仮線で描く。

## 2. 土台、柱を描く

（1）外壁、内壁の中心線より両側に60mmずつ振り分けて、土台の幅寸法120mmをとり、仮線で描いてから、実線の中線で仕上げる。

（2）柱の位置をとり、実線の太線で仕上げる。管柱の寸法は105 × 105mm、通し柱の寸法は120 × 120mmであり、通し柱に○印を記入する。

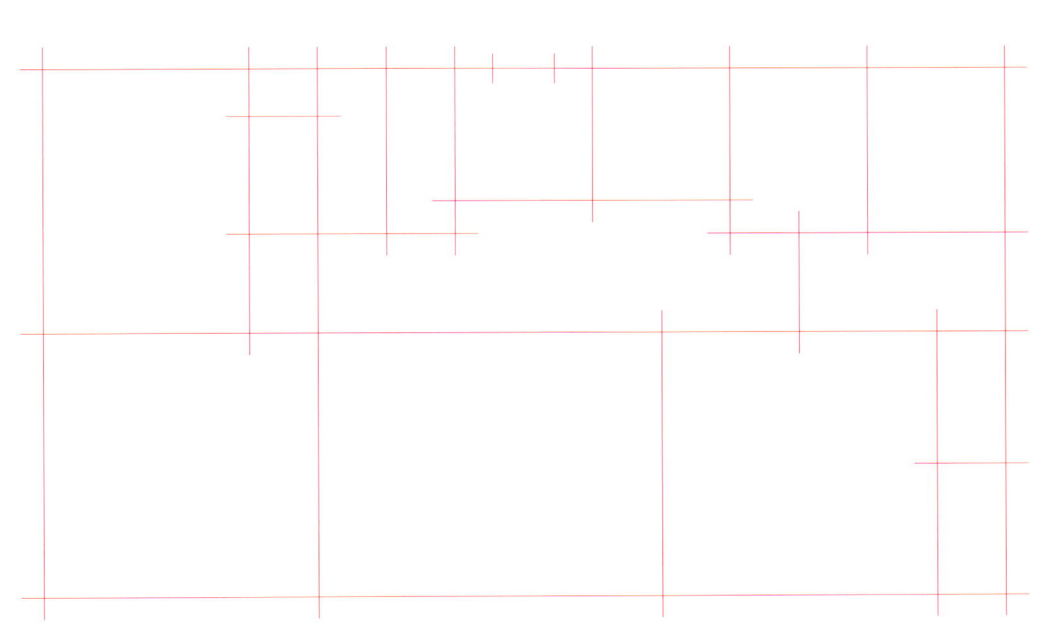

1. 壁の中心線を仮線で描く（1/100）

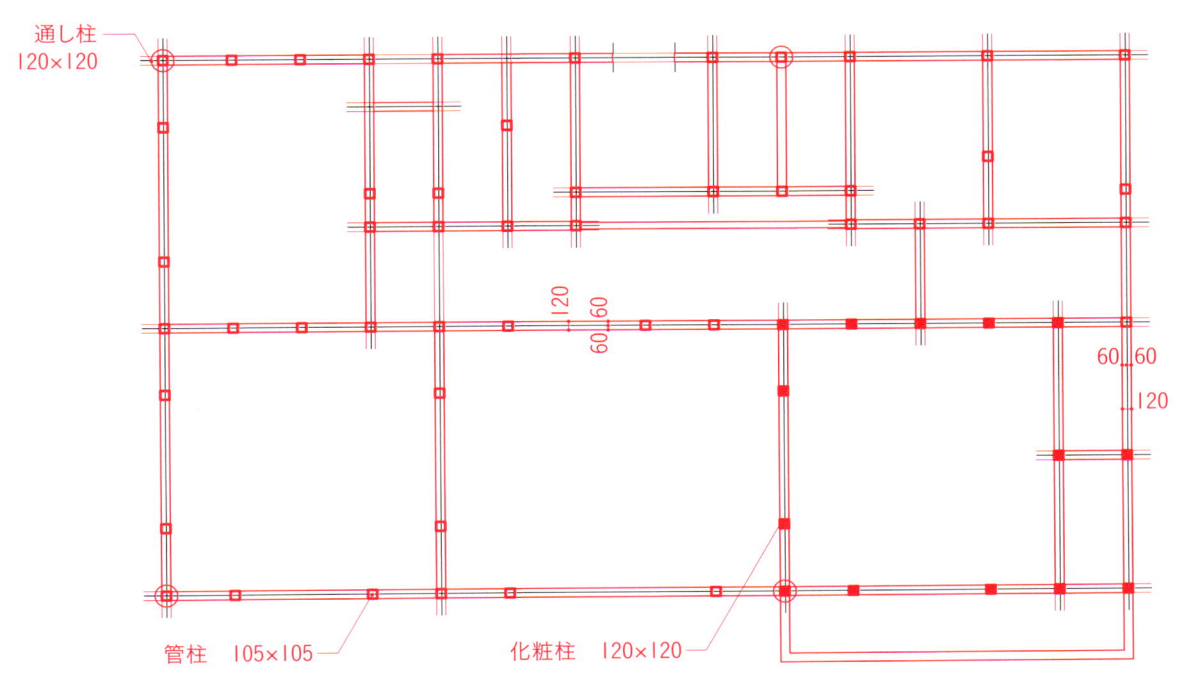

2. 土台、柱を描く（1/100）

## 3. 大引、火打土台を描く

①大引の幅寸法 90 mm をとり、910 mm 間隔で実線の中線で描く。

②火打土台の幅寸法 90 mm をとり、実線の中線で描く。

## 4. 根太を描く

①柱芯から根太の割り付けをする。洋室では根太の間隔を 303 mm とし、和室では 455 mm とする。根太は実線の中線 [単線（シングルライン）] で描く。

②根太が土台と直交する所には、根太掛けを描く。根太掛けは実線の中線（単線）で描く。

## 5. 寸法線、寸法、名称などを記入する（完成図は 74 頁）

①寸法線、寸法補助線を細線で描き、寸法、基準線の番号を記入する。

②部材の名称、凡例、図面名称、縮尺を記入する。

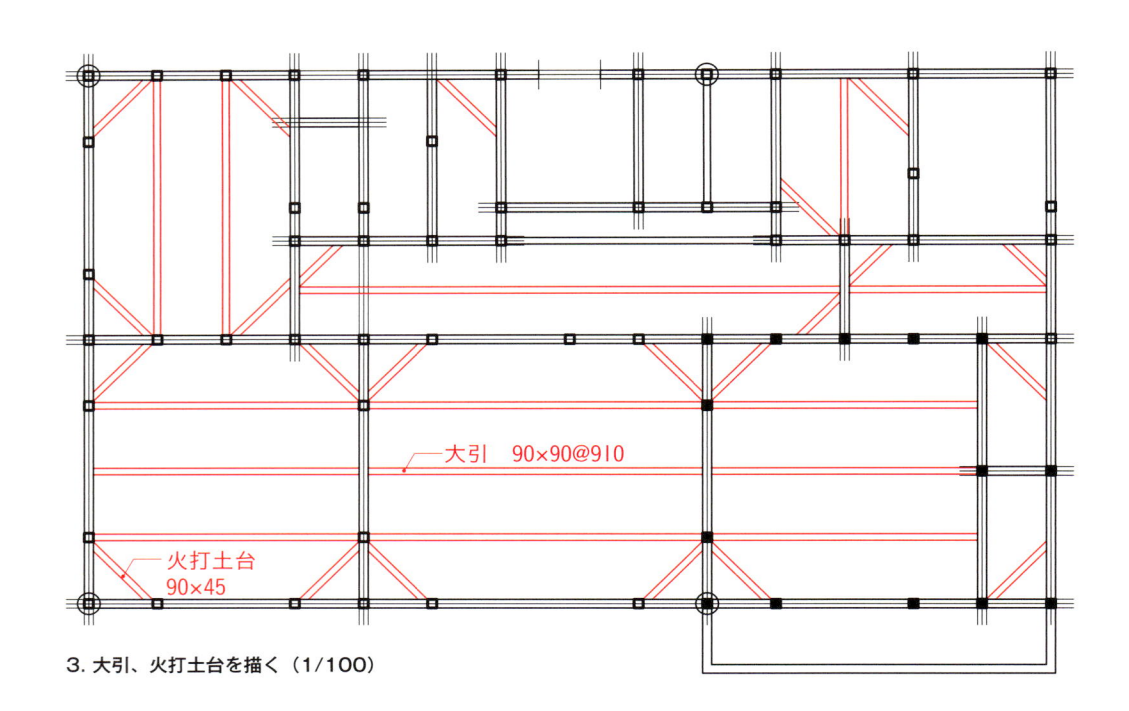

大引　90×90@910

火打土台　90×45

3. 大引、火打土台を描く（1/100）

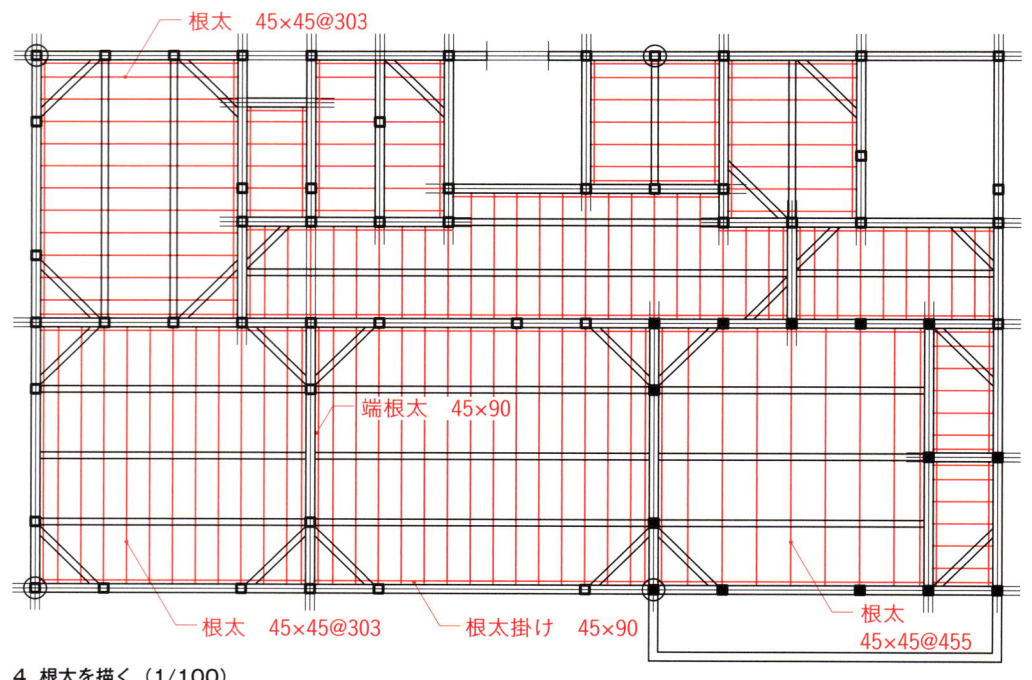

根太　45×45@303

端根太　45×90

根太　45×45@303　　根太掛け　45×90　　根太　45×45@455

4. 根太を描く（1/100）

## 5-9　2階床伏図の描き方

### 2階床組図を描くための基礎知識

2階床組は、床梁、胴差、根太、火打梁などから成り立っている。

2階床組はスパンや床荷重などにより、梁床、根太床などが採用されるが、木造2階建て住宅の2階床組では、一般の部屋には梁床が多く使われ、廊下、押入、物入などの室幅のあまりない箇所では根太床が使われる。

#### 1. 梁床［図43］

床梁の上に根太を架け渡し、床板を張った床をいう。複床ともいう。床梁の間隔は1,820mm（1間）以内に入れる。この住宅の2階の夫婦寝室、子供室は梁床である。

#### 2. 根太床［図44］

大引や床梁を使わずに、根太だけを胴差などに架け渡し、床板を張った床をいう。単床ともいう。1階または2階で、1〜2m程度の短いスパンの押入、廊下、縁側などの床に使われる。根太は短辺方向に架け渡す。この住宅の2階の廊下、便所部分と1階の8畳和室の床の間、押入部分は根太床になっている。

#### 3. 床梁（2階床梁）

2階床の荷重を支えるために、胴差間に設けられた横架材をいう。床梁は1,820mm（1間）以下の間隔で設ける。

#### 4. 胴差

柱相互を連結し、床梁を支える横架材をいう。胴差は2階床梁を受ける部材であるから、胴差は床梁と同寸以上になるようにする［図45］。

#### 5. 床梁と胴差の部材寸法

床梁と胴差の部材寸法（メンバー）は、負担する荷重により決められるが、一般に、スパンによって次のような基準寸法とする。ただし（1）〜（5）の場合すべてについて、最大寸法は360mmまでとする。

（1）床梁または胴差の一般の架構［図46］（次頁）。

（2）床梁または胴差で2階柱を受ける場合、受ける柱が2本までの場合は、（1）の床梁または胴差のせいに30mmを加えた寸法を基準とする［図47、48］（次頁）。

（3）床梁または胴差で床梁を1本受ける場合、床梁または胴差のせいは、受ける床梁のせいと同寸以上とする［図49］（次頁）。

（4）床梁または胴差で床梁を2本受ける場合、床梁または胴差のせいは、受ける床梁のせいに30mmを加えた寸法とし、かつ受ける床梁のなかでもっともせいの大きい寸法以上を基準とする［図50］（121頁）。

（5）床梁または胴差で2階柱1本と床梁を同時に受ける場合、床梁または胴差のせいは、受ける床梁のせいに30mmを加えた寸法を基準とする［図51、52］（121頁）。

#### 6. 根太

2階根太はスパンが1,820mm（1間）の場合が多いので、スパンが910mm（半間）の1階根太の部材寸法（45×45@303）よりも大きくなり、45×105@303とする。

#### 7. 火打梁

地震力や風圧力などの水平力に抵抗するために、2階床組または小屋組での梁や胴差などで構成される水平構面の隅角部に45°に設けられた短い梁をいう。

#### 8. 2階床伏図の作図上のポイント

（1）1階柱を×印で、2階柱を□印で記入すると、1階柱と2階柱の重なり方がよくわかる。たとえば、1階に柱がなく2階に柱がある表示になった場合は、床梁や胴差の寸法を大きくした

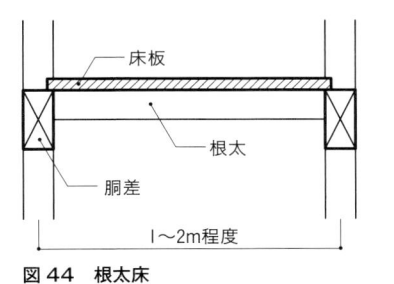

図43　梁床

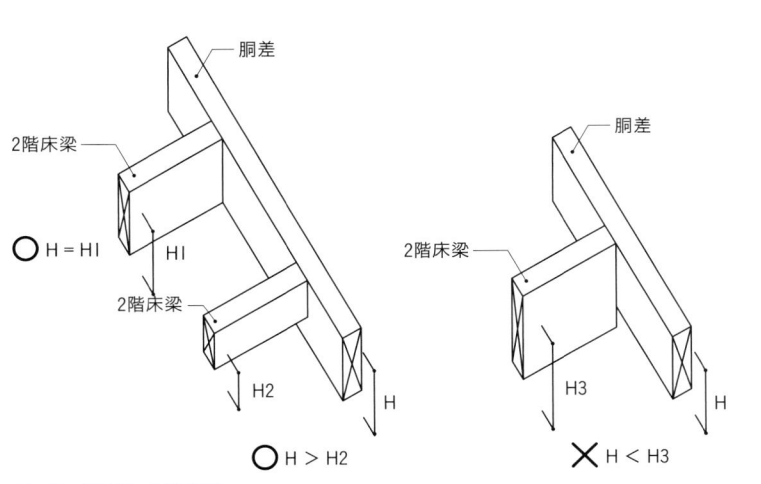

図44　根太床

図45　胴差と2階床梁

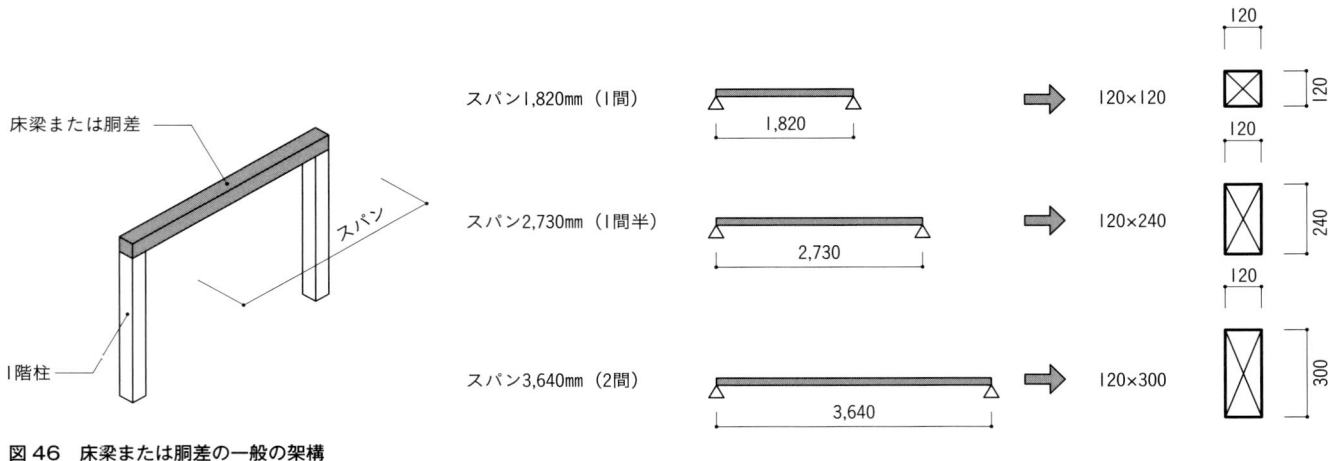

**図 46　床梁または胴差の一般の架構**

スパン1,820mm（1間）　→　120×120
スパン2,730mm（1間半）　→　120×240
スパン3,640mm（2間）　→　120×300

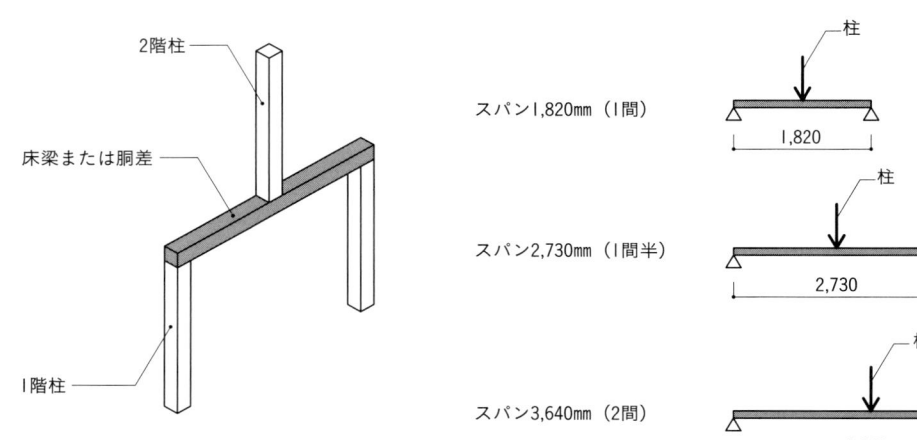

**図 47　床梁または胴差で2階柱を1本を受ける場合**

スパン1,820mm（1間）　→　120×150
スパン2,730mm（1間半）　→　120×270
スパン3,640mm（2間）　→　120×330

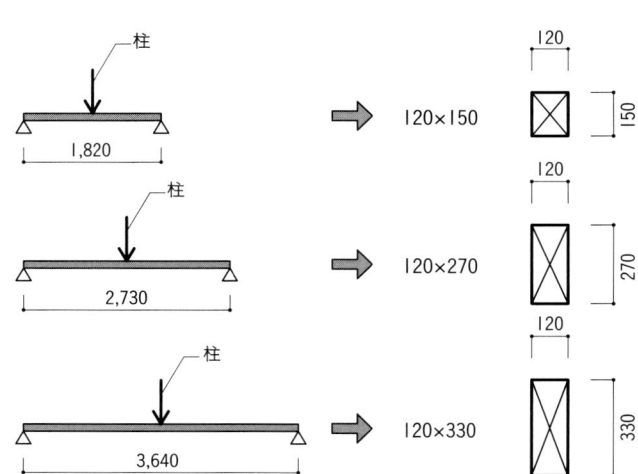

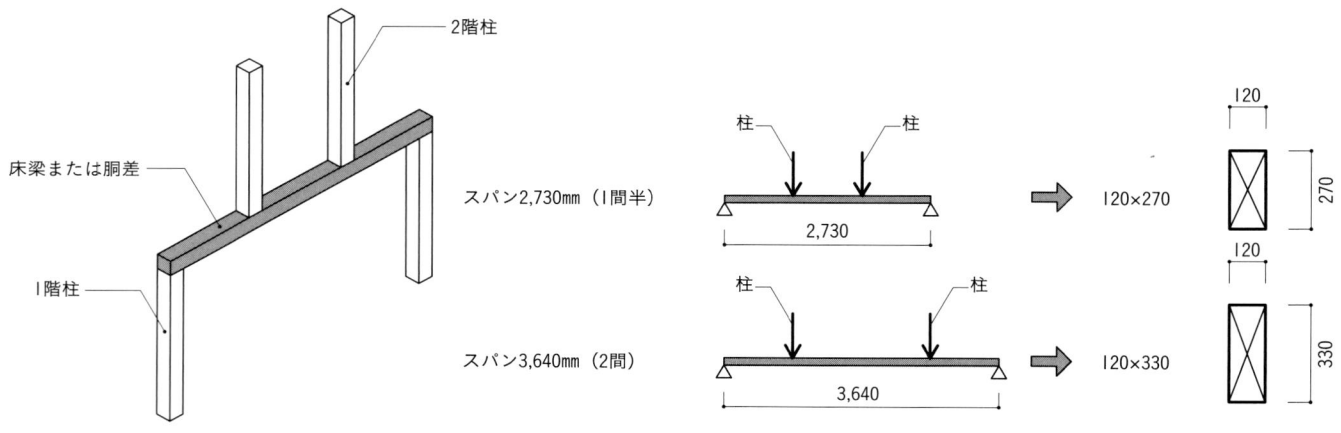

**図 48　床梁または胴差で2階柱を2本を受ける場合**

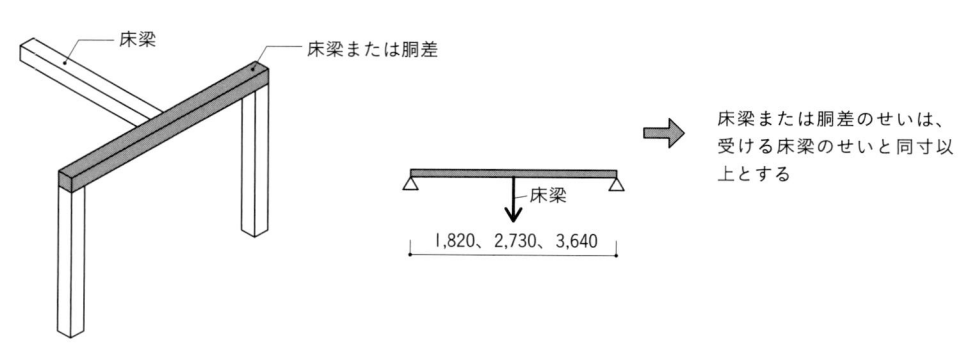

スパン2,730mm（1間半）　→　120×270
スパン3,640mm（2間）　→　120×330

**図 49　床梁または胴差で床梁を1本受ける場合**

1,820、2,730、3,640　→　床梁または胴差のせいは、受ける床梁のせいと同寸以上とする

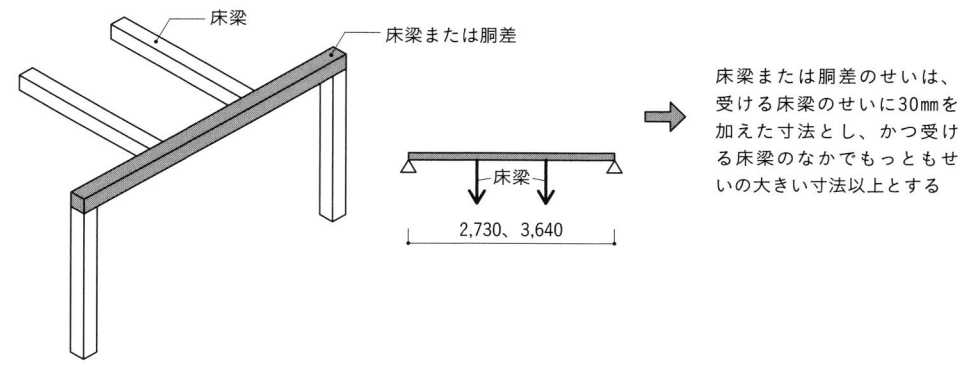

**図 50　床梁または胴差で床梁を 2 本受ける場合**

床梁または胴差のせいは、受ける床梁のせいに 30mm を加えた寸法とし、かつ受ける床梁のなかでもっともせいの大きい寸法以上とする

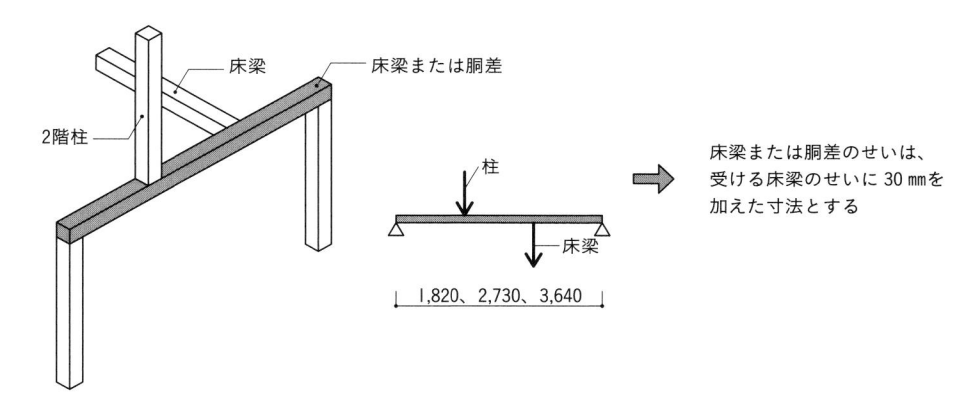

**図 51　床梁または胴差で 2 階柱 1 本と床梁を同時に受ける場合**

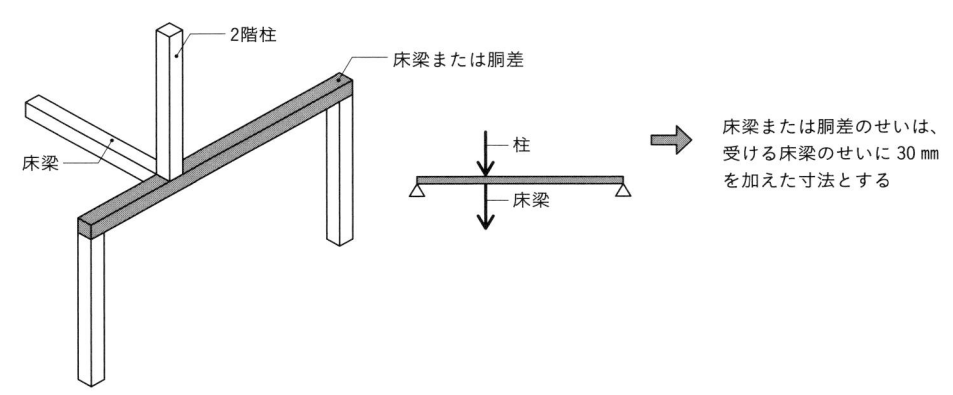

床梁または胴差のせいは、受ける床梁のせいに 30 mm を加えた寸法とする

**図 52　床梁または胴差で 2 階柱 1 本と床梁を同時に受ける場合**

床梁または胴差のせいは、受ける床梁のせいに 30 mm を加えた寸法とする

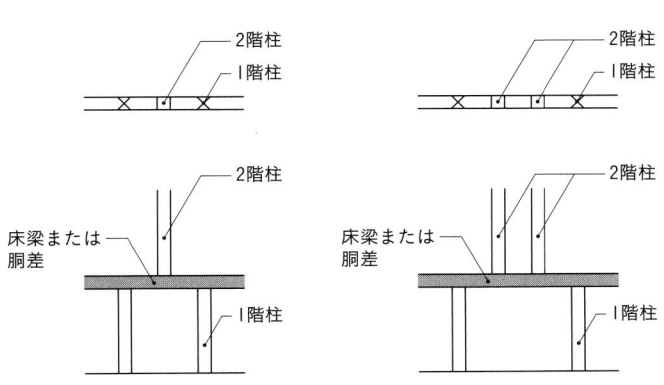

**図 53　1 階柱と 2 階柱の重なり方**

り、柱の位置を変えることで対応する［図 53］。

（2）通し柱を〇印で記入する。

（3）床梁、胴差の寸法はスパンによって変わり、スパン 3,640㎜（2 間）では 120 × 300㎜となる。

（4）床梁の間隔は 1,820㎜（1 間）以内とする。

（5）胴差は床梁と同寸以上になるようにする。

（6）根太の間隔は一般に 303㎜とする。

（7）1 階屋根の小屋束は小さめの〇印で表示する。

第 5 章　木造 2 階建て住宅の製図　121

## 1. 壁の中心線を仮線で描き、1階の柱位置を×印で記入する

（1）外壁、内壁の中心線を仮線で描く。
（2）1階の柱位置を×印で記入する。

## 2. 床梁、胴差、火打梁、2階柱などを描く

（1）外壁の中心線より両側に60㎜ずつ振り分けて、胴差、床梁の幅寸法120㎜をとり、実線の中線で描く。
（2）床梁、胴差以外に1階の壁のある位置に設ける頭つなぎを実線の中線で描く。頭つなぎとは、2階床組や小屋組で、梁、胴差、桁など以外の部分で、柱の上部を固定するために設けられる水平材をいう。
（3）火打梁の幅寸法90㎜をとり、実線の中線で描く。
（4）2階柱を実線の太線で描き、通し柱には○印を記入する。

## 3. 根太などを描く（図は次頁）

（1）柱芯から根太を303㎜間隔で割り付け、実線の中線（単線）で描く。
（2）階段、吹抜け部分に、実線の細線で ⊠ の表示をする。

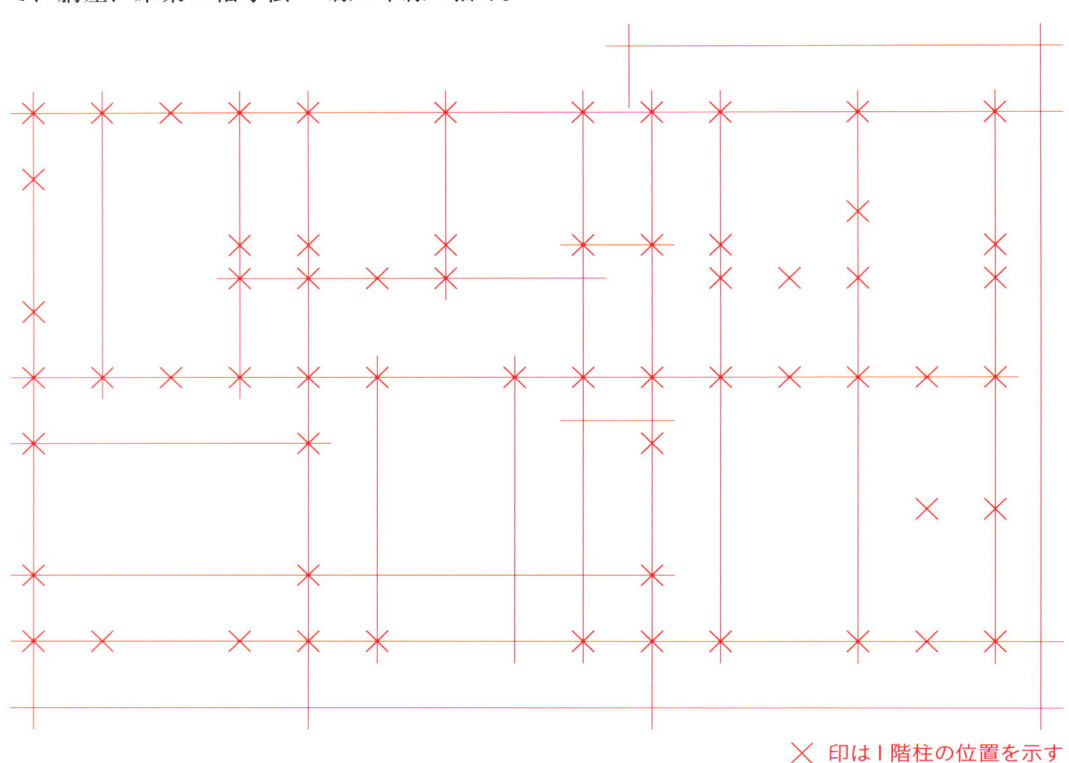

1. 壁の中心線を仮線で描き、1階の柱位置を×印で記入する（1/100）

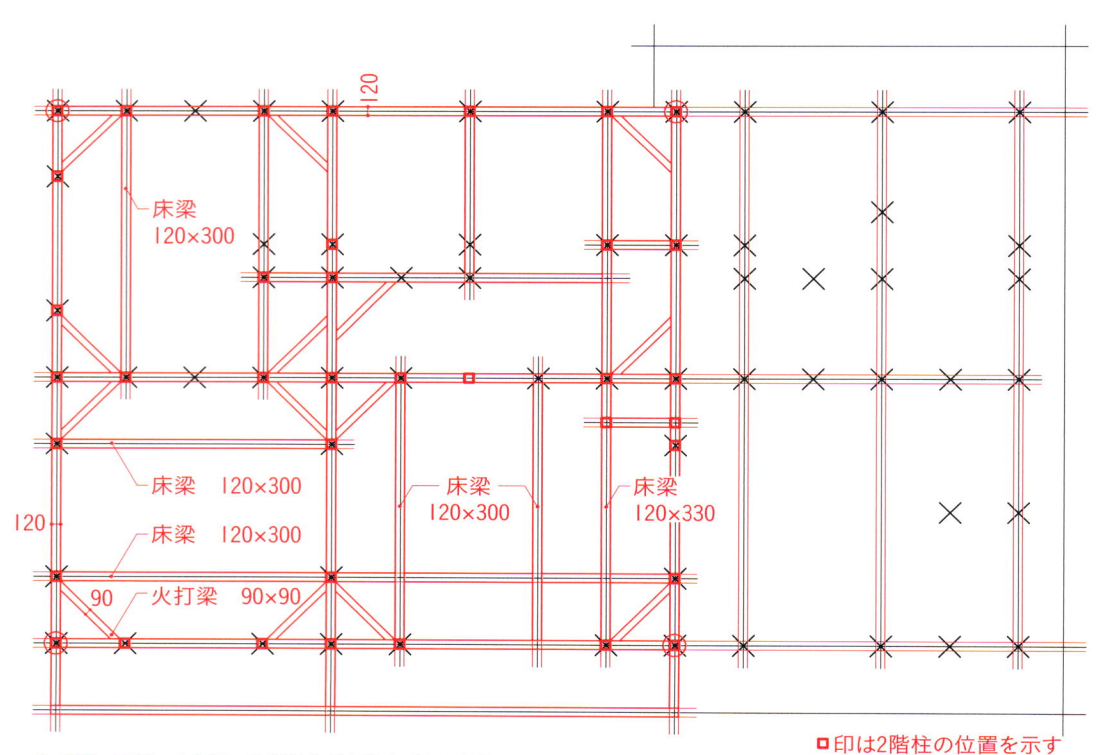

× 印は1階柱の位置を示す

2. 床梁、胴差、火打梁、2階柱などを描く（1/100）

▫印は2階柱の位置を示す

## 4. 1階小屋伏図を描く

（1）切妻屋根の外形線を実線の中線で描く。
（2）小屋梁を実線の中線で描く［図54］。
（3）頭つなぎ、火打梁を実線の中線で描く。
（4）母屋を一点鎖線の中線で910mm間隔に描く。
（5）柱芯から垂木を455mm間隔で割り付けて、実線の中線（単線）で描く。
（6）小屋束の位置に小さい○印を記入する。

## 5. 寸法線、寸法、名称などを記入する（完成図は74頁）

（1）寸法線、寸法補助線を実線の細線で描き、寸法、基準線の番号を記入する。
（2）部材の名称、凡例、図面名称、縮尺を記入する。

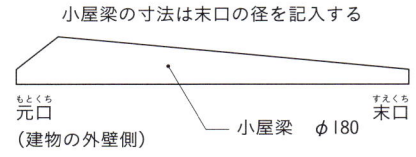

図54 小屋梁の表示方法
小屋梁の寸法は末口の径を記入する
元口（建物の外壁側） 小屋梁 φ180 末口

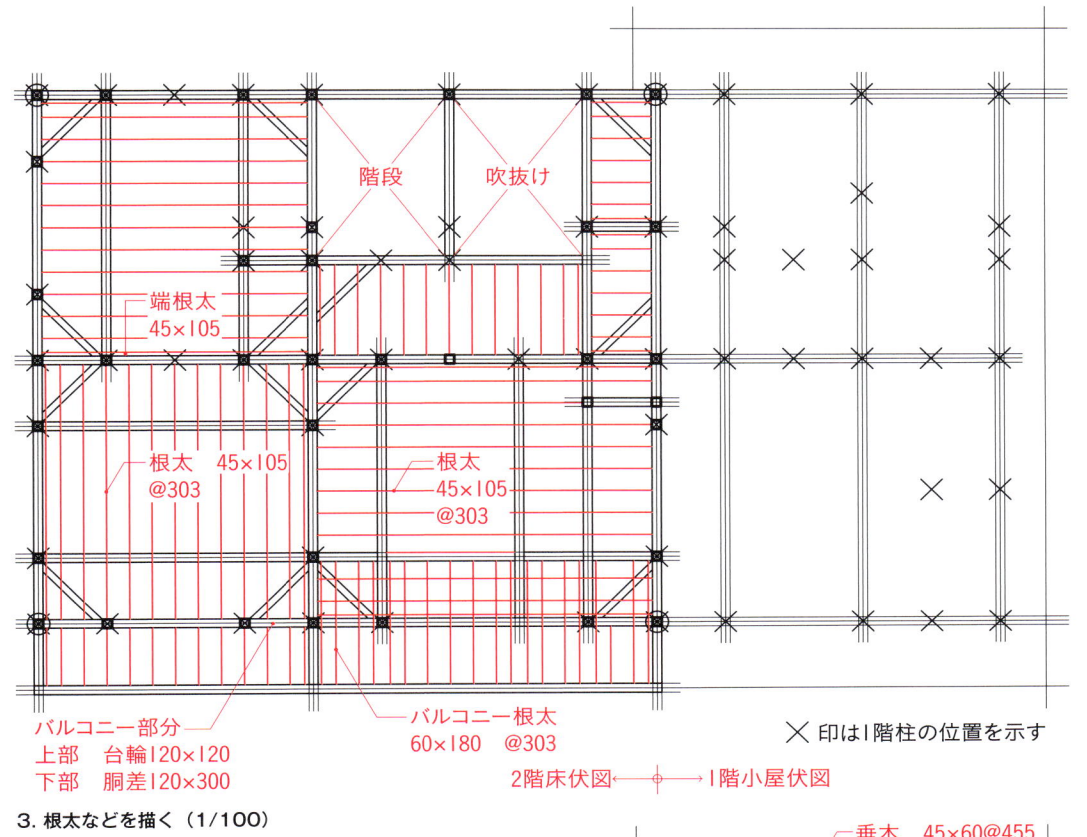

3. 根太などを描く（1/100）

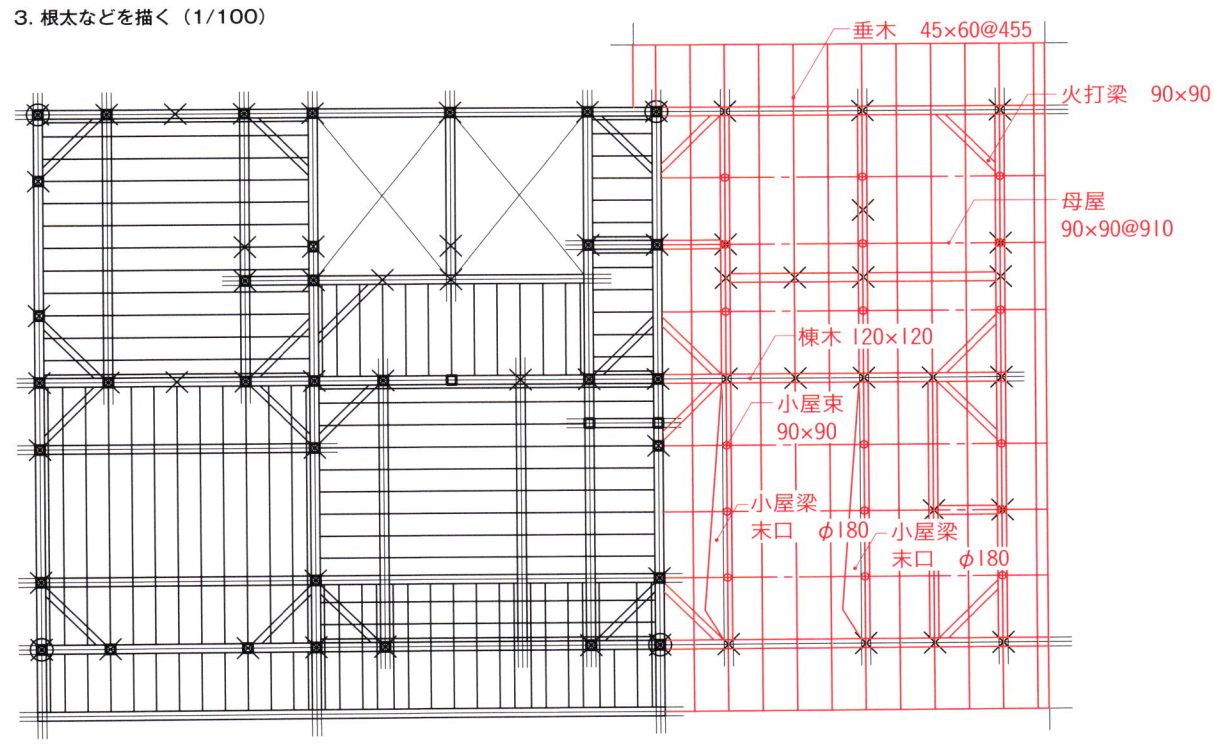

端根太 45×105
根太 45×105 @303
根太 45×105 @303
バルコニー部分
　上部　台輪120×120
　下部　胴差120×300
バルコニー根太 60×180 @303
2階床伏図 ←→ 1階小屋伏図
× 印は1階柱の位置を示す

4. 1階小屋伏図を描く（1/100）

垂木 45×60@455
火打梁 90×90
母屋 90×90@910
棟木 120×120
小屋束 90×90
小屋梁 末口 φ180
小屋梁 末口 φ180

## 5-10 小屋伏図の描き方

### 小屋伏図を描くための基礎知識

**1. 軒桁**

軒桁とは外壁の最上部に取り付けられる横架材で、小屋梁、垂木などを受けるものをいう［図55］。軒桁の部材寸法（メンバー）は、負担する荷重により決められるが、一般にスパンにより次のような基準寸法とする。

（1）一般の架構［図56］。
（2）軒桁が柱と柱の間で松丸太φ150を受ける場合、図56の軒桁のせいに30mmを加えた寸法を基準とする［図57］。
（3）軒桁が柱と柱の間で松丸太φ180を受ける場合、図57の軒桁のせいに30mmを加えた寸法を基準とする［図58］。

**2. 小屋梁**

（1）小屋梁は小屋組の最下にある梁で、和小屋組では小屋丸太（松丸太）を使うことが多い。2階床梁と同じように、**間隔は1,820mm（1間）以内で入れる**［図59］。
（2）元口は丸太の根元に近いほうの切り口をいい、末口は丸太の根元から遠いほうの切り口をいう［図60］。元口は末口よりも太く、同じ太さの場合、

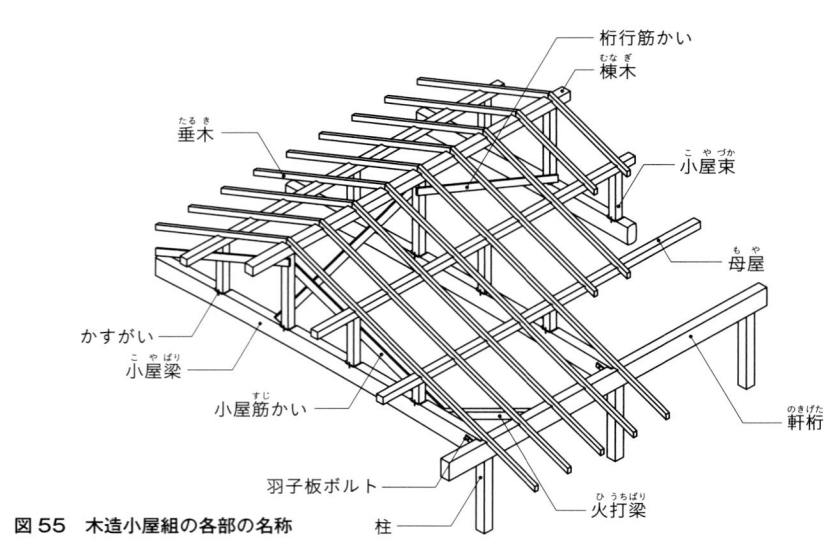

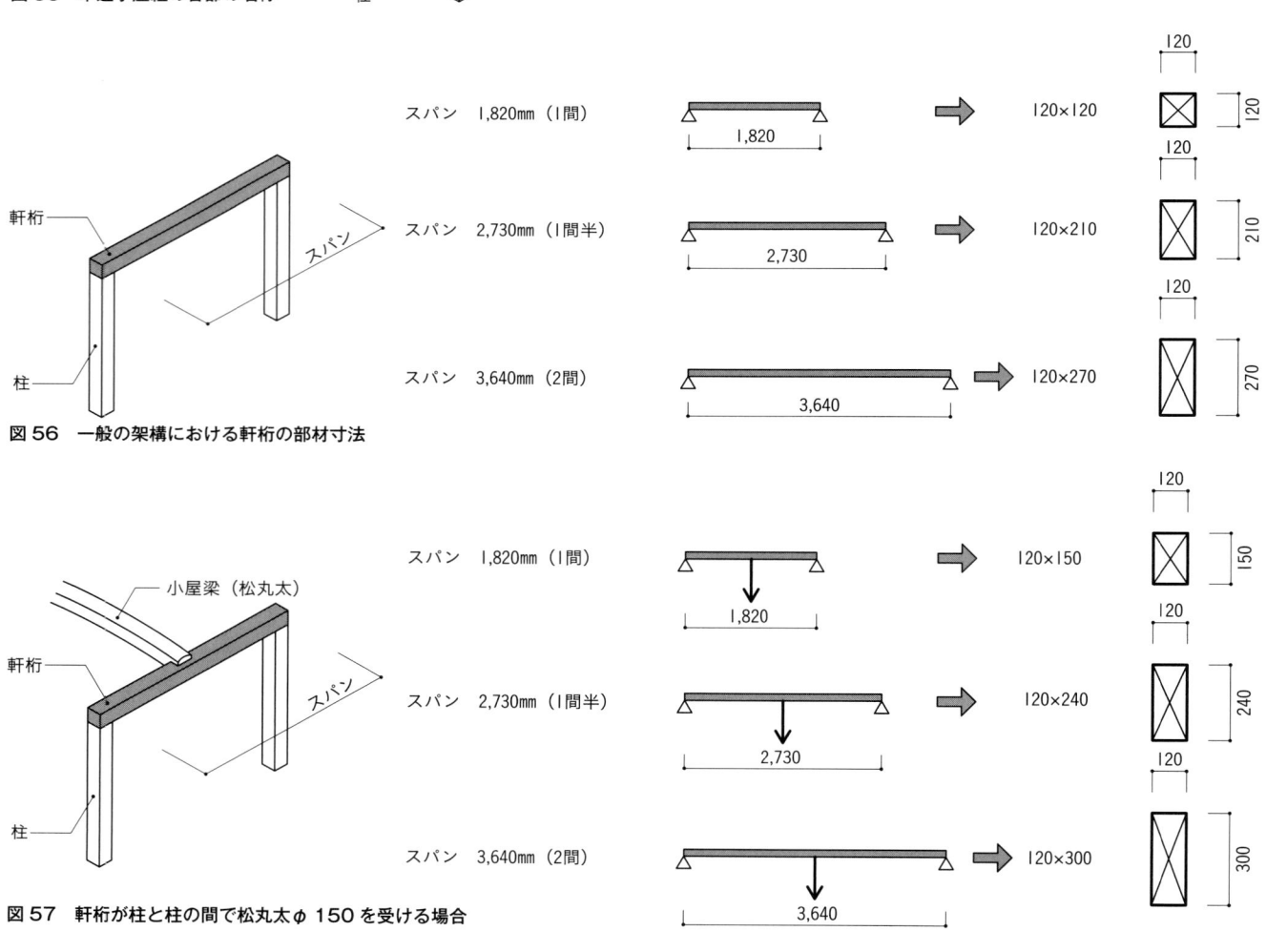

**図55 木造小屋組の各部の名称**

**図56 一般の架構における軒桁の部材寸法**

- スパン 1,820mm（1間） → 120×120
- スパン 2,730mm（1間半） → 120×210
- スパン 3,640mm（2間） → 120×270

**図57 軒桁が柱と柱の間で松丸太φ150を受ける場合**

- スパン 1,820mm（1間） → 120×150
- スパン 2,730mm（1間半） → 120×240
- スパン 3,640mm（2間） → 120×300

密度の違いから元口のほうが重い。小屋丸太の渡し方は、**元口を建物の外壁側に設ける**ことが原則である。

(3) 小屋丸太の所要断面寸法は末口寸法で表す。この末口寸法は小屋丸太のスパンによって、基準寸法が異なる[図61]。また、小屋丸太末口φ150は、製材ではおおよそ120 × 210mmに相当し、小屋丸太末口φ180は120 × 270mmに相当する。

3. 小屋束

小屋束とは、和小屋では小屋梁の上に設けられ、母屋を支える垂直材をいう。間隔は910mm(半間)ピッチに設け、部材寸法は90 × 90mm程度とする。

4. 母屋

母屋とは、垂木を支えるために設ける横架材をいう。間隔は910mm(半間)ピッチに設け、部材寸法は90 × 90mm程度とする。

5. 垂木

垂木とは、屋根下地を支えるために棟木から軒桁に架け渡す斜材をいう。間隔は455mm(1/4間)ピッチに設け、部材寸法は45 × 60mm程度とする。

6. 小屋伏図の作図上のポイント

(1) 2階柱に×印を記入し、通し柱に○印を記入する。

(2) 軒桁の寸法はスパンによって変わり、スパン3,640mm(2間)では120 × 270mmとなる。また軒桁が柱と柱で小屋梁(松丸太)φ150を受ける場合は、スパン3,640mm(2間)で120 × 300mmとなり、小屋梁(松丸太)φ180を受ける場合は120 × 330mmとなる。

(3) 小屋梁の寸法はスパンによって変わり、スパン3,640mm(2間)では末口φ180(松丸太)となる。

(4) 一般に小屋梁(松丸太)は元口を建物の外壁側に設ける。また小屋梁(松丸太)には123頁の図54に示す表示をする。

(5) 母屋の間隔は910mmとして、垂木の間隔は455mmとする。

(6) 小屋束は小さめの○印で表示する。

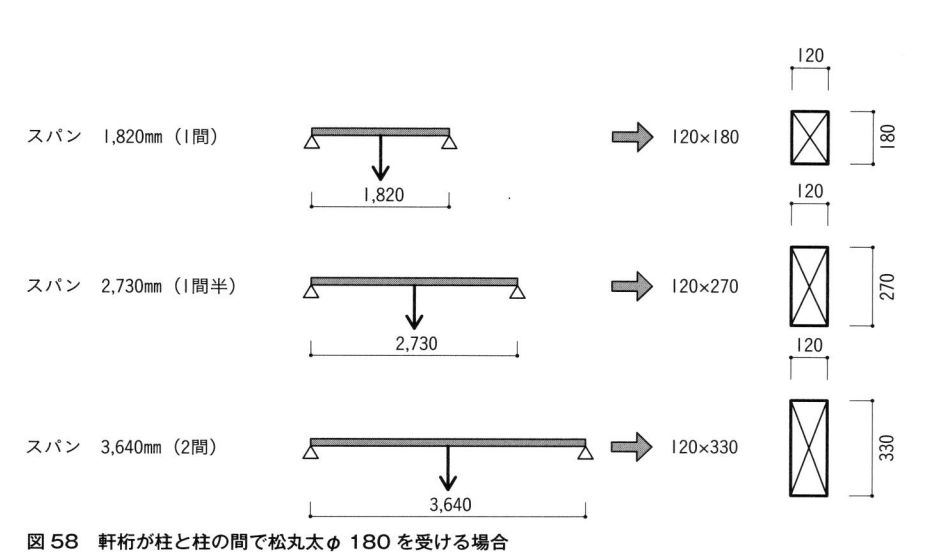

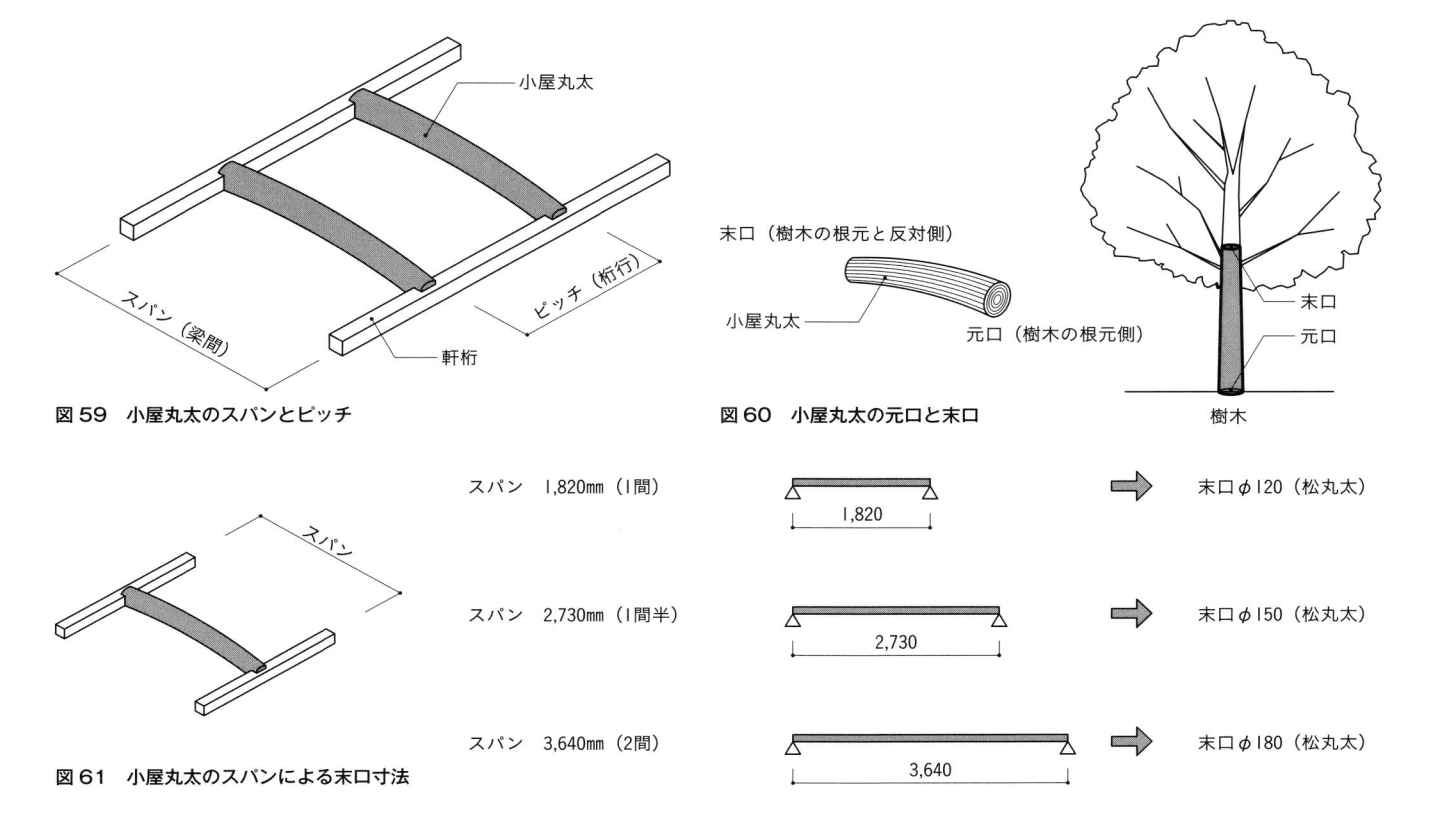

図58 軒桁が柱と柱の間で松丸太φ180を受ける場合

図59 小屋丸太のスパンとピッチ

図60 小屋丸太の元口と末口

図61 小屋丸太のスパンによる末口寸法

## 1. 壁の中心線を仮線で描く

（1）外壁、内壁の中心線を仮線で描く。
（2）2階の柱位置を×印で記入する。通し柱に○印を記入する。

## 2. 小屋梁（小屋丸太）、軒桁、火打梁、棟木を描く

（1）屋根の外形線を実線の中線で描く。
（2）外壁、内壁の中心線より両側に60mmずつ振り分けて、軒桁、小屋梁、棟木などの幅寸法120mmをとり、実線の中線で描く。このときに、軒桁、棟木は屋根の外形線までのばす。
（3）小屋梁の表示を実線の中線で描く。
（4）火打梁の幅寸法90mmをとり、実線の中線で描く。

## 3. 母屋、垂木、小屋束を描く

（1）母屋を一点鎖線の中線で910mm間隔に描く。
（2）柱芯から垂木を455mm間隔で割り付けて、実線の中線（単線）で描く。
（3）小屋束の位置に小さい○印を記入する。

## 4. 寸法線、寸法、名称などを記入する（完成図は75頁）

（1）寸法線、寸法補助線を実線の細線で描き、寸法、基準線の番号を記入する。
（2）部材の名称、凡例、図面名称、縮尺を記入する。

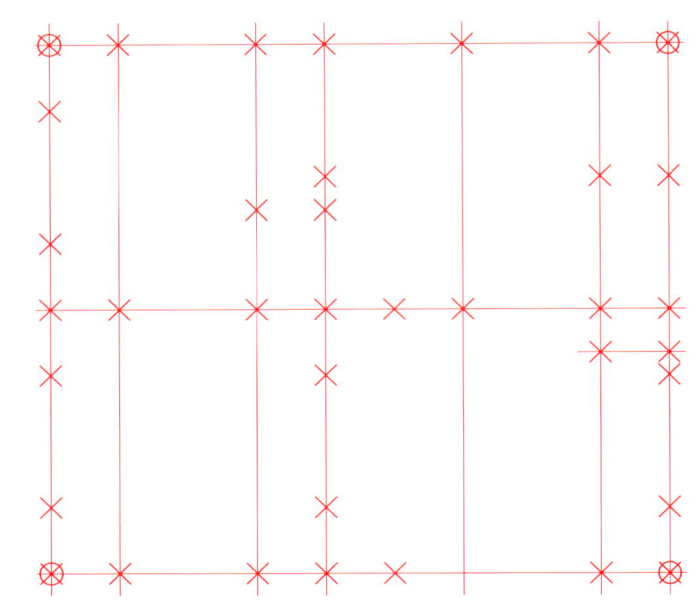

1. 壁の中心線を仮線で描く（1/100）

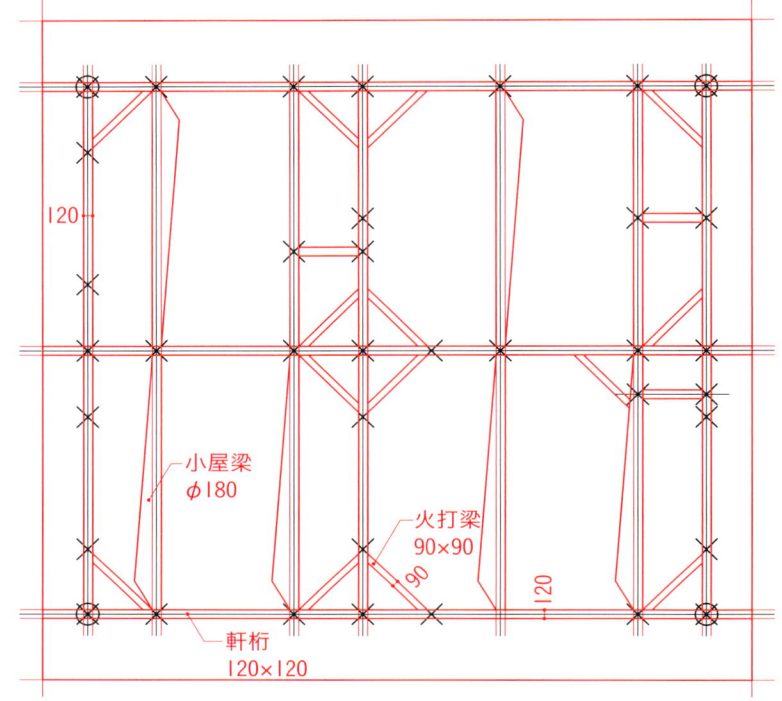

2. 小屋梁（小屋丸太）、軒桁、火打梁、棟木を描く（1/100）

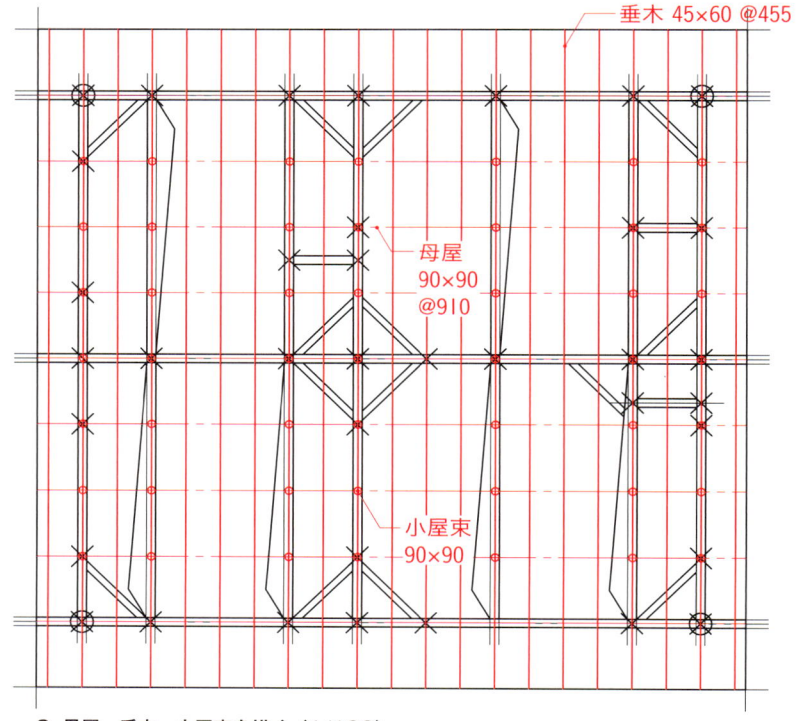

3. 母屋、垂木、小屋束を描く（1/100）

# 第6章

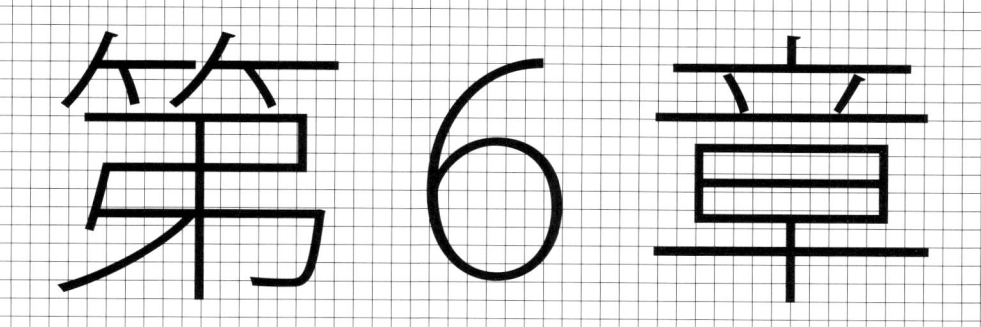

## 鉄筋コンクリート造 3階建て事務所ビルの製図

# 鉄筋コンクリート造3階建て事務所ビルの完成図面

事務室

湯沸室
便所(女)
便所(男)
エレベーター(油圧式)

隣地境界線 15,000
隣地境界線 27,000
隣地境界線 27,000

2,500 / 5,000 / 3,600 / 3,400 / 2,000

3,000 / 7,000 / 7,000 / 21,000

B / C / D

N

配置図・1階平面図 1/100

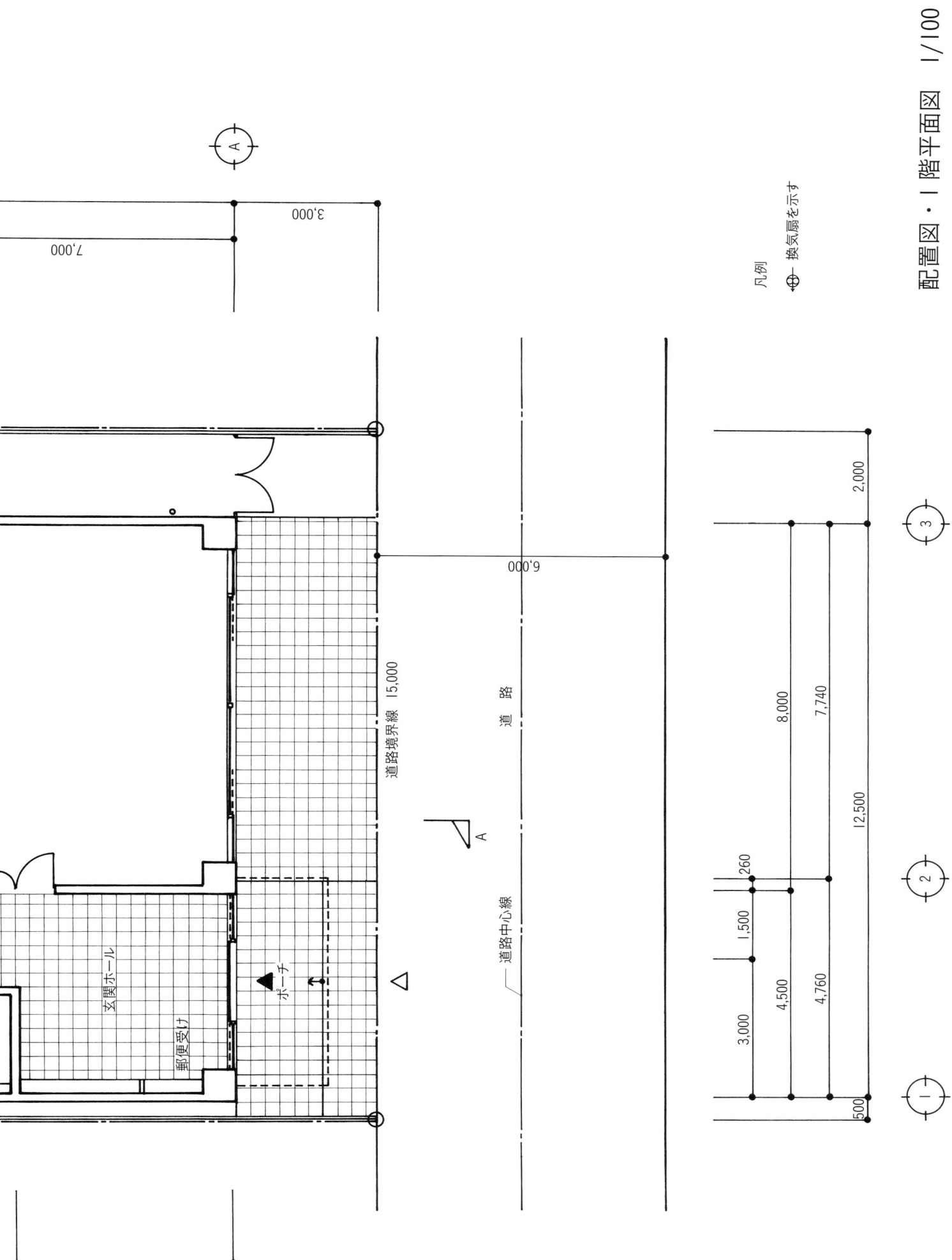

第6章 鉄筋コンクリート造3階建て事務所ビルの製図

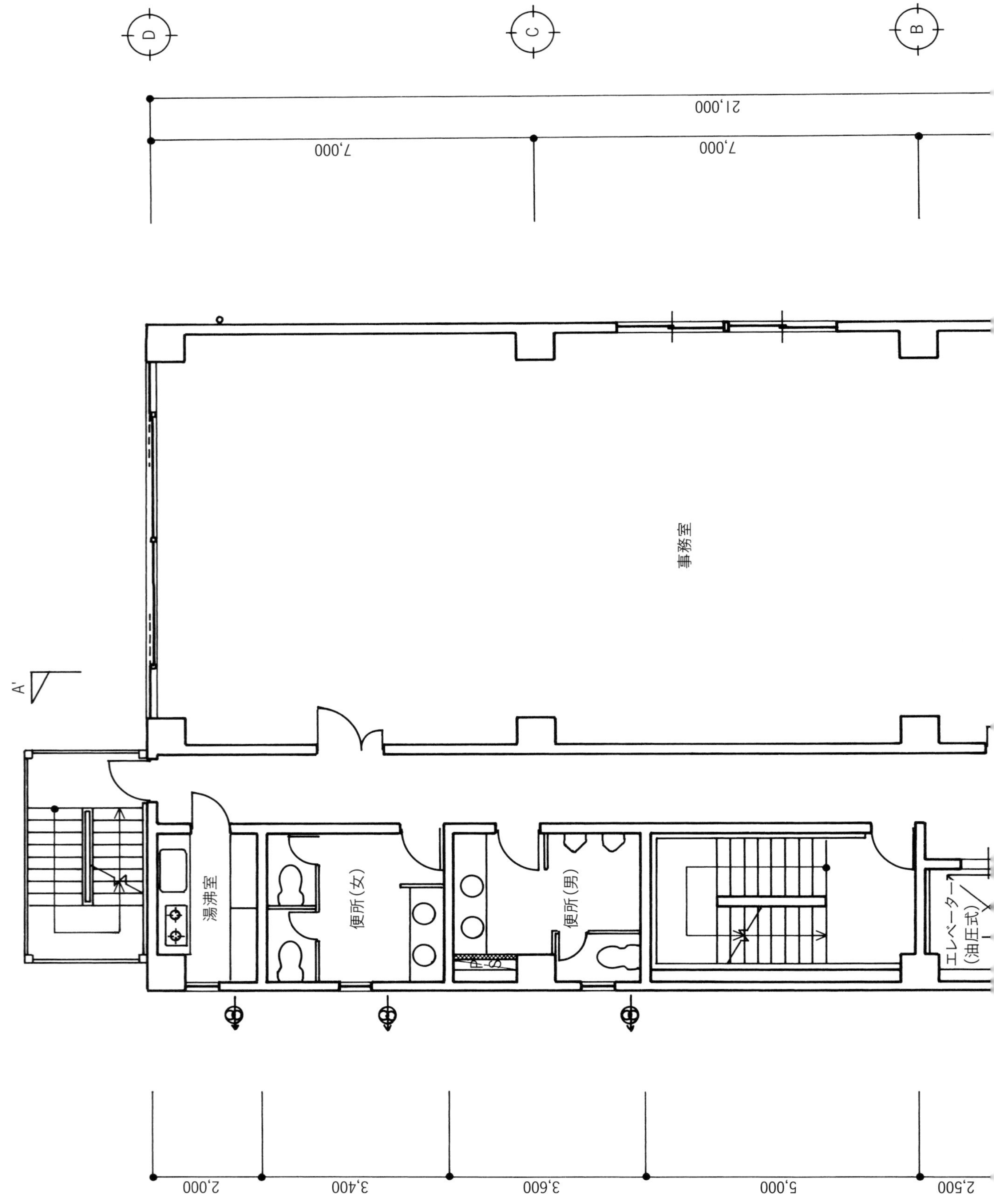
D
C
B
21,000
7,000
7,000
事務室
A'
湯沸室
便所(女)
便所(男)
PS
エレベーター
(油圧式)
2,000
3,400
3,600
5,000
2,500

2階平面図 1/100

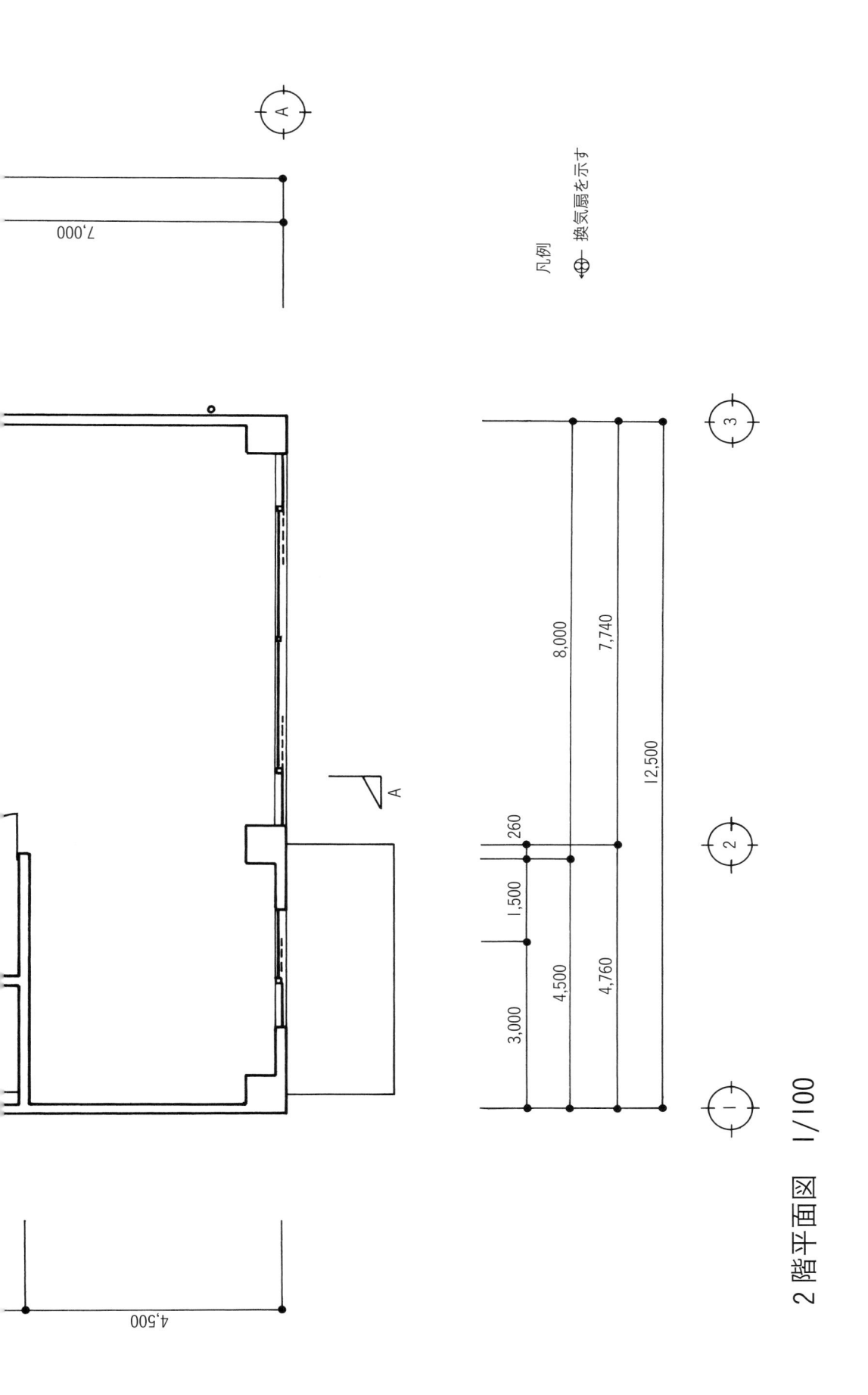

凡例
⊕ 換気扇を示す

南立面図 1/100

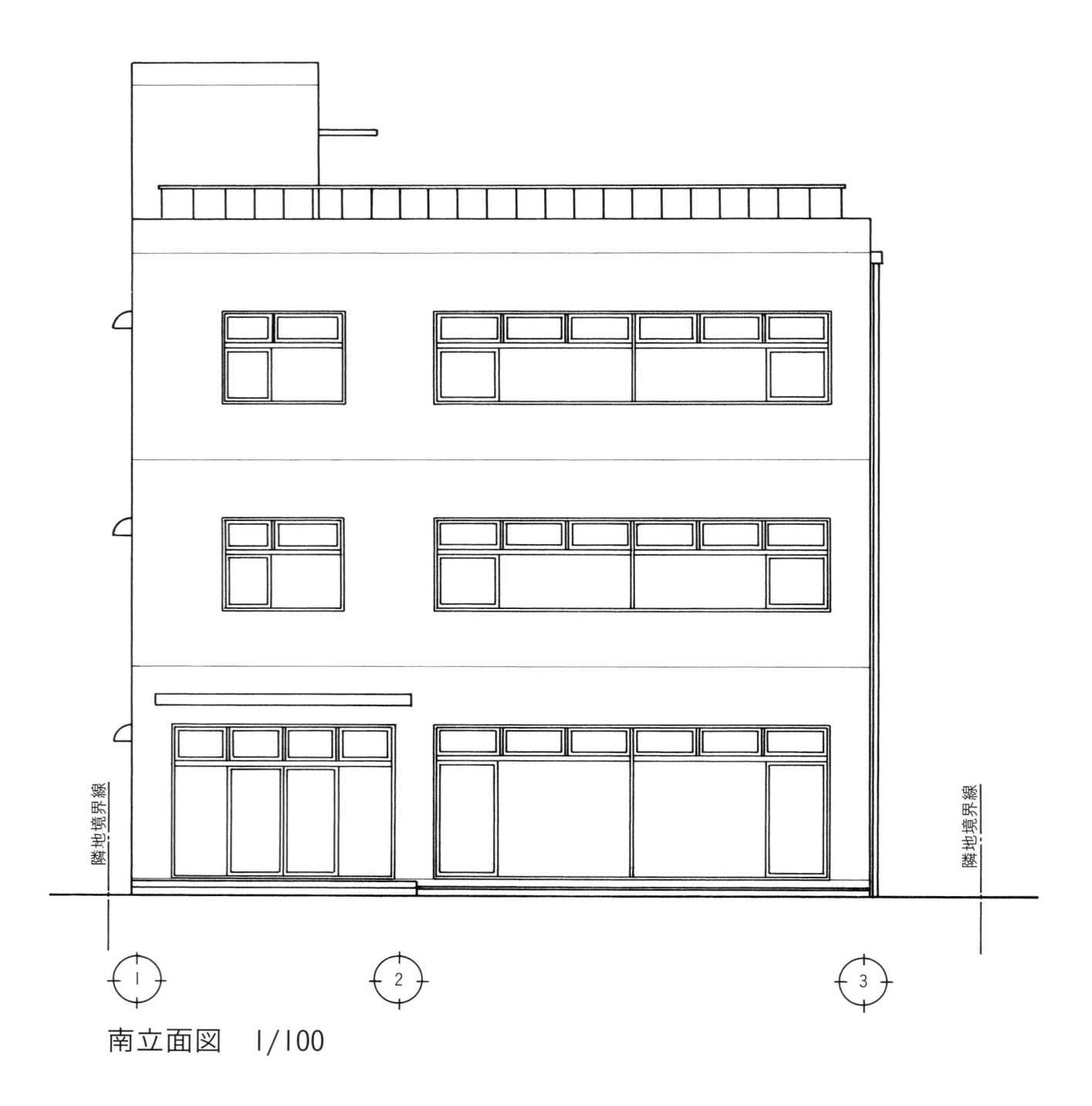

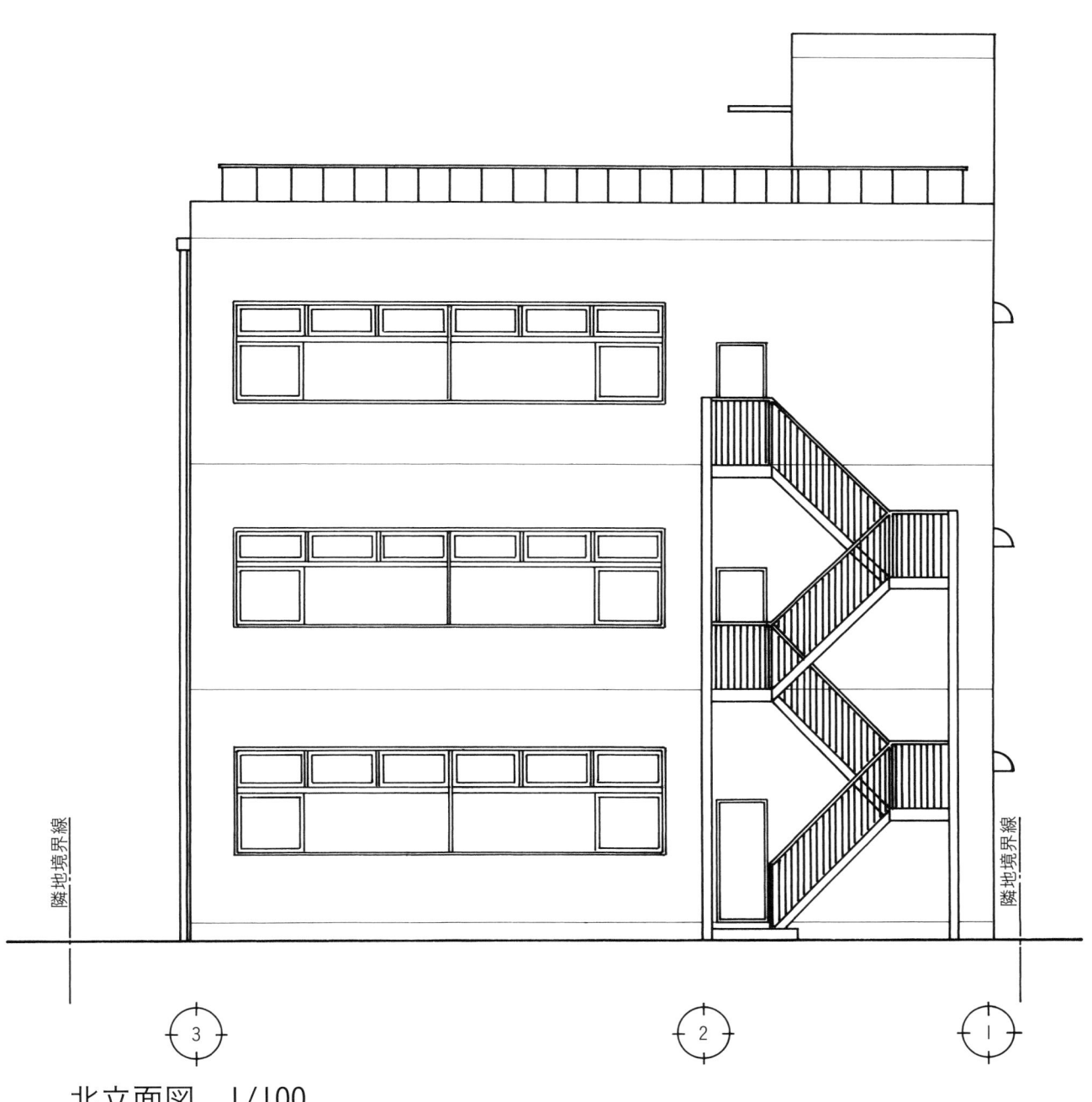

北立面図　1/100
注：作図プロセスなし

東立面図　1/100

注：作図プロセスなし

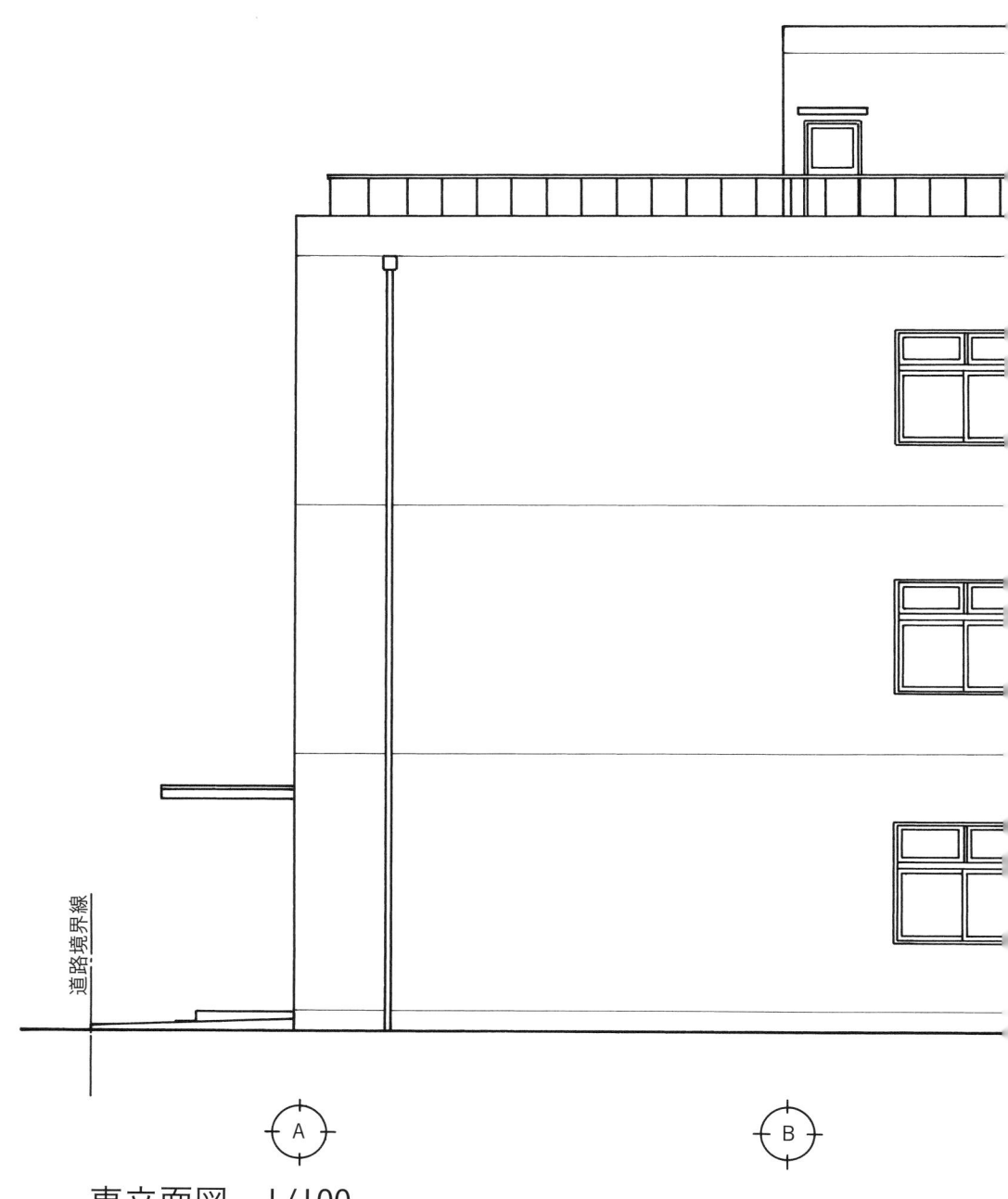

隣地境界線

C D

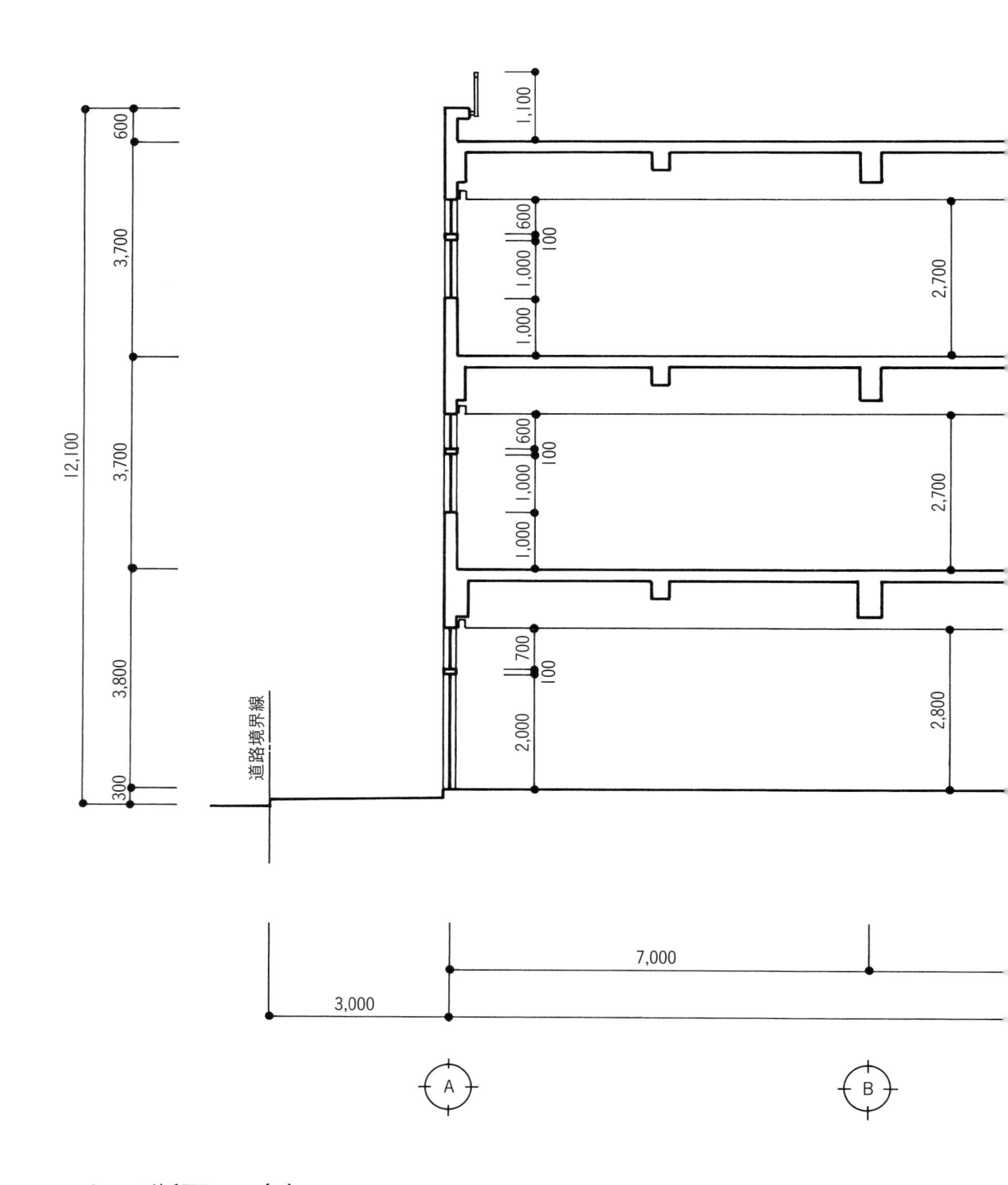

A-A'断面図（1） 1/100

事務室

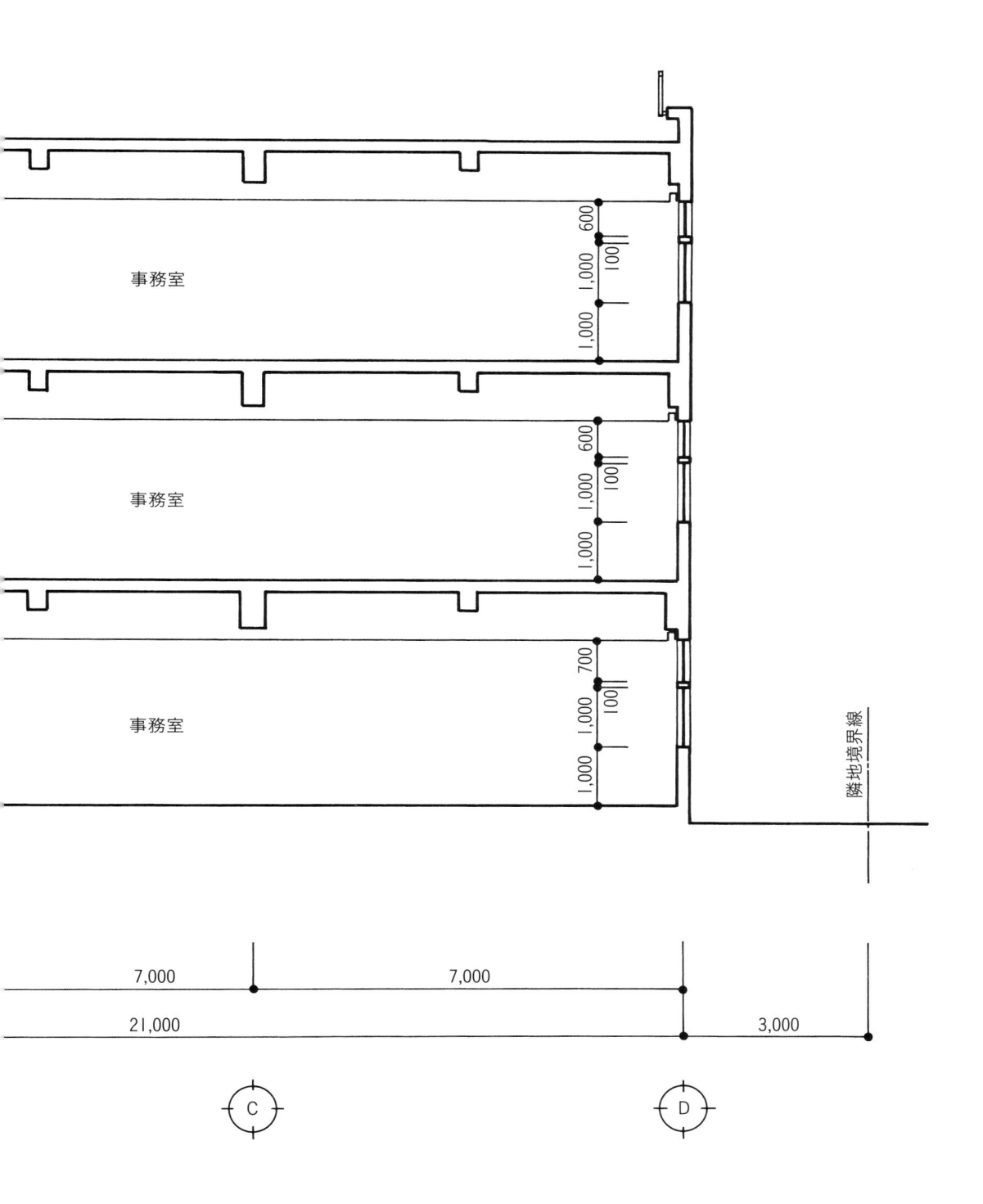

事務室

事務室

600
100
1,000
1,000

600
100
1,000
1,000

700
100
1,000
1,000

隣地境界線

7,000 | 7,000
21,000 | 3,000

C　　　D

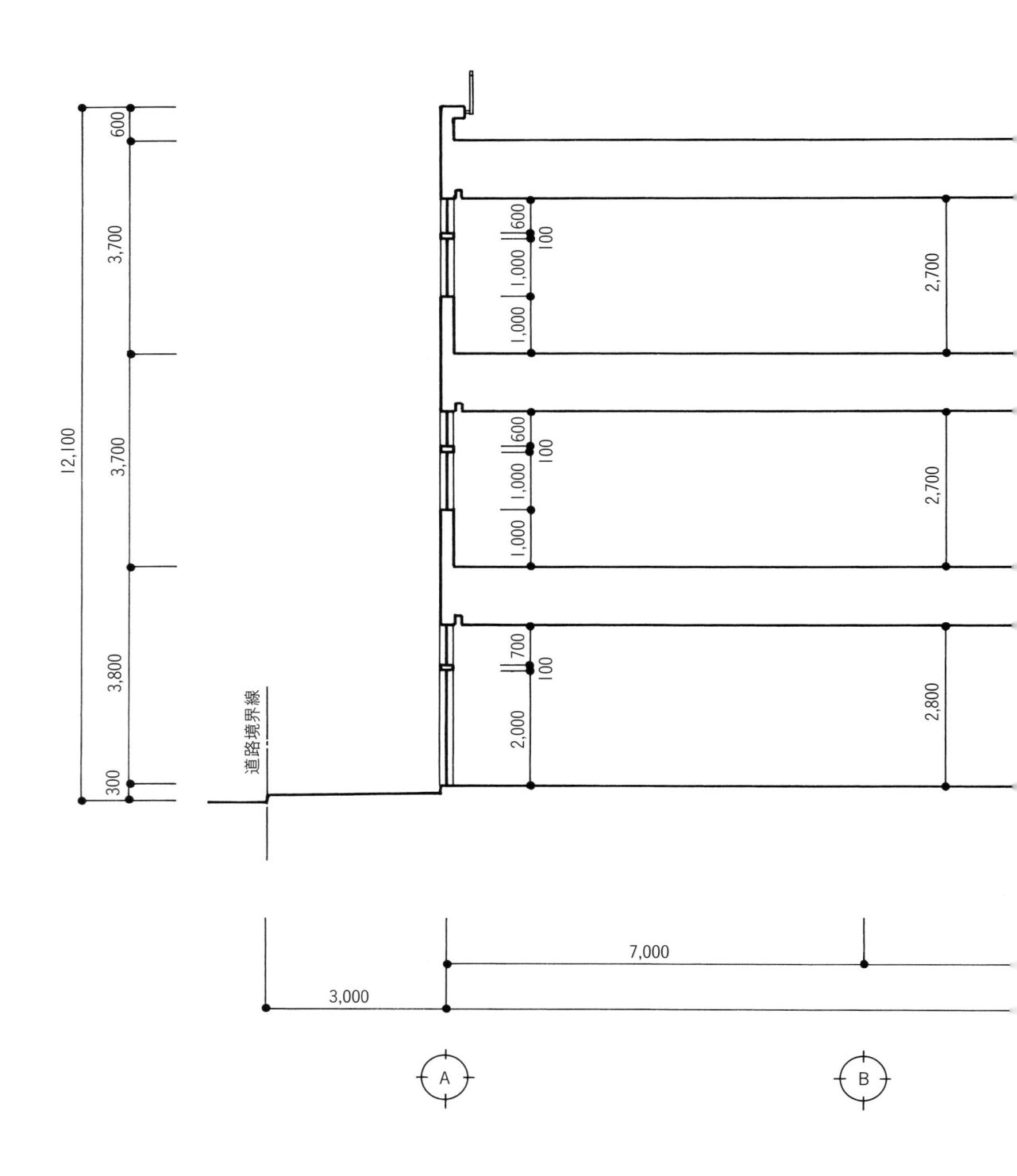

A-A' 断面図（2）　1/100　（躯体を描かずに、床面、天井面、屋根面の仕上線のみで描く断面図）
注：作図プロセスなし

事務室

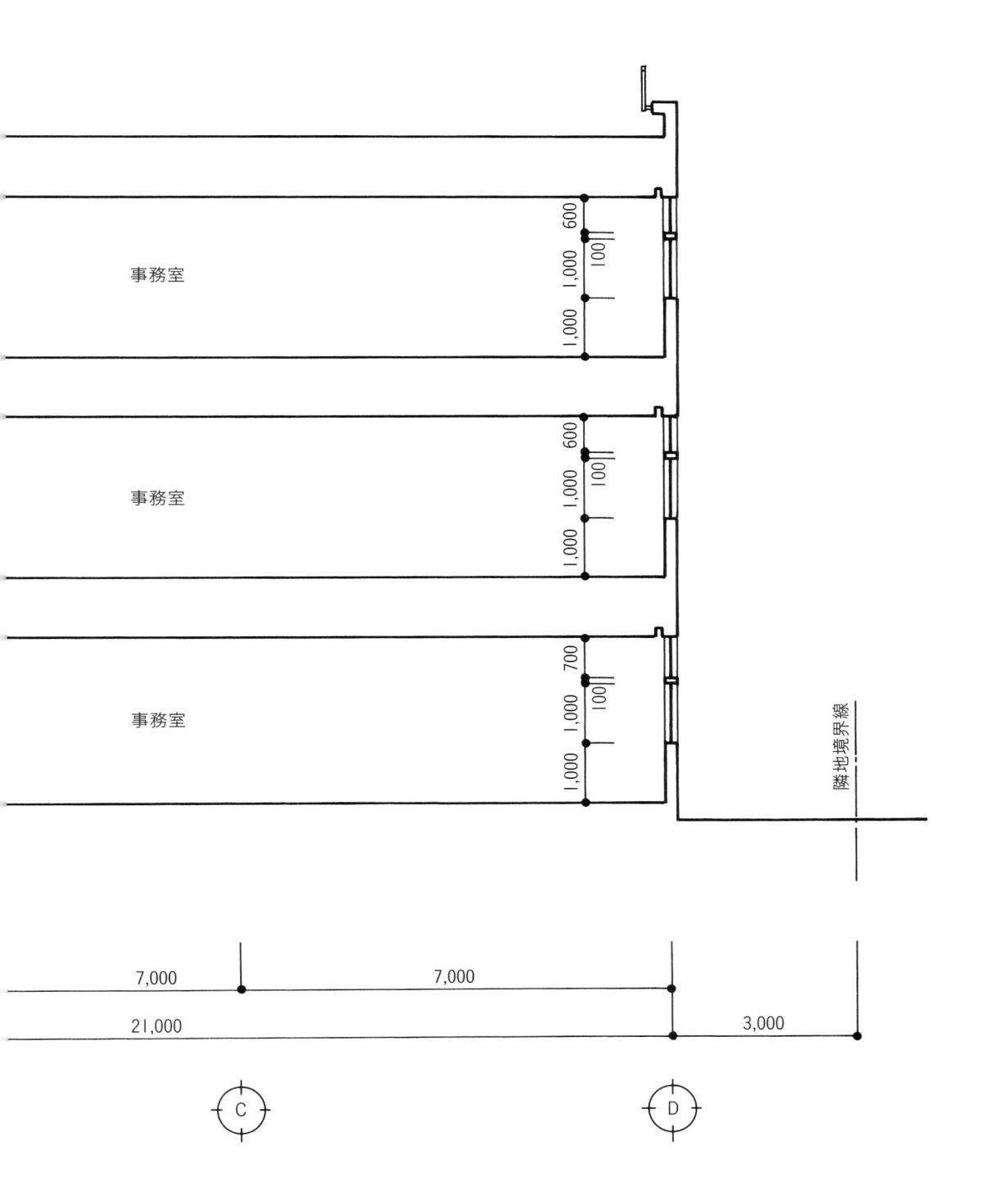

事務室

事務室

隣地境界線

600
100
1,000
1,000

600
100
1,000
1,000

700
100
1,000
1,000

7,000　　　7,000　　　3,000
21,000

C　　　D

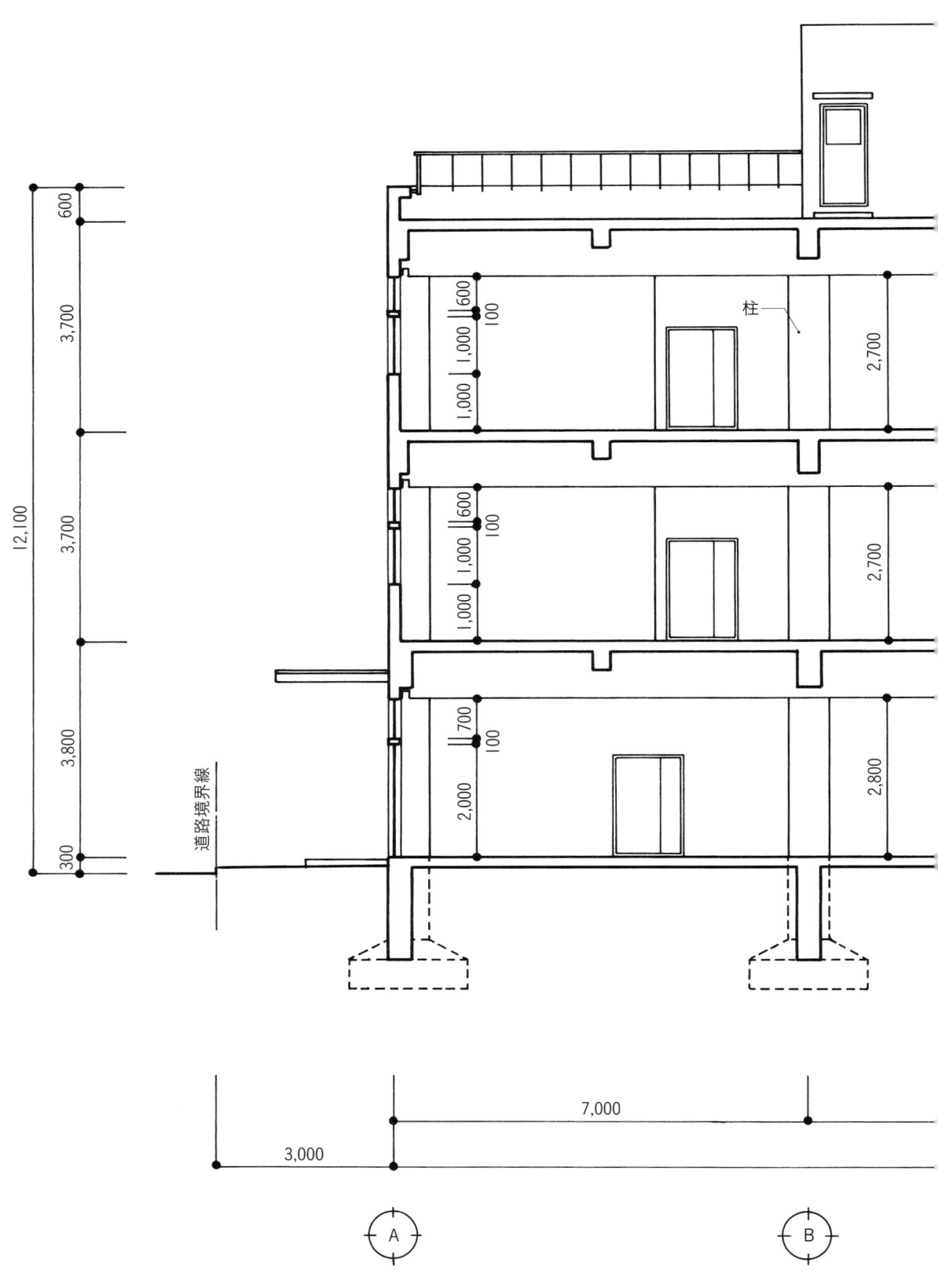

A-A' 断面図（3） 1/100 　（見えがかり、地中梁、柱、基礎フーチングを描く断面図）
注：作図プロセスなし

事務室

事務室

事務室

地中梁　柱
基礎フーチング

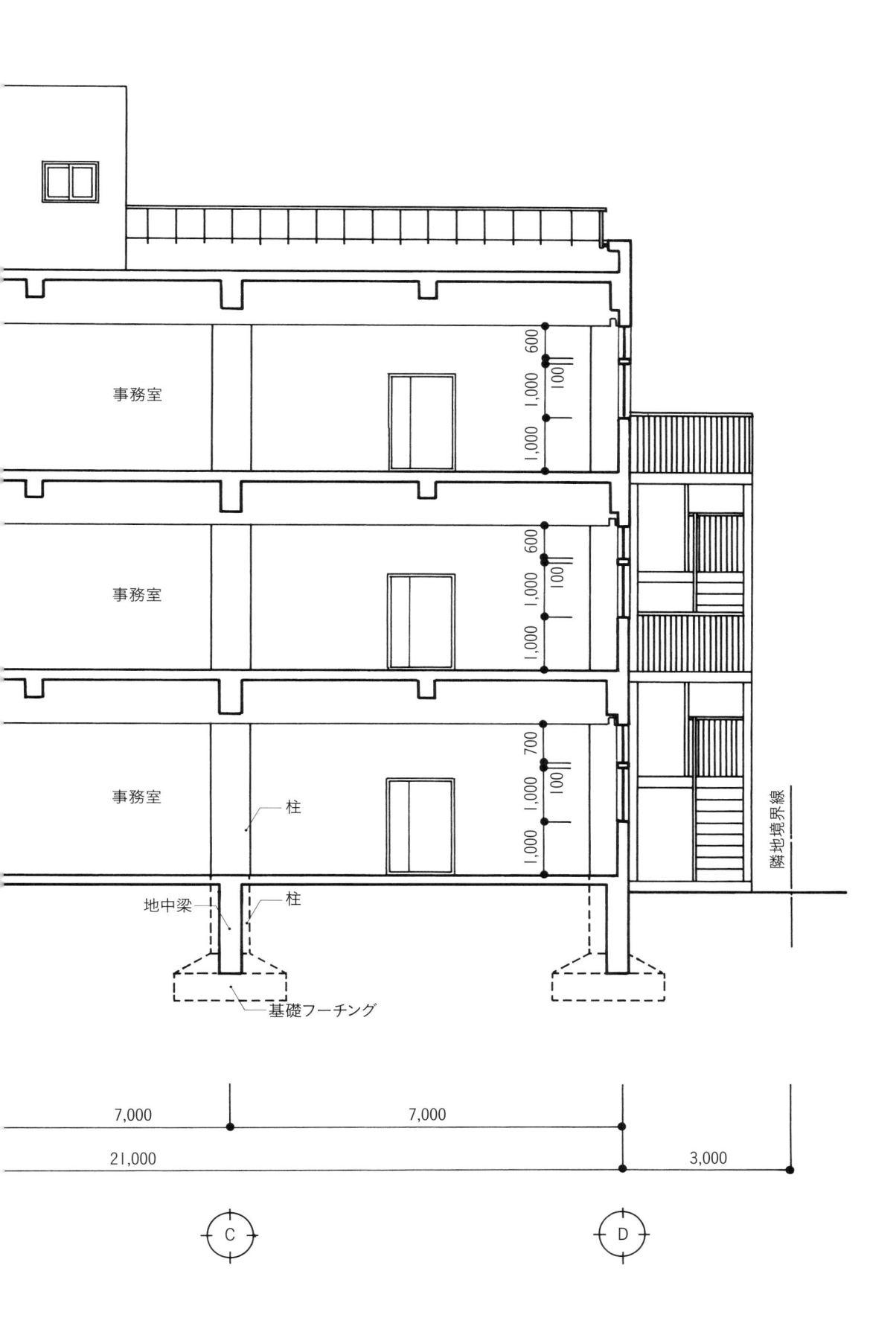

柱

隣地境界線

600
100
1,000
1,000

600
100
1,000
1,000

700
100
1,000
1,000

7,000　7,000　3,000
21,000

C　D

第6章　鉄筋コンクリート造3階建て事務所ビルの製図

図面中の注記（抜粋）:

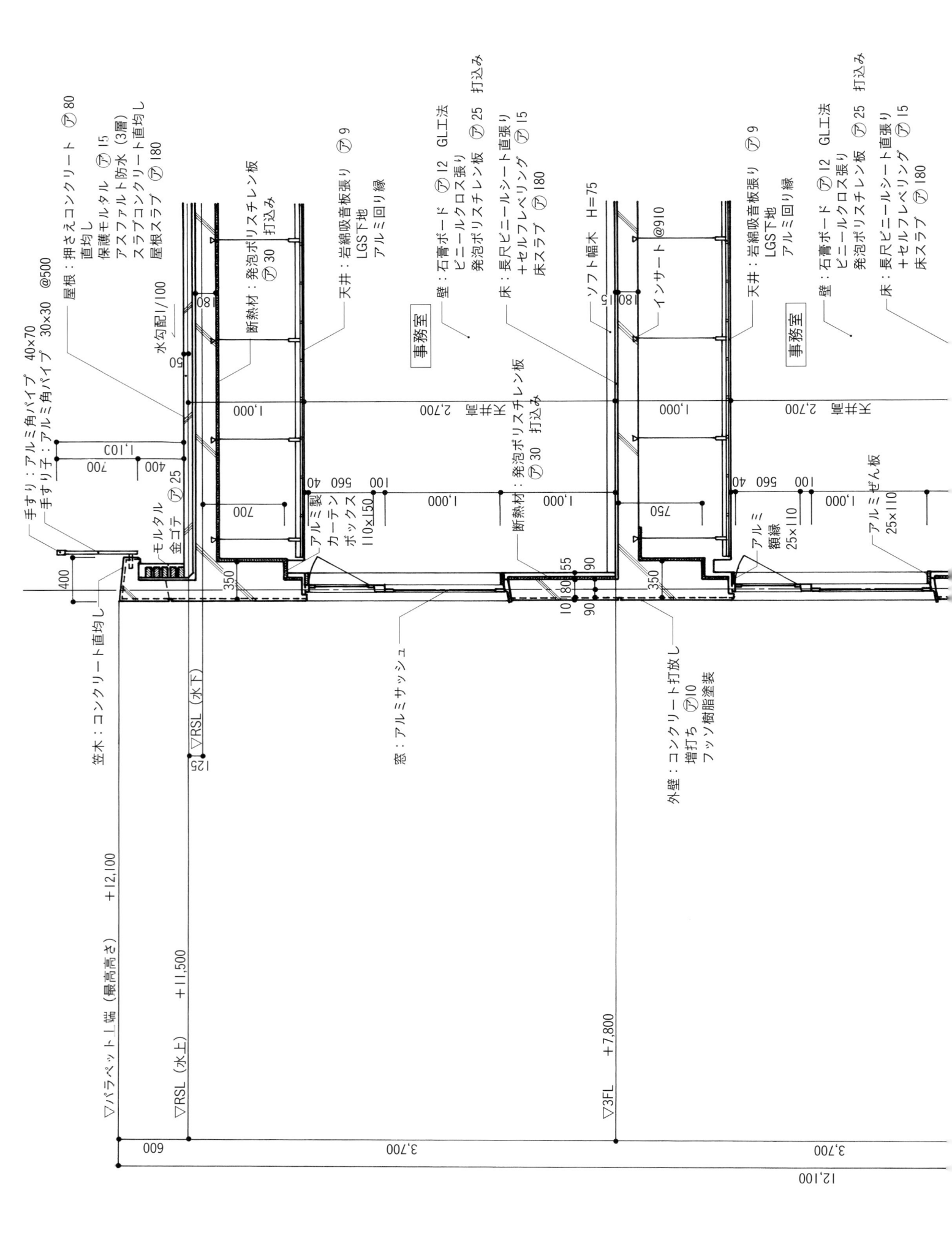

- 屋根：押さえコンクリート ⑦80 直均し／保護モルタル ⑦15／アスファルト防水（3層）／スラブコンクリート直均し／屋根スラブ ⑦180 @500
- 手すり：アルミ角パイプ 40×70
- 手すり子：アルミ角パイプ 30×30
- 水勾配 1/100
- 断熱材：発泡ポリスチレン板 ⑦30 打込み
- 天井：岩綿吸音板張り ⑦9／LGS下地／アルミ回り縁
- 壁：石膏ボード ⑦12 ビニールクロス張り GL工法
- 床：長尺ビニールシート直張り ⑦15／発泡ポリスチレン板 ⑦25 打込み／セルフレベリング／床スラブ ⑦180
- 事務室
- 天井高 2,700
- ソフト幅木 H=75
- インサート @910
- アルミ製カーテンボックス 110×150
- アルミサッシュ
- アルミ額縁 25×110
- アルミぜん板 25×110
- 笠木：コンクリート直均し
- モルタル金ゴテ
- 窓：アルミサッシュ
- 外壁：コンクリート打放し／増打ち ⑦10／フッ素樹脂塗装

レベル:
- ▽パラペット上端（最高高さ） +12,100
- ▽RSL（水上） +11,500
- ▽RSL（水下）
- ▽3FL +7,800

寸法: 600 / 3,700 / 12,100

矩計図 1/40

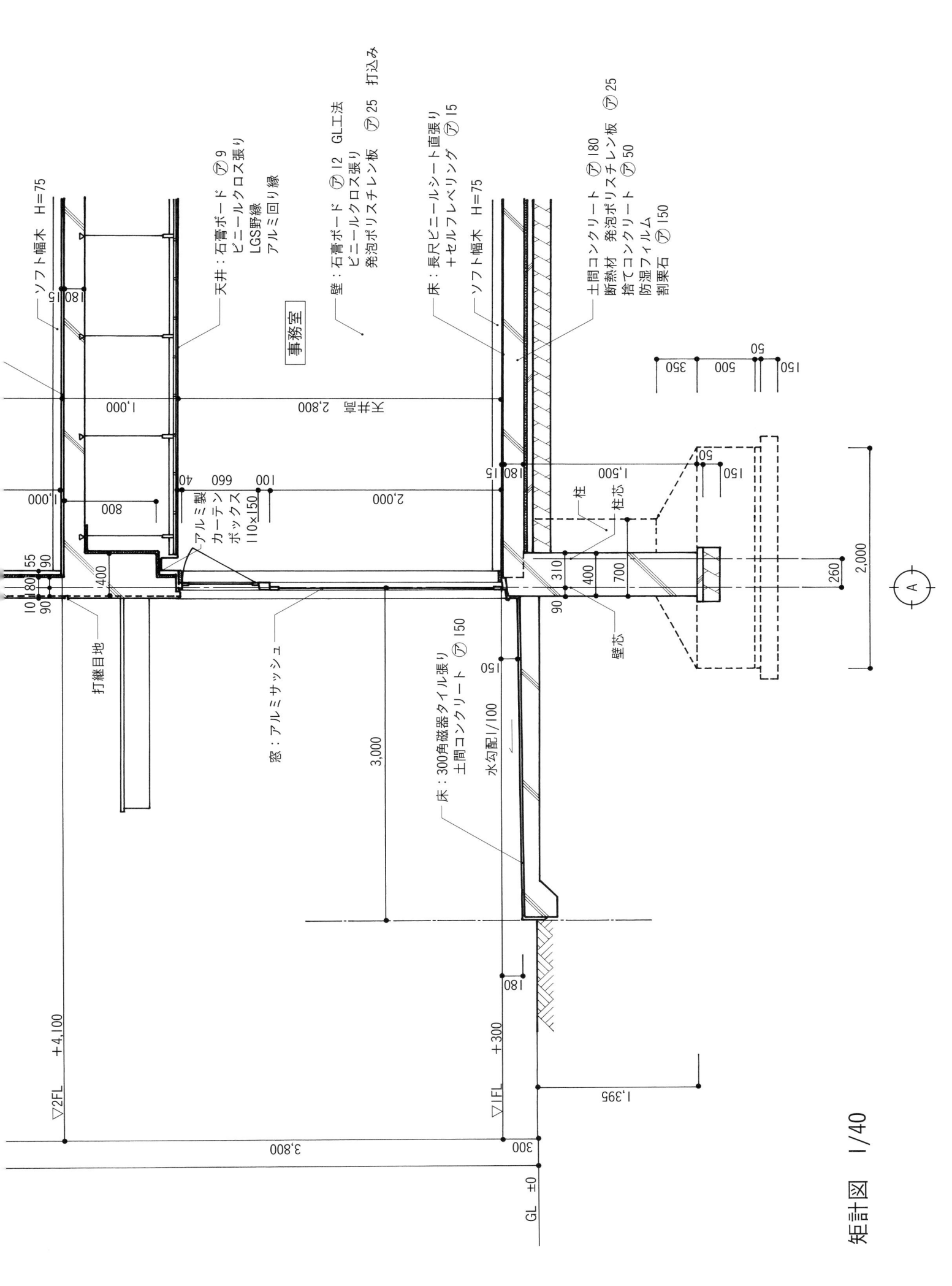

# 鉄筋コンクリート造3階建て事務所ビルの作図プロセス

## 6-1 鉄筋コンクリート造（ラーメン構造）の基礎知識

### 1. ラーメン構造

鉄筋コンクリート造（RC造）の構造には、ラーメン構造［図1］、壁式構造［図2］、シェル構造［図3］などがある。

ラーメン構造とは、柱と梁を剛接合して骨組が構成された構造をいう。壁、屋根スラブ、床スラブなどもこの骨組と一体に構成される。

壁式構造とは、板状の壁と屋根スラブ、床スラブなどで構成された構造をいう。ラーメン構造との違いは、柱がないことである。

シェル構造は、うすい曲面版を使用した構造で、大スパンの屋根などに多く使用される。

### 2. ラーメン構造の柱の配置と断面寸法

(1) 柱の配置

建築物の柱の位置や間隔を決めることを柱割り（スパン割り）という。柱割りをする上でのポイントを次に示す。

①各階とも柱は上下同じ位置に配置する。

②柱は縦横にできるだけ同じ間隔（スパン）で、規則正しく碁盤目状に配置する［図4］。

③柱の間隔（スパン）は建築物の規模、階高などによって異なるが、一般に5〜8m程度が望ましく、また4

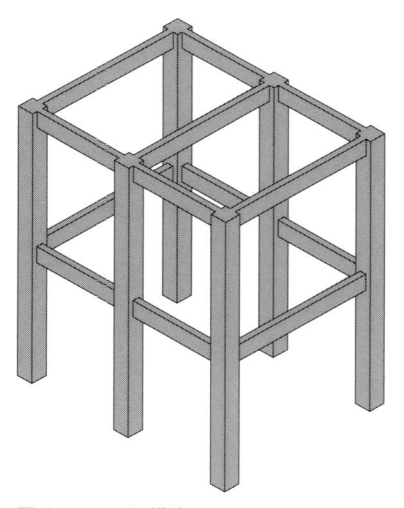

図1 ラーメン構造

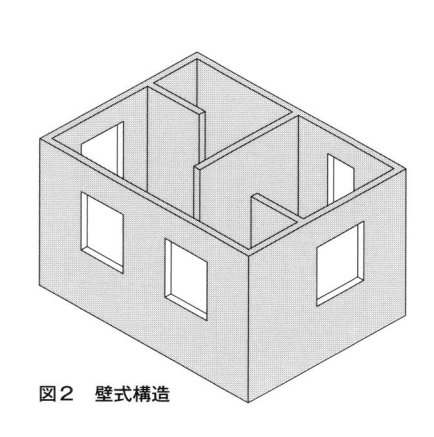

図2 壁式構造

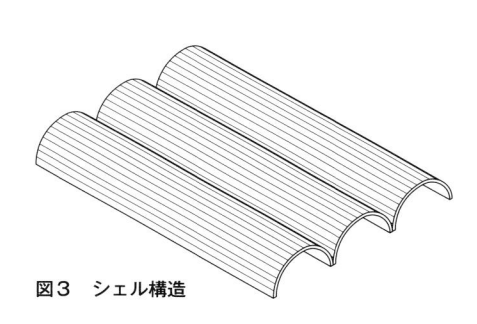

図3 シェル構造

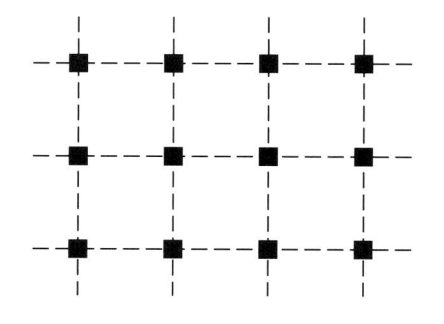

適切な柱の配置例 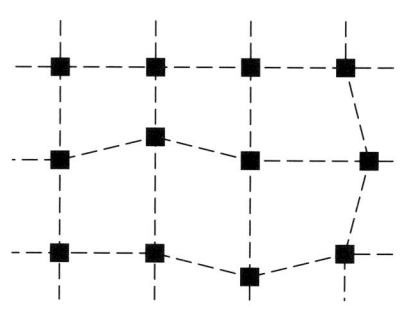　　　不適切な柱の配置例

図4 柱の配置

本の柱で囲まれた部分の面積が30～60㎡程度となるようにする［図5、6］。また原則として長スパンは10m程度まで、短スパンは4m程度までとする。ただし、実務ではこれより長いスパンや短いスパンを使用することもある。なお構造力学的には、柱1本が受けもつ床支持面積を30～60㎡程度として考える［図7］。

(2) 柱の断面寸法

柱の断面寸法（大きさ）は、建築物の規模、階高、柱間隔によって異なる。

柱間隔が6×6mまたは5×7m程度、階高が3.5m以内であれば、柱の断面寸法は一般に**600×600mm程度**とする。またそれよりも柱間隔が長い場合や1グリッドの面積が大きい場合は、700×700mm程度とする。5階建ての建築物の場合、柱間隔の1/10～1/12の値をとる。柱間隔が6m程度の場合は、最上階は一般に600×600mm程度、2階下がるごとに一辺を100mm増し程度とする。

一概に定まった数値を示すことはむずかしいが、標準的なラーメン構造の柱の断面寸法の例を示す［表1、図8］。実施設計の段階では、構造計算書で確認して柱の断面寸法を求める。

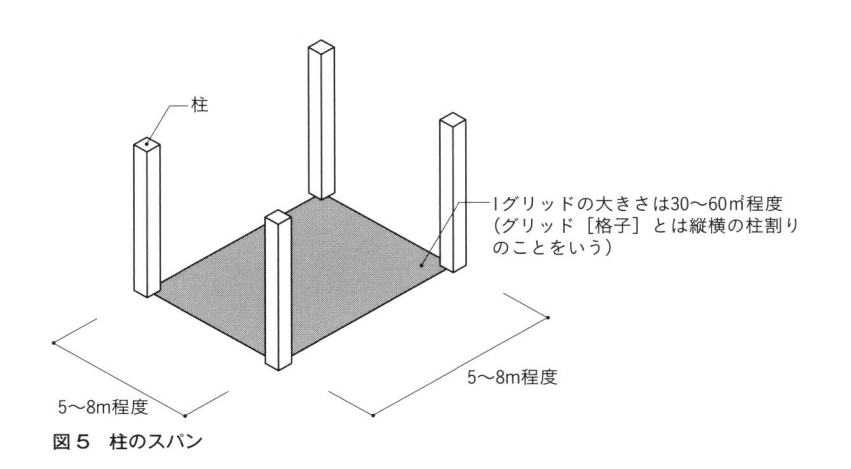

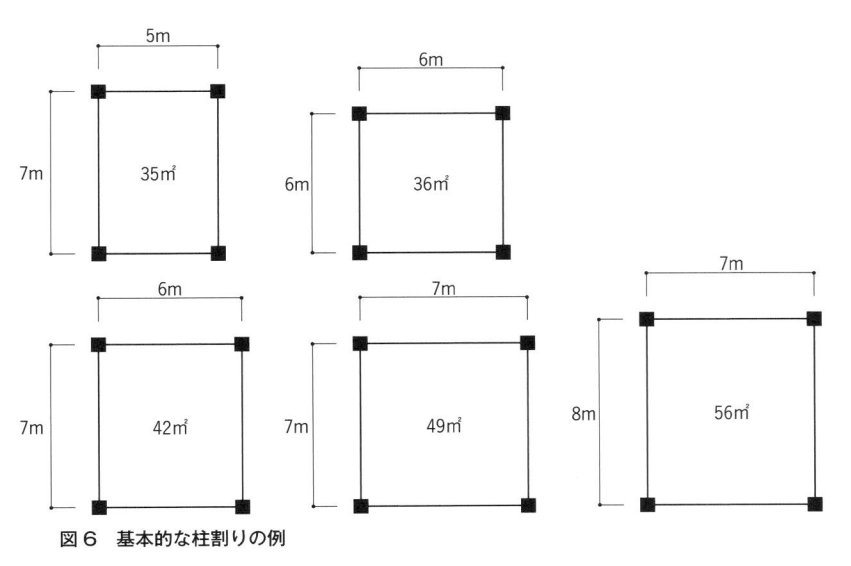

図5　柱のスパン

図6　基本的な柱割りの例

図7　柱1本が受けもつ床支持面積

表1　柱の断面寸法の例

| 階 | 柱の断面寸法 |
| --- | --- |
| 5階 | 600×600 mm |
| 4階 | 600×600 mm |
| 3階 | 700×700 mm |
| 2階 | 700×700 mm |
| 1階 | 800×800 mm |

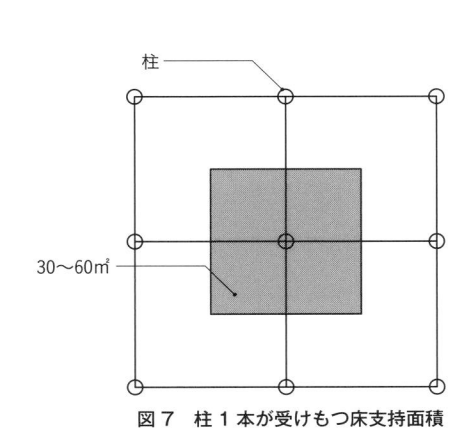

図8　柱の断面寸法の例（柱間隔6×6m、5×7mの場合）

## 3. ラーメン構造の梁の配置と断面寸法

**（1）梁の配置**

大梁は、柱と柱の間に縦横方向に規則正しく配置する。

柱間隔が5〜8m程度で一般の荷重を受ける建築物では、小梁を設けなくてもよい。ただし、階段、便所周りなどには、必要に応じて小梁を設ける。

**（2）梁の断面寸法**

①大梁の梁間（スパン）は、一般に5〜8m程度とする。梁せいは最上階で**梁間の1/10〜1/12程度**、一般に1階下がるごとに50mm増す。**梁幅は梁せいの1/2〜2/3程度**とする[図9]。梁間6m程度の場合、大梁の断面寸法は一般に**350×700mm程度**とする[表2]。表2に標準的なラーメン構造の大梁の断面寸法の例を示すが、実施設計の段階では、構造計算書で確認して大梁の断面寸法を求める。

②小梁は、梁間（スパン）が大きい場合に床の荷重を配分するために大梁と大梁の間に設ける。梁せいは、最上階で梁間の1/10〜1/12程度（小梁の間隔の大小や支える荷重により寸法は異なる）[図9]、一般に1階下がるごとに50mm増す。梁幅は梁せいの1/2程度とする。

③地中梁は、基礎と基礎の間に縦横方向に規則正しく設ける。地中梁の梁せいは、最下階の大梁の梁せいの1.5倍、梁幅は地中梁の梁せいの1/2程度とする。

## 4. 壁

鉄筋コンクリート造といっても、すべての壁を鉄筋コンクリートにする必要はない。そうすると施工上困難が生じる部分があるので、その場合はコンクリートブロック（CB）、木造を使用する[図10]。

**（1）耐震壁**

耐震壁は、地震力など水平荷重を負担する壁であり、平面上X方向・Y方向ともバランスよく設ける。また上下階の位置が重なるように配置する。耐震壁をバランスよく設けずに片寄った配置をすると、水平荷重を受けた場合に、建築物にねじれが生じる原因ともなる。壁厚は一般に150〜200mm程度である[図11]。

**（2）帳壁（カーテンウォール）**

帳壁とは荷重を負担しない非耐力壁をいう。壁厚は一般に120〜150mm程度である。

**（3）間仕切壁**

間仕切壁は部屋と部屋を仕切るために設けるもので、壁厚は一般に100mm程度である。

**（4）地下室の壁**

土圧や水圧を考慮して地下室の土に接する壁厚は200mm以上とする。

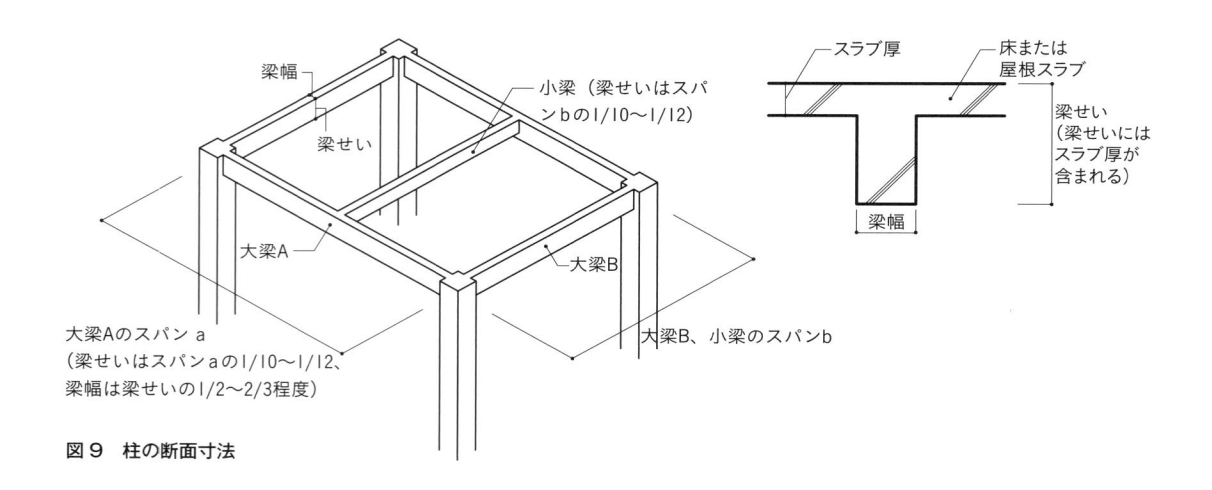

**図9　柱の断面寸法**

**表2　大梁の断面寸法の例［梁間（スパン）6mの場合］**

| 階 | 大梁の断面寸法（梁幅×梁せい） |
|---|---|
| 5階 | 300×550〜600 mm |
| 4階 | 350×550〜600 mm |
| 3階 | 350×600〜650 mm |
| 2階 | 350×600〜650 mm |
| 1階 | 350×650〜700 mm |

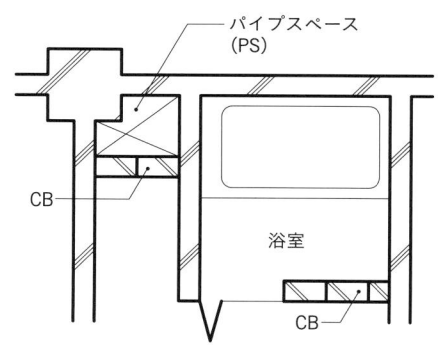

**図10　浴室、パイプスペースの壁にコンクリートブロック（CB）を使った例**

## 5. 床版（床スラブ）

鉄筋コンクリート造の床スラブは、梁と一体につくる。床スラブ厚は一般に150～200mm程度である。

## 6. 基礎

基礎には独立基礎、べた基礎、杭基礎があるが、地盤が良好な場合は独立基礎か、べた基礎を使用する。

### (1) 独立基礎

柱ごとに単一に設ける基礎で、基礎フーチングをもつものともたないものがある。基礎フーチングとは地盤の支持力を増すために、柱などの底面を広くした部分である［図12］。

### (2) べた基礎

べた基礎は、建築物の底面全体に基礎スラブを設けるものである。地下階のある場合は二重スラブとなり、地中梁の中空部分は地下の浸透水の排水ピットなどに使用される［図13］。

図11　壁厚と床スラブ厚

図12　独立フーチング基礎

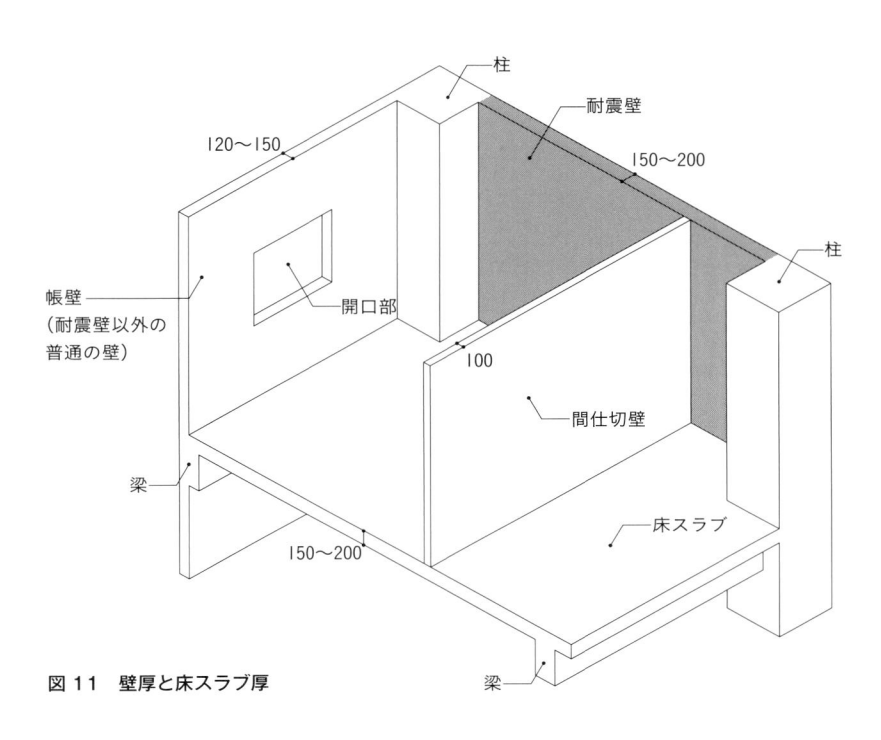

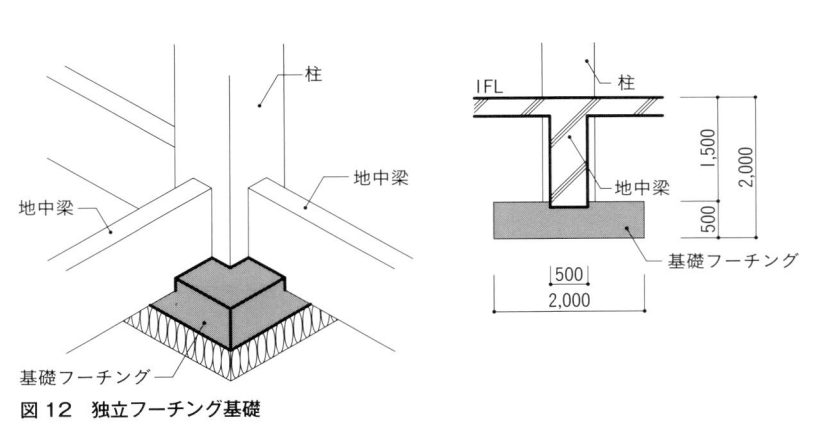

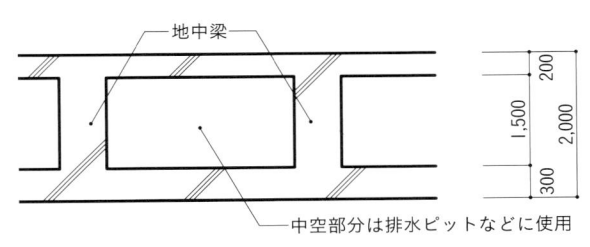

図13　べた基礎

## 7. 階高

階高とは、ある階の床面からその直上階の床面までの高さをいう。階高は、建築物の用途、構造、経済性などを考慮して決める。階高寸法に影響を与えるものとして、天井高さ、大梁のせい、空調用ダクトのサイズなどがある。階高は一般に1階では4〜5m程度、基準階では3〜4m程度である［図14］。

## 8. 階段

（1）階段の構造

階段は構造的には斜め梁式、斜めスラブ式、片持ちスラブ式がある［図15］。階段のスラブ厚は150mm程度である［図16］。

（2）階段の計画

階段は4本の柱に囲まれた部分に設けないと昇降が困難になるので注意する［図17］。

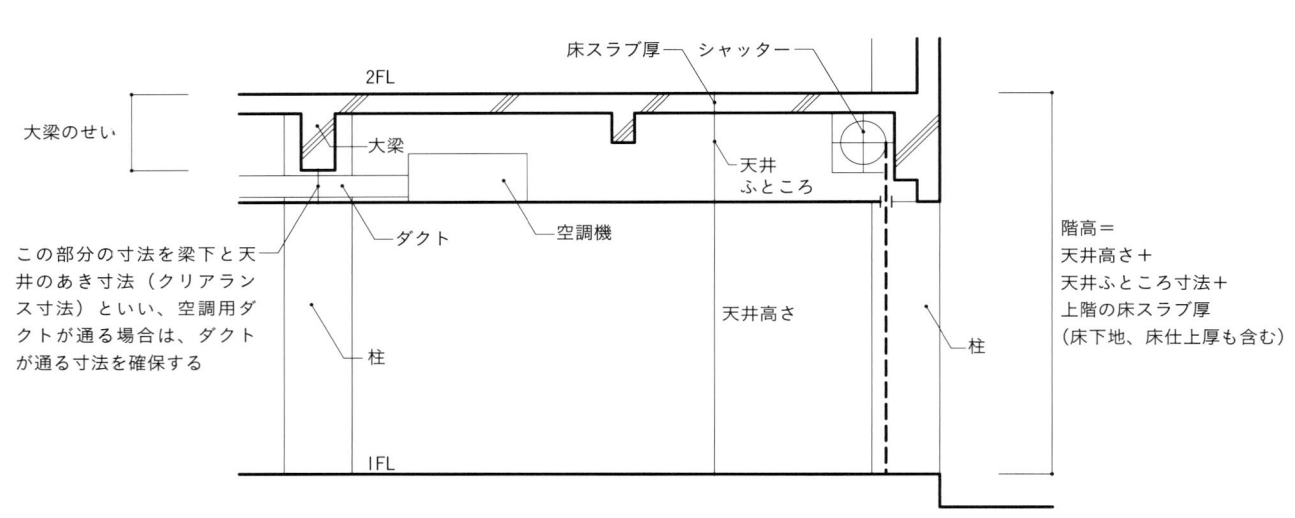

図14　階高寸法に影響を与えるもの

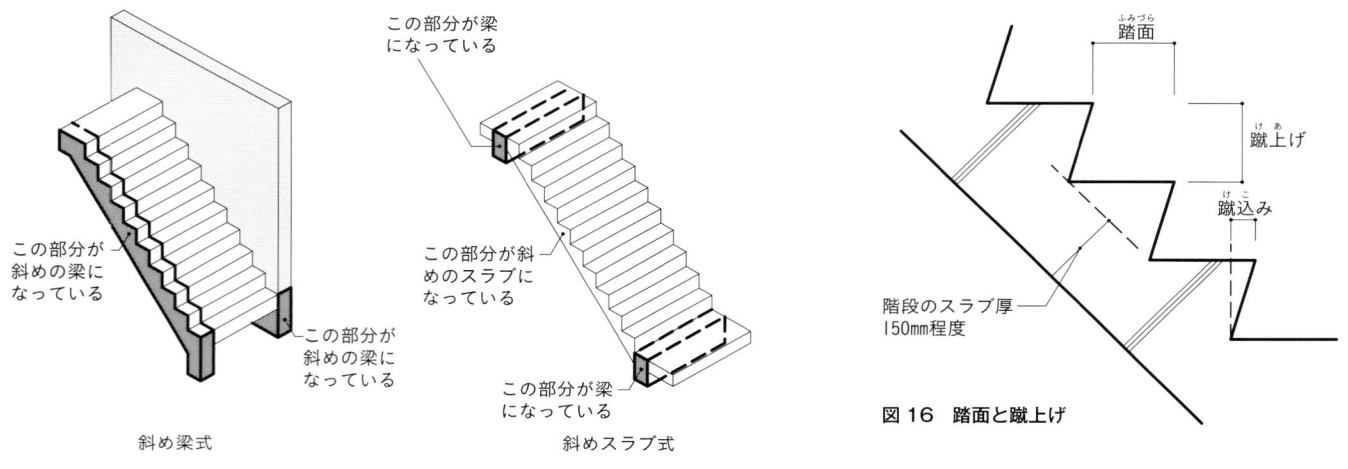

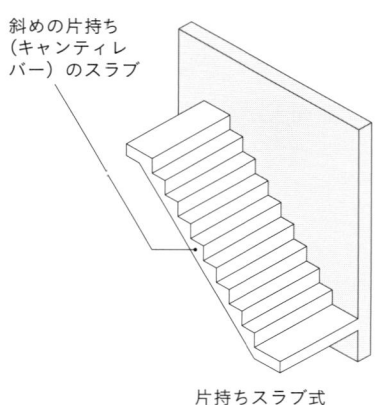

図15　階段の構造

図16　踏面と蹴上げ

A-A'断面図

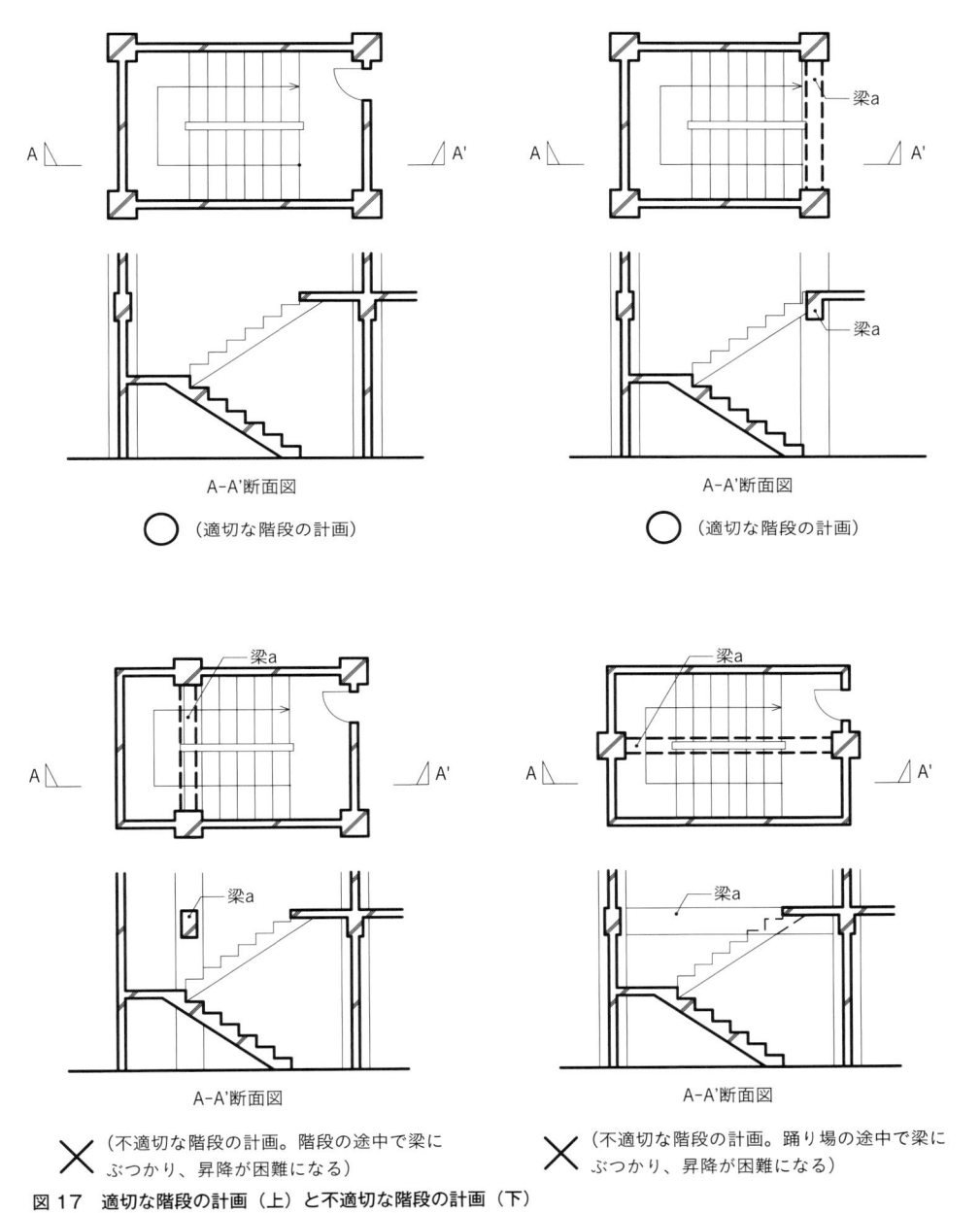

○（適切な階段の計画）

A-A'断面図

○（適切な階段の計画）

A-A'断面図

×（不適切な階段の計画。階段の途中で梁にぶつかり、昇降が困難になる）

A-A'断面図

×（不適切な階段の計画。踊り場の途中で梁にぶつかり、昇降が困難になる）

**図17 適切な階段の計画（上）と不適切な階段の計画（下）**

## 6-2 配置図・1階平面図の描き方

### 1. 敷地と道路を描く

（1）道路境界線、隣地境界線を一点鎖線の太線で描く。敷地の反対側の道路境界線を実線の太線で描く。道路中心線を一点鎖線の細線（または中線）で描く。

（2）敷地の四隅にテンプレートを使い、○印を記入する。

隣地境界線　15,000

隣地境界線　27,000

隣地境界線　27,000

道路境界線　15,000

3,000

道路中心線　　　　道　路

3,000

1. 敷地と道路を描く（1/150）

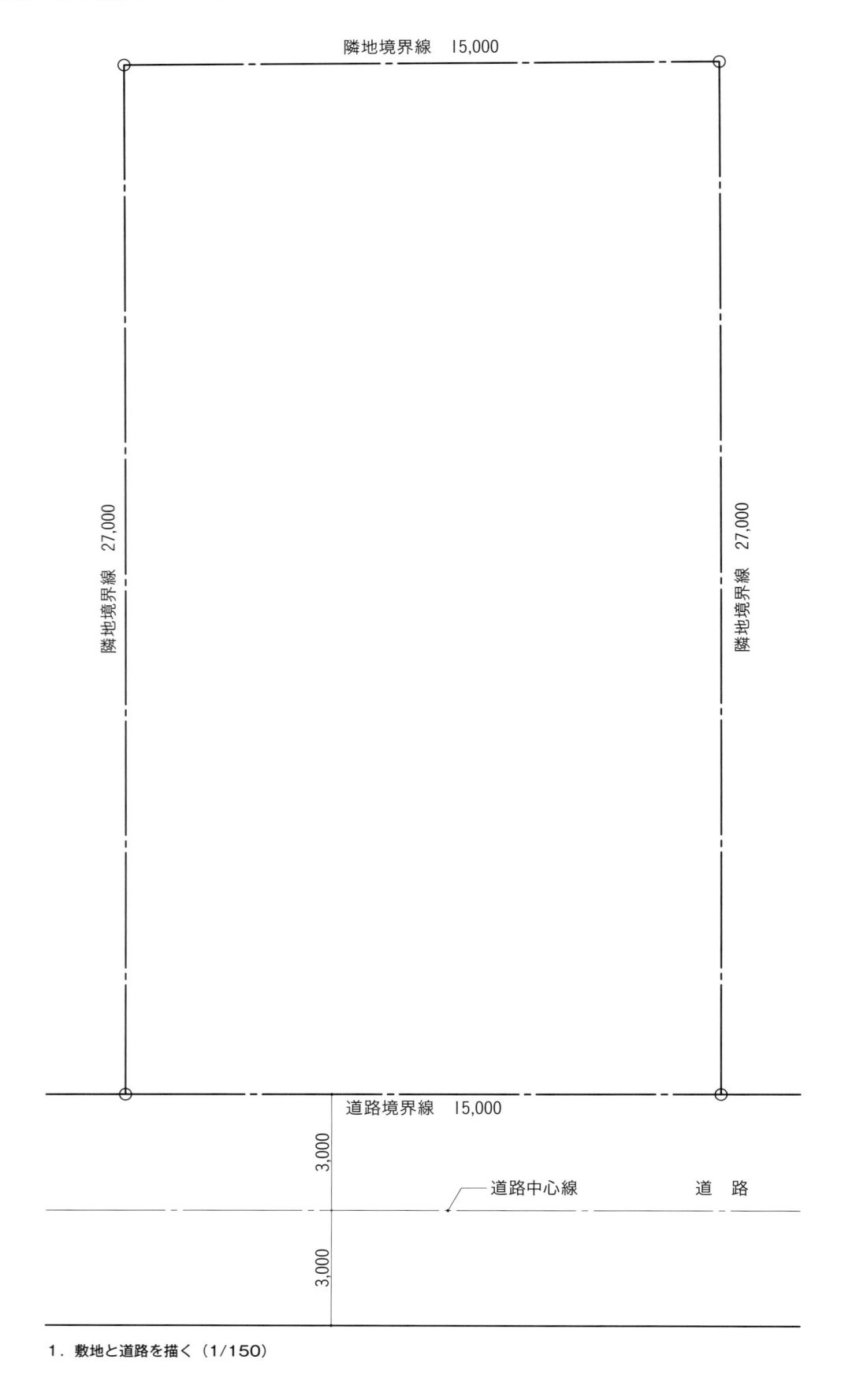

壁芯

柱芯

柱芯

260

壁芯

壁芯　　　　　壁芯　柱芯　　　　　　壁芯

BM

3,000

2,000

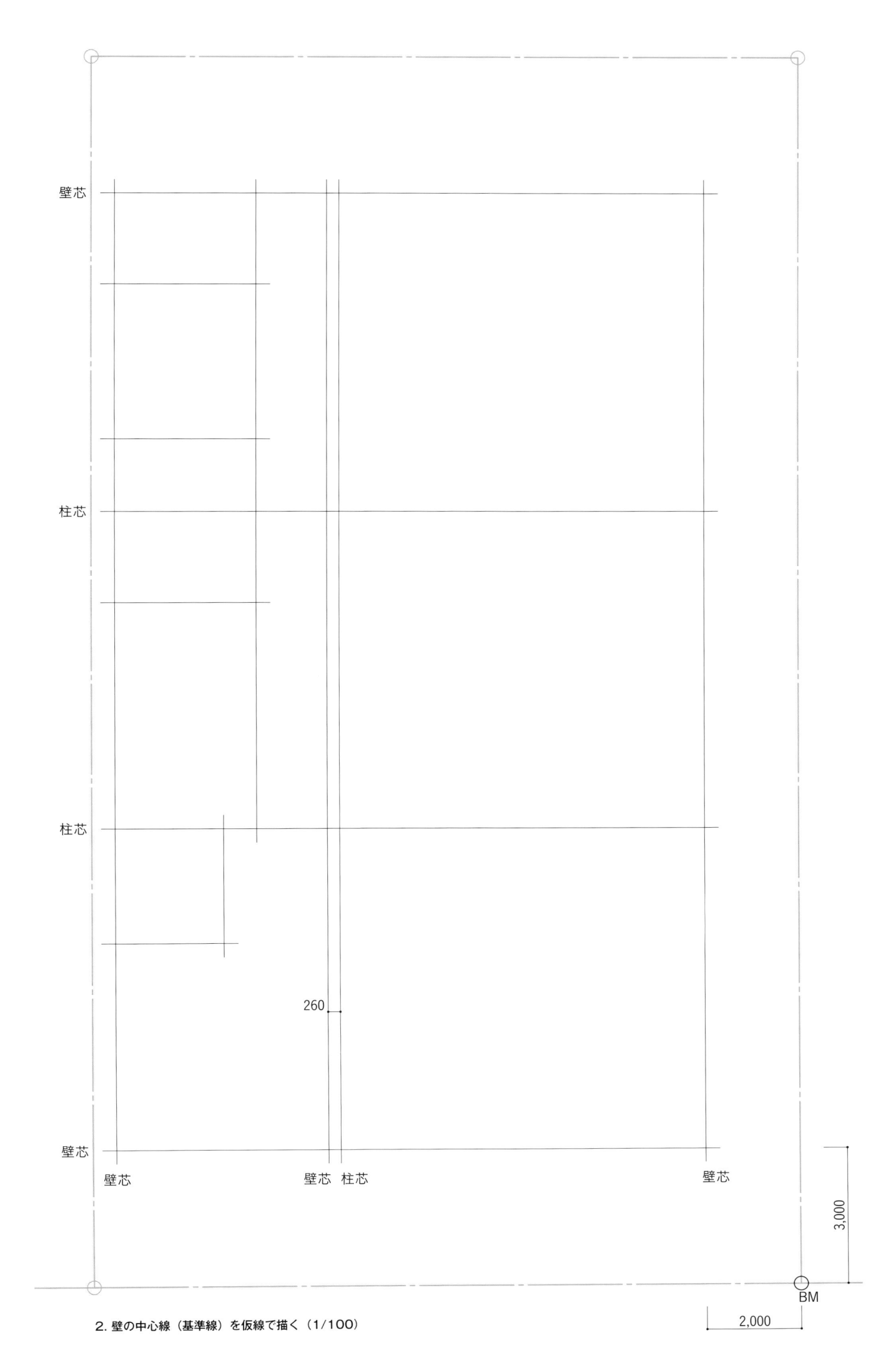

2. 壁の中心線（基準線）を仮線で描く（1/100）

## 2. 壁の中心線（基準線）を仮線で描く（図は前頁）

（1）敷地の基準点（BM／ベンチマーク）から建物までの横方向（X方向）の寸法2,000mmと縦方向（Y方向）の寸法3,000mmを正確にとる。

（2）壁の中心線を仮線で描く。

（3）鉄筋コンクリート造の基準線は、すべて柱芯で押さえる方法と、建物の端は壁芯で押さえ、その他の所では柱芯で押さえる方法があるが、後者の方法が床面積の算定などに便利である。ただし、両方とも柱芯と壁芯のずれの寸法を記入する。基準線2の通りでは、柱芯と壁芯のずれは260mmである［図18］。

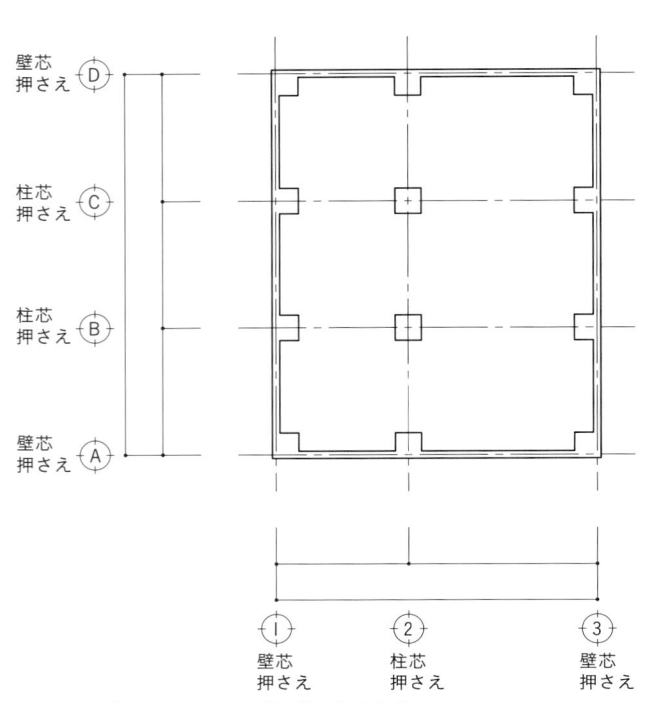

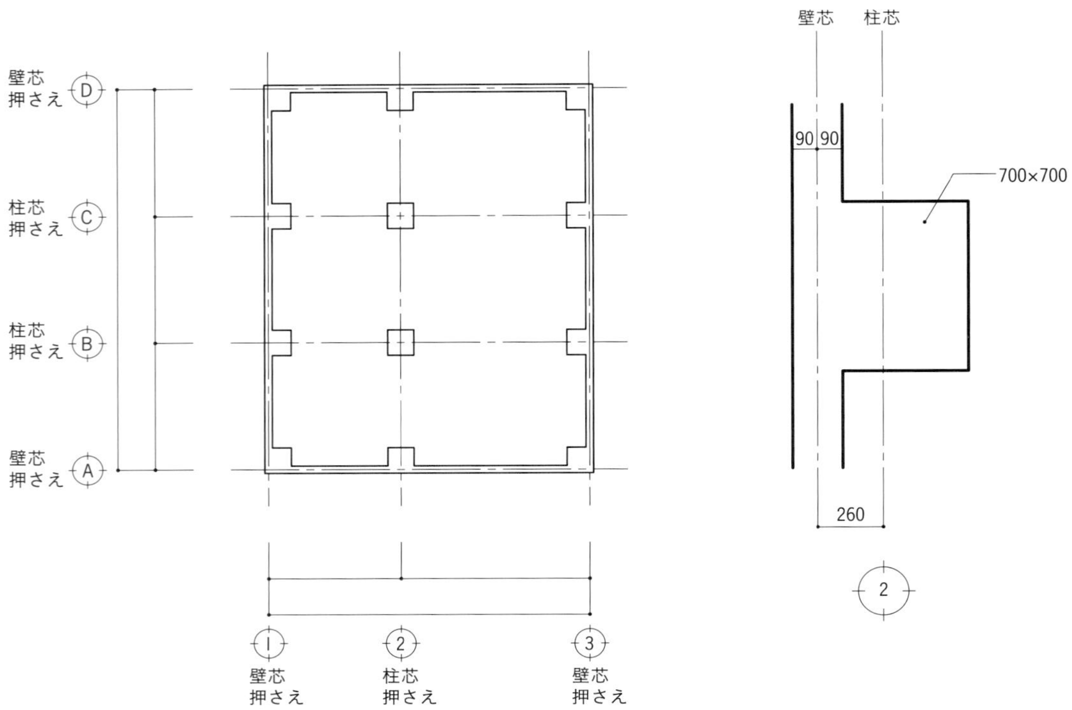

図18　鉄筋コンクリートの基準線の押さえ方

## 3. 壁厚の線を仮線で描く（図は次頁）

（1）鉄筋コンクリートの1/100の平面図では、壁厚は一般に1.8mm程度で描く（場合によっては2.0mm程度で描くこともある）。したがって、壁の中心線から両側に0.9mmずつ振り分けて、壁厚の線を仮線で描く［図19］。木造の壁厚よりいくらか厚くするように描くことが重要である。この壁厚を表す仮線は、第6の段階で壁と柱を実線の太線で仕上げるための下書き線である。

（2）最初は三角スケールを使って0.9mmを振り分け、壁厚1.8mmを正確にとるのはむずかしいが、練習を重ねることで正確で均等な壁厚の線を描くことができるようになる。また練習を繰り返すと、フリーハンドで1.8mmの壁厚を正確に描くことができるようになる。

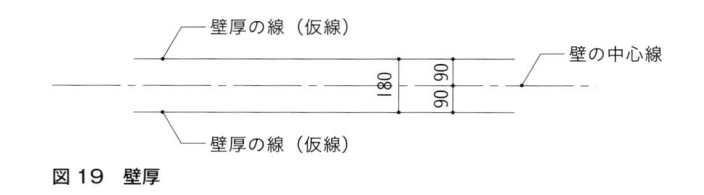

図19　壁厚

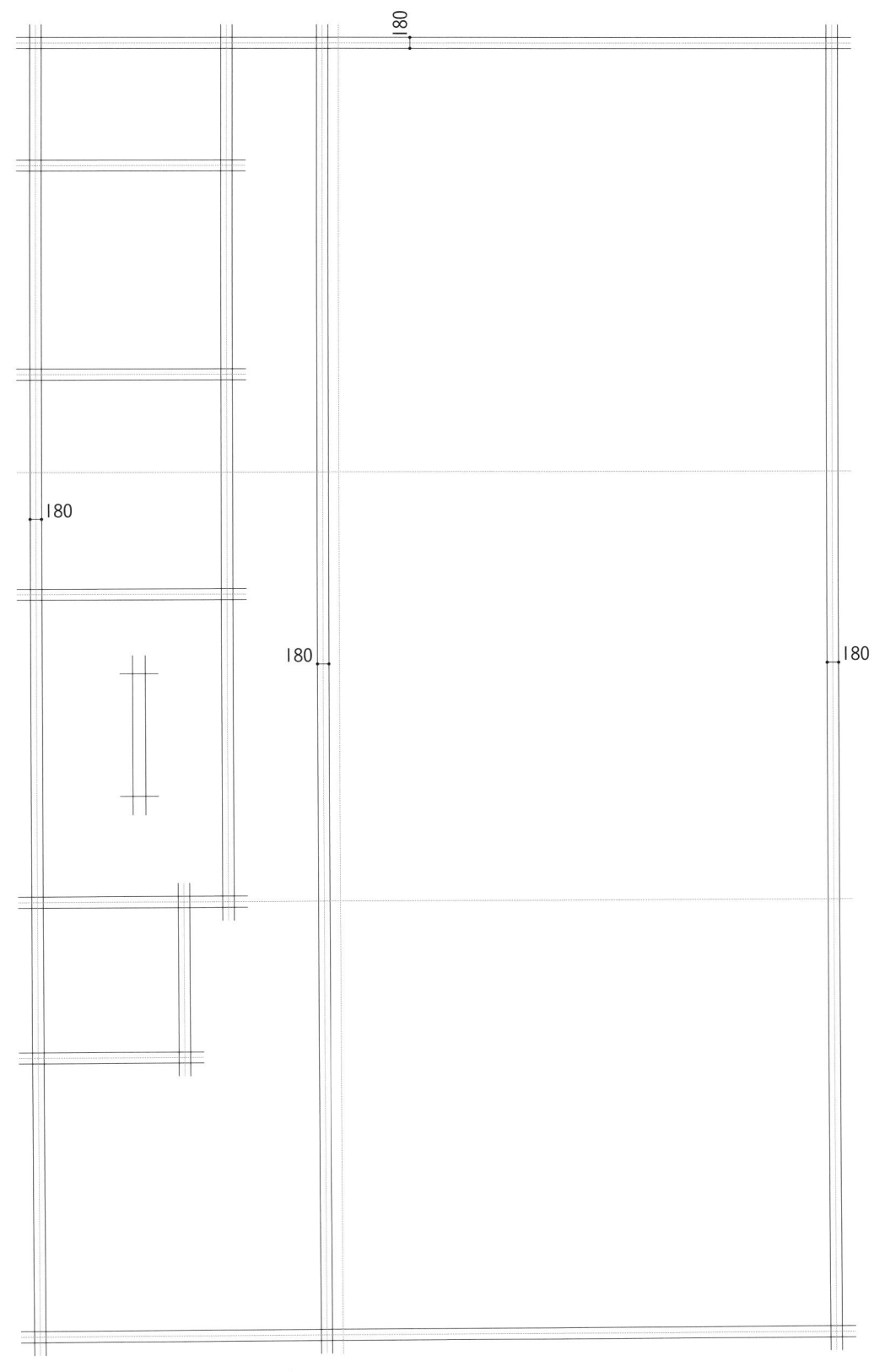

3. 壁厚の線を仮線で描く（1/100）

## 4. 柱幅の線を仮線で描く

柱の大きさは 700 × 700㎜ として、壁の中心線より屋外側に 90㎜、屋内側に 610㎜ をとり、柱幅の線を仮線で描く［図 20］。

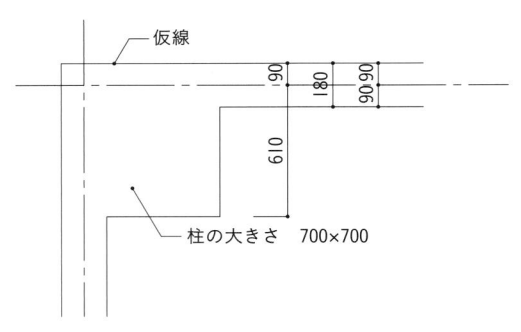

**図 20　柱の大きさ**

**4．柱幅の線を仮線で描く（1/100）**

## 5. 開口部の位置を濃い実線の太線で描く

　開口部の位置すべてを濃い実線の太線で描く。これは次の段階で、壁や柱を実線の太線で一気に仕上げるために、壁、柱、開口部の位置が明確にわかるようにしたものである。

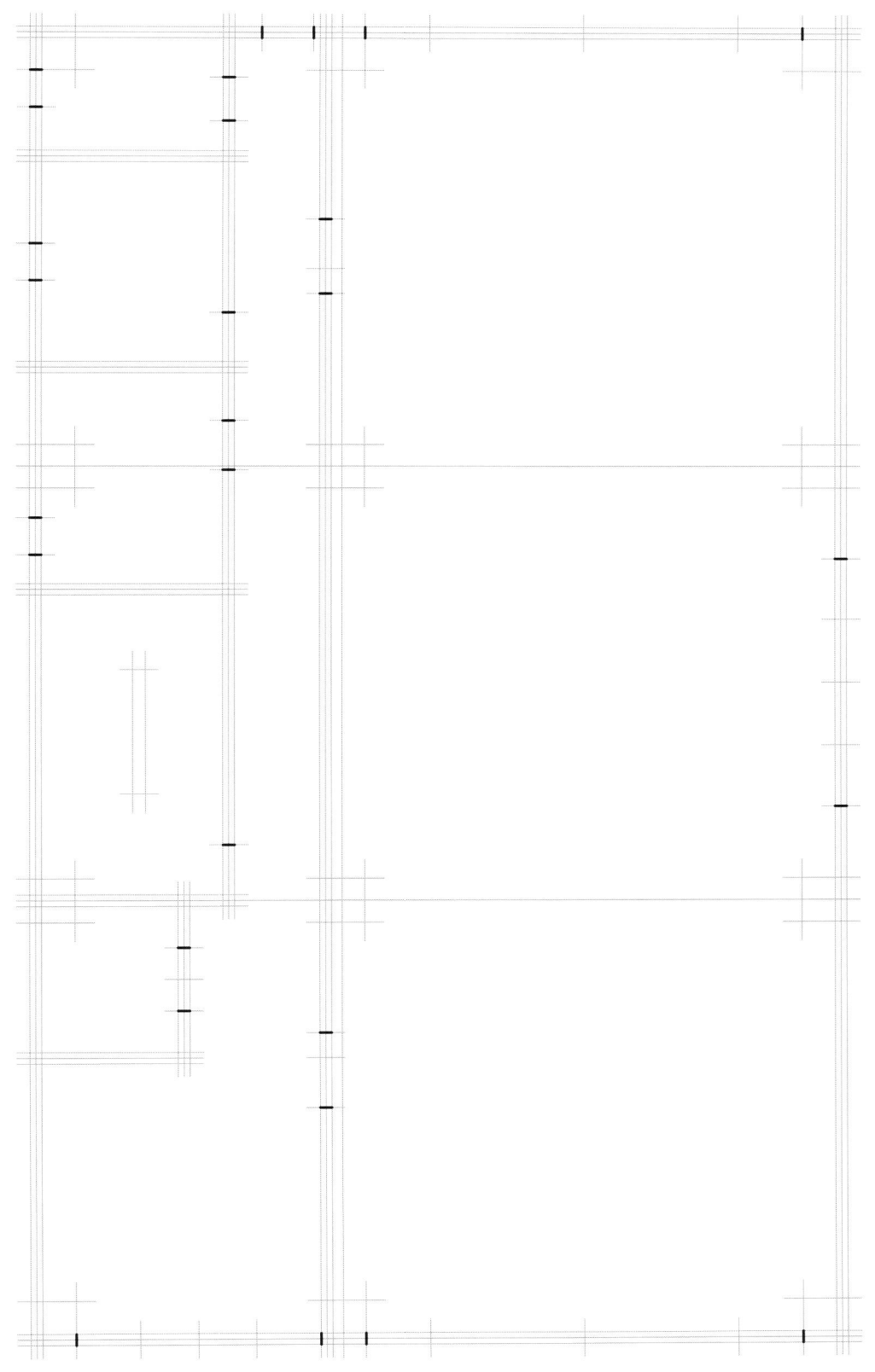

5. 開口部の位置を濃い実線の太線で描く（1/100）

## 6. 壁、柱を濃い実線の太線で描く

(1) 第3の段階で仮線で描いた壁厚の線と第4の段階で仮線で描いた柱幅の線を、筆圧を強くして濃い実線の太線で描く。

(2) 前の第2～5の段階は、この第6の段階を容易に、かつ一気に完成させるための仮線による下書きの段階である。

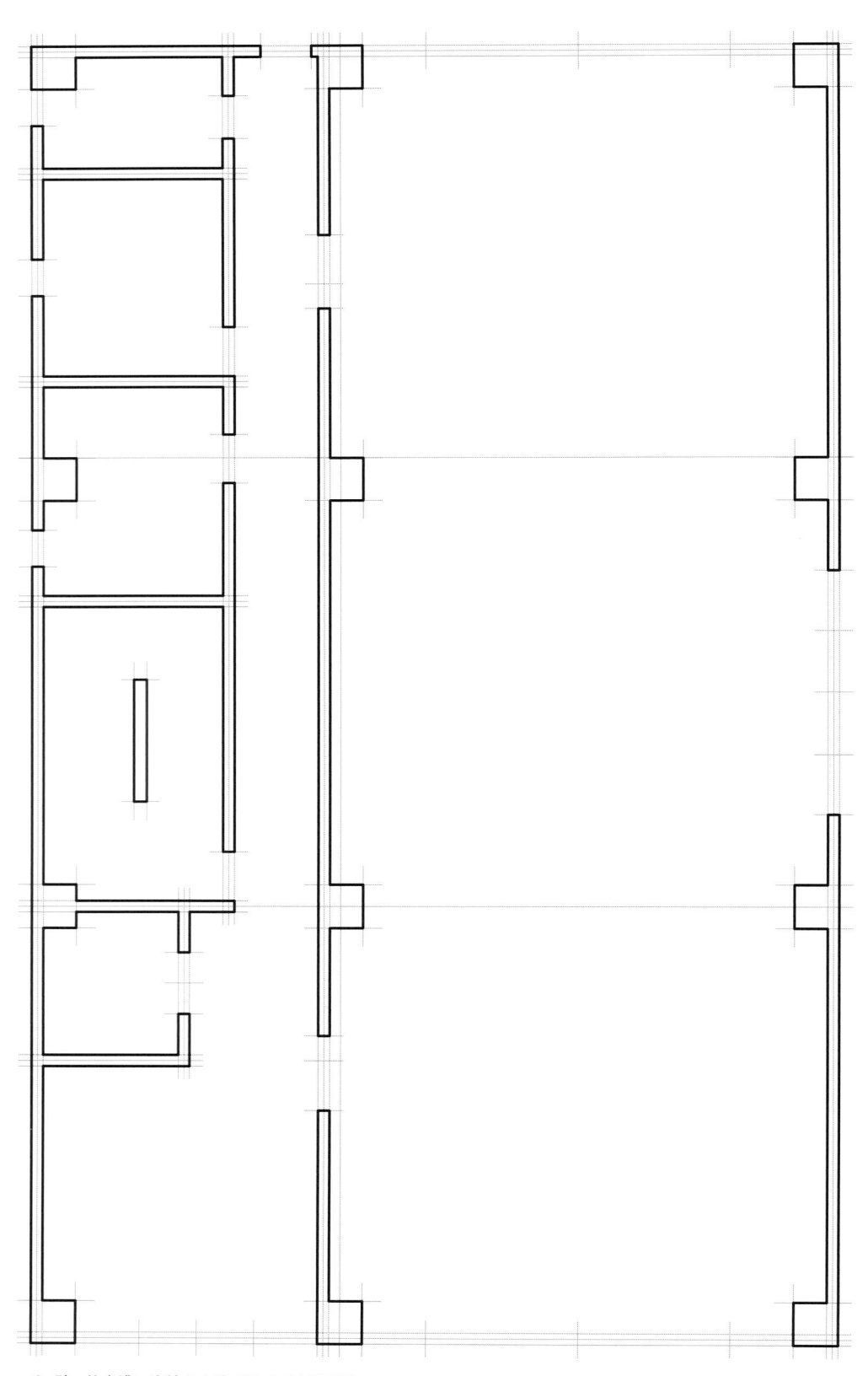

6. 壁、柱を濃い実線の太線で描く（1/100）

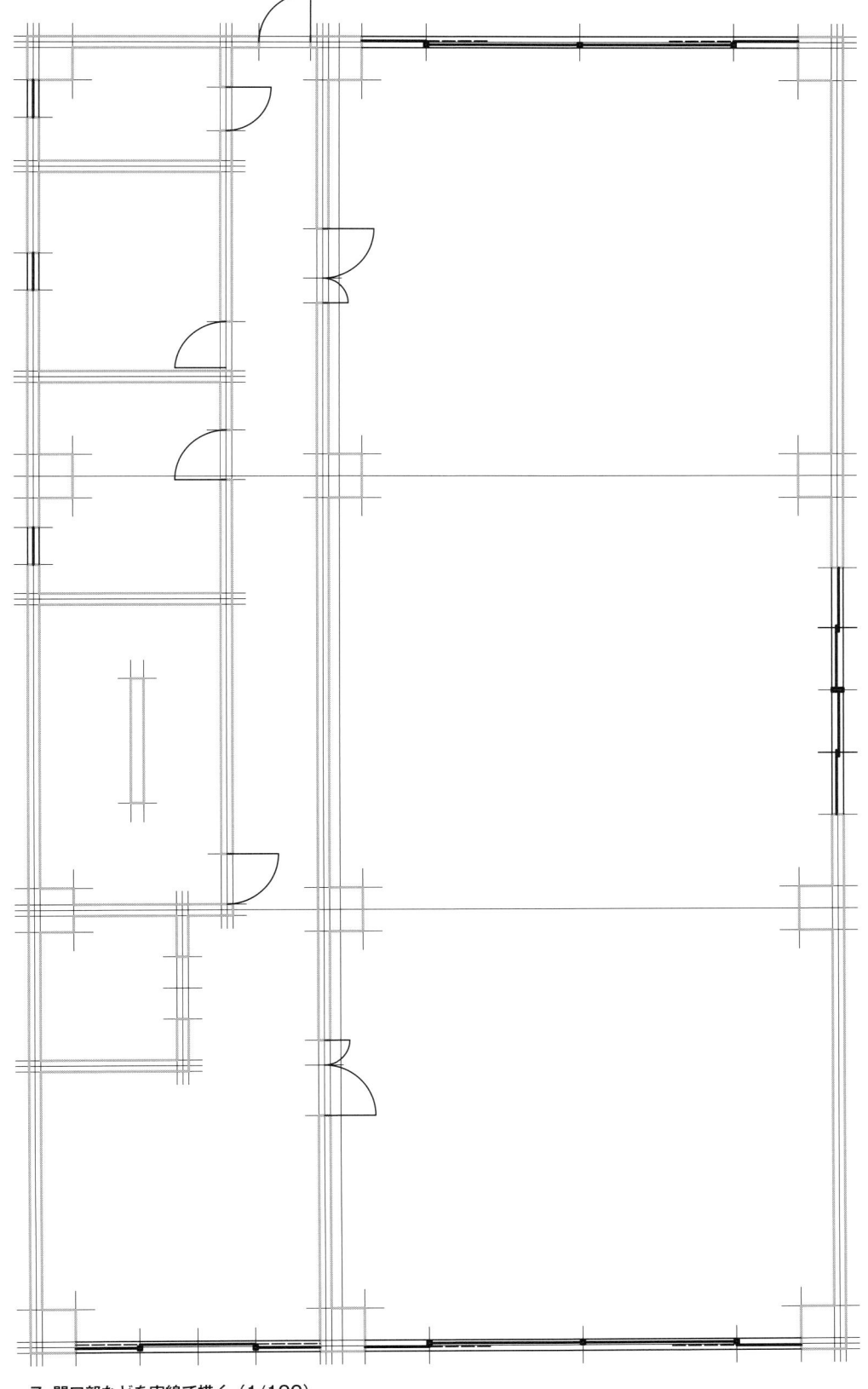

7. 開口部などを実線で描く（1/100）

## 7. 開口部などを実線で描く（図は前頁）

(1) 開き戸を円定規（テンプレート）を使って、実線の中線で描く。

(2) はめごろし付き片引き窓、引違い窓の両側の見えがかりの線を実線の中線で描き、窓部分は実線の太線で描く[図21]。

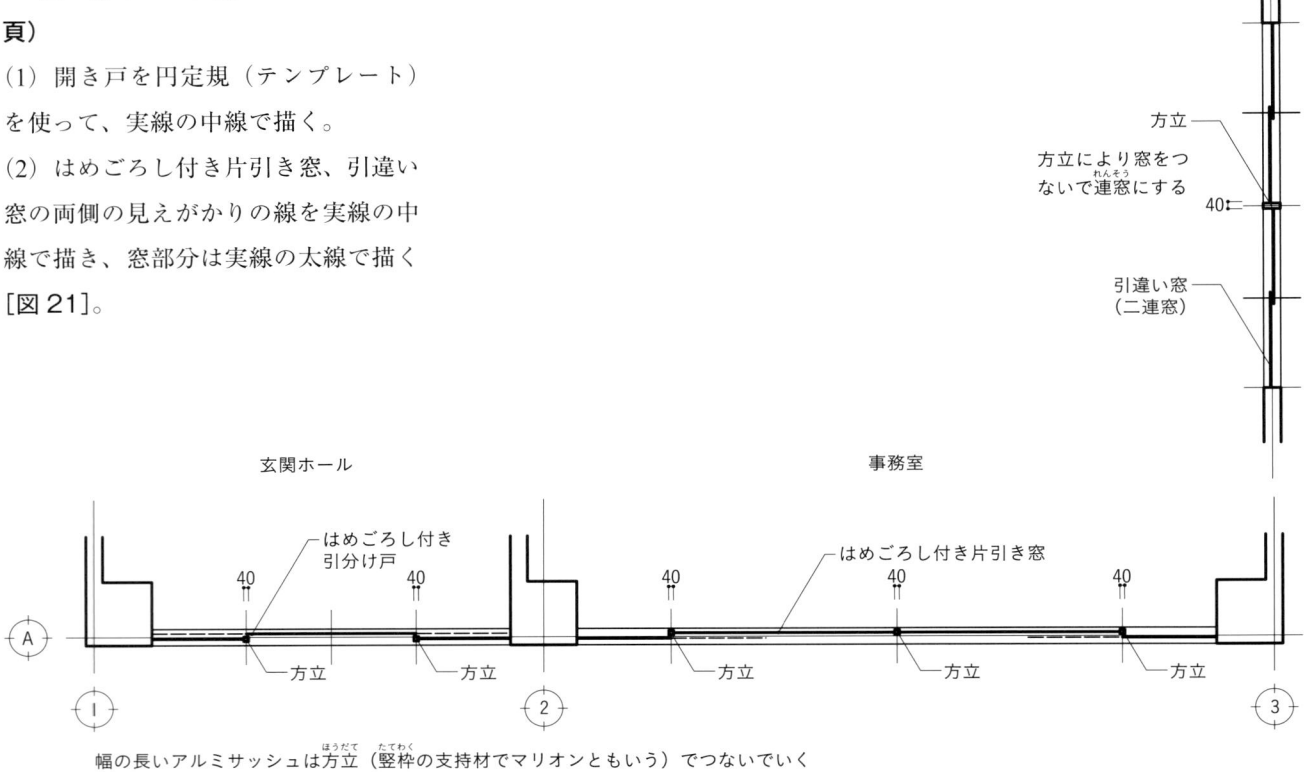

図21 はめごろし付き引分け戸、はめごろし付き片引き窓、引違い窓（二連窓）（1/80）

## 8. 階段、衛生設備などを実線の中線で描く（図は次頁）

(1) 屋内階段、屋外階段（4,000×2,200㎜）を実線の中線で描く。屋内階段の踏面は250㎜、屋外階段の踏面は230㎜、蹴上げ（1階部分）はともに211㎜である。屋内階段の外壁部分には梁が現れるので、それを隠すために壁を設け、また手すりを実線の中線で描く。屋外階段は非常用の鉄骨避難階段である。

(2) コア部分の衛生設備、便所の間仕切壁（厚さ60㎜）、湯沸室の厨房機器・食器棚、エレベーターのかご、玄関ホールの郵便受けを実線の中線で描く。また、エレベーターの昇降路（2,300×2,500㎜）内にある梁（梁幅400㎜）を実線の中線で描く。

(3) 特にコア部分の計画では、右図のアミカケに示すように、梁（梁幅400㎜）との取り合いに注意する[図22]。

(4) 竪樋（径100㎜）を円定規を使って、実線の中線で描く。

(5) 換気扇の表示をする。

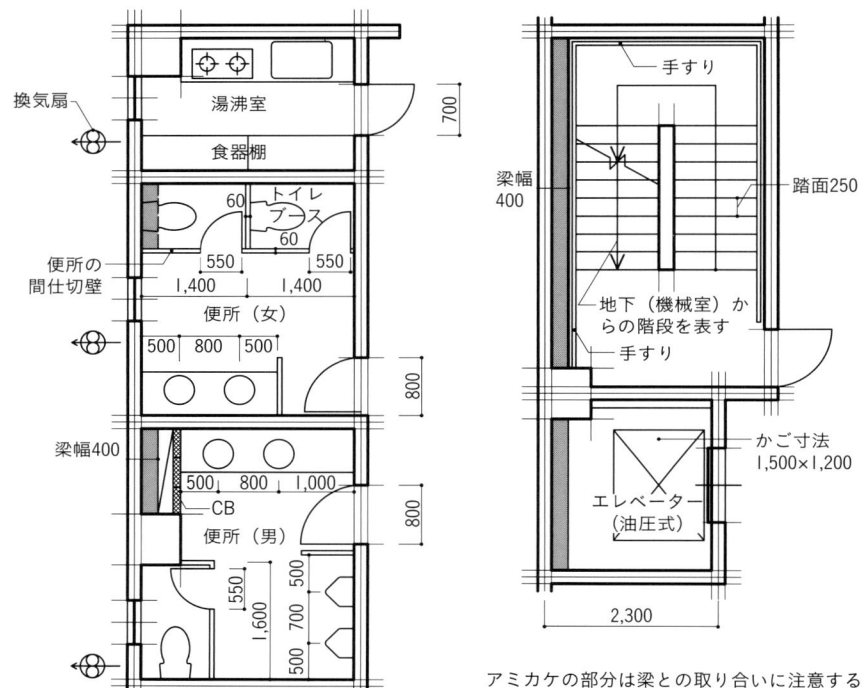

図22 コア部分の各部寸法（1/100）

アミカケの部分は梁との取り合いに注意する

竪樋

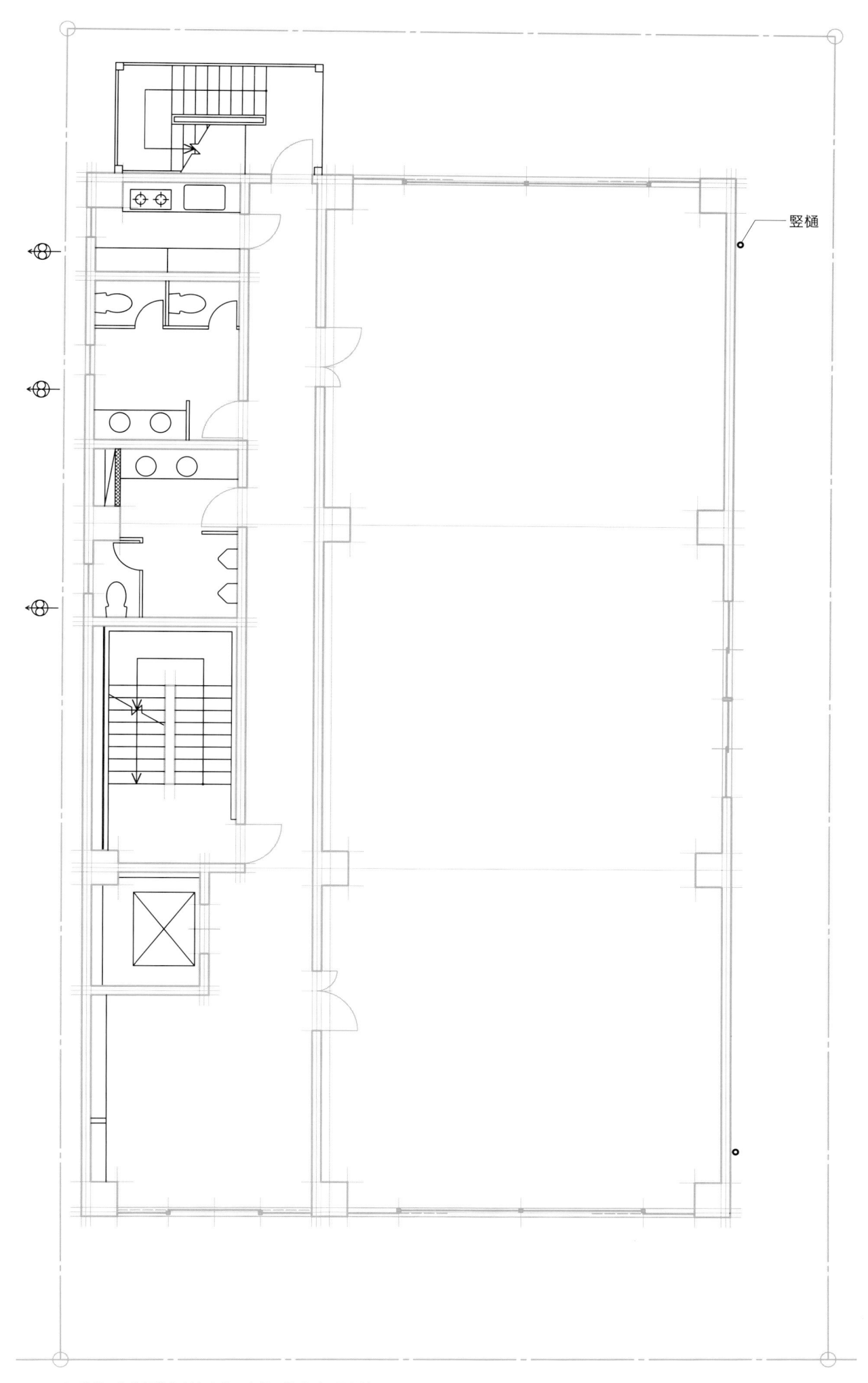

8. 階段、衛生設備などを実線の中線で描く（1/100）

## 9. 床の仕上げを実線の細線で描く

玄関ホール（EH）の300角タイル張りの床仕上げを実線の細線で描く。

玄関ホール

9. 床の仕上げを実線の細線で描く（1/100）

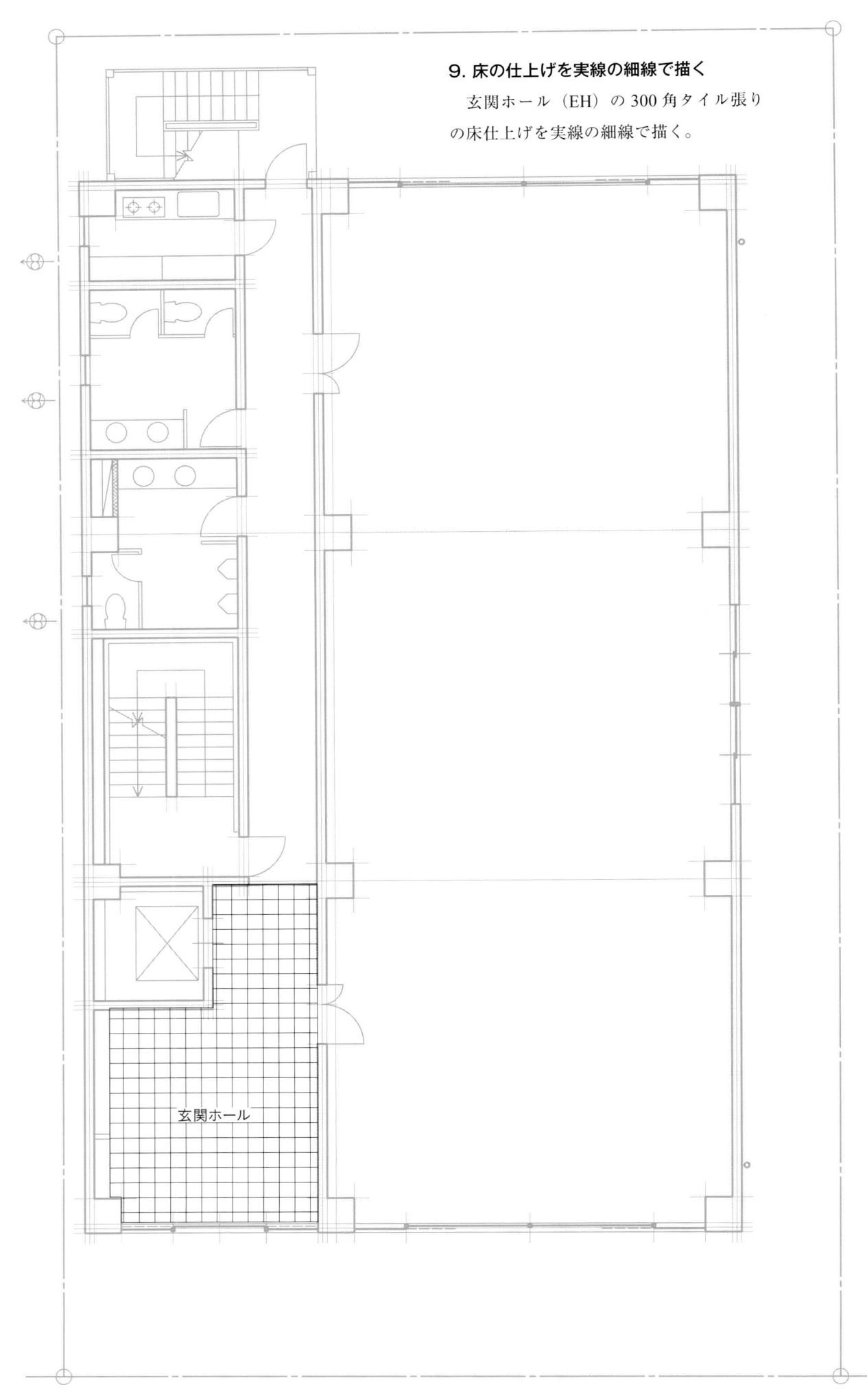

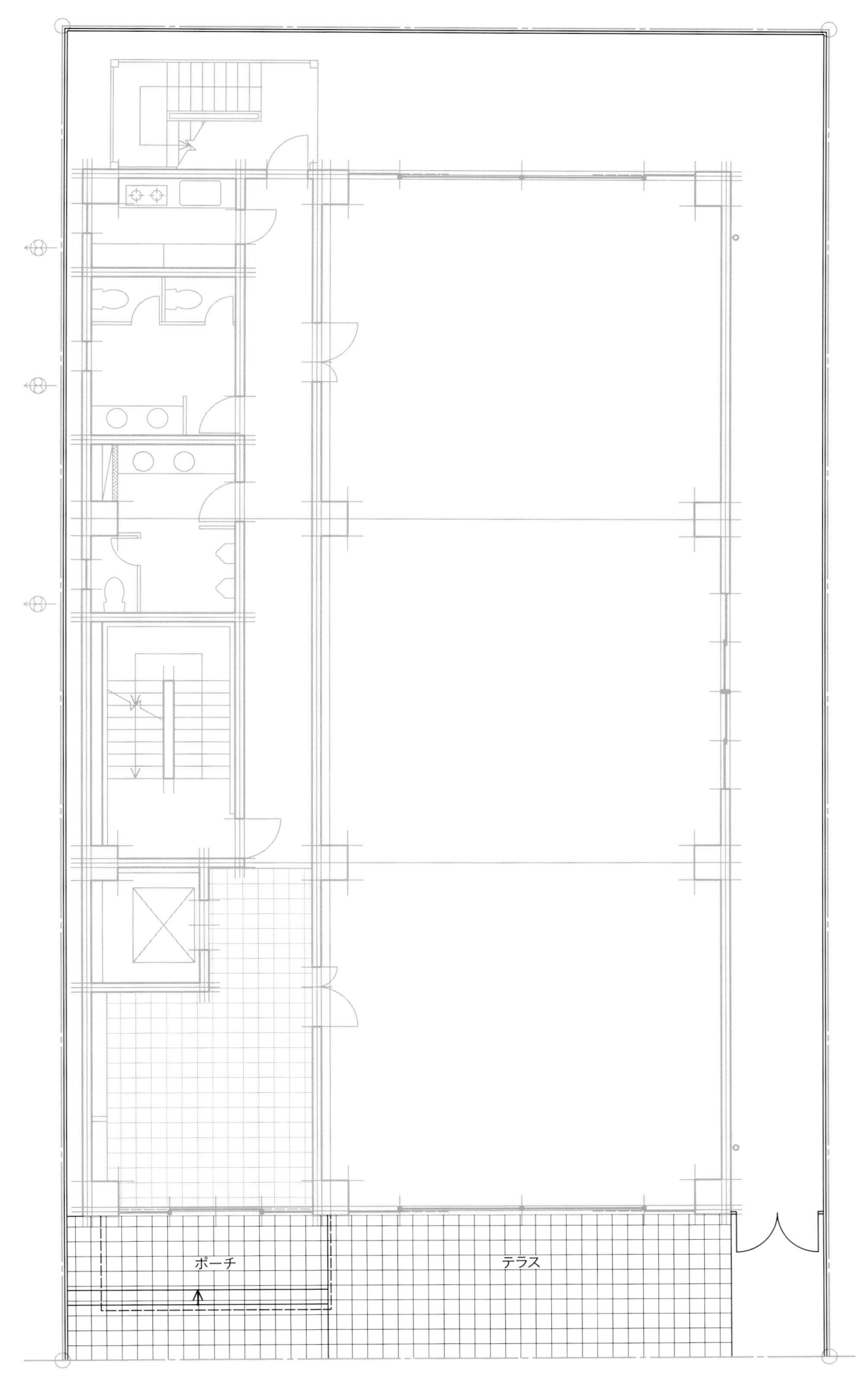

ポーチ　テラス

10. 外構を実線の中線で描く（1/100）

## 10. 外構を実線の中線で描く（図は前頁）

(1) 門扉を実線の中線で描く。
(2) ポーチの階段を実線の中線で描き、ポーチの庇を破線の中線で描く。
(3) アプローチ、ポーチ、テラスなど道路に面した300角タイル張りの床仕上げを実線の細線で描く。
(4) 建物の出入口の位置を▲印で、敷地の出入口の位置を△印で表示する。

## 11. 寸法線を実線の細線で描く

寸法線は、わかりやすい図面にするために、原則として敷地の外側に描く。ただしレイアウト上、用紙に納まらない場合は、敷地内に描いてもよい。

## 12. 名称、寸法、凡例などを記入する（完成図は128-129頁）

部屋の名称、寸法、基準線の番号（通り芯番号）、凡例、断面図の切断位置、図面名称、縮尺、方位などを記入する。文字、数字は丁寧に書くことが大切である。

(1) 部屋の名称を部屋のほぼ中央に記入する。
(2) 寸法の数字を記入する。高さは3mmとし、寸法線にふれないようにする。
(3) 基準線の番号（通り芯番号）を、建物の左下を起点として、X方向では左から右に1、2、3……と記入し、Y方向では下から上にA、B、C……と記入する。
(4) 換気扇の凡例を記入する。

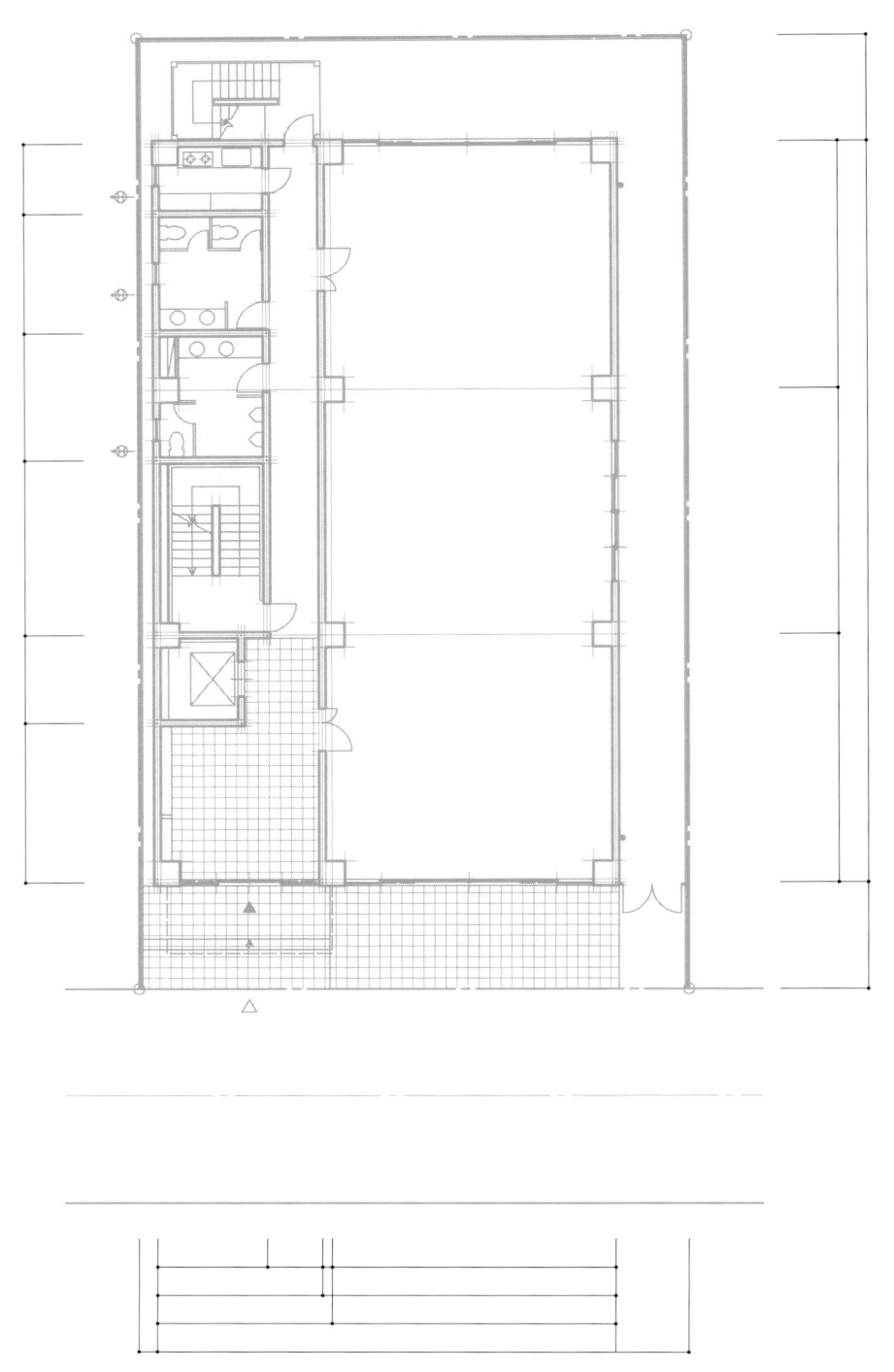

**11. 寸法線を実線の細線で描く（1/200）**

## 6-3　2階平面図の描き方

### 1. 壁の中心線（基準線）を仮線で描く

2階の壁の中心線を仮線で描く。

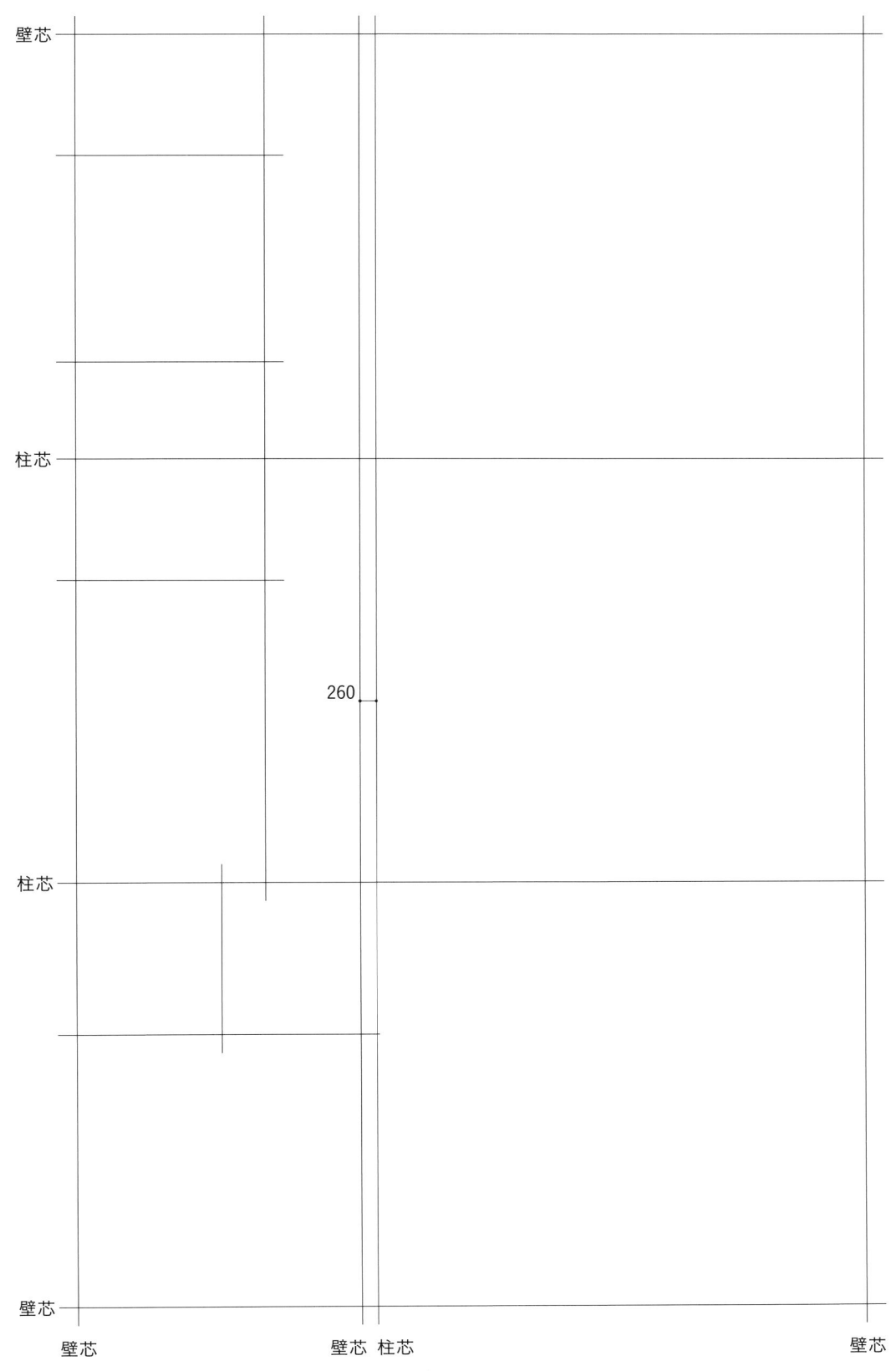

1. 壁の中心線（基準線）を仮線で描く（1/100）

第6章　鉄筋コンクリート造3階建て事務所ビルの製図

## 2. 壁厚の線を仮線で描く

　壁の中心線から両側に90㎜ずつ振り分けて、壁厚の線を仮線で描く。

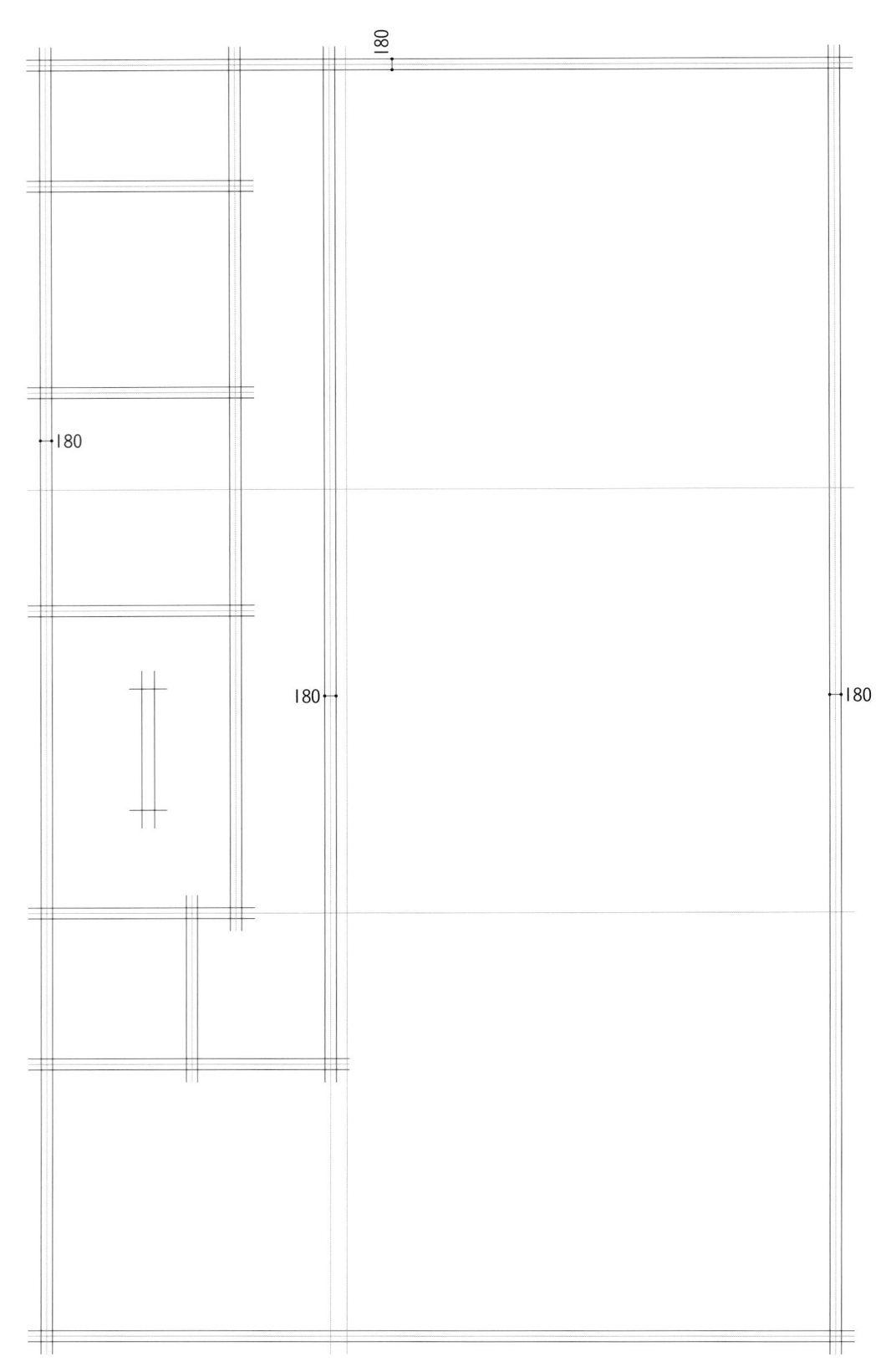

2. 壁厚の線を仮線で描く（1/100）

## 3. 柱幅の線を仮線で描く

　柱の大きさは、2階、3階ともに700×700mmとして、壁の中心線より屋外側に90mm、屋内側に610mmをとり、柱幅の線を仮線で描く。

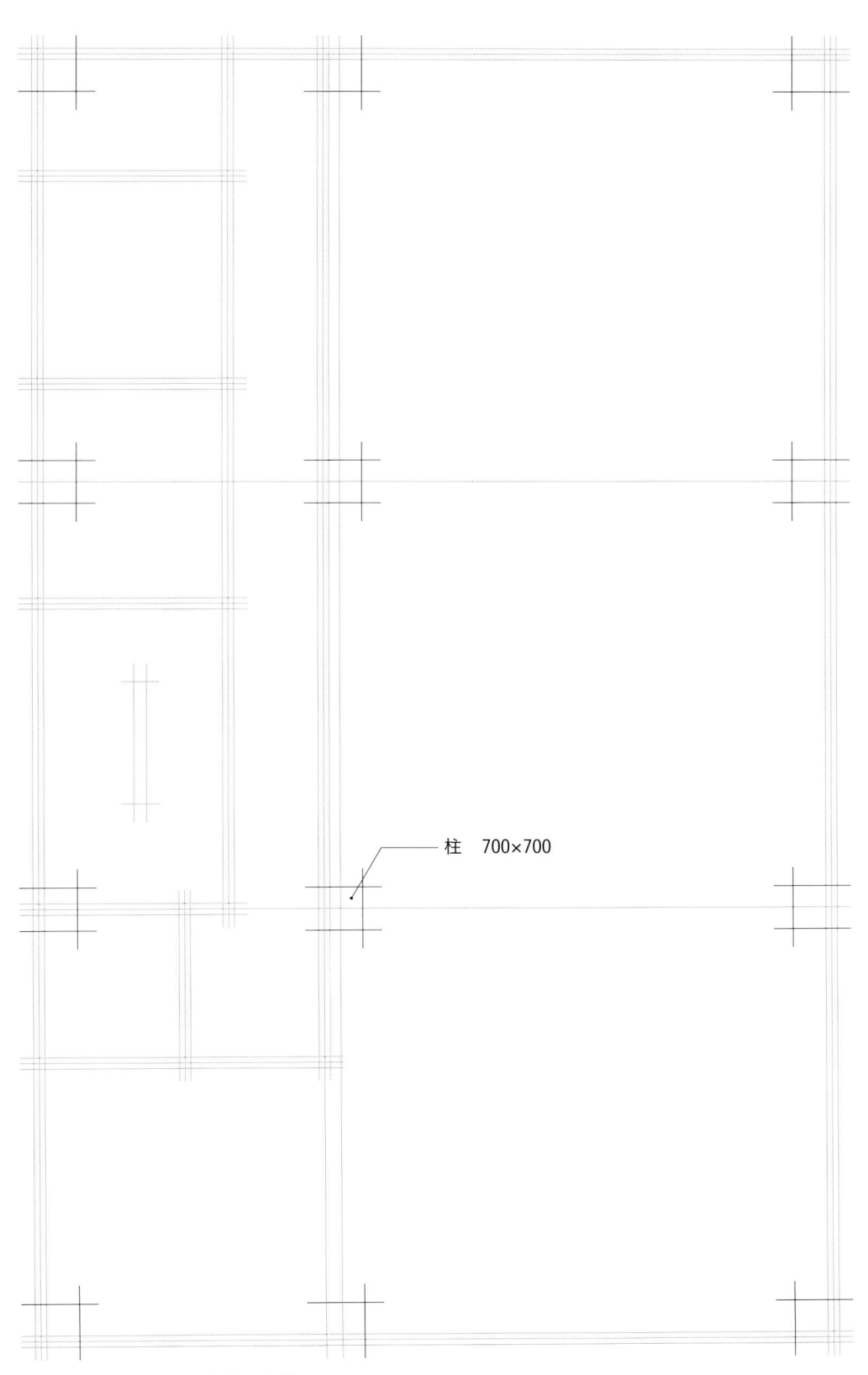

柱　700×700

3. 柱幅の線を仮線で描く（1/100）

## 4. 開口部の位置を濃い実線の太線で描く

　開口部の位置すべてを濃い実線の太線で描く。

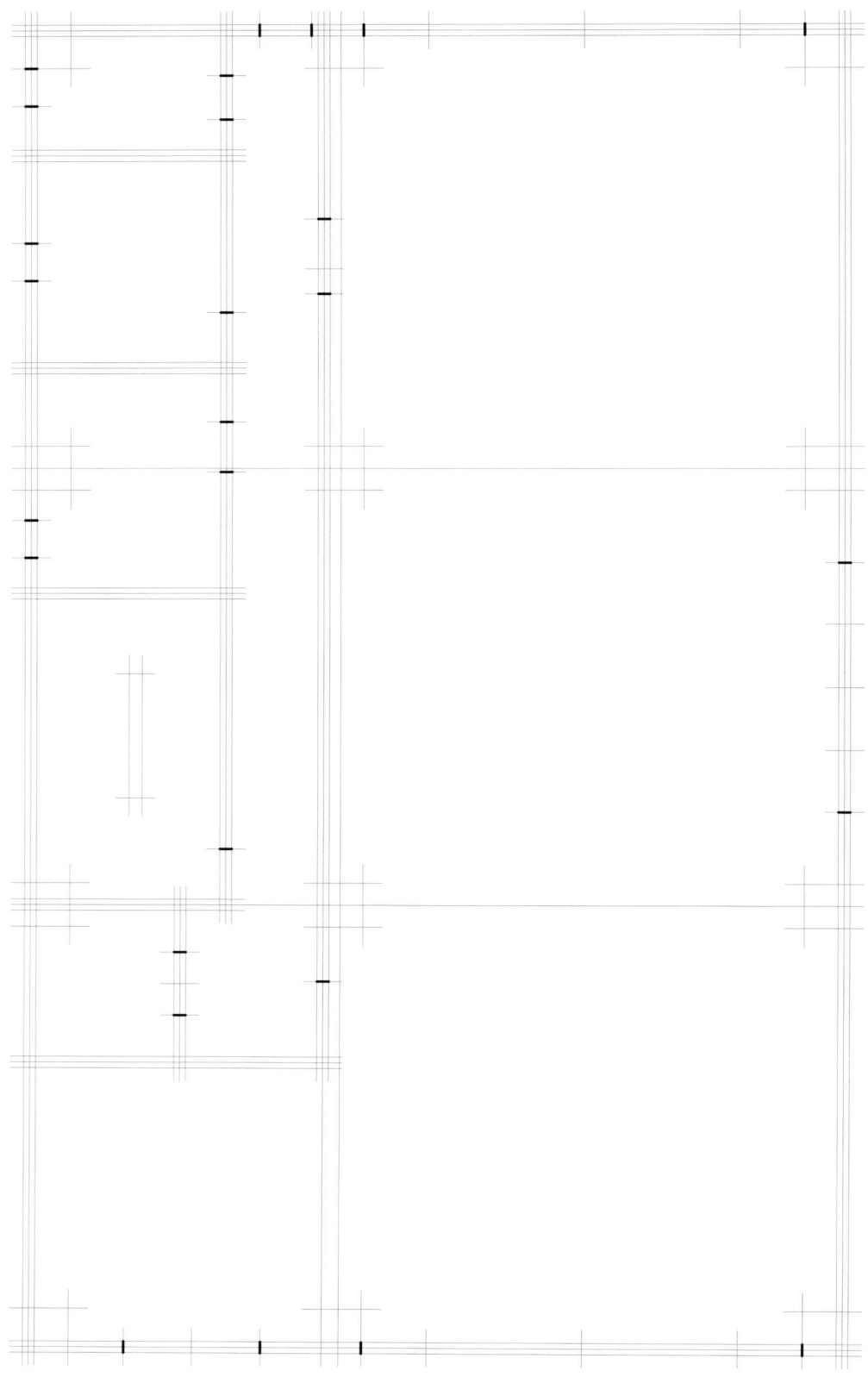

4. 開口部の位置を濃い実線の太線で描く（1/100）

## 5. 壁、柱を濃い実線の太線で描く

　第2の段階で仮線で描いた壁厚の線と第3の段階で仮線で描いた柱幅の線を、筆圧を強くして濃い実線の太線で描く。

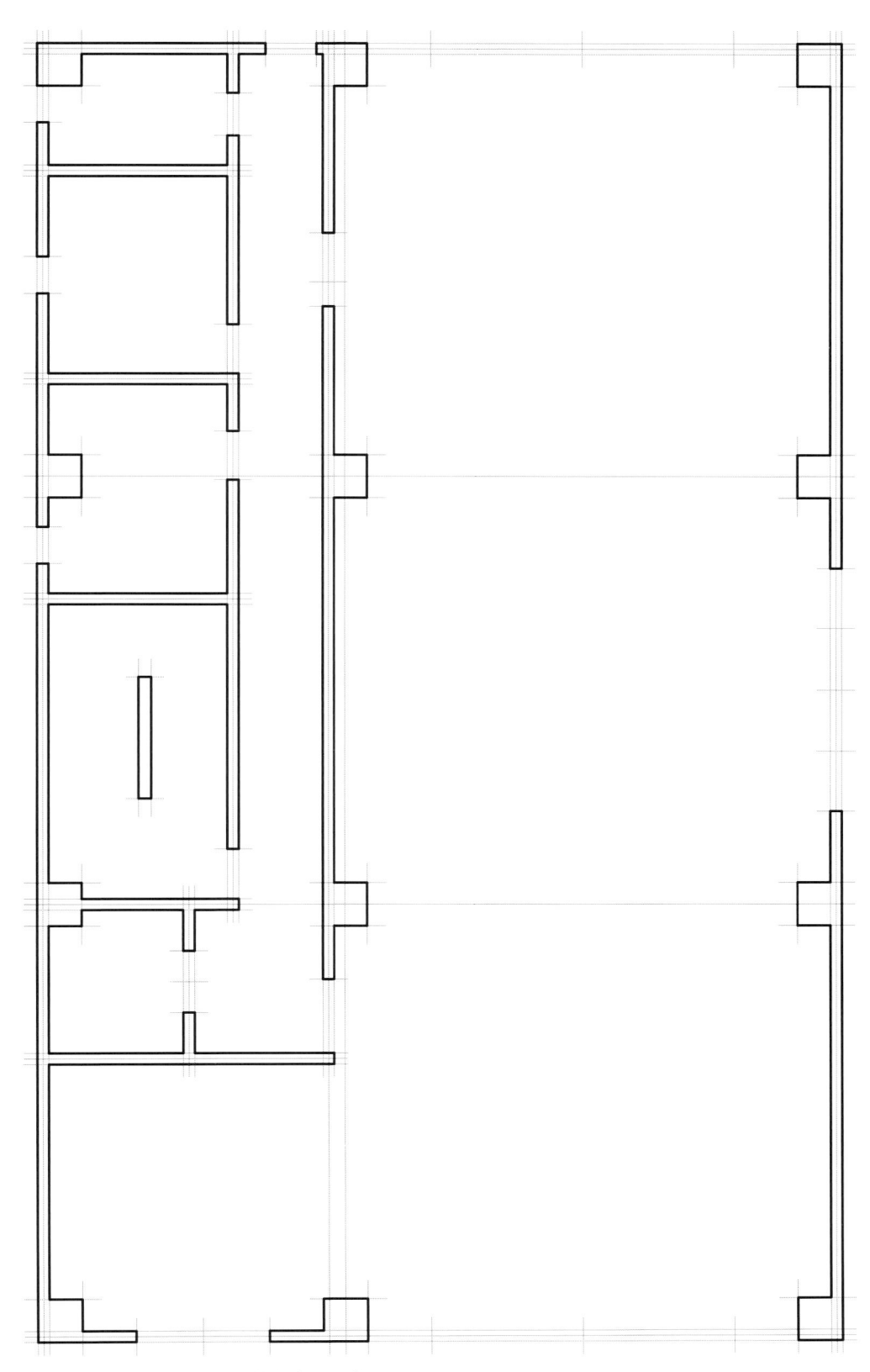

5. 壁、柱を濃い実線の太線で描く（1/100）

## 6. 開口部などを実線で描く

（1）開き戸を円定規（テンプレート）を使って、実線の中線で描く。

（2）はめごろし付き片引き窓、引違い窓の両側の見えがかりの線を実線の中線で描き、窓部分は実線の太線で描く。

## 7. 階段、衛生設備などを実線の中線で描く（図は次頁）

（1）屋内階段、屋外階段を実線の中線で描く。屋内階段の踏面は250mm、屋外階段の踏面は230mm、蹴上げ（2階、3階部分）はともに206mmである。屋内階段の外壁部分には梁が現れるので、それを隠すため壁を設け、また手すりを実線の中線で描く。

（2）コア部分の衛生設備、便所の間仕切壁（厚さ60mm）、湯沸室の厨房機器・食器棚、エレベーターのかごを実線の

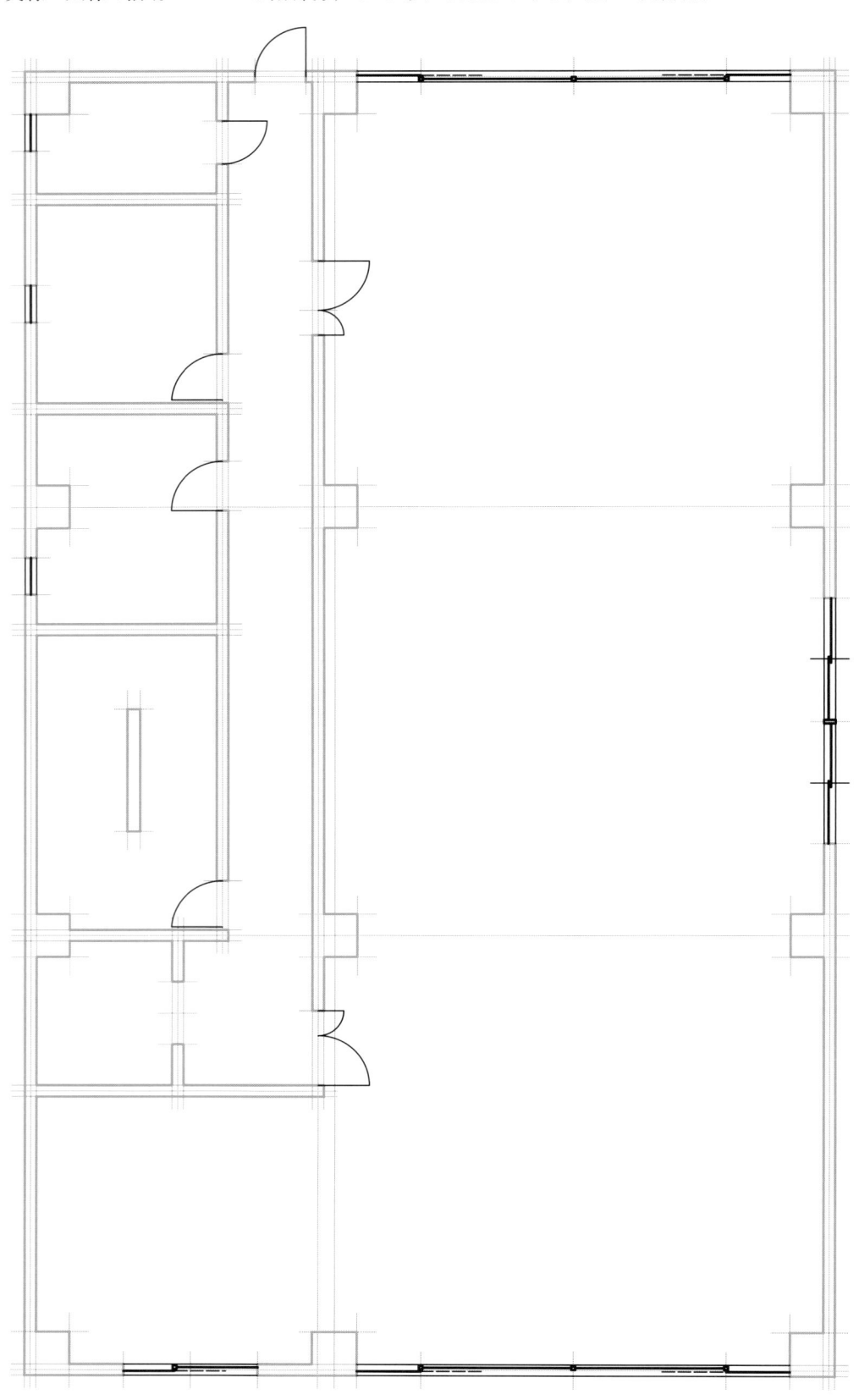

**6. 開口部などを実線で描く（1/100）**

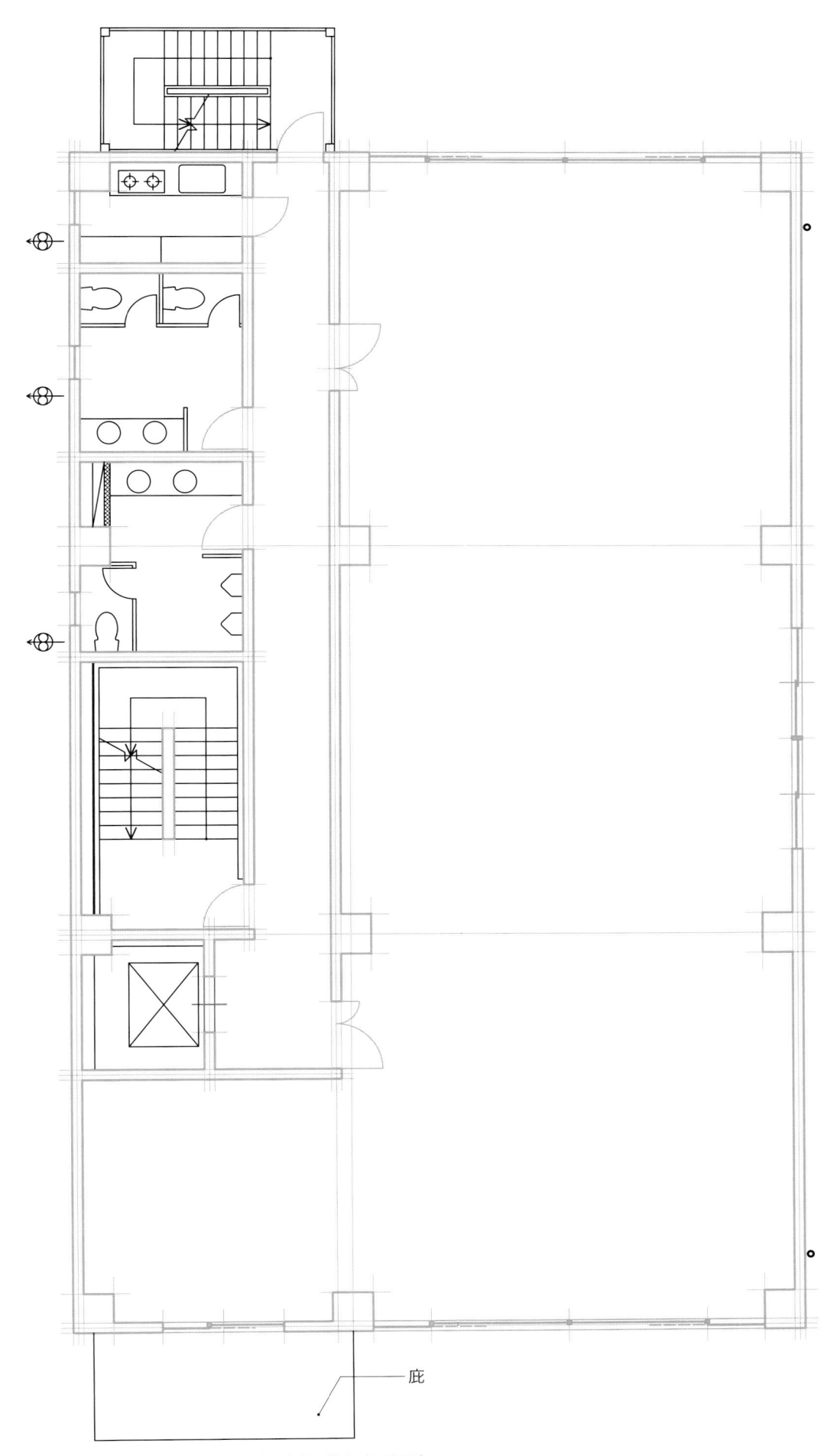

7. 階段、衛生設備などを実線の中線で描く（1/100）

中線で描く。またエレベーターの昇降路内にある梁（梁幅400mm）を実線の中線で描く。

（3）ポーチ上部の庇を実線の中線で描く。

（4）竪樋（径100mm）を円定規を使って実線の中線で描く。

（5）換気扇の表示をする。

## 8. 寸法線を実線の細線で描く

寸法線を実線の細線で描く。寸法線は建物の図よりいくらか離して描くようにする。

## 9. 名称、寸法、凡例などを記入する（完成図は130-131頁）

部屋の名称、寸法、基準線の番号（通り芯番号）、凡例、断面図の切断位置、図面名称、縮尺などを記入する。

なお3階の屋外階段のみ、2階平面図と異なり下図のようになる［図23］。

**図23　3階屋外階段の平面図（1/50）**

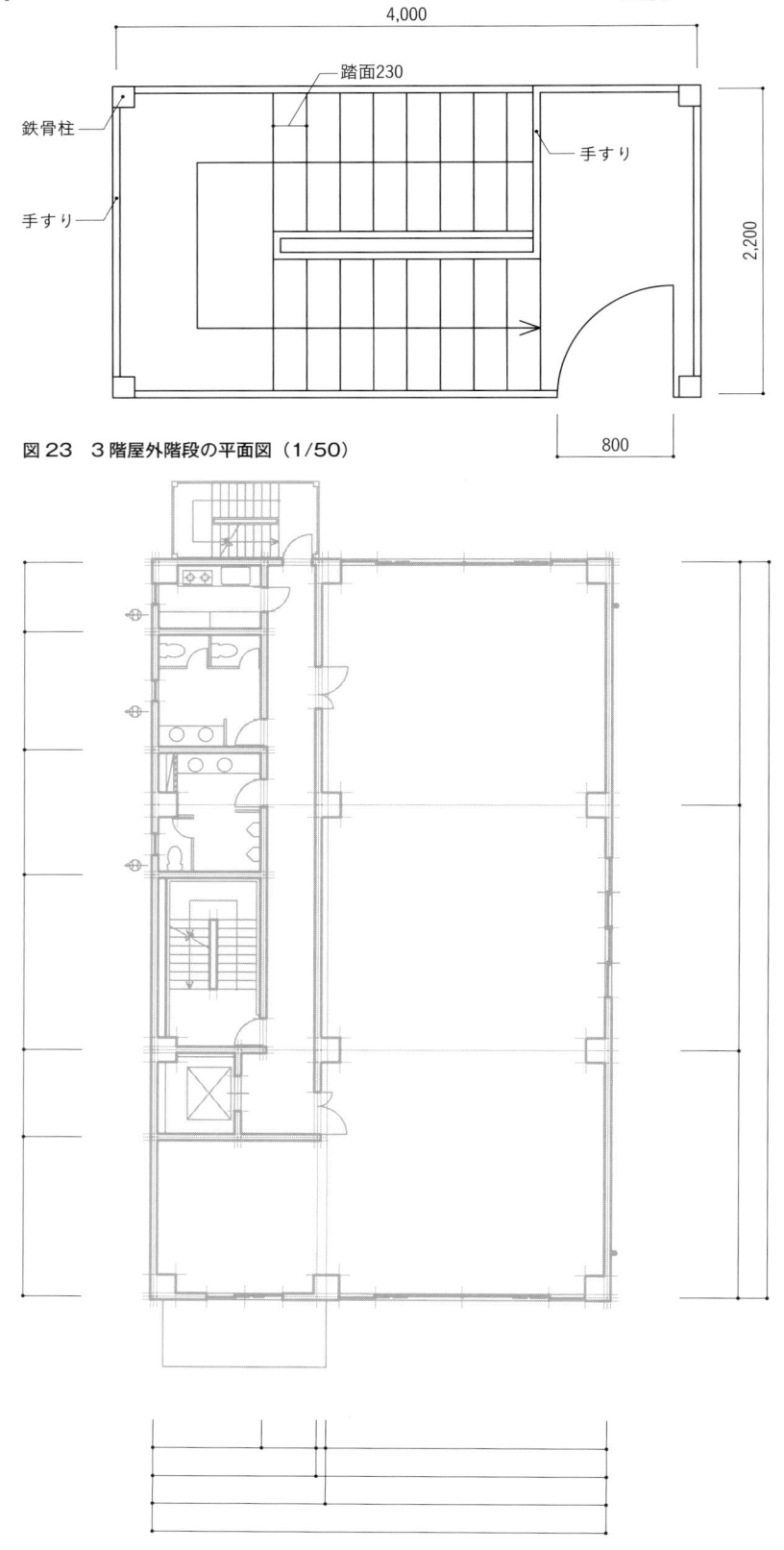

**8. 寸法線を実線の細線で描く（1/200）**

## 6-4 立面図の描き方

次に南立面図の作図プロセスを示す。

### 1. 壁の中心線、高さの基準線を仮線で描く

（1）地盤面（GL）を実線の太線で濃く描く。
（2）壁の中心線を仮線で描き、地盤面からの高さの基準線を仮線で描く。高さの基準線には、地盤面（GL）のほかに、1階床面（1FL）、2階床面（2FL）、3階床面（3FL）、屋根スラブ上端（RSL）、パラペット上端、ペントハウス屋根スラブ上端（PRSL）、ペントハウスパラペット上端がある。この建物のエレベーターは油圧式のため、屋上にエレベーター機械室をとる必要はない。
（3）隣地境界線を仮線で描く。

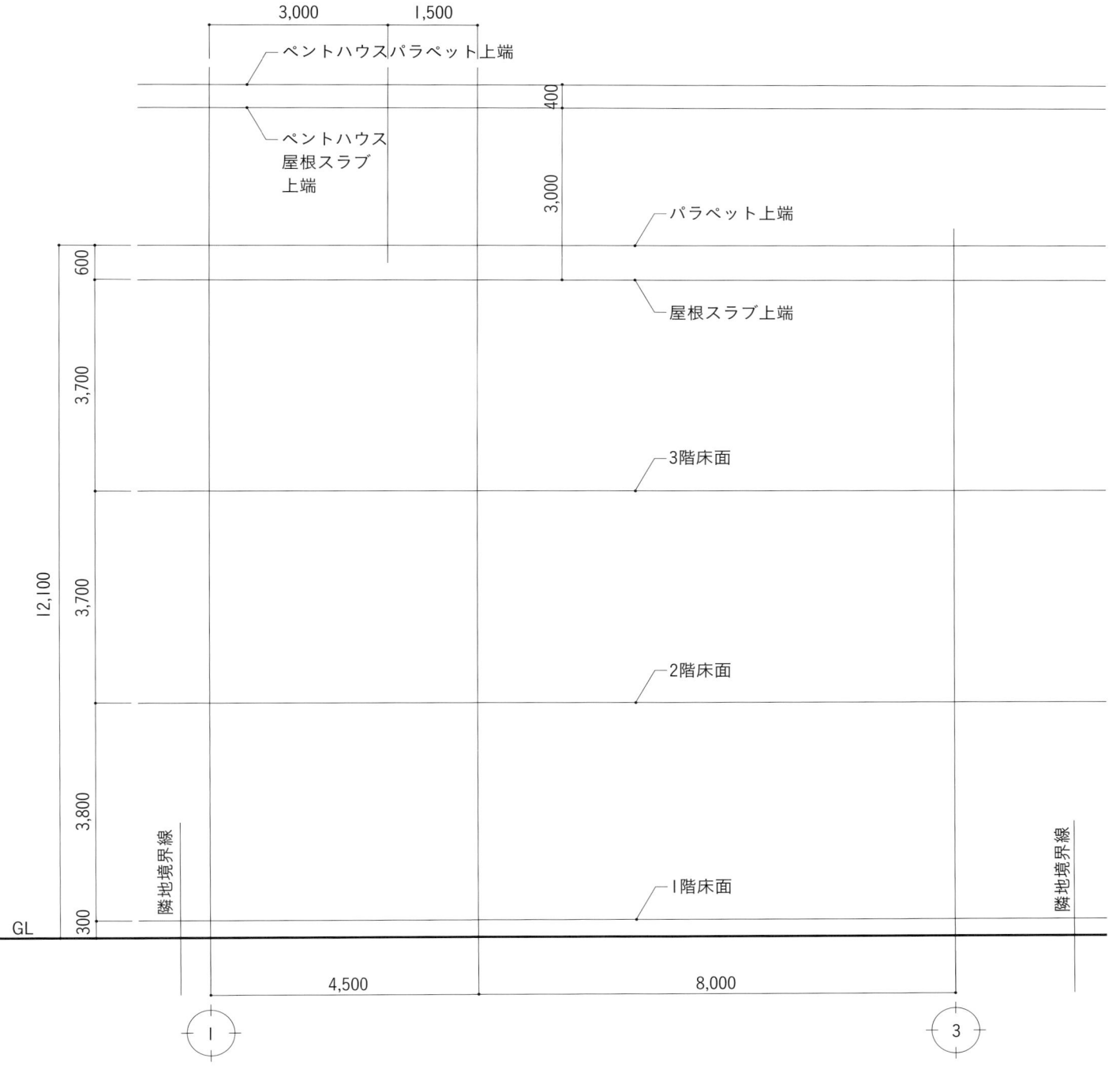

1. 壁の中心線、高さの基準線を仮線で描く（1/100）

## 2. 建物の外形を実線の中線で描く

(1) 外壁の中心線から屋外側に 90mm とり、建物の外形を実線の中線で描く。
(2) ペントハウス部分の外形を実線の中線で描く。

## 3. 開口部を実線の中線で描く（図は次頁）

(1) 平面図と同じ位置に開口部を実線の中線で描く。開口部の高さ寸法は 176 頁「3. 開口部を仮線で描く」を参照のこと。
(2) 各階のはめごろし付き片引き窓などの連窓（横に 2 つ以上連続した窓）の表現は方立で連続させ［図 24］、段窓（縦に 2 つ以上連続した窓）にする場合は無目で連続させていく。

## 4. 細部を仕上げて完成する（完成図は 132 頁）

(1) 屋上の手すりを実線の中線で描く。
(2) 玄関とペントハウスの庇を実線の中線で描く。
(3) 竪樋と換気扇のフードを実線の中線で描く。
(4) アプローチ部分の段差を実線の中線で描く。
(5) 各階の床面の打継ぎ目地を実線の細線で描く。
(6) 基準線の番号を記入する。
(7) 隣地境界線を一点鎖線の細線で描く。
(8) 図面名称、縮尺を記入する。

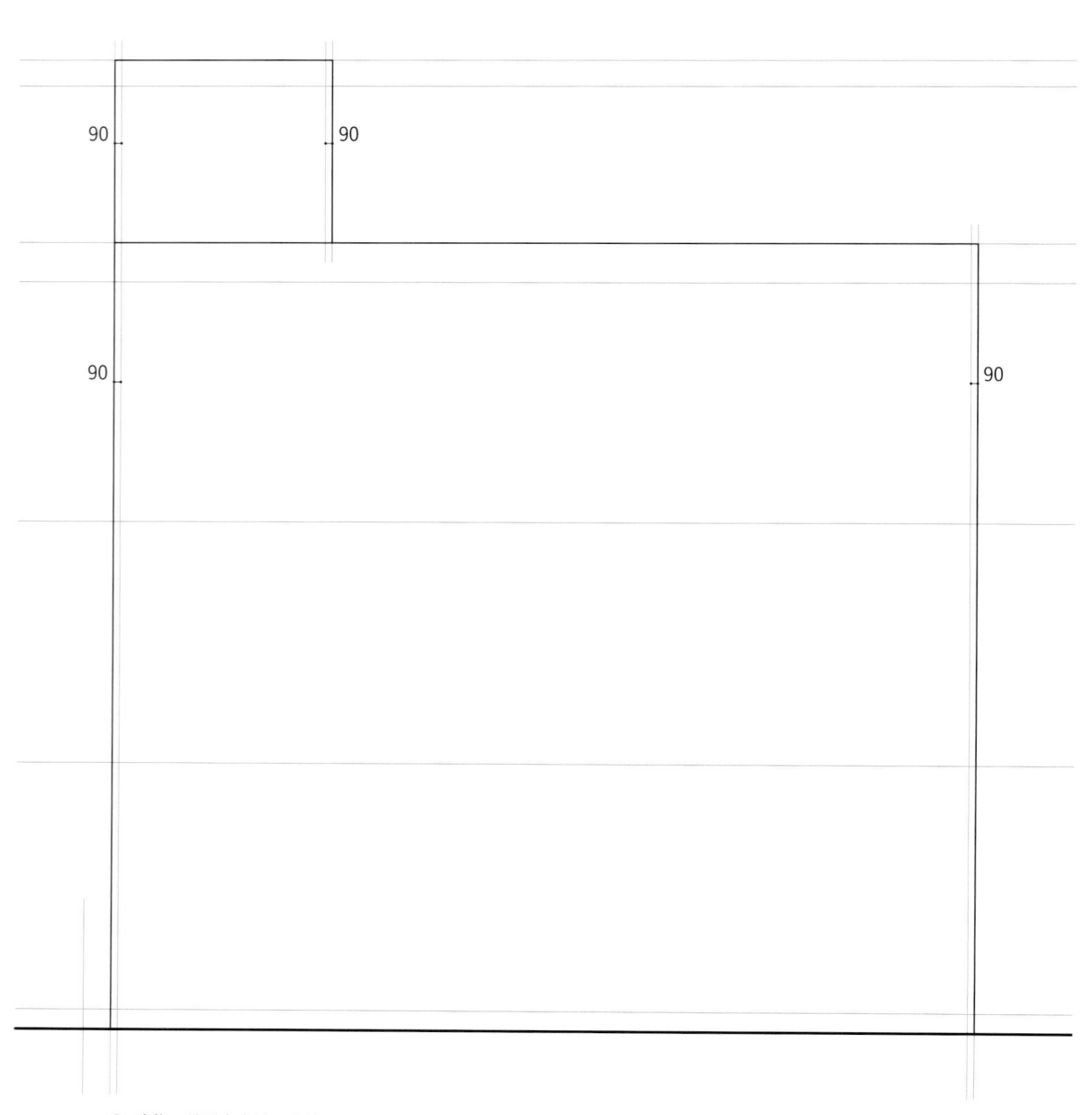

2. 建物の外形を実線の中線で描く（1/100）

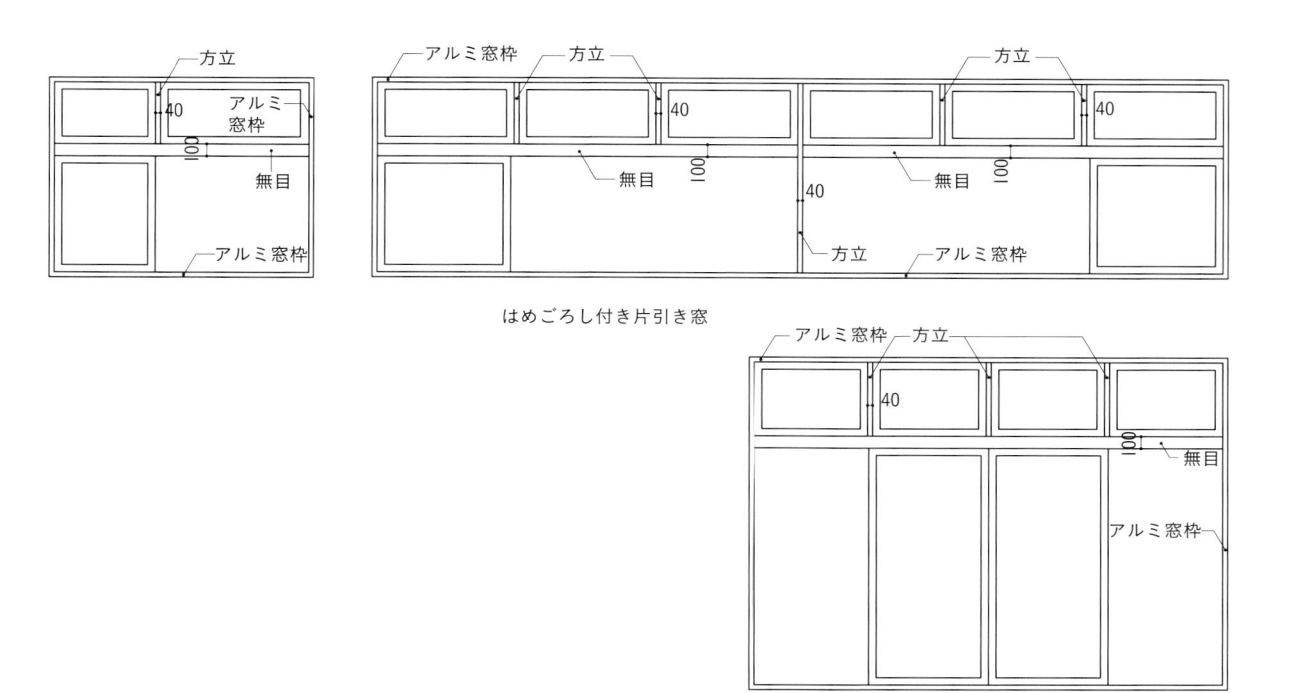

図24 はめごろし付き片引き窓と、はめごろし付き引分け戸 （1/60）

はめごろし付き片引き窓

はめごろし付き引分け戸

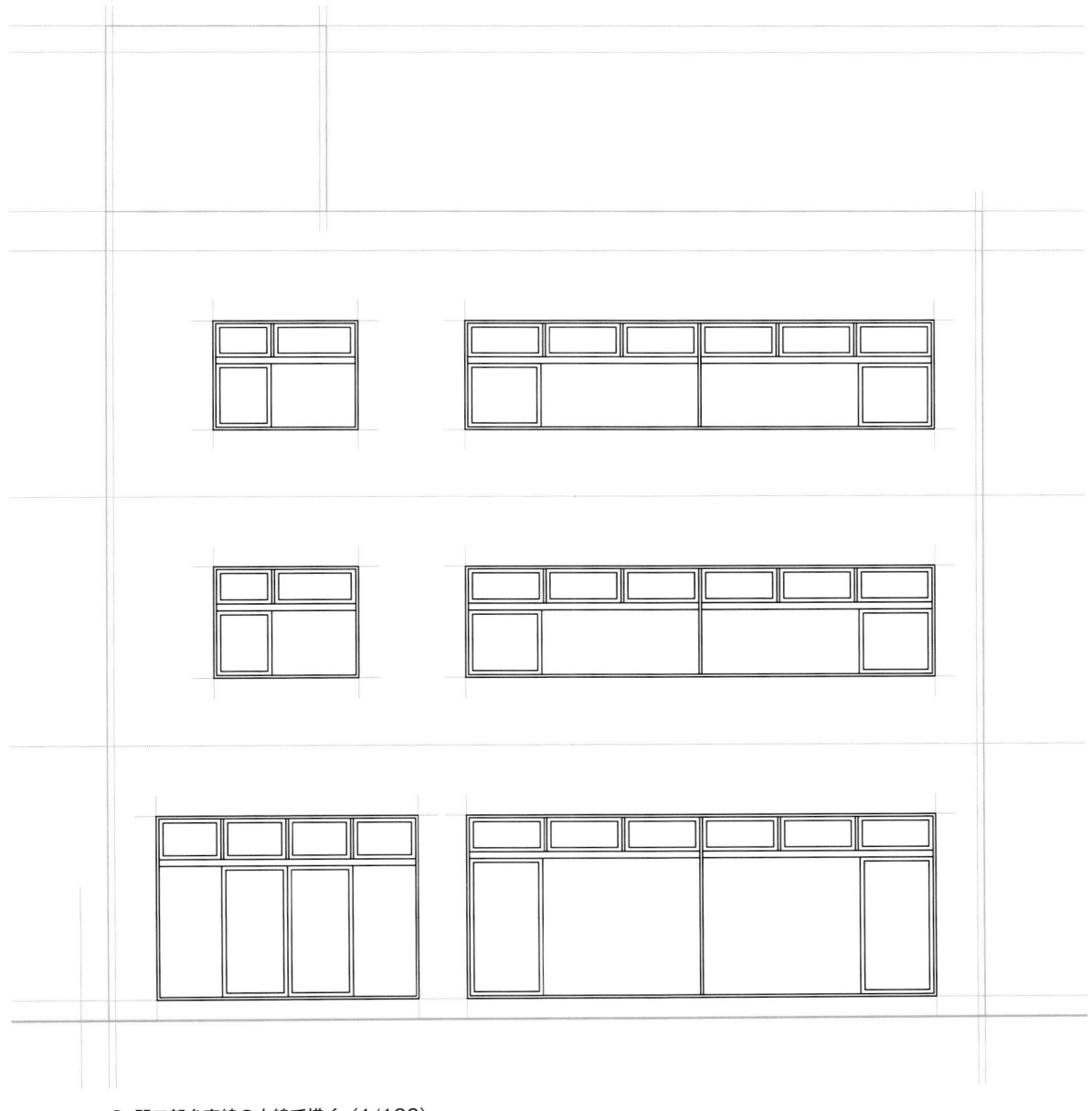

3. 開口部を実線の中線で描く（1/100）

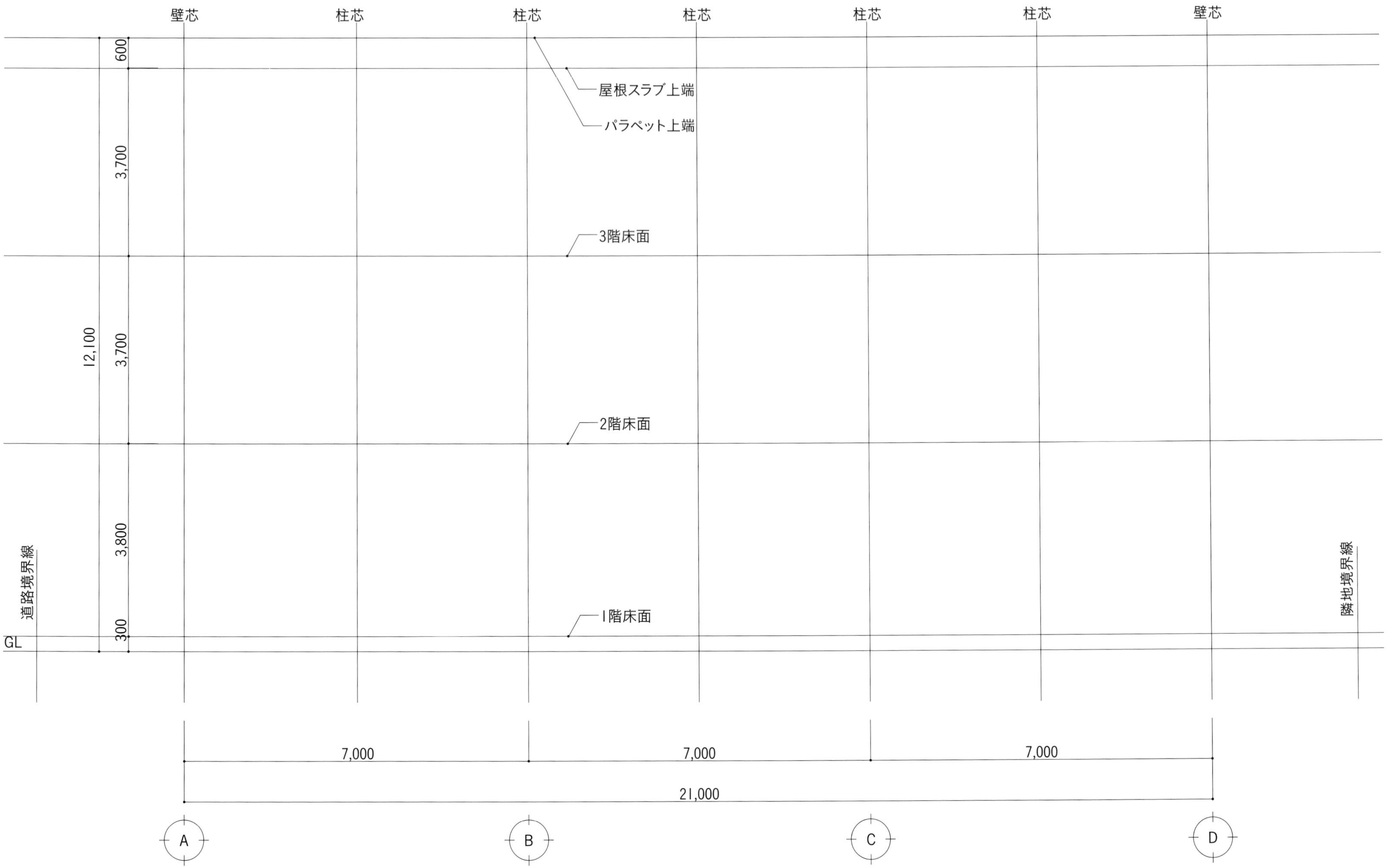

1. 外壁と柱の中心線、高さの基準線を仮線で描く（1/100）

## 6-5 断面図の描き方

### 1. 外壁と柱の中心線、高さの基準線を仮線で描く（図は前頁）

外壁と柱の中心線を仮線で描き、高さの基準線を仮線で描く。高さの基準線には、地盤面（GL）、1階床面（1FL）、2階床面（2FL）、3階床面（3FL）、屋根スラブ上端（RSL）、パラペット上端がある。また敷地境界線を仮線で描く。

### 2. 外壁、屋根スラブ、床スラブ、梁、天井を仮線で描く

（1）外壁の中心線より両側に90mmずつ振り分けて、壁厚180mmをとり、外壁の線を仮線で描く。

（2）屋根スラブ厚と床スラブ厚180mmをとり、また各階の梁と小梁の寸法（2階梁400×800mm、3階梁350×750mm、R階梁350×700mm、各階小梁300×500mm）をとり、仮線で描く。

（3）1階では床面より2,800mm、2階、

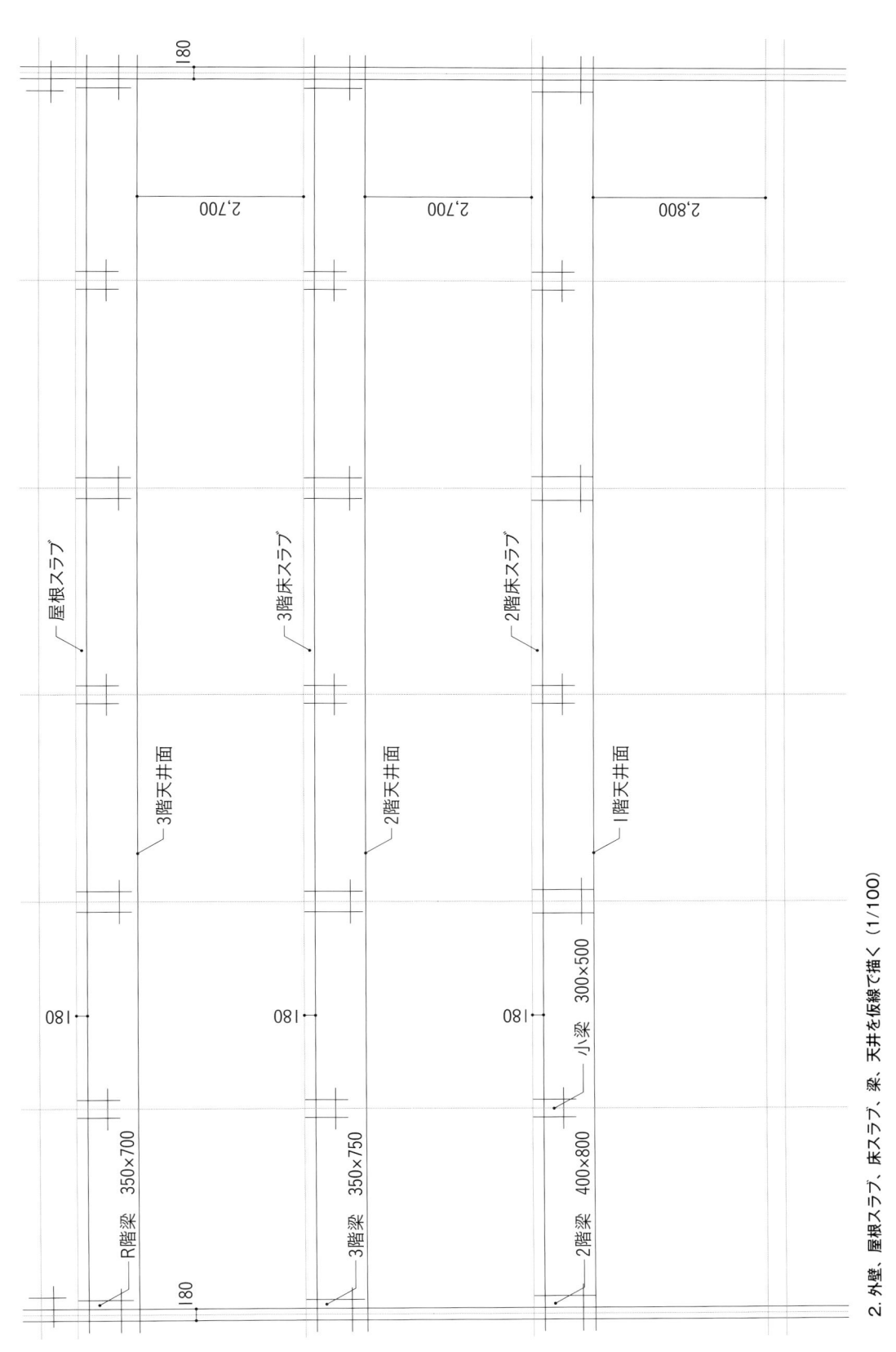

2. 外壁、屋根スラブ、床スラブ、梁、天井を仮線で描く（1/100）

3階では床面より 2,700mm をとり、天井の線を仮線で描く。

## 3. 開口部を仮線で描く

切断する位置の窓の高さ［図25］をとり、それらを仮線で描く。

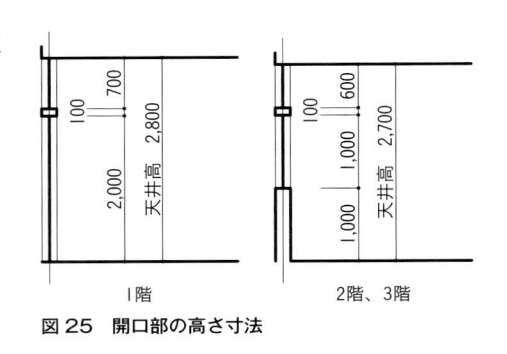

**図25　開口部の高さ寸法**

3. 開口部を仮線で描く（1/100）

## 4. 外壁、屋根スラブ、床スラブ、梁などの躯体を濃い実線の太線で描く

（1）断面線の外壁、屋根スラブ、床スラブ、天井を筆圧を強くして、濃い実線の太線で描く。

（2）天井を実線の中線で描く。天井を描くときは、カーテンボックスも忘れずに描く。また天井と梁下端とのクリアランスをとり、ここにダクト、配管などを通すことができるようにする［図26］。

（3）地中梁を描く場合は、地盤面下の柱と基礎フーチングを破線の中線で描く（140-141頁参照）。

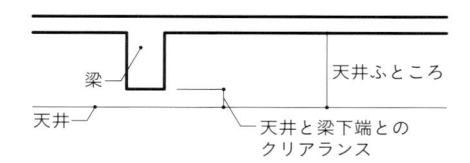

**図26** 天井ふところ、天井と梁下端とのクリアランス

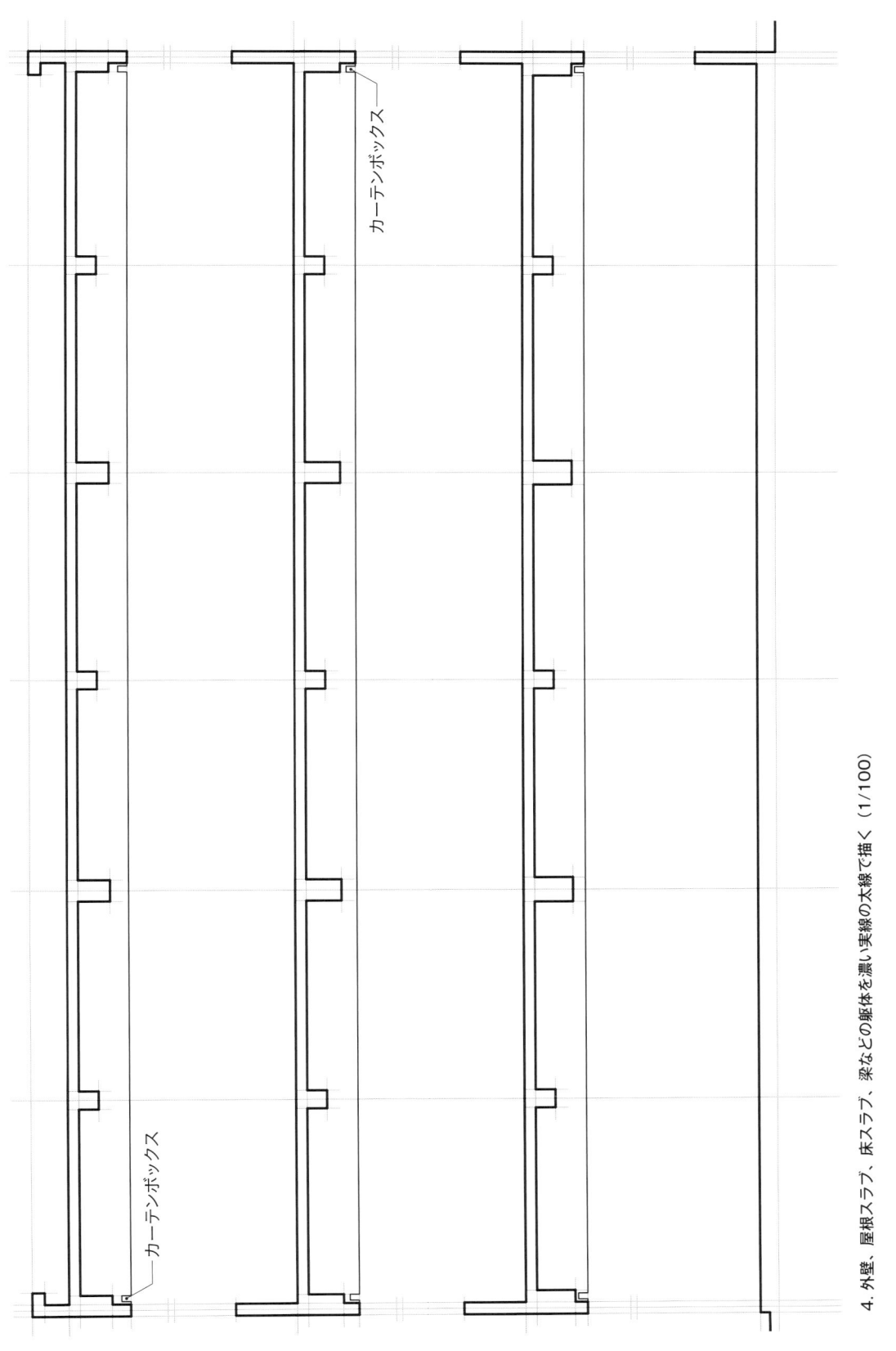

4. 外壁、屋根スラブ、床スラブ、梁などの躯体を濃い実線の太線で描く（1/100）

## 5. 開口部を実線で描く

開口部の描き方は平面図と同様に、開口部や無目の部分は実線の太線で、見えがかり部分は実線の中線で描く［図27］。

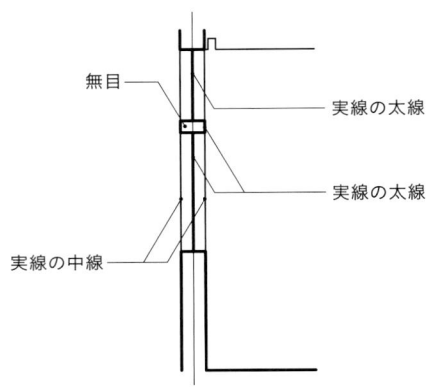

**図27　開口部の断面の表示**

5. 開口部を実線で描く（1/100）

## 6. 細部と寸法線を描く

(1) 屋上の手すり（高さ1,100mm）を実線の中線で描く。
(2) 寸法線を実線の細線で描く。
(3) 敷地境界線を一点鎖線の細線で描く。

## 7. 名称、寸法などを記入する（完成図は136-137頁）

(1) 寸法、基準線の番号（通り芯番号）を記入する。
(2) 部屋名、図面名称、縮尺を記入する。

断面図にはこれ以外にも、床スラブや梁などの躯体を描かずに床と天井などの仕上線のみを描く簡略化したものがある（138-139頁）。この場合、天井は実線の太線で描く。

そのほかにも、見えがかり（室内、屋外階段、ペントハウス）と地中梁、基礎フーチングなどの地中部分を描くものがある（140-141頁）。この場合、見えがかりは実線の中線で描き、地中梁（400×1,500mm）は切断面となるので実線の太線で描き、地盤面下の柱（柱幅700mm）や基礎フーチング（フーチング幅2,000mm）の見えがかりは破線の中線で描く（基礎フーチングは柱の位置にあり、見えがかりの線となるため破線の太線では描かない）。なお、地中梁の上端は1階床面より195mm下がった位置である（142-143頁の矩計図参照）。

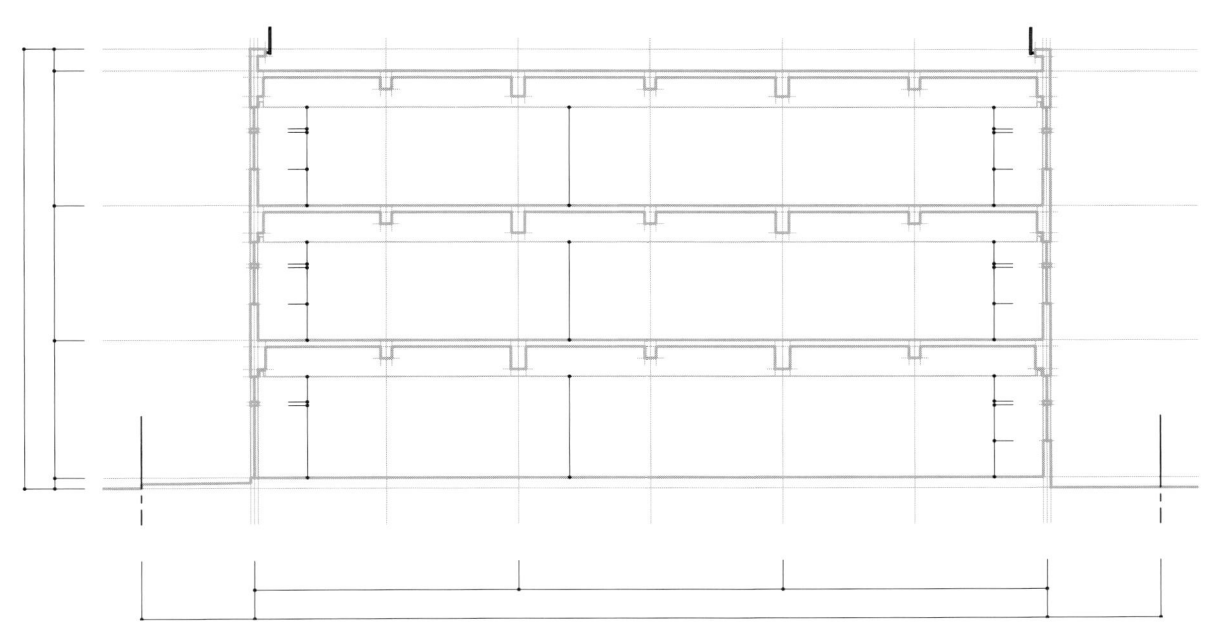

6. 細部と寸法線を描く（1/200）

## 6-6 矩計図の描き方

### 1. 壁の中心線（壁芯）、高さの基準線などを描く

（1）壁の中心線（壁芯）を一点鎖線の細線で、地盤面（GL）を仮線で描く。この2本の線は、矩計図を描く場合の基準となる大切な線である。

（2）高さの基準線（1階床面、2階床面、3階床面、屋根スラブ上端（RSL）、パラペット上端）を仮線で描く。屋根の高さの基準線は、屋根スラブ上端（水上）で押さえる。

（3）1階床面、2階床面、3階床面より天井高、窓の高さをとり、仮線で描く。

（4）壁の中心線より室内側に3m程度離して、破断線を実線の細線で描く。

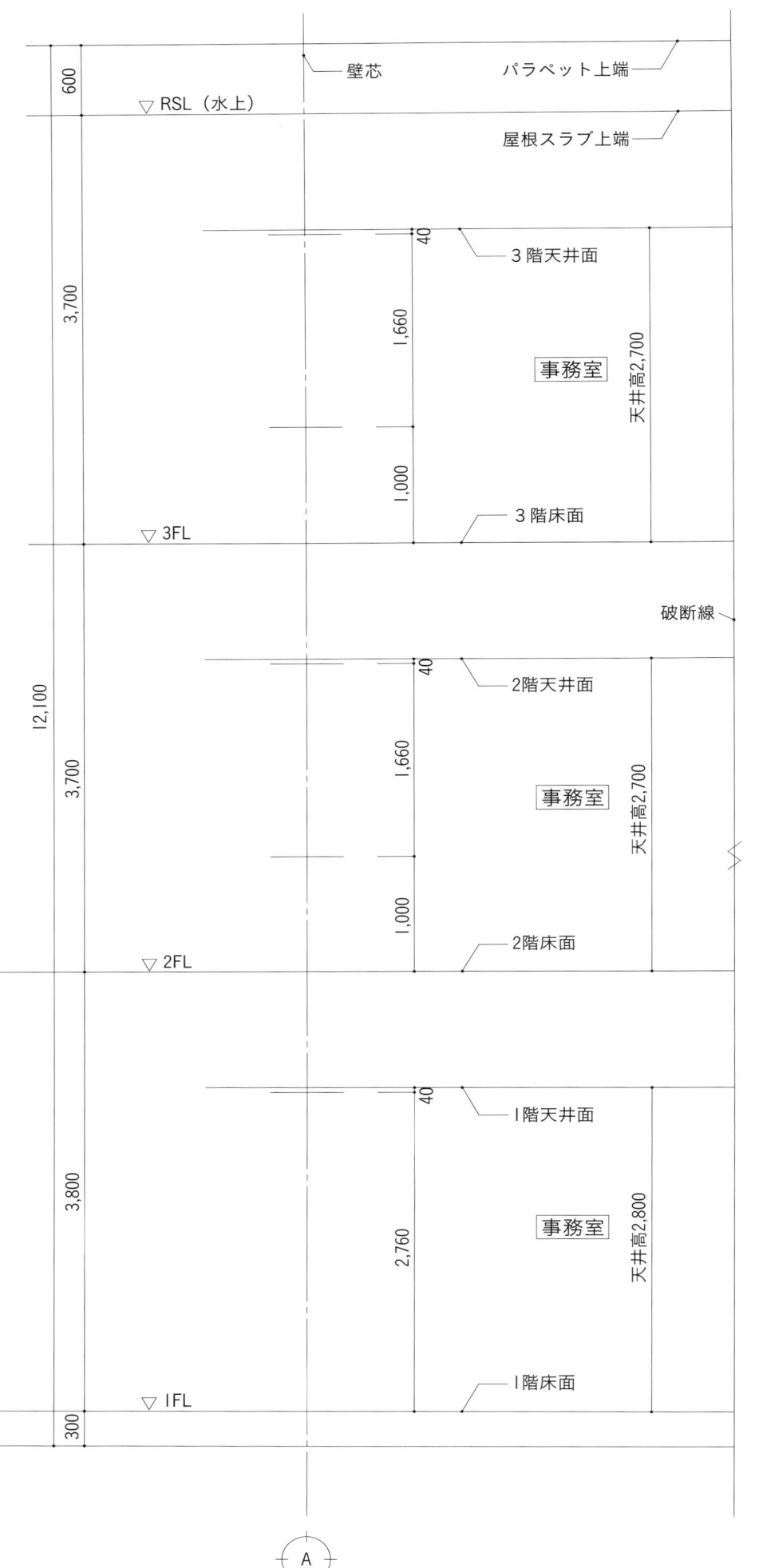

1. 壁の中心線（壁芯）、高さの基準線などを描く（1/50）

## 2. 躯体を仮線で描く

（1） 壁の躯体は壁芯より屋外側に100mm（90mmの躯体にコンクリート増打ち10mmを加えた寸法）、屋内側に90mmをとり、仮線で描く。また室内の仕上厚55mmをとり、仮線で描く。

（2） 床スラブは各床面より下に15mmとったところを床スラブ上端とし、そこから床スラブの厚さ180mmをとる。また屋根スラブ上端［RSL（水上）］より下に55mmとったところより屋根スラブの厚さ180mmをとる。

（3） 2階梁の大きさ400×800mm、3階梁の大きさ350×750mm、R階梁の大きさ350×700mm、地中梁の大きさ400×1,500mmをとり、仮線で描く。R階の梁せい700mmの上端は水下（水上より125mm下がった位置）のところで押さえる。

（4） 水上より600mm上がったところをパラペット上端とする。

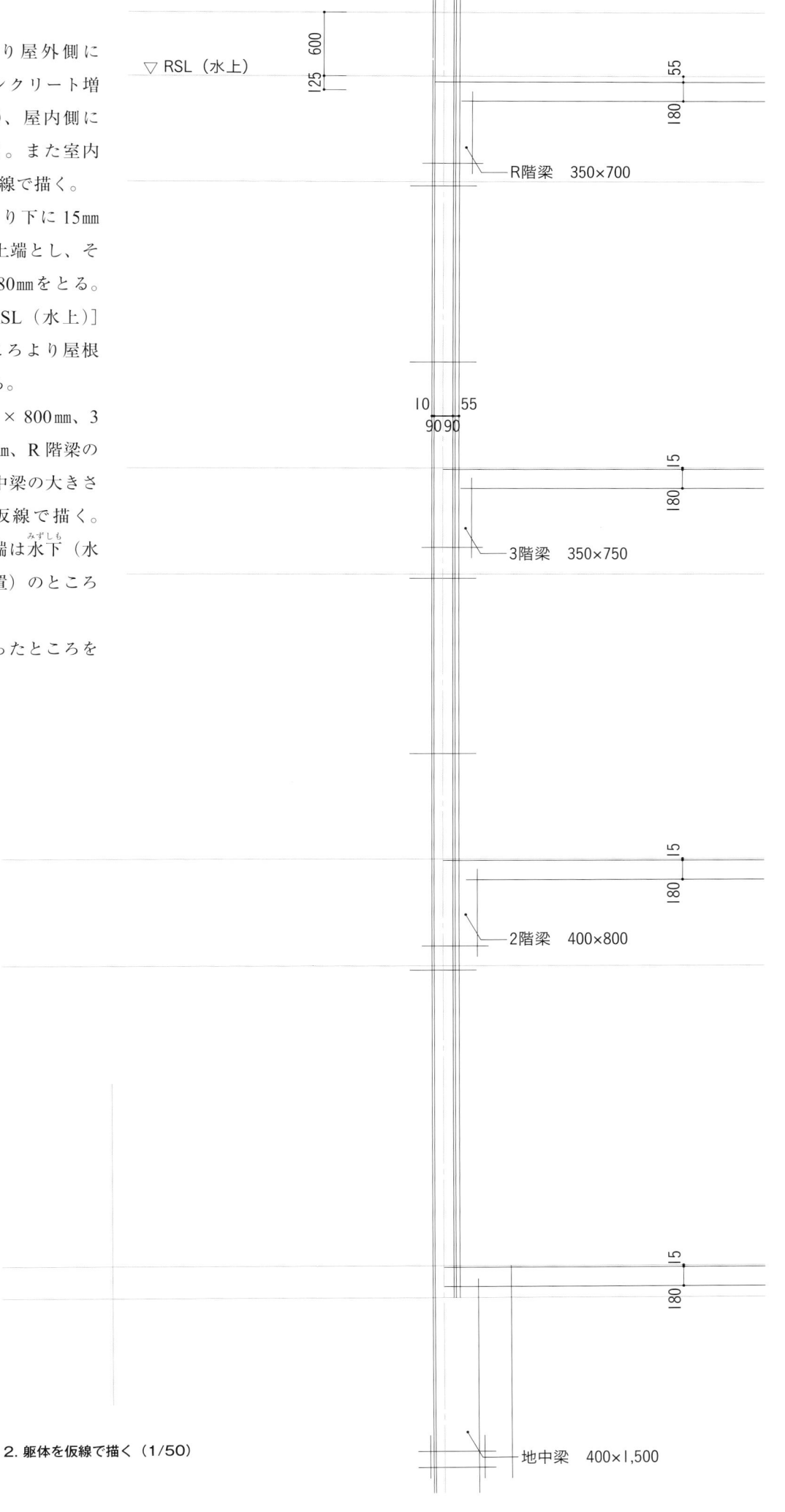

2. 躯体を仮線で描く（1/50）

## 3. 躯体を濃い実線の太線で仕上げる

（1）鉄筋コンクリートの躯体を筆圧を強くして濃い実線の太線で描く。

（2）コンクリート増打ち 10 mm を破線の中線で描く。

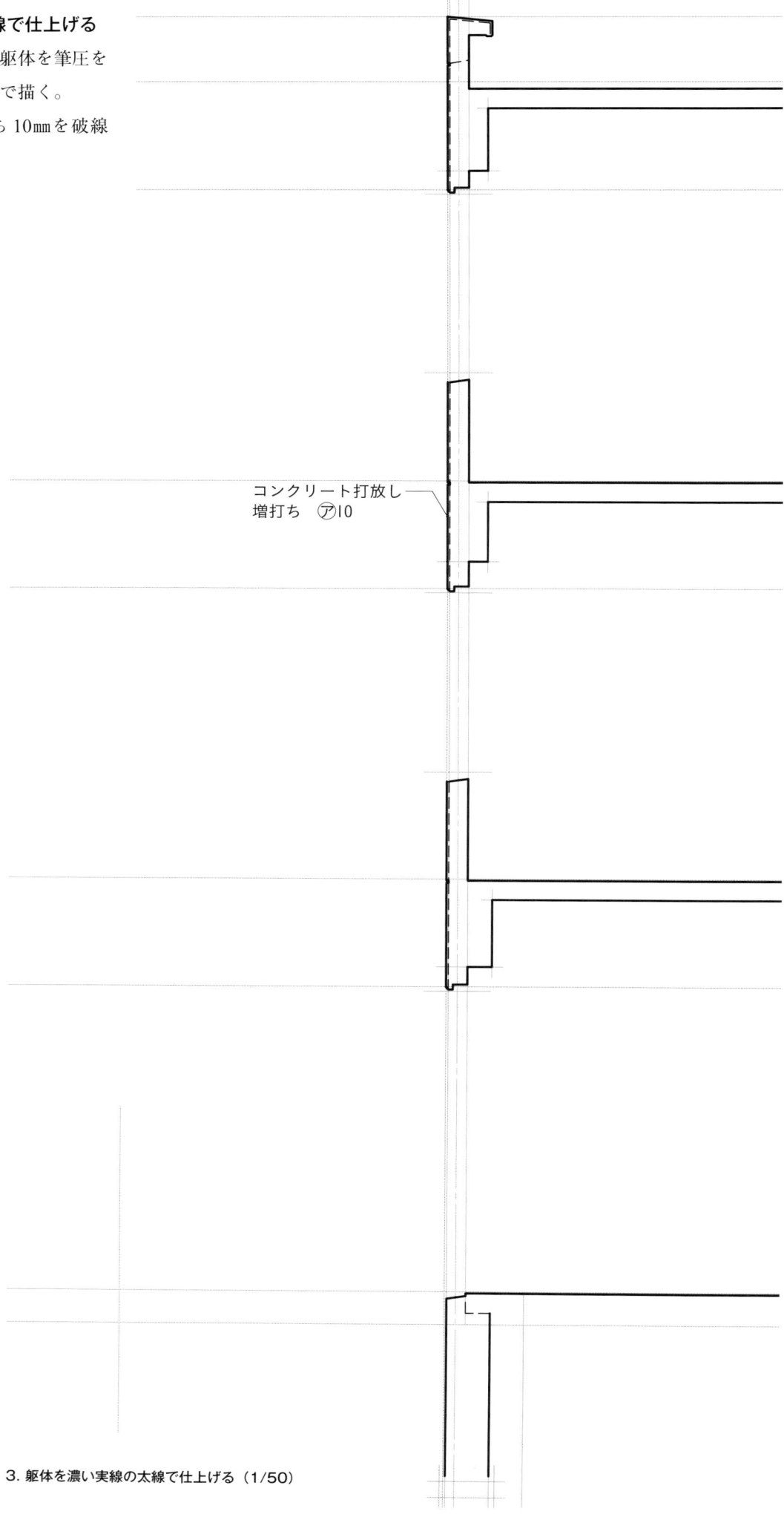

コンクリート打放し
増打ち　㋐10

3. 躯体を濃い実線の太線で仕上げる（1/50）

## 4. 開口部を仮線で描き、仕上げる

（1）各階の開口部を仮線で描く。各階のアルミサッシの詳細は、下のはめごろし付き片引き窓の断面詳細図［図29］を参考にするとよいが、縮尺1/40の矩計図（142-143頁）の開口部断面はこれより簡略化した表現とする。

（2）開口部の断面、ガラス部分は実線の太線で描き、開口部の見えがかり部分は実線の中線で描く。

（3）窓の額縁、ぜん板を実線の太線で描く。

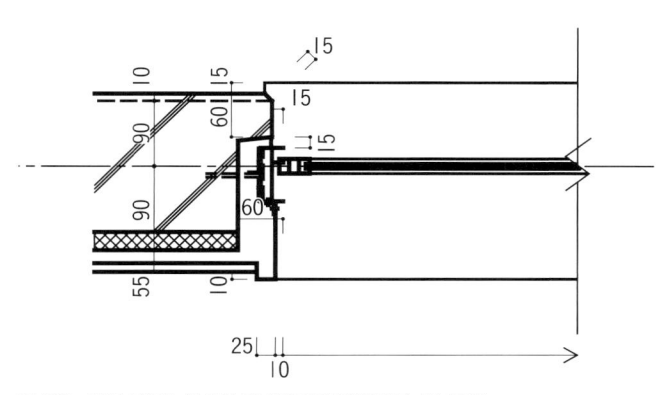

図28　はめごろし付き片引き窓の平面詳細図（1/10）

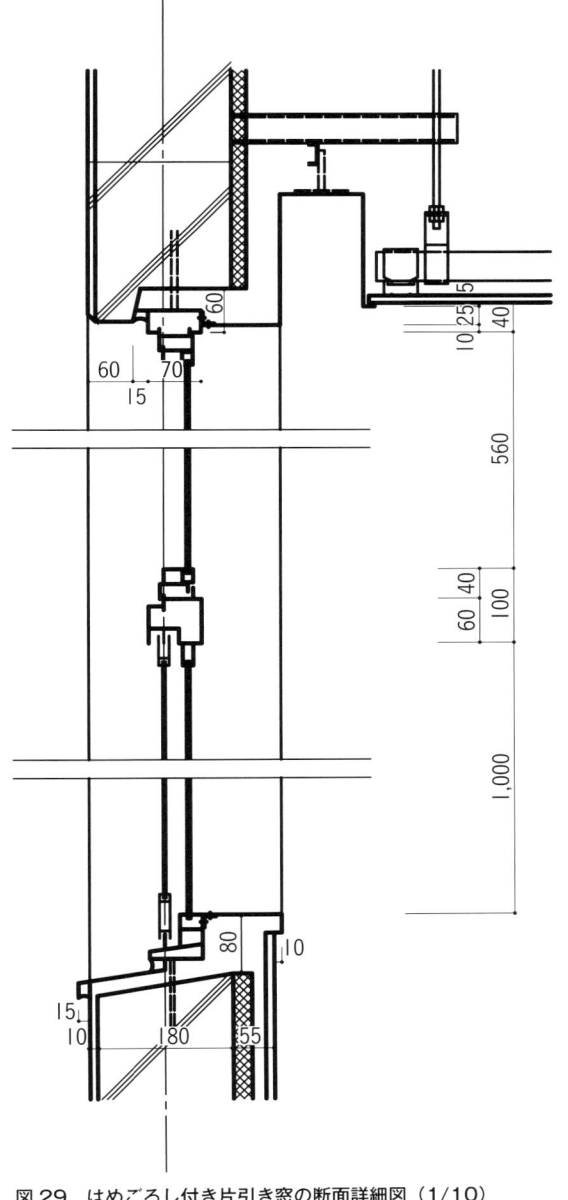

図29　はめごろし付き片引き窓の断面詳細図（1/10）

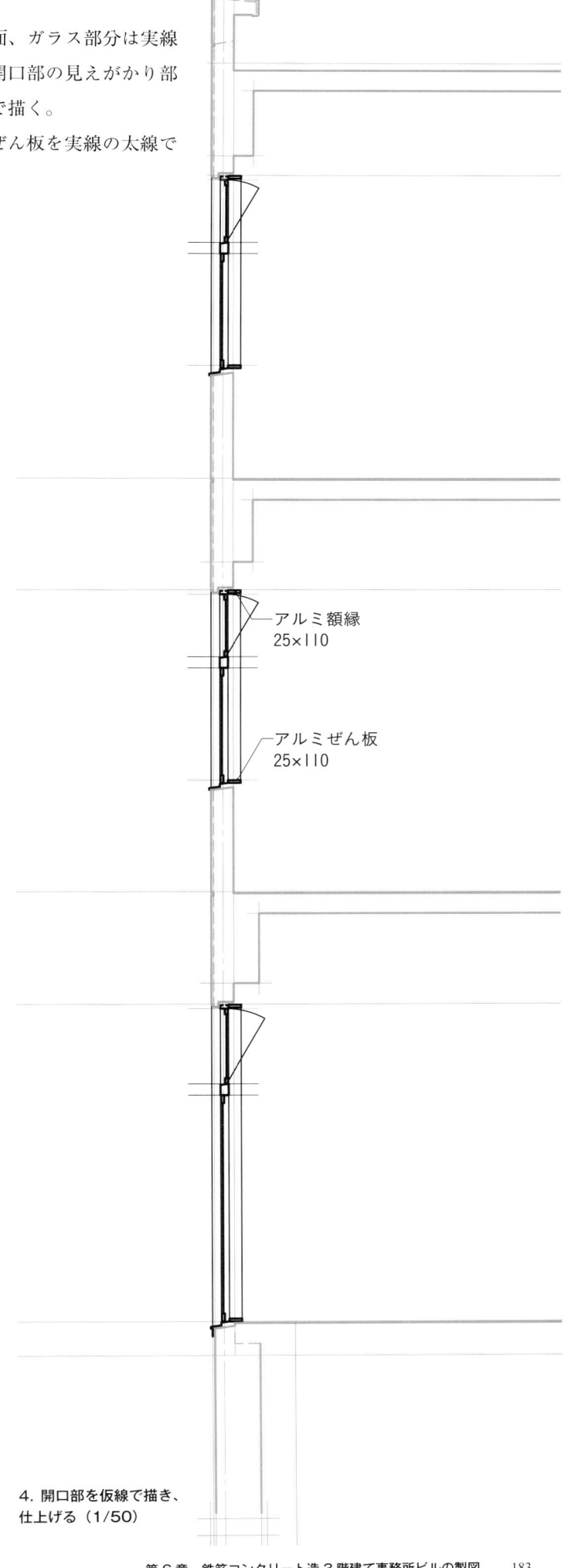

アルミ額縁 25×110

アルミぜん板 25×110

4. 開口部を仮線で描き、仕上げる（1/50）

## 5. 床、天井などを仮線で描き、仕上げる

（1）カーテンボックスを描く。
（2）床、天井を仮線で描き、実線の太線で仕上げる。
（3）幅木（H = 75）を実線の中線で描く。
（4）天井裏の吊りボルト、野縁受け、野縁、インサートを実線の中線で描く。
（5）外壁、屋根の断熱材を実線の中線で描く。

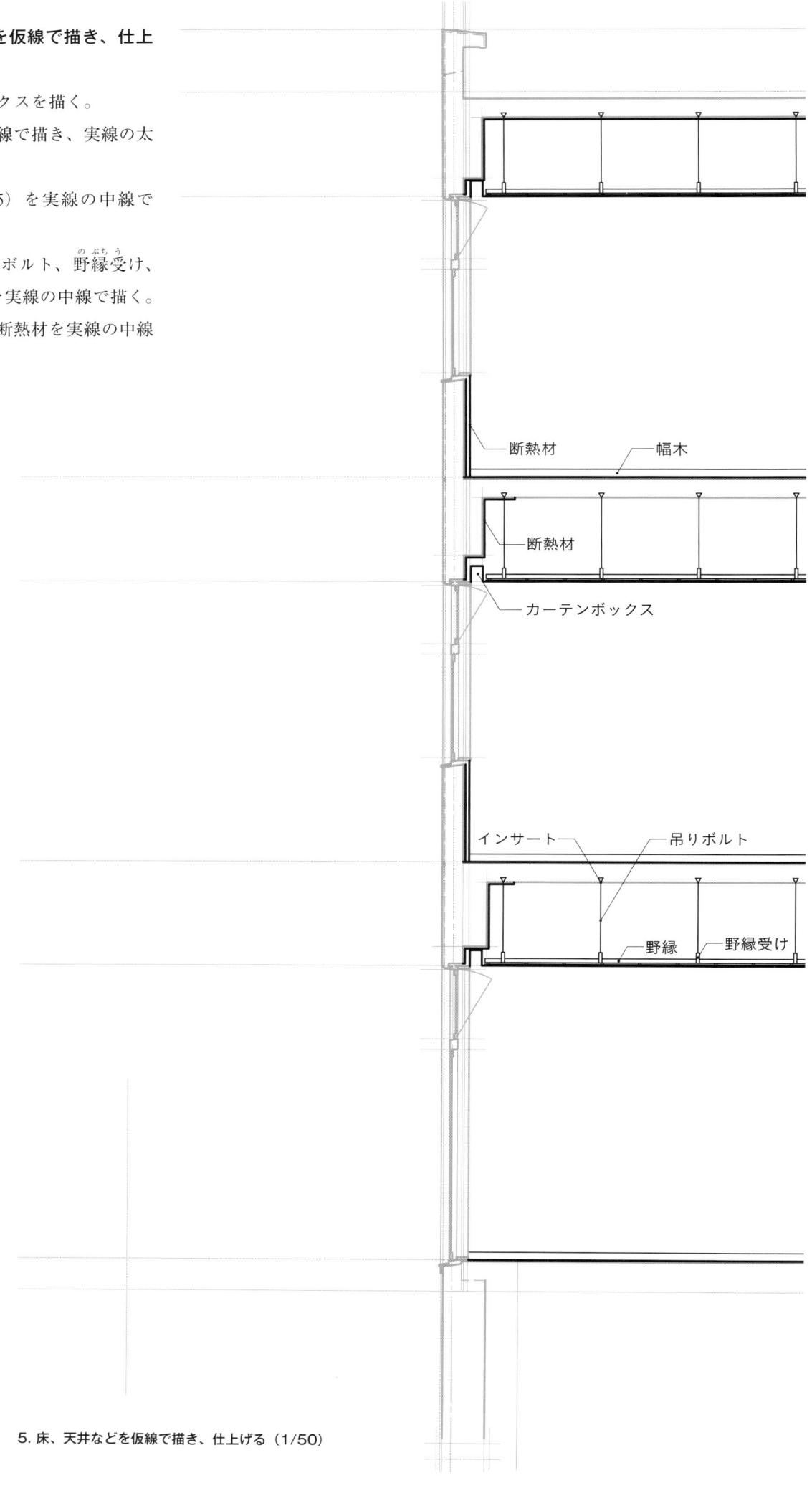

5. 床、天井などを仮線で描き、仕上げる（1/50）

## 6. 地盤面下の柱と基礎フーチング、土間コンクリート部分を仮線で描き、仕上げる

（1）地盤面下の柱と基礎フーチングを破線の中線で描く。壁芯と柱芯のずれの寸法260mmをとる。

（2）1階土間コンクリートの下にある断熱材、捨てコンクリート、割栗石の厚みをとり、実線の太線で描く。また地中梁の下にある捨てコンクリート、割栗石の厚みをとり、実線の太線で描く。

（3）テラスの土間コンクリートを1/100勾配を設けて実線の太線で描く。

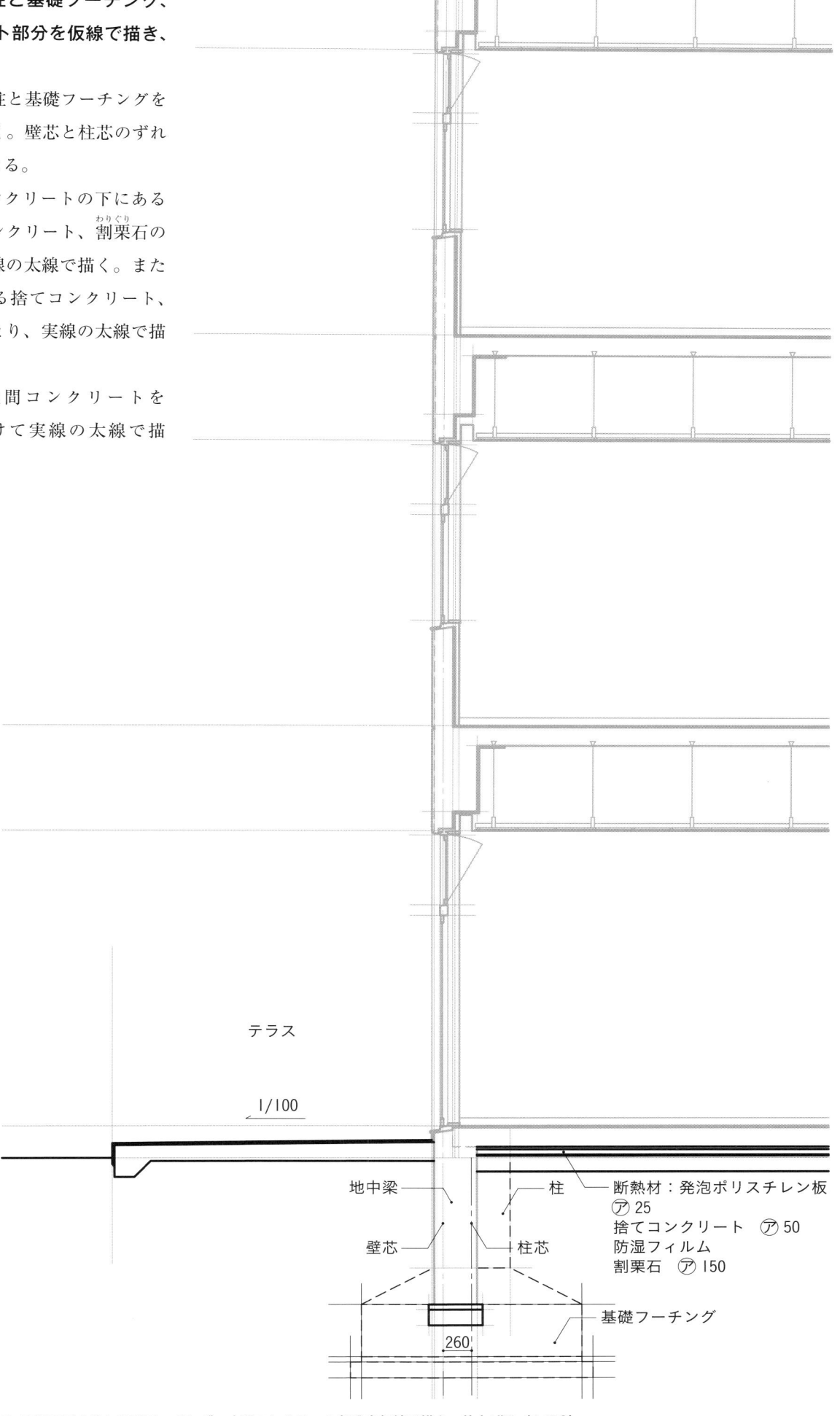

6. 地盤面下の柱と基礎フーチング、土間コンクリート部分を仮線で描き、仕上げる（1/50）

## 7. 屋根スラブの上にある下地、仕上げを仮線で描き、仕上げる

（1）屋根スラブの上にあるアスファルト防水、保護モルタル、押さえコンクリートの厚みをとり、実線の太線で描く。

（2）パラペット部分の押さえレンガを実線の太線で描き、手すりを実線の中線で描く。

## 8. 寸法線と寸法、引出し線と部材の名称、材料の表示記号、室名、図面名称、縮尺を記入する（完成図は142-143頁）

（1）寸法線と寸法補助線を実線の細線で描き、寸法を記入する。

（2）引出し線を実線の細線で描き、部材の名称を記入する。

（3）構造、材料の表示記号を実線の細線で記入する。

（4）通り芯番号を記入する。

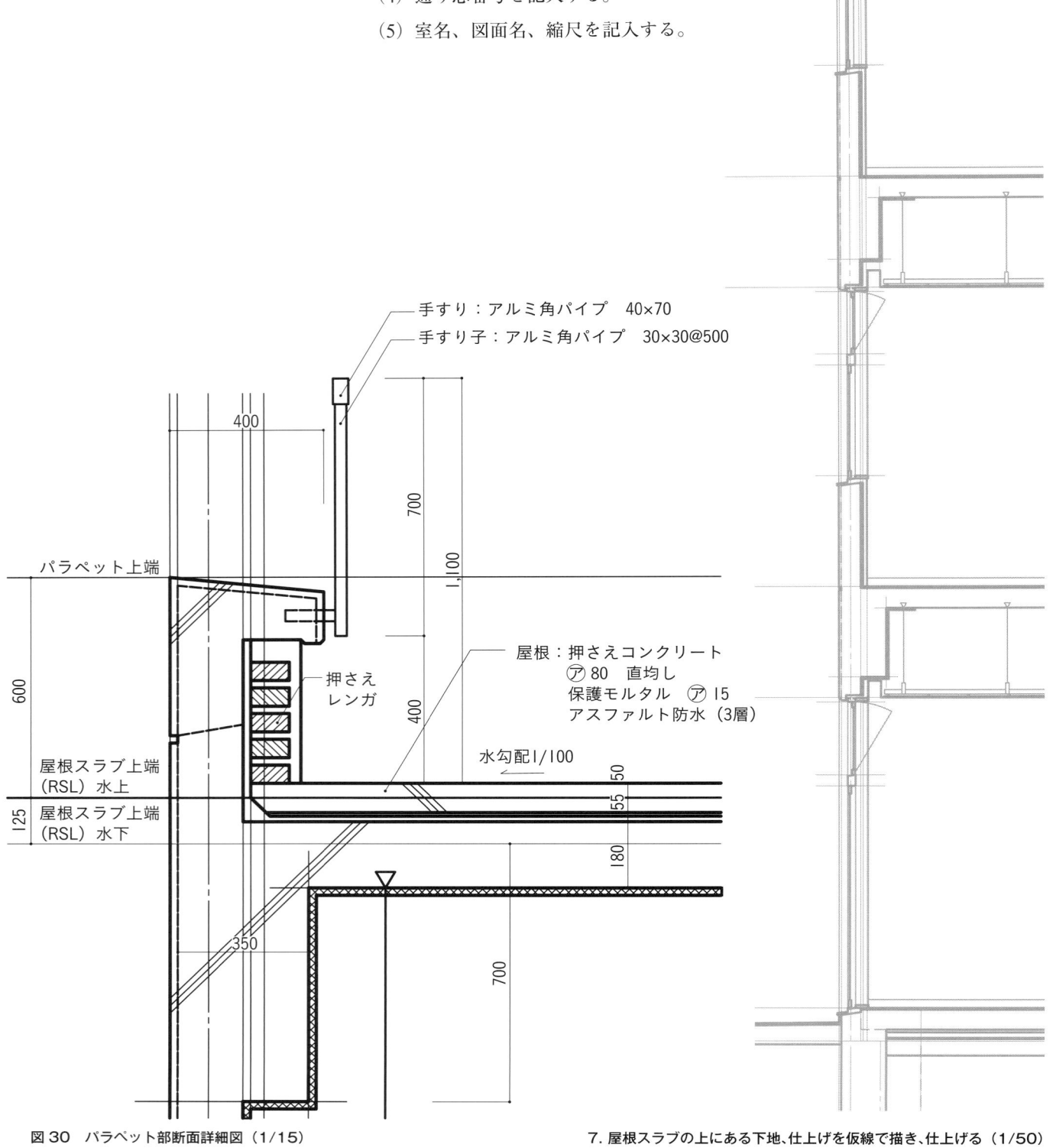

（5）室名、図面名、縮尺を記入する。

図30　パラペット部断面詳細図（1/15）

7. 屋根スラブの上にある下地、仕上げを仮線で描き、仕上げる（1/50）

# 第7章

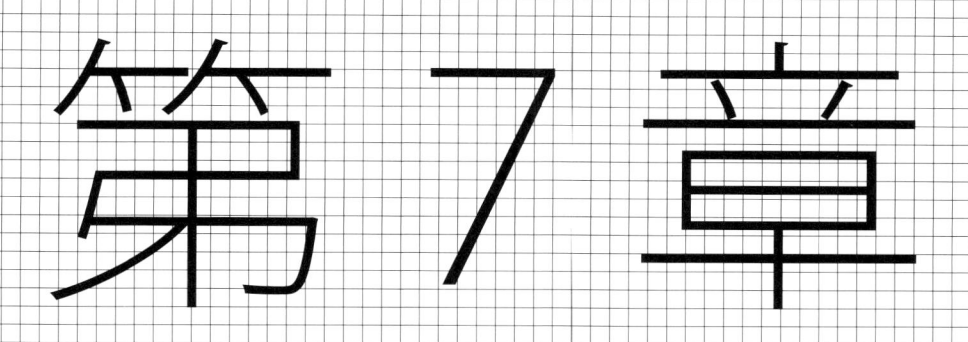

## 鉄骨造2階建てコミュニティセンターの製図

## 鉄骨造2階建てコミュニティセンターの完成図面

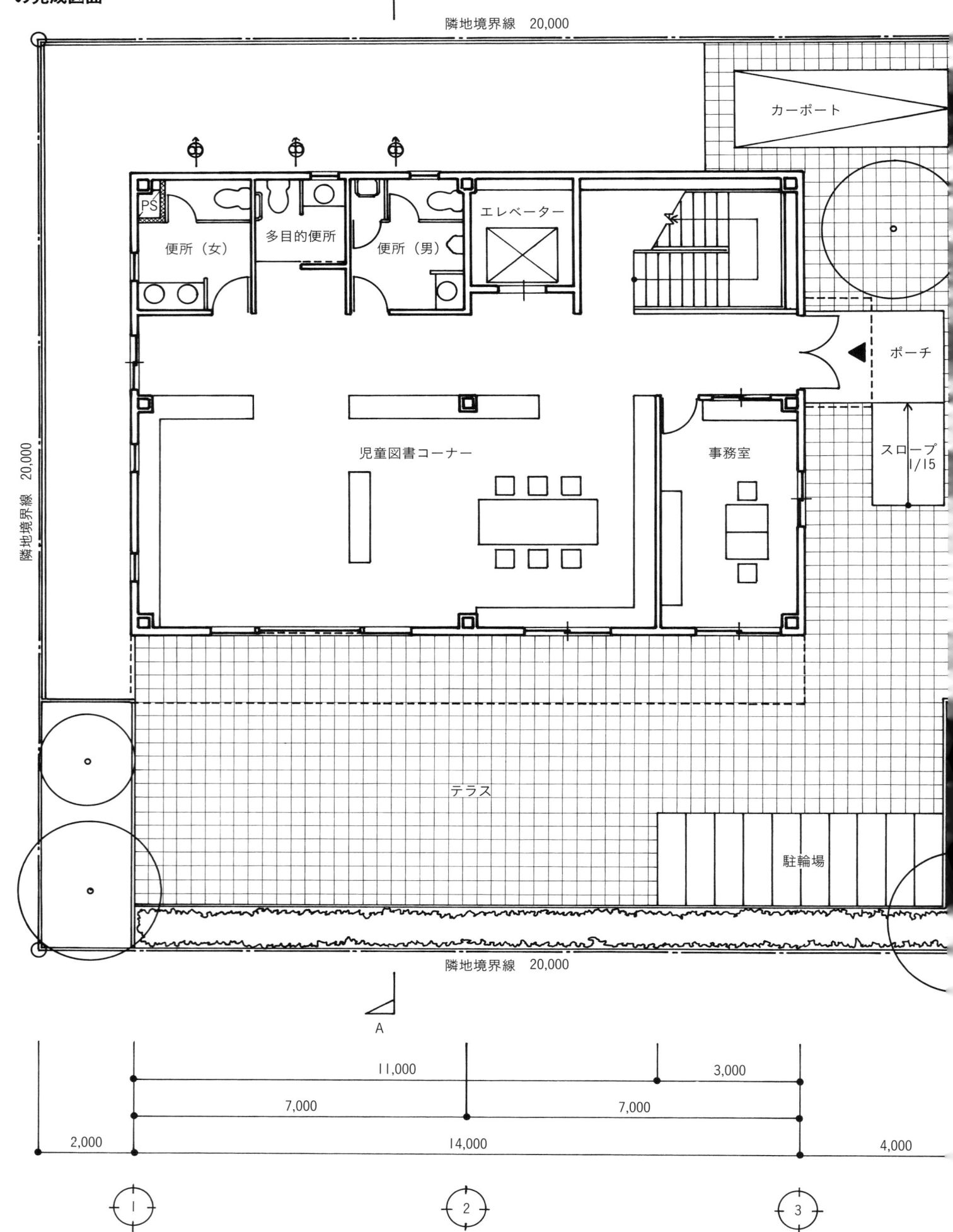

配置図・1階平面図　1/100

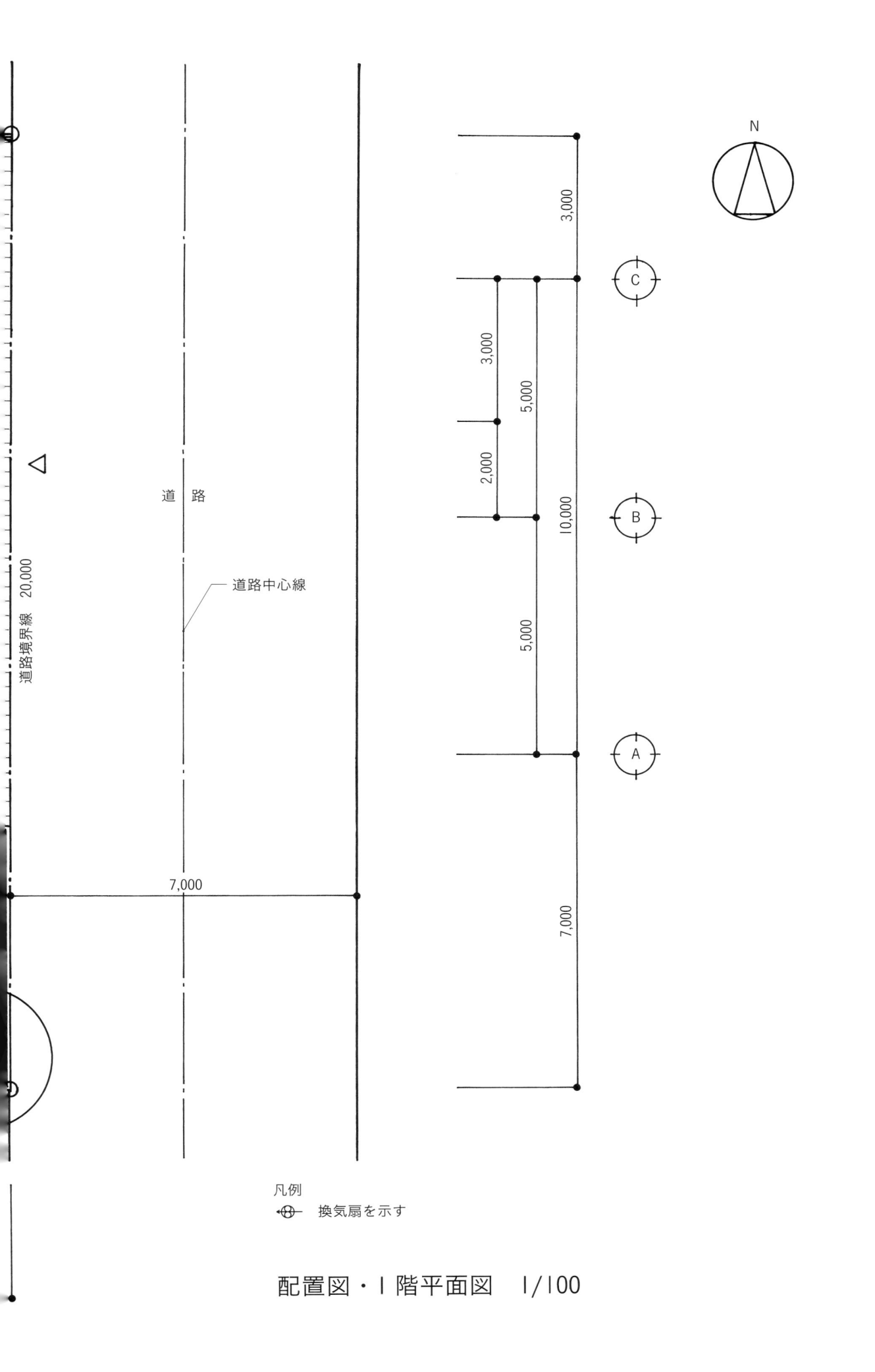

2階平面図　1/100

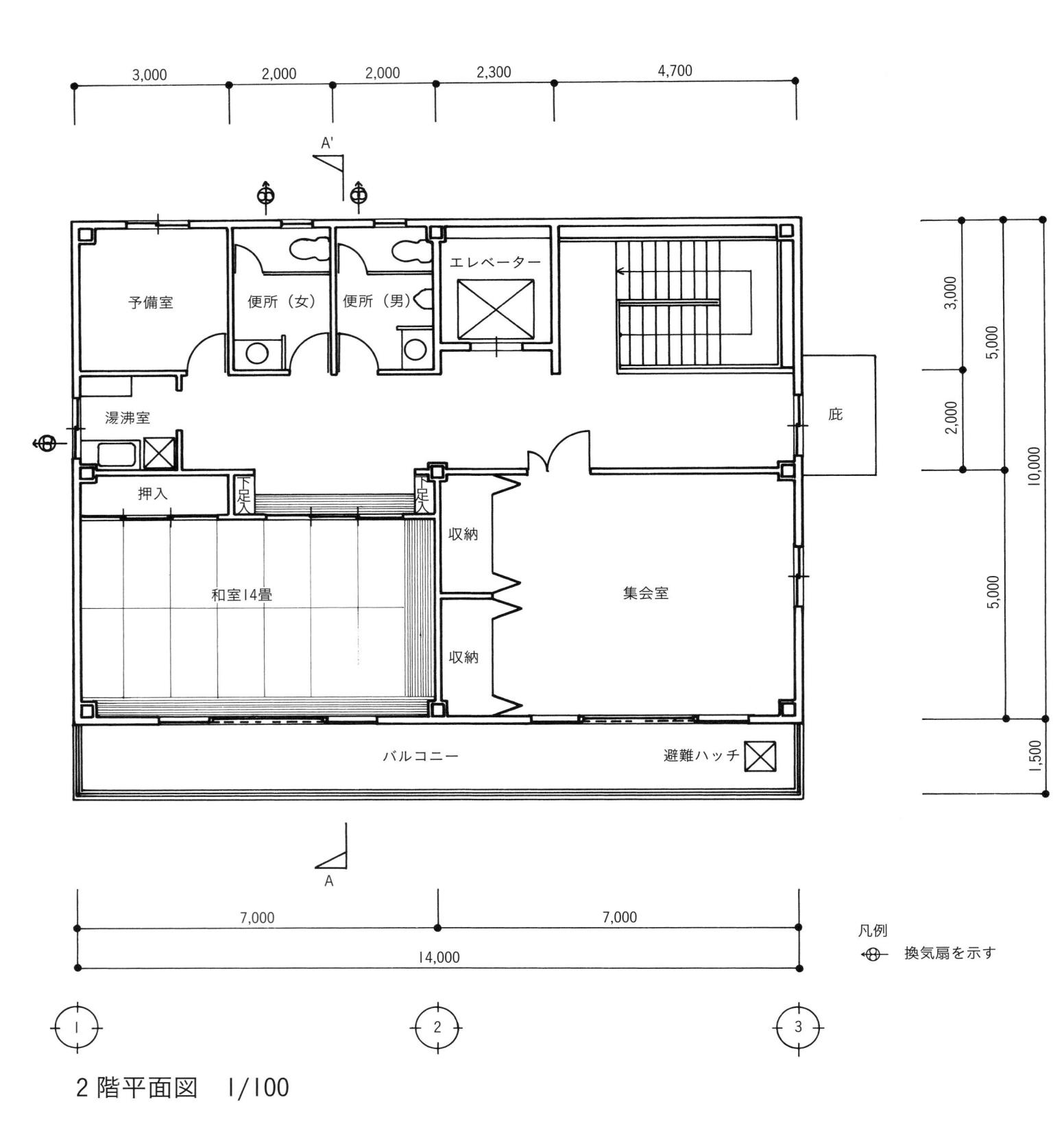

凡例
換気扇を示す

- 予備室
- 便所（女）
- 便所（男）
- エレベーター
- 湯沸室
- 押入
- 下足入
- 収納
- 和室14畳
- 集会室
- 庇
- バルコニー
- 避難ハッチ

南立面図 1/100

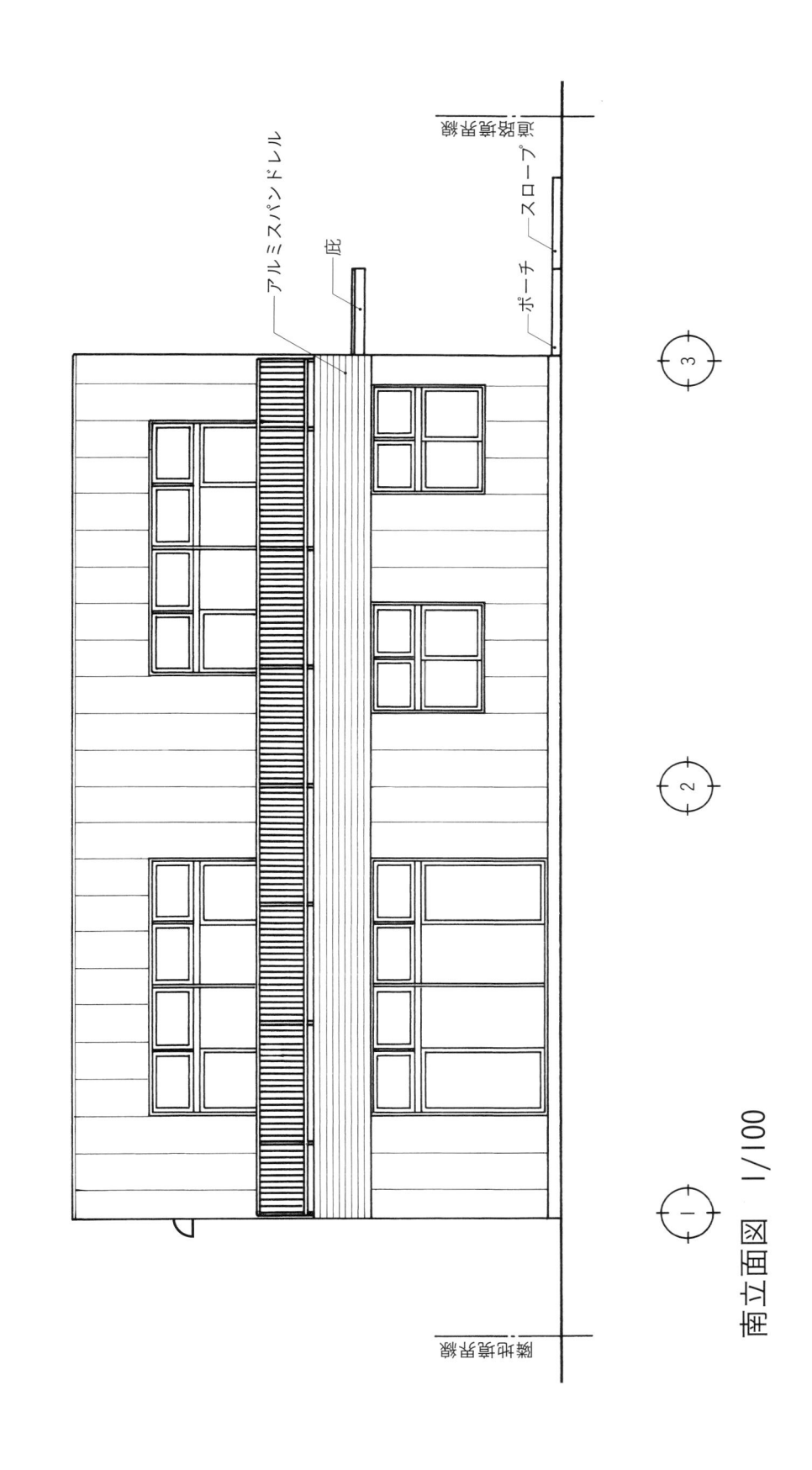

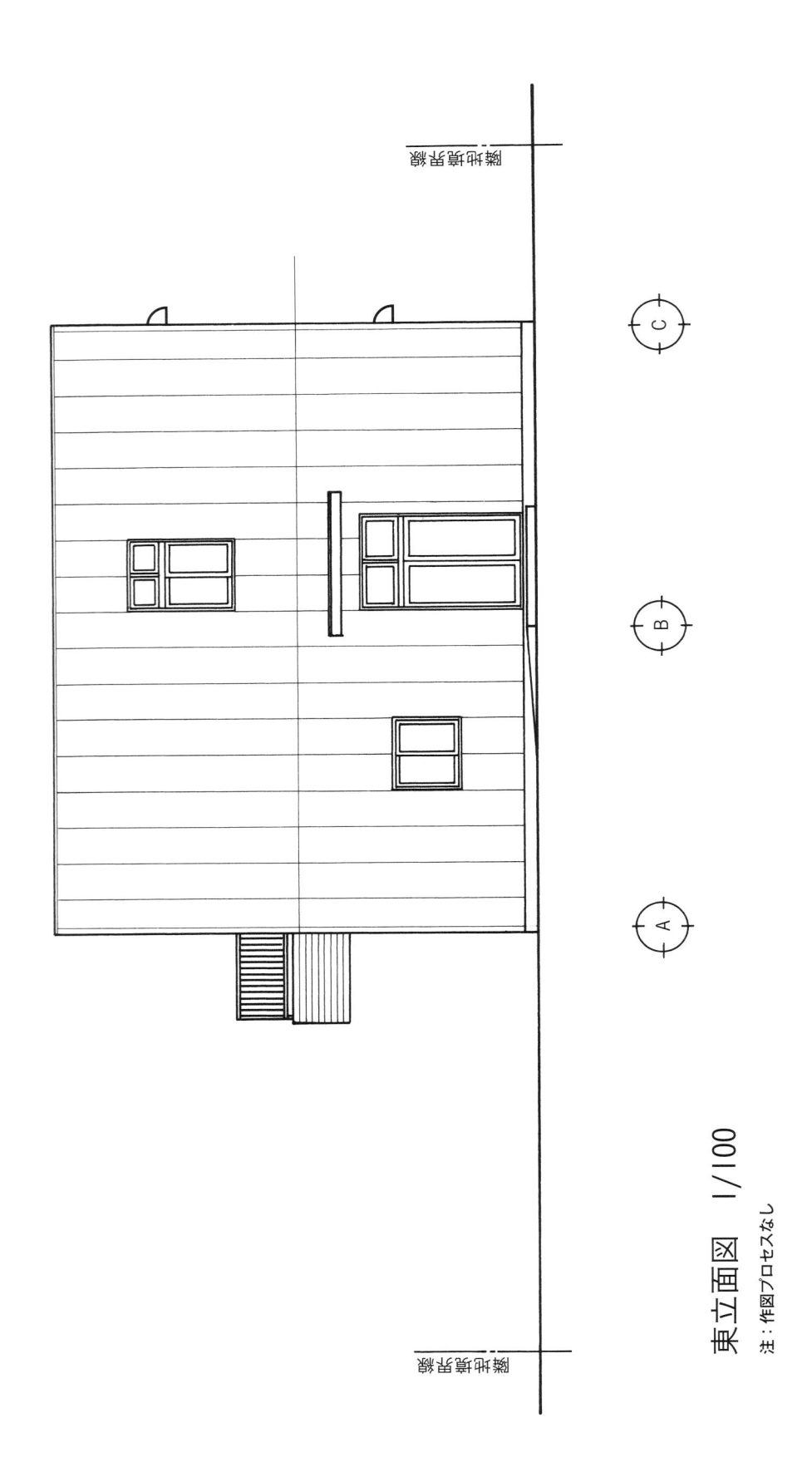

東立面図 1/100
注：作図プロセスなし

A-A'断面図 1/100

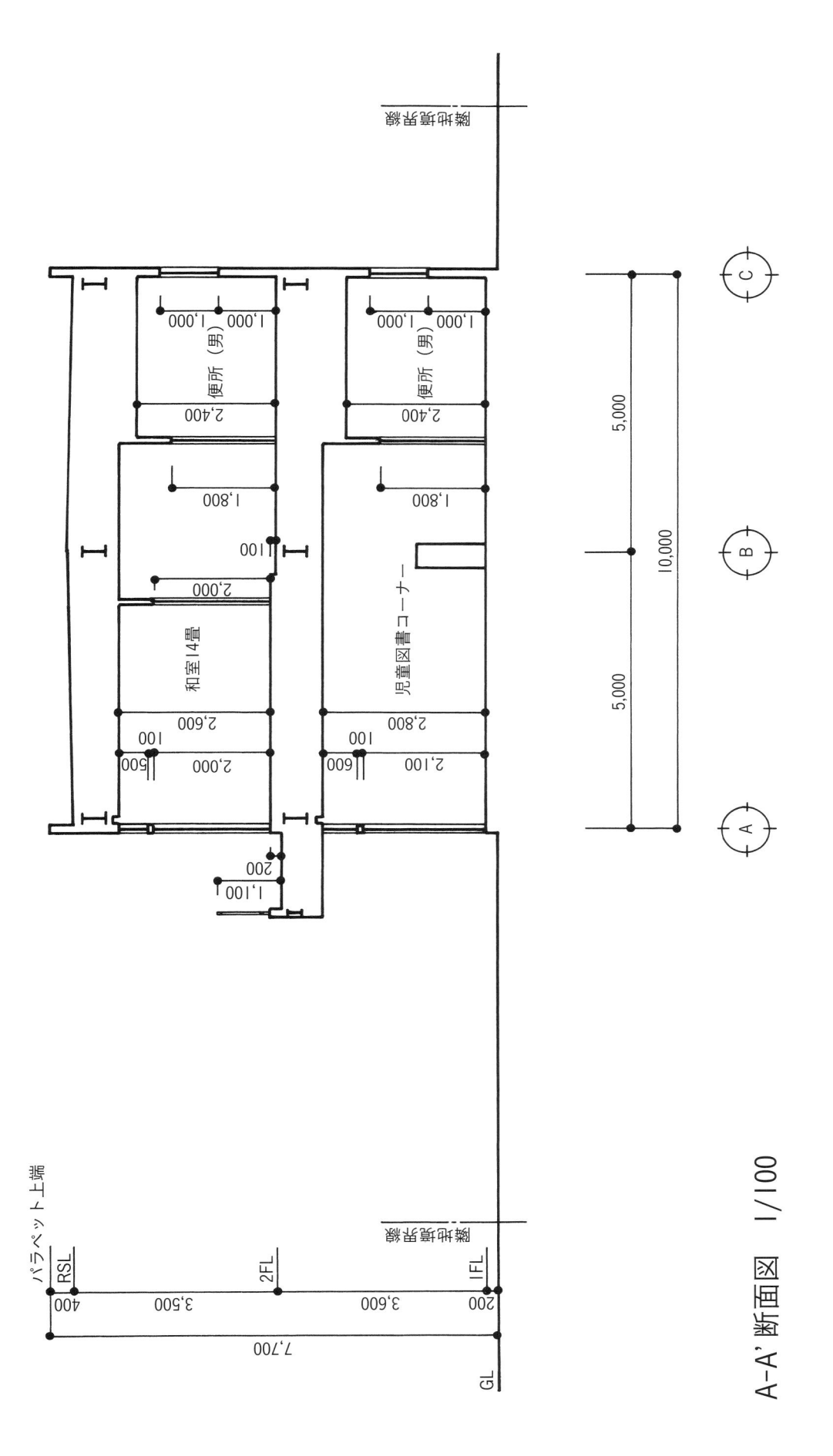

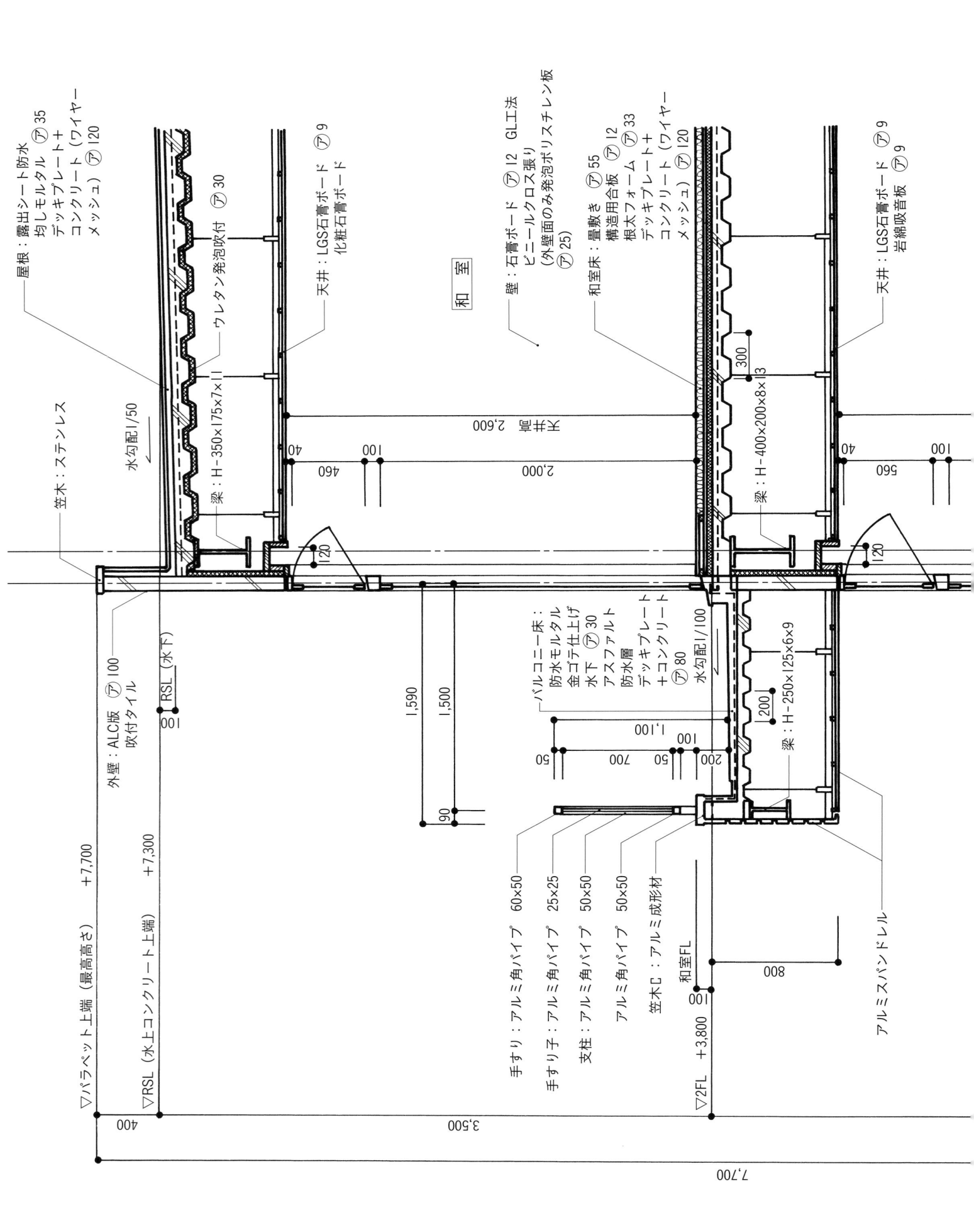

屋根：露出シート防水
均しモルタル
デッキプレート+
コンクリート（ワイヤー
メッシュ）⑦120
⑦35

笠木：ステンレス
水勾配1/50
ウレタン発泡吹付 ⑦30
梁：H-350×175×7×11
天井：LGS石膏ボード ⑦9
化粧石膏吹付

和 室

壁：石膏ボード ⑦12
ビニールクロス張り
（外壁面のみ発泡ポリスチレン板
⑦25）GL工法

和室床：畳敷き ⑦55
構造用合板 ⑦12
根太フォーム ⑦33
デッキプレート+
コンクリート（ワイヤー
メッシュ）⑦120

天井：LGS石膏ボード ⑦9
岩綿吸音板 ⑦9

梁：H-400×200×8×13

天井高 2,600

外壁：ALC版 ⑦100
吹付タイル

バルコニー床：
防水モルタル
金ゴテ仕上げ
水下 ⑦30
アスファルト
防水層
デッキプレート
+コンクリート
⑦80
水勾配1/100

梁：H-250×125×6×9

手すり：アルミ角パイプ 60×50
手すり子：アルミ角パイプ 25×25
支柱：アルミ角パイプ 50×50
アルミ角パイプ 50×50
笠木：アルミ成形材

和室FL
アルミスパンドレル

▽パラペット上端（最高高さ）　+7,700
▽RSL（水上コンクリート上端）　+7,300
RSL（水下）
▽2FL　+3,800

## 矩計図 1/30

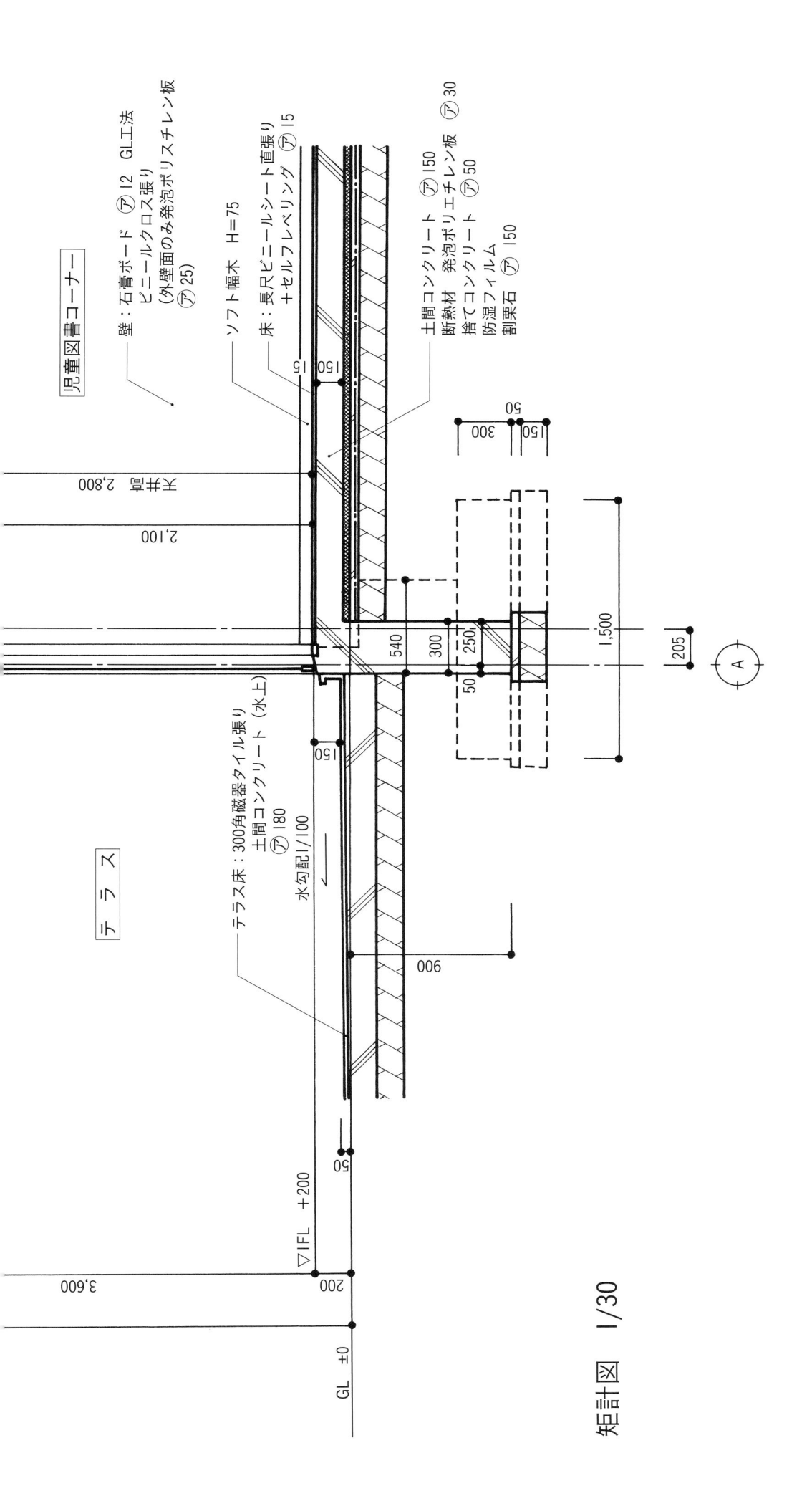

**児童図書コーナー**
- 壁：石膏ボード ㋝12 GL工法
  ビニールクロス張り
  (外壁面のみ発泡ポリスチレン板 ㋝25)
- ソフト幅木 H=75
- 床：長尺ビニールシート直張り ㋝15
  ＋セルフレベリング

- 土間コンクリート ㋝150
- 断熱材 発泡ポリエチレン板 ㋝30
- 捨てコンクリート ㋝50
- 防湿フィルム
- 割栗石 ㋝150

**テラス**
- テラス床：300角磁器タイル張り
  土間コンクリート (水上) ㋝180
- 水勾配 1/100

天井 2,800
2,100

1,500
205
300 50
150

540
300
250
50

150
900

IFL +200
50
200
GL ±0
3,600

Ⓐ

# 鉄骨造2階建てコミュニティセンターの作図プロセス

## 7-1 鉄骨造（ラーメン構造）の基礎知識

### 1. 鉄骨造の特徴

鉄骨造の長所は、弾性に富み、粘り強さ（じん性）があることから、外力が加わっても急に破壊されることがなく、粘り強い変形の仕方をすることである。また自らの重さ（自重）に比べて強度が著しく大きいため、部材を軽量化でき、大スパン構造や高層建築物に適している。

短所は、熱に弱く、さびやすいことである。鉄は不燃材料であるが、500℃以上の熱を受けると変形するため、建物の用途、規模などにより柱や梁などを一定の厚みの不燃材料で耐火被覆する必要がある。また、さびについては、十分なさび止め塗装を施し、結露にも注意し、直接外気にふれる柱や梁などは鋼材の厚さを増すなどの対策をとる。

### 2. 鉄骨造の形式

鉄骨造にはラーメン構造、トラス構造があり、ラーメン構造には長方形ラーメンと山形ラーメンがある［図1］。梁部分が水平なものを長方形ラーメン［図2、3］、山形に折れ曲がっているものを山形ラーメンという。両方とも節点を剛として扱う構造形式である。

工場のようにスパンの大きい建築物に長方形ラーメンを用いると梁の曲げモーメントが大きくなり、変形も大きくなるので、山形ラーメンや平行弦ト

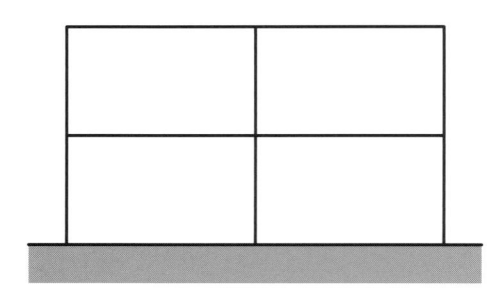

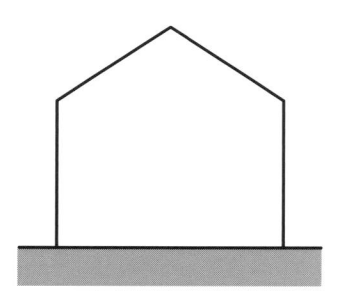

図1 ラーメン構造の種類

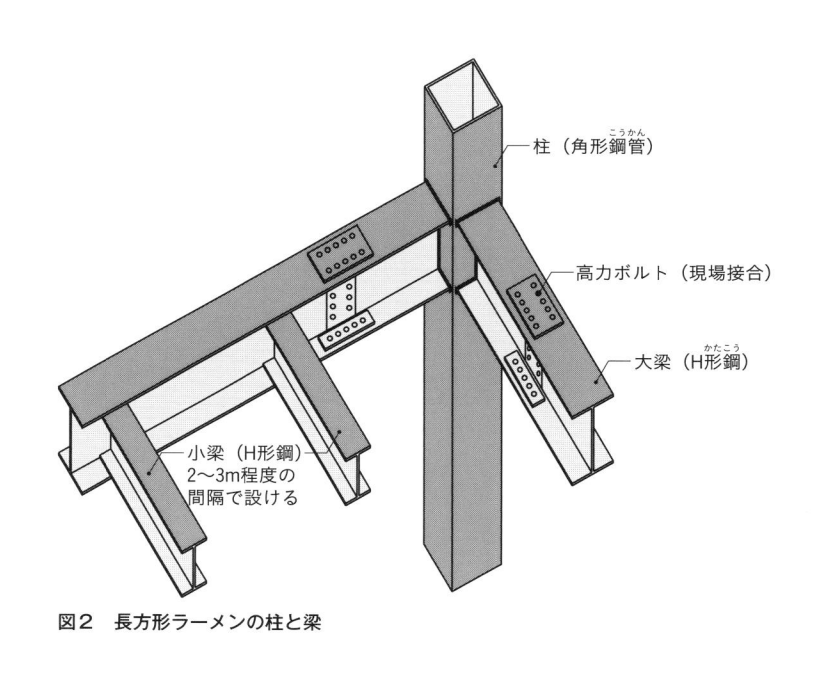

図2 長方形ラーメンの柱と梁

ラス（トラスは節点をピンとして扱う構造形式である）を用いる。それに対して事務所のようなスパンが5〜8m程度の建築物には長方形ラーメンを用いる。また用途によっては、梁間方向をラーメンとし、桁行方向は筋かいを設けるという異種の形式を混用する方法もある。

## 3. 柱の配置と断面寸法

### (1) 柱の配置

鉄骨柱の柱割りにおいて、鉄筋コンクリート造と同じように、各階とも柱は上下同じ位置に配置し、柱をできるだけ同じ間隔で、グリッド状に規則正しく配置する。第6章144頁「**2. ラーメン構造の柱の配置と断面寸法**」を参照のこと。

また鉄骨造の柱の間隔（スパン）は長スパンにも対応でき、鉄筋コンクリート造では構造的に比較的むずかしい10m以上のスパンも可能である。ただ、**小規模建築物の場合のスパンは、一般に5〜8m程度が望ましい**。

### (2) 柱の断面寸法

長方形ラーメンの場合、柱は一般に角形鋼管（コラム）を用いる。角形鋼管の柱の大きさはスパンによって異なるが、おおよそ次の通りである。

① スパン5m：□-200×200程度
② スパン6〜7m：□-250×250程度
③ スパン8m：□-300×300程度

## 4. 梁の断面寸法

長方形ラーメンの場合、梁は一般にH形鋼を用いる。大梁、小梁、基礎梁の大きさはスパンによって異なるが、おおよそ次の通りである。

### (1) 大梁

スパンの1/15程度を目安とする。2階建て建築物では2階梁、R階梁も同じ寸法とする。

① スパン7m以上：H-450×200程度
② スパン7m未満：H-400×200程度

### (2) 小梁

H-200×100を2〜3m程度の間隔で設ける。

### (3) 基礎梁

鉄筋コンクリート梁とし、大きさは600〜1,000×300mm程度とする。

① スパン5m：600×300mm
② スパン6〜7m：800×400mm
③ スパン8m：1,000×400mm

## 5. 外壁と内壁

### (1) 外壁

中小規模の鉄骨造の外壁は、一般に幅600mmのALC版（軽量気泡コンクリート版）を用いることが多い。そのほかセメント中空押出成形版や軽量プレキャストコンクリート版（軽量PC版）を用いることもある。

### (2) 内壁

内壁は軽量鉄骨（LGS）間仕切壁を用いることが多い。壁厚は100mm程度とする。

## 6. 床版（スラブ）

中小規模の鉄骨造の床版は、合成スラブ（合成スラブ用デッキプレート＋コンクリート）またはコンクリートとすることが多い。スラブ厚は一般に

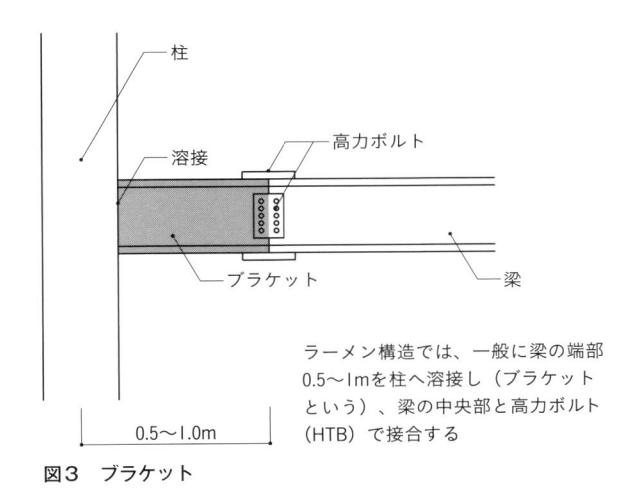

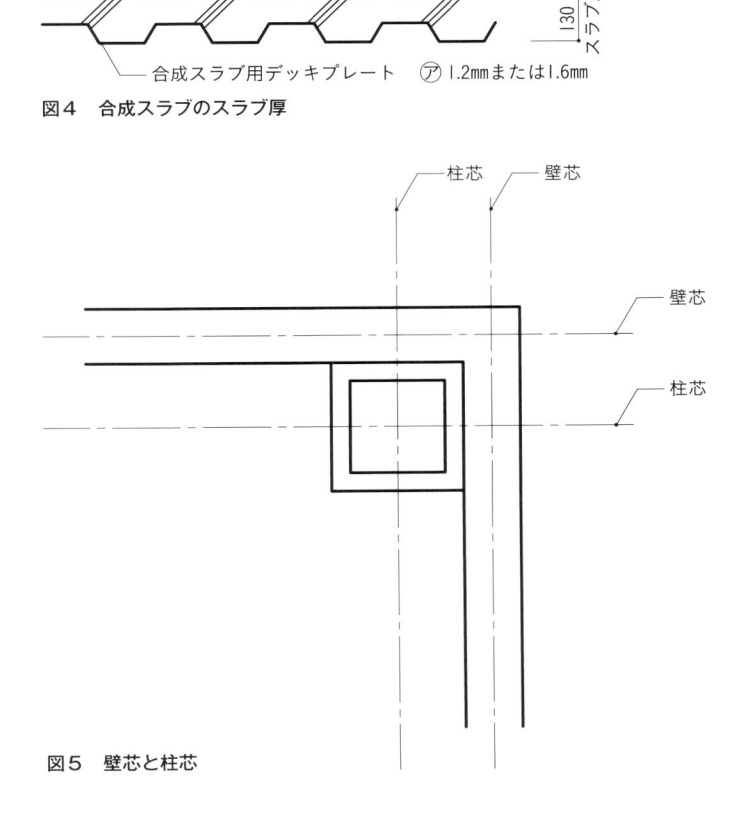

図3　ブラケット

ラーメン構造では、一般に梁の端部0.5〜1mを柱へ溶接し（ブラケットという）、梁の中央部と高力ボルト（HTB）で接合する

図4　合成スラブのスラブ厚

図5　壁芯と柱芯

130㎜以上とする［図4］（前頁）。合成スラブは、床の荷重によって生じるデッキプレートとコンクリートの剥離やずれに対して、デッキプレートを凹凸にすることで対抗し、コンクリートと一体とするものである。

## 7. 床面積などの求め方

各階の床面積、延べ床面積、建築面積を求めるには、壁芯で計算する［図5］（前頁）。

## 8. 部材の断面形状記号と寸法表示

鉄骨造に用いられる各部材の断面形状記号とそれらの寸法表示を右図に示す［図6］。

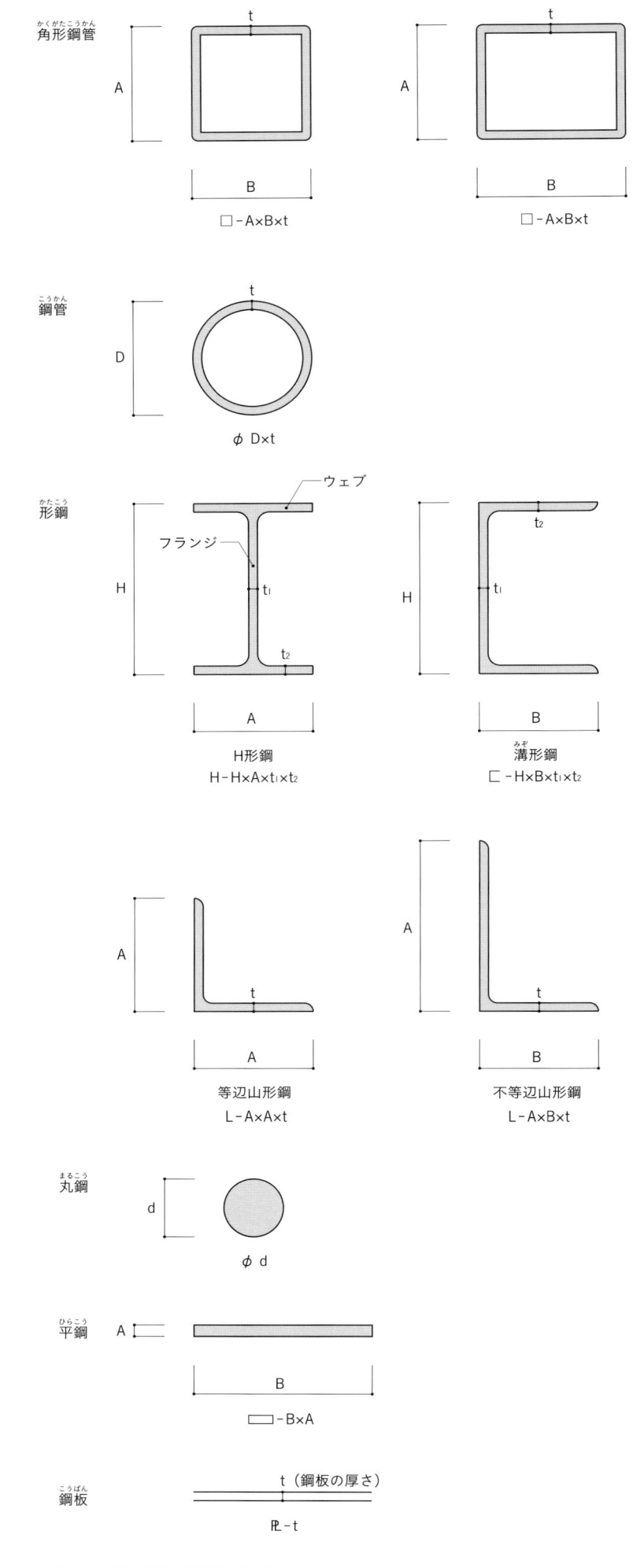

**図6 部材の断面形状記号と寸法表示**

## 7-2 配置図・1階平面図の描き方

### 1. 敷地と道路を描く

（1）道路境界線、隣地境界線を一点鎖線の太線で描く。敷地の反対側の道路境界線を実線の太線で描く。道路中心線を一点鎖線の細線（または中線）で描く。

（2）敷地の四隅にテンプレートを使い、○印を記入する。

### 2. 壁の中心線（基準線）を仮線で描く

（1）敷地の基準点（BM／ベンチマーク）から建物の壁の中心線までの横寸法（X方向）4,000mmと縦寸法（Y方向）3,000mmを正確にとる。

（2）壁の中心線を仮線で描く。

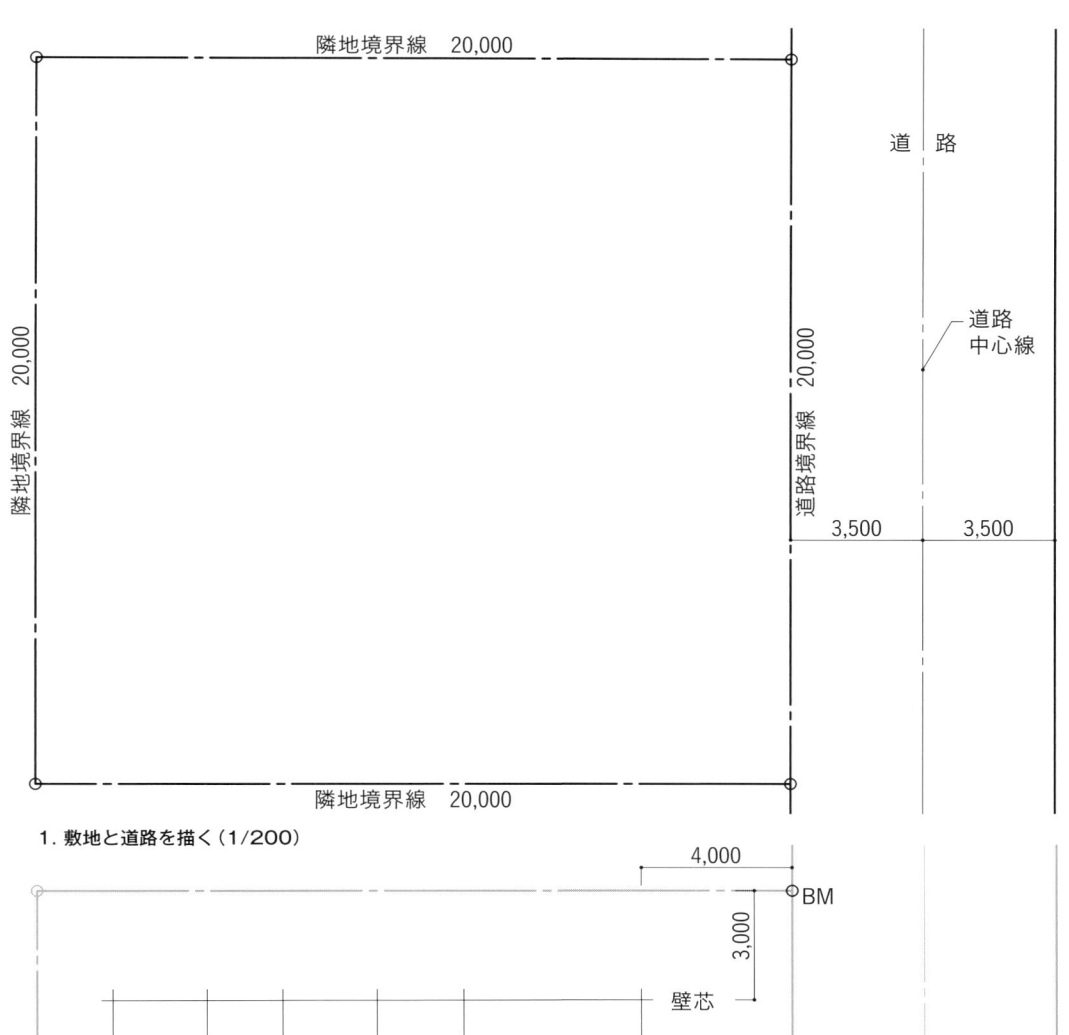

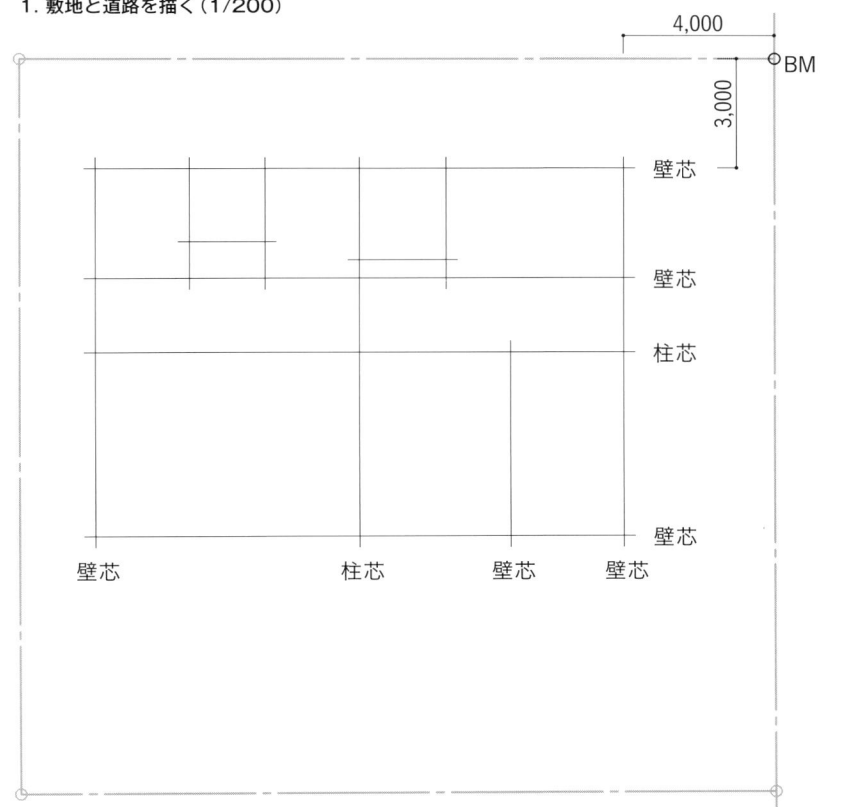

1. 敷地と道路を描く（1/200）

2. 壁の中心線（基準線）を仮線で描く（1/200）

## 3. 壁厚の線を仮線で描く

(1) 外壁とエレベーター周りの壁は、壁の中心線から両側に75mmずつ振り分けて壁の厚み150mmをとり、壁厚の線を仮線で描く。一般に、ALC鉄骨造の外壁の厚みはALC版の厚み100mmに外壁の室内側の仕上厚50mmを加えて150mmを目安とする［図7］。

(2) 内壁［軽量鉄骨（LGS）間仕切壁］［図8］は、壁の中心線から両側に50mmずつ振り分けて壁の厚み100mmをとり、壁厚の線を仮線で描く。

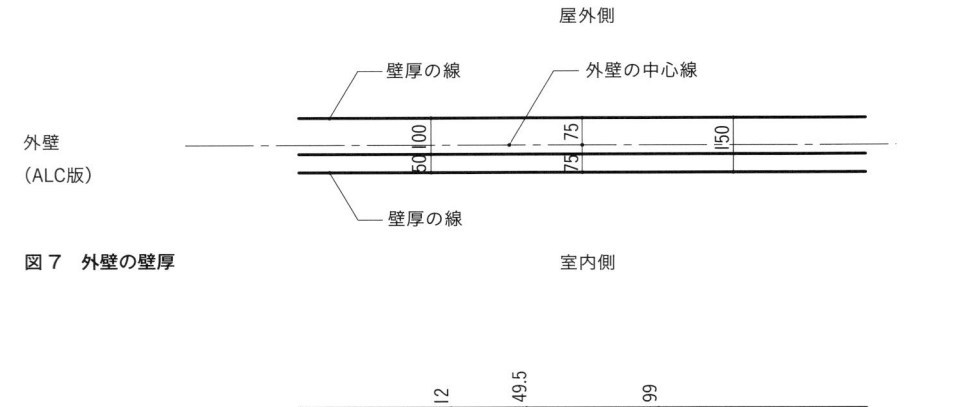

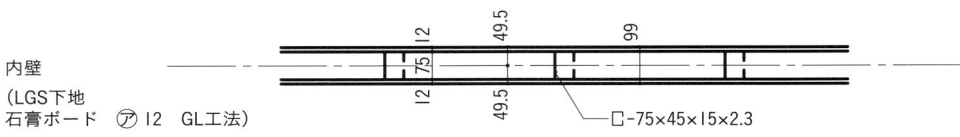

図7　外壁の壁厚

図8　内壁の壁厚

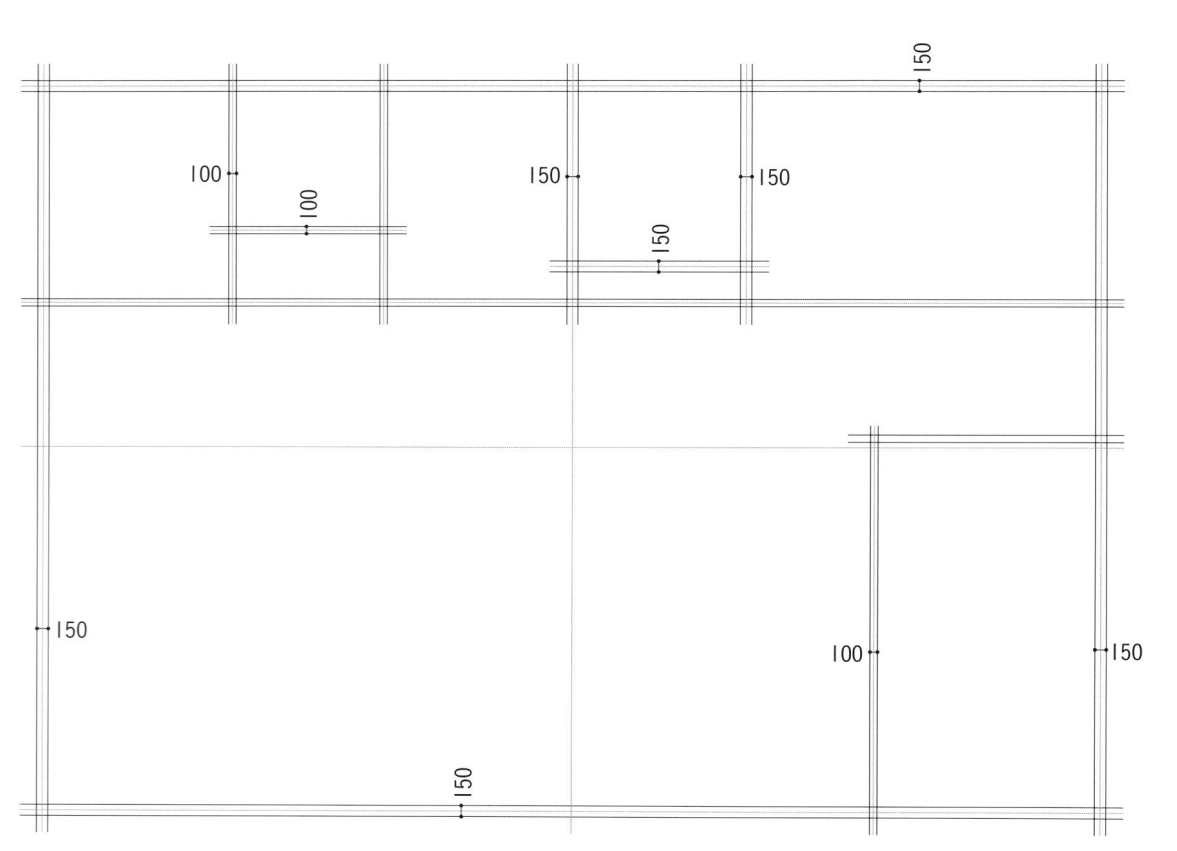

3. 壁厚の線を仮線で描く（1/100）

## 4. 柱の中心線（柱芯）を仮線で描き、柱の線を実線の太線で描く

（1）鉄骨柱の寸法は 250 × 250㎜であり、壁芯と柱芯の間隔は 205（50 + 30 + 125）㎜となるので［図9］、壁芯より 205㎜とり、柱の中心線（柱芯）を仮線で描く。ALC 版と鉄骨柱とのクリアランス（部材間のすきま）は 30 ㎜とる。

（2）柱の中心線より両側に 125㎜ずつ振り分けて、柱の線を実線の太線で描く。

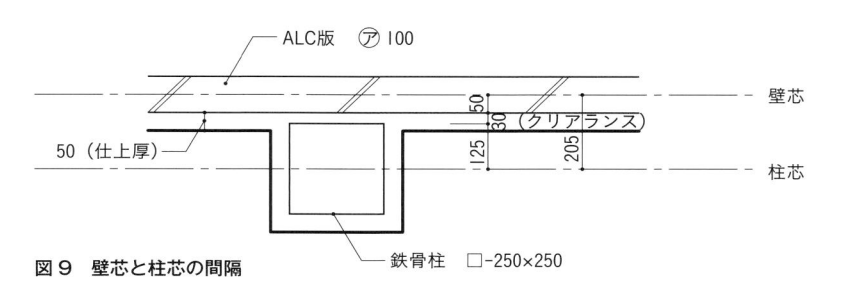

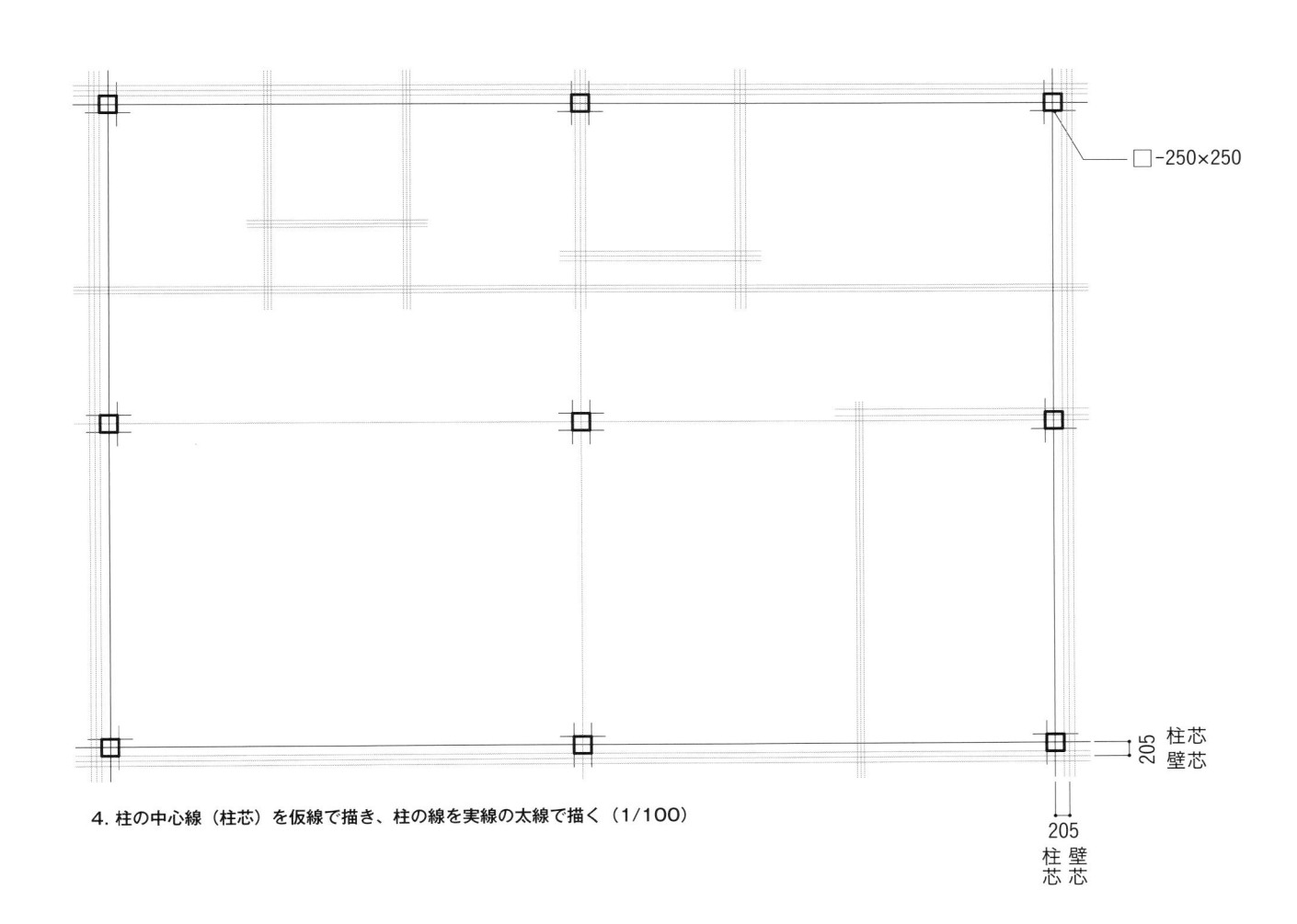

**図9　壁芯と柱芯の間隔**

4. 柱の中心線（柱芯）を仮線で描き、柱の線を実線の太線で描く（1/100）

## 5．開口部の位置を濃い実線の太線で描く

　開口部の位置すべてを濃い実線の太線で描く。これは次の段階で、壁を実線の太線で一気に仕上げるために、開口部の位置が明確にわかるようにするためである。

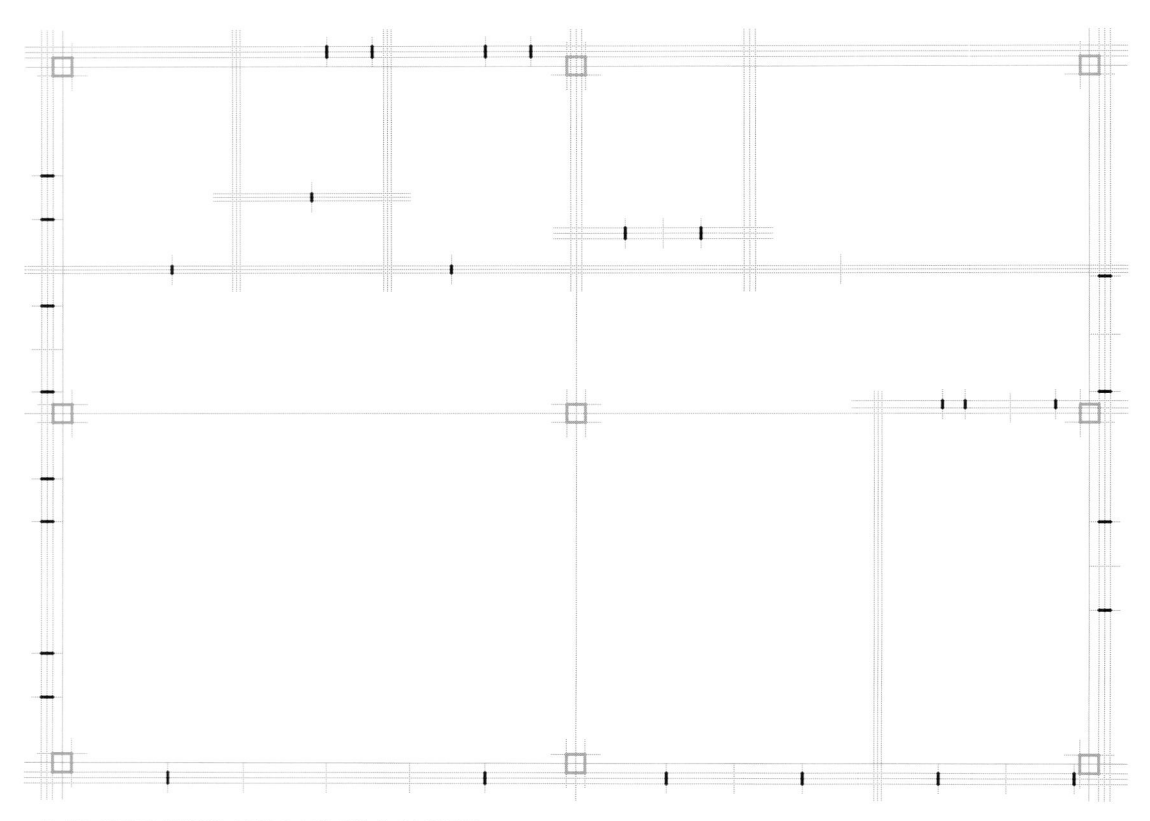

5．開口部の位置を濃い実線の太線で描く（1/100）

## 6. 壁を濃い実線の太線で描く

（1）第3の段階で仮線で描いた壁厚の線を筆圧を強くして、濃い実線の太線で描く。

（2）柱部分の仕上げの線も、筆圧を強くして濃い実線の太線で描く。右図はA通りと3通りの交差する位置にある柱の拡大図である［図10］。

（3）前の第2〜5の段階は、この第6の段階を容易に、かつ一気に完成させるための下書きの段階である。

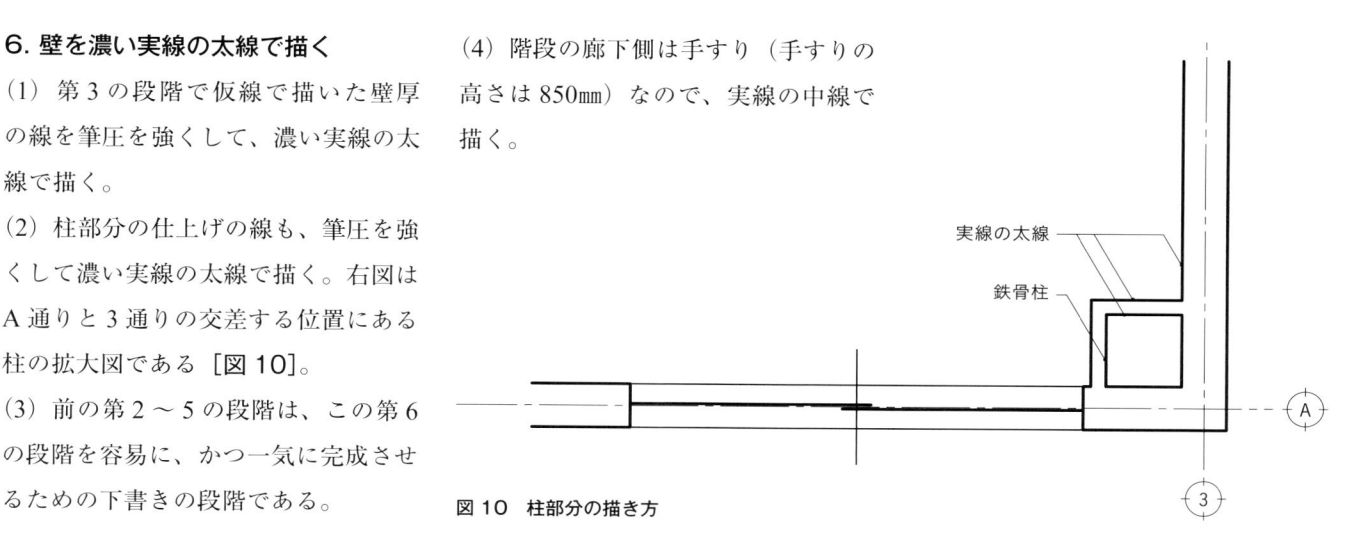

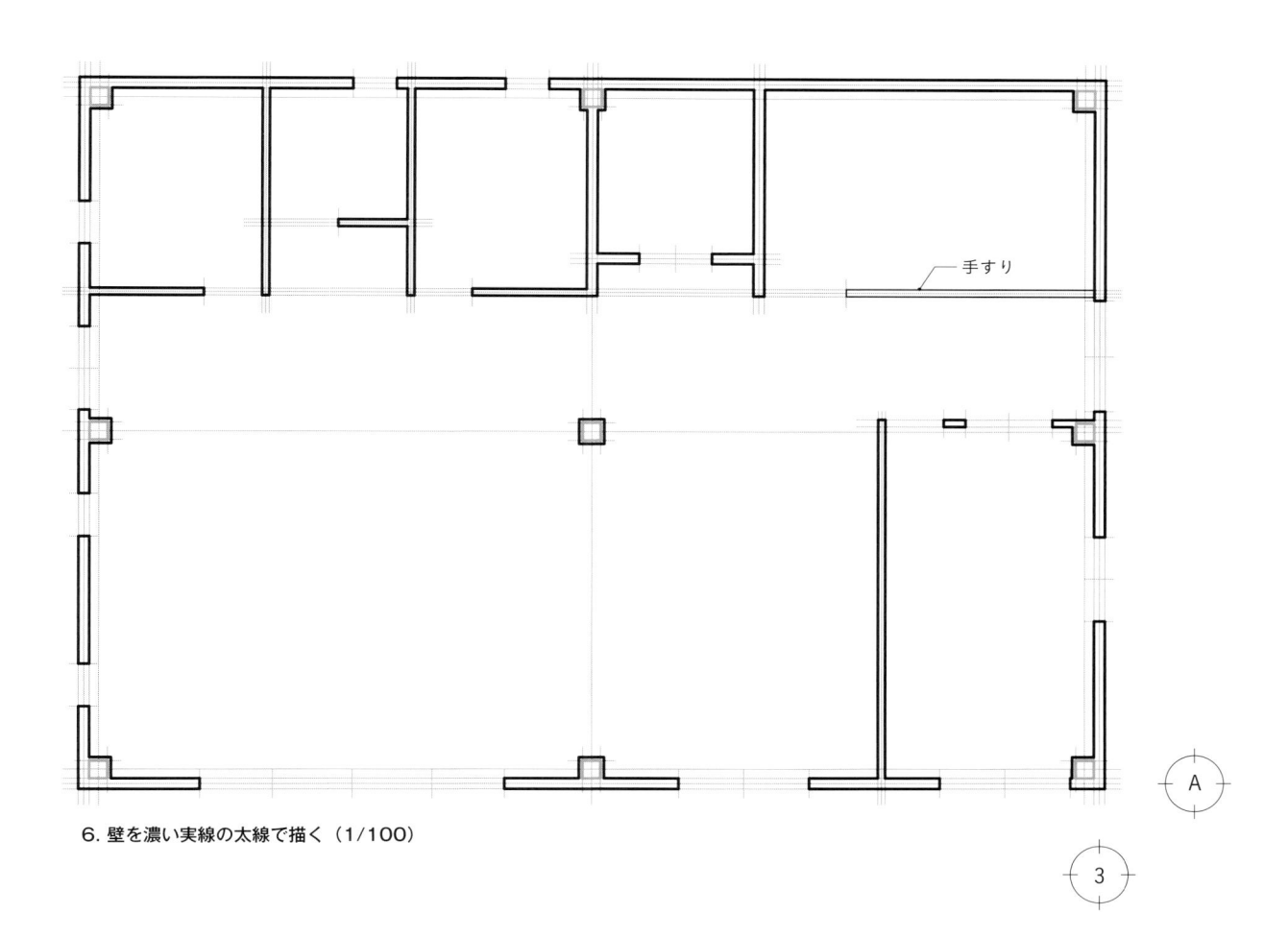

（4）階段の廊下側は手すり（手すりの高さは850mm）なので、実線の中線で描く。

図10　柱部分の描き方

6. 壁を濃い実線の太線で描く（1/100）

## 7. 開口部などを実線で描く

（1）開き戸を円定規（テンプレート）を使って、実線の中線で描く。

（2）はめごろし付き片引き窓、引違い窓などの見えがかりの線を実線の中線で描き、窓部分は実線の太線で描く［図11］。

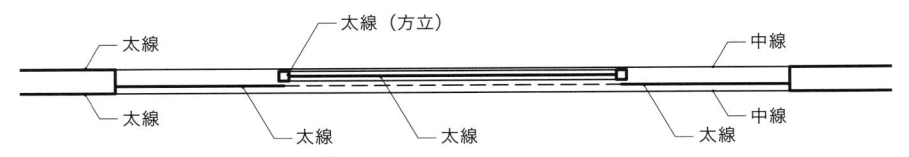

**図11　はめごろし付き片引き窓の描き方**

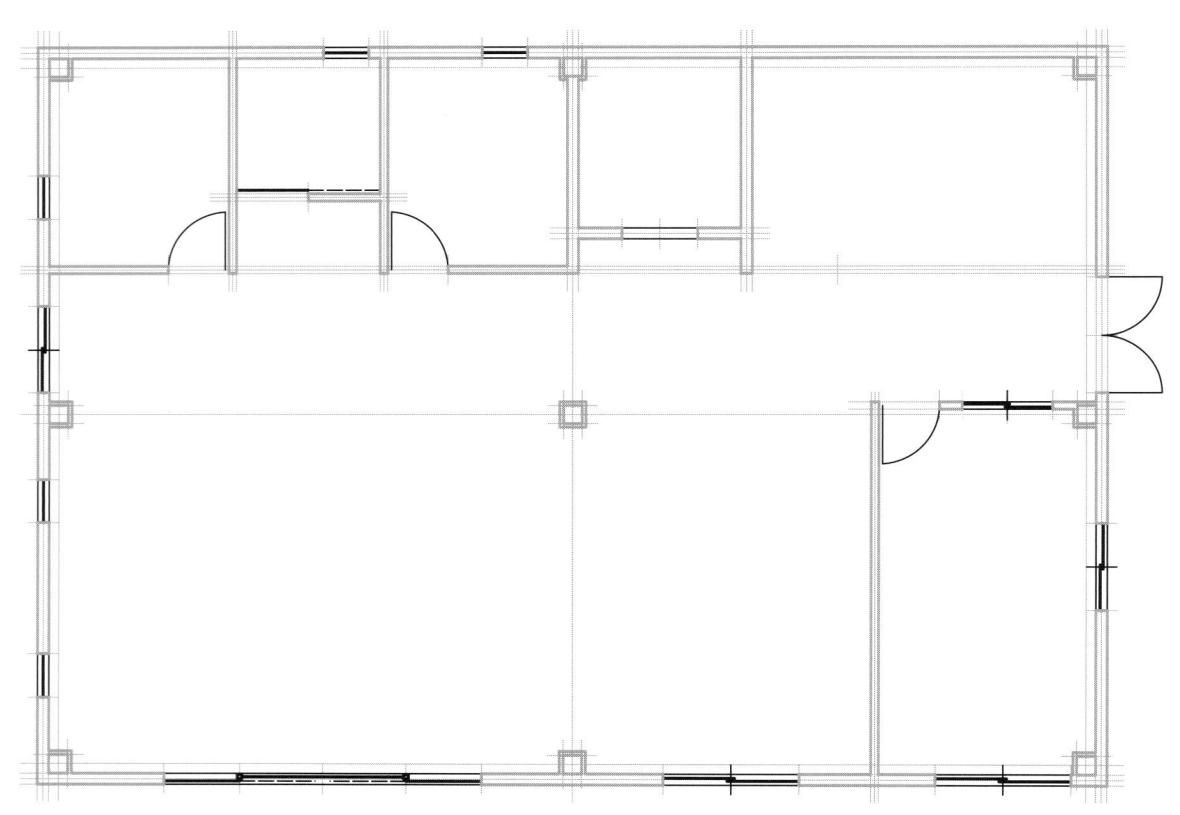

**7. 開口部などを実線で描く（1/100）**

## 8. 階段、衛生設備などを実線の中線で描く

（1）階段、エレベーターのかご、トイレブースの間仕切壁（厚さ60㎜）、衛生設備、家具などを実線の中線で描く。
（2）換気扇の表示をする。

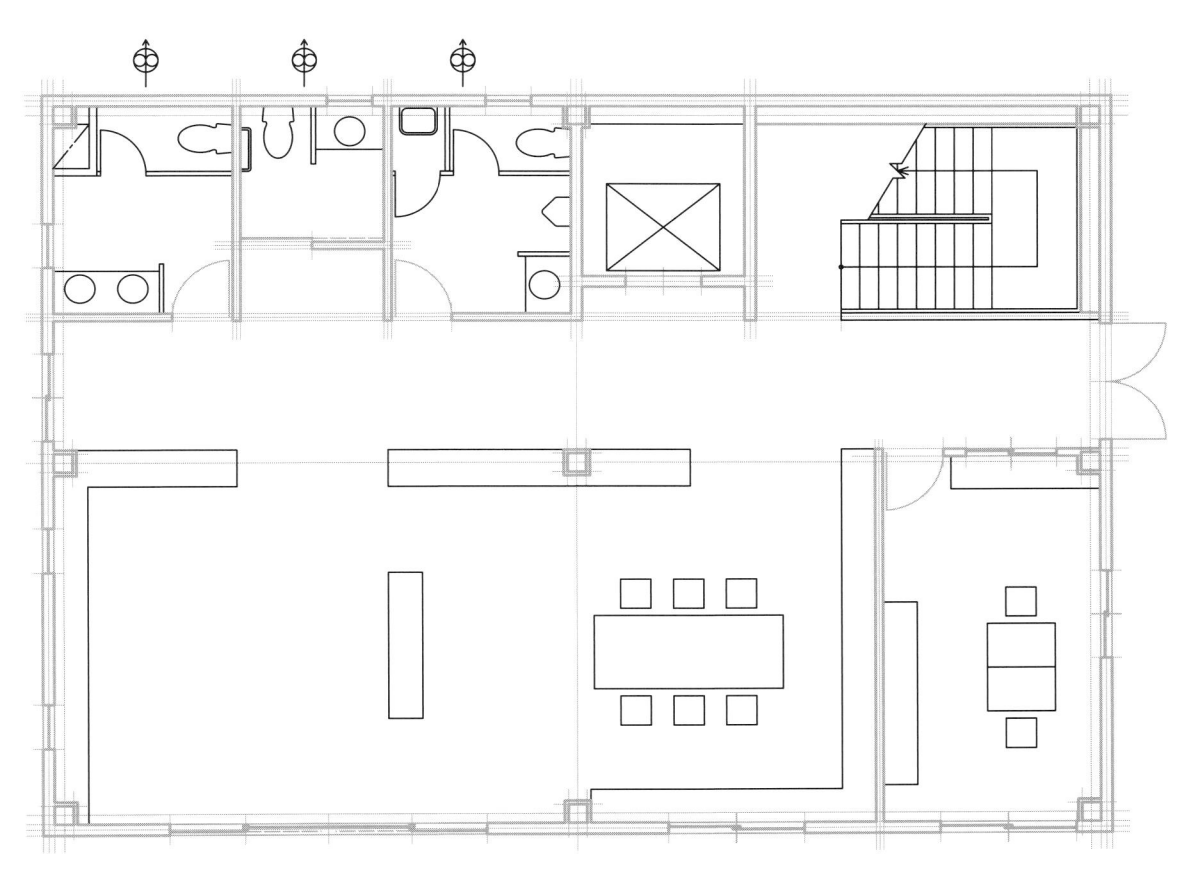

8. 階段、衛生設備などを実線の中線で描く（1/100）

## 9. 外構を実線の中線で描く

（1）植栽、車、ポーチ、スロープを実線の中線で描く。

（2）300角タイル張りの床仕上げを実線の細線で描く。

（3）ポーチの庇と2階バルコニーの輪郭線を破線の中線で描く。

（4）建物の出入口の位置を▲印で、敷地の出入口の位置を△印で表示する。

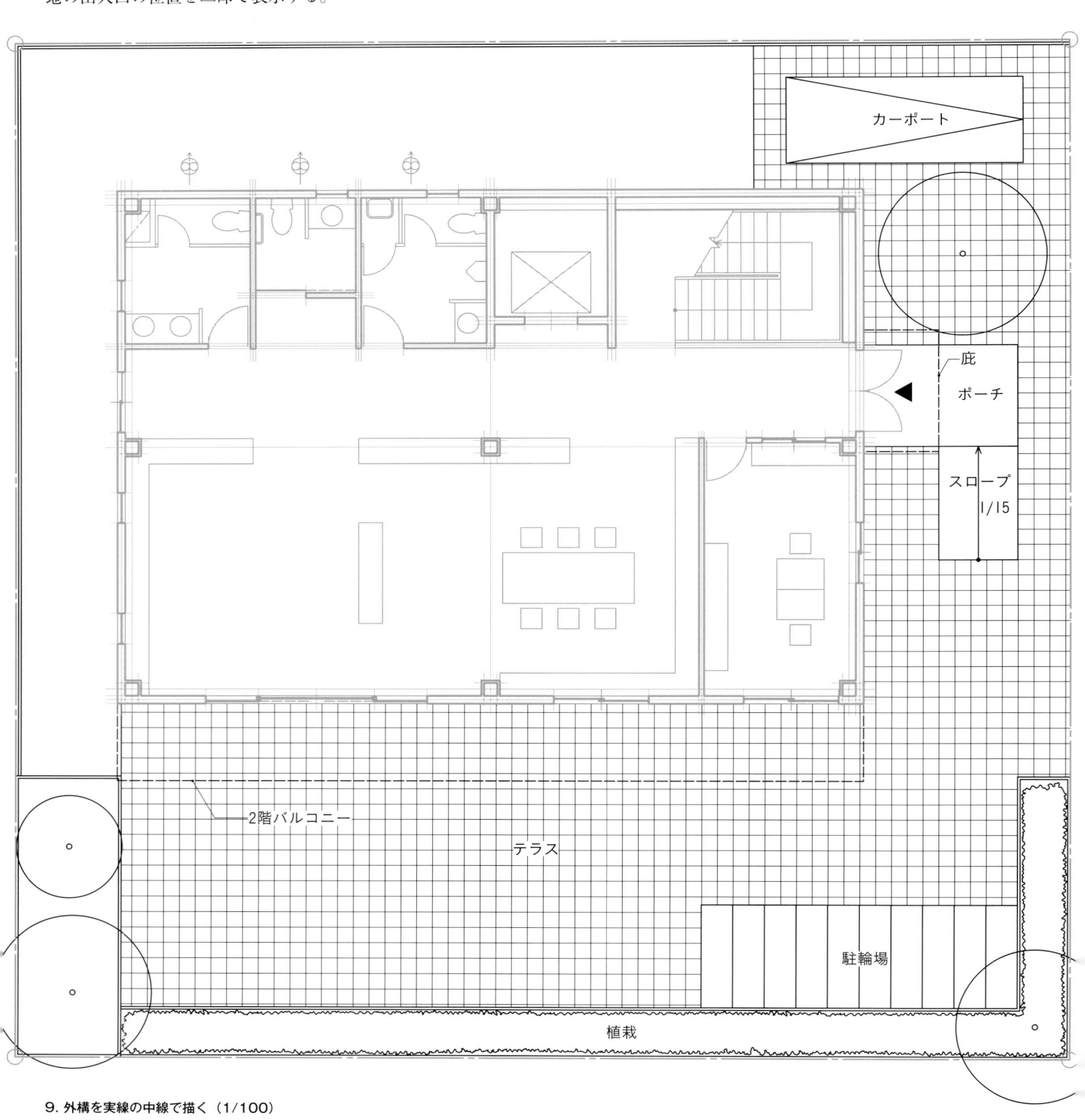

**9. 外構を実線の中線で描く（1/100）**

## 10. 寸法線を実線の細線で描く

寸法線は、わかりやすい図面にするために、原則として敷地の外側に描く。ただし、レイアウト上、用紙に納まらない場合は、敷地内に描いてもよい。

## 11. 名称、寸法、凡例などを記入する（完成図は 188-189 頁）

部屋の名称、寸法、基準線の番号（通り芯番号）、凡例、断面図の切断位置、図面名称、縮尺、方位などを記入する。文字、数字はていねいに書くようにする。

（1）部屋の名称を部屋のほぼ中央に記入する。

（2）寸法を記入する。高さは 3mm とし、寸法線にふれないようにする。

（3）基準線の番号（通り芯番号）を、建物の左下を起点として、X 方向では左から右に 1、2、3……と記入し、Y 方向では下から上に A、B、C……と記入する。一般に鉄骨造の基準線は、床面積の算定に便利なように、建物の端では壁芯で押さえ、その他の所では柱芯で押さえる。

（4）換気扇の凡例を記入する。

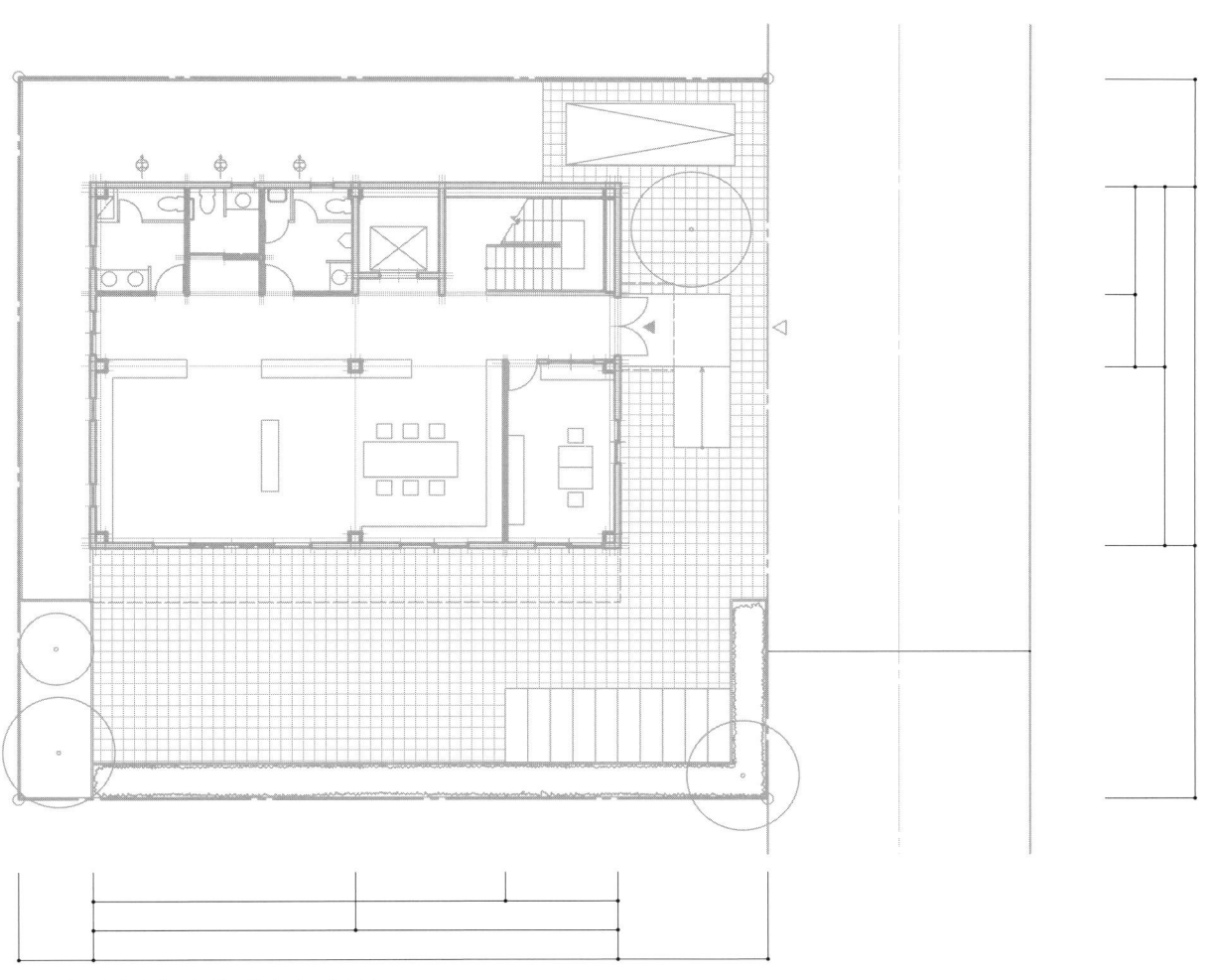

**10. 寸法線を実線の細線で描く（1/200）**

## 7-3 2階平面図の描き方

### 1. 壁の中心線（基準線）を仮線で描く
2階の壁の中心線を仮線で描く。

### 2. 壁厚の線を仮線で描く（図は次頁）
（1）外壁とエレベーター周りの壁は、壁の中心線から両側に75mmずつ振り分けて、壁の厚み150mmをとり、壁厚の線を仮線で描く。

（2）内壁［軽量鉄骨（LGS）間仕切壁］は、壁の中心線から両側に50mmずつ振り分けて壁の厚み100mmをとり、壁厚の線を仮線で描く。

### 3. 柱の中心線（柱芯）を仮線で描き、柱の線を実線の太線で描く（図は次頁）
（1）2階の鉄骨柱の寸法は250×250mmであり、1階と同様に壁芯と柱芯の間隔は205mmとなるので、壁芯より205mmとり、柱の中心線（柱芯）を仮線で描く。

（2）柱の中心線より両側に125mmずつ振り分けて、柱の線を実線の太線で描く。

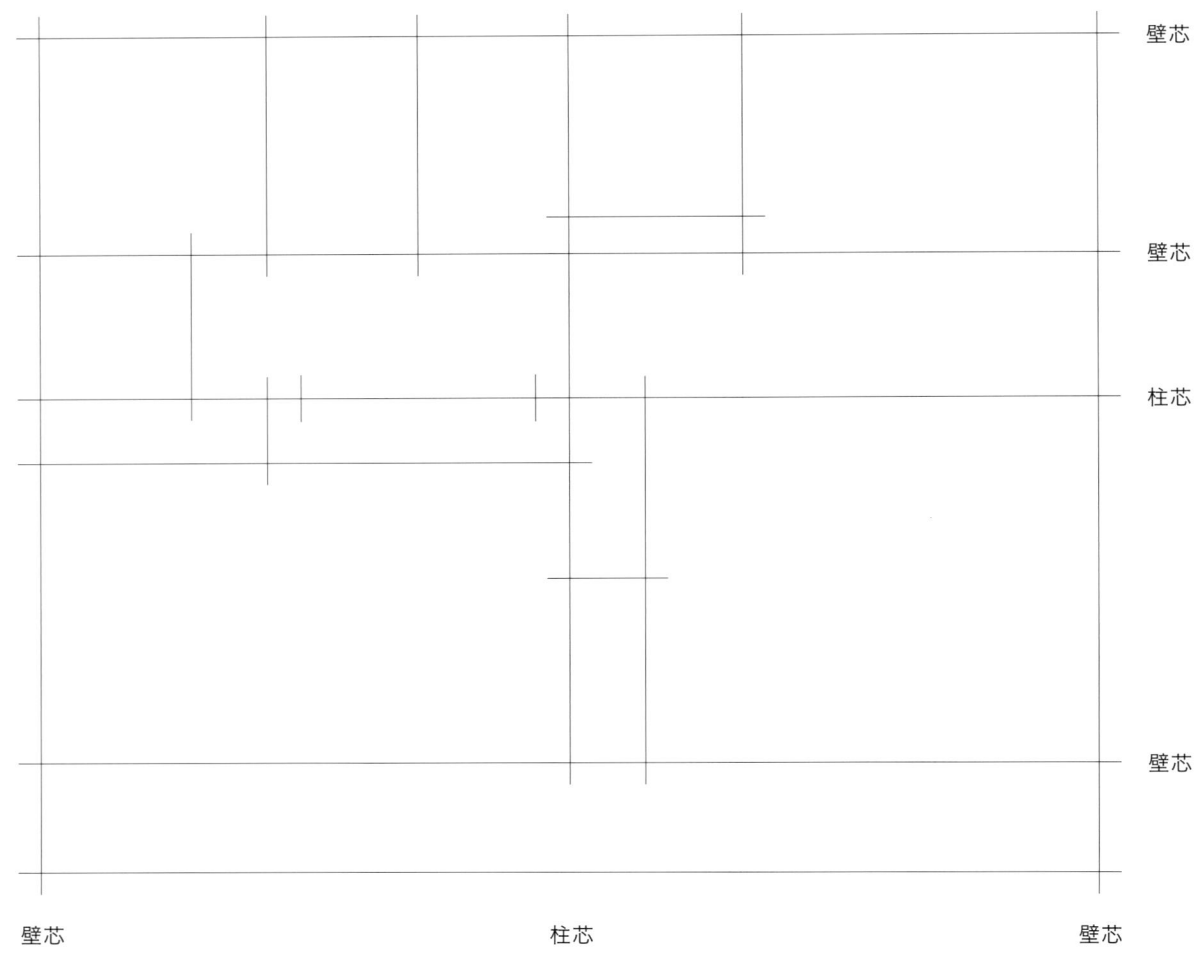

1. 壁の中心線（基準線）を仮線で描く（1/100）

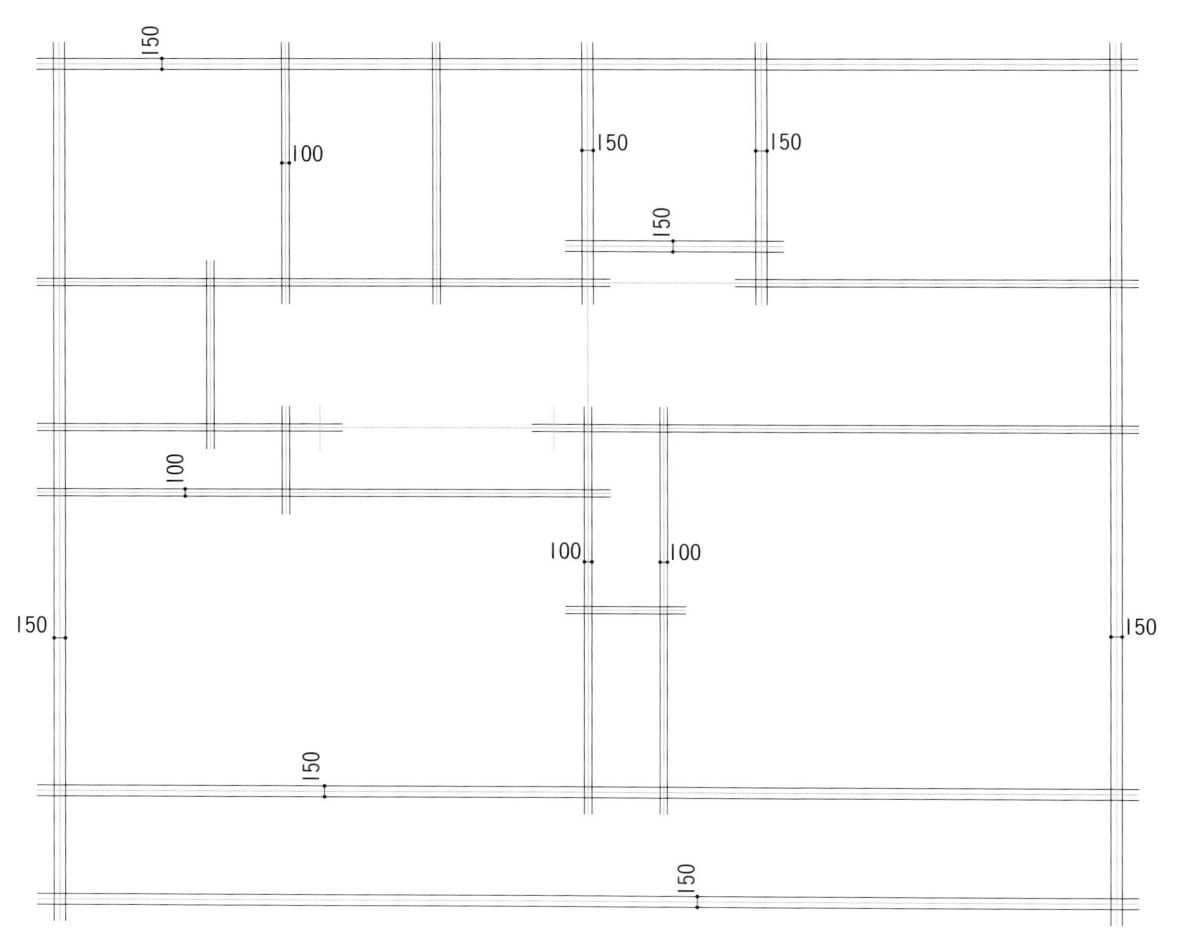

2. 壁厚の線を仮線で描く（1/100）

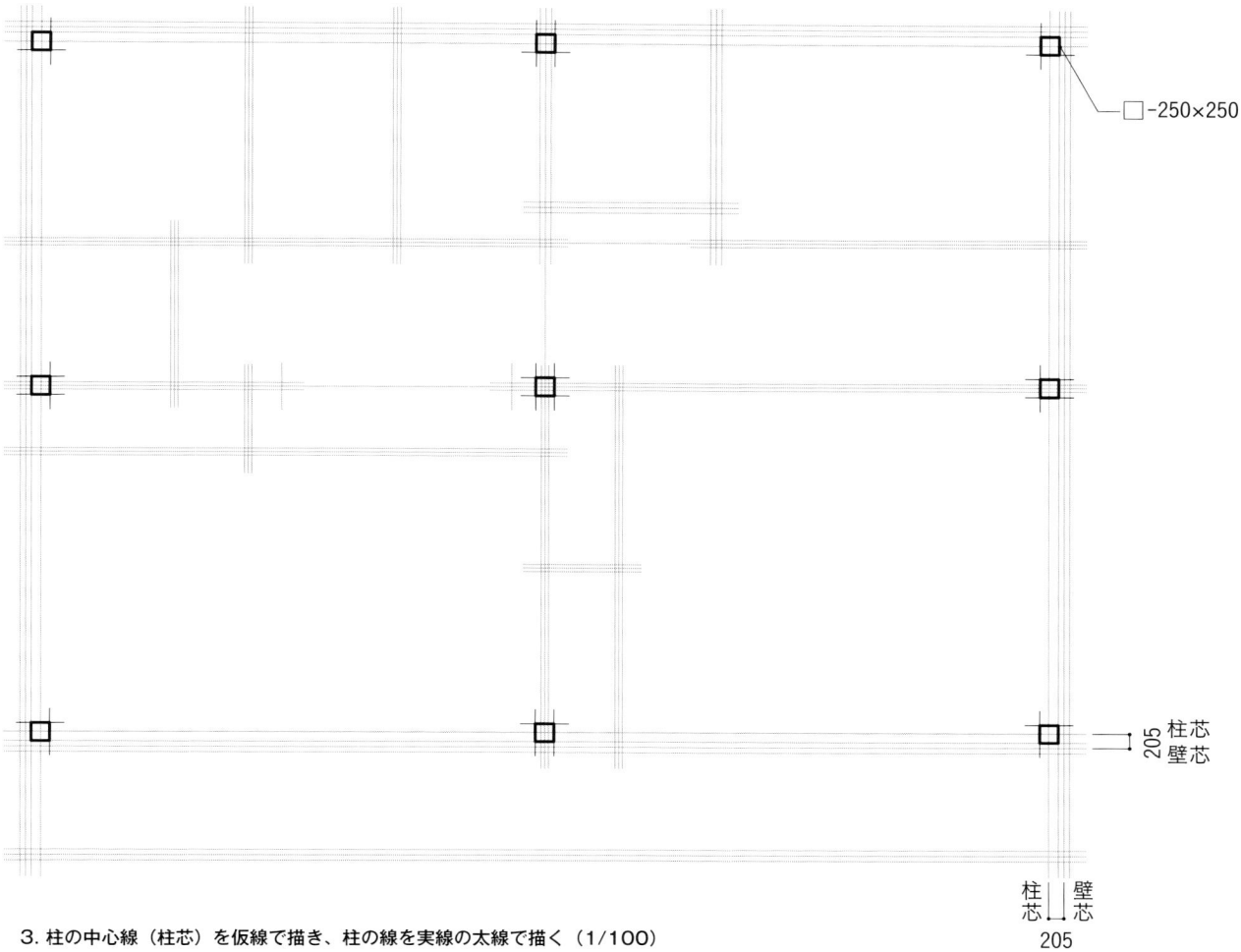

□-250×250

205 柱芯
205 壁芯

柱芯 壁芯
205

3. 柱の中心線（柱芯）を仮線で描き、柱の線を実線の太線で描く（1/100）

第7章　鉄骨造2階建てコミュニティセンターの製図

**4. 開口部の位置を濃い実線の太線で描く**

開口部の位置すべてを濃い実線の太線で描く。

**5. 壁を濃い実線の太線で描く（図は次頁）**

（1）第2の段階で仮線で描いた壁厚の線を筆圧を強くして、濃い実線の太線で描く。

（2）柱周りの仕上げの線も、筆圧を強くして、濃い実線の太線で描く。

（3）階段の廊下側は手すり（手すりの高さは850㎜）なので実線の中線で描く。

（4）バルコニーの手すり（手すりの高さは1,100㎜）を実線の中線で描く。

**6. 開口部などを実線で描く（図は次頁）**

（1）開き戸をテンプレート（円定規）を使って、実線の中線で描く。

（2）はめごろし付き片引き窓、引違い窓などの見えがかりの線を実線の中線で描き、窓部分は実線の太線で描く。

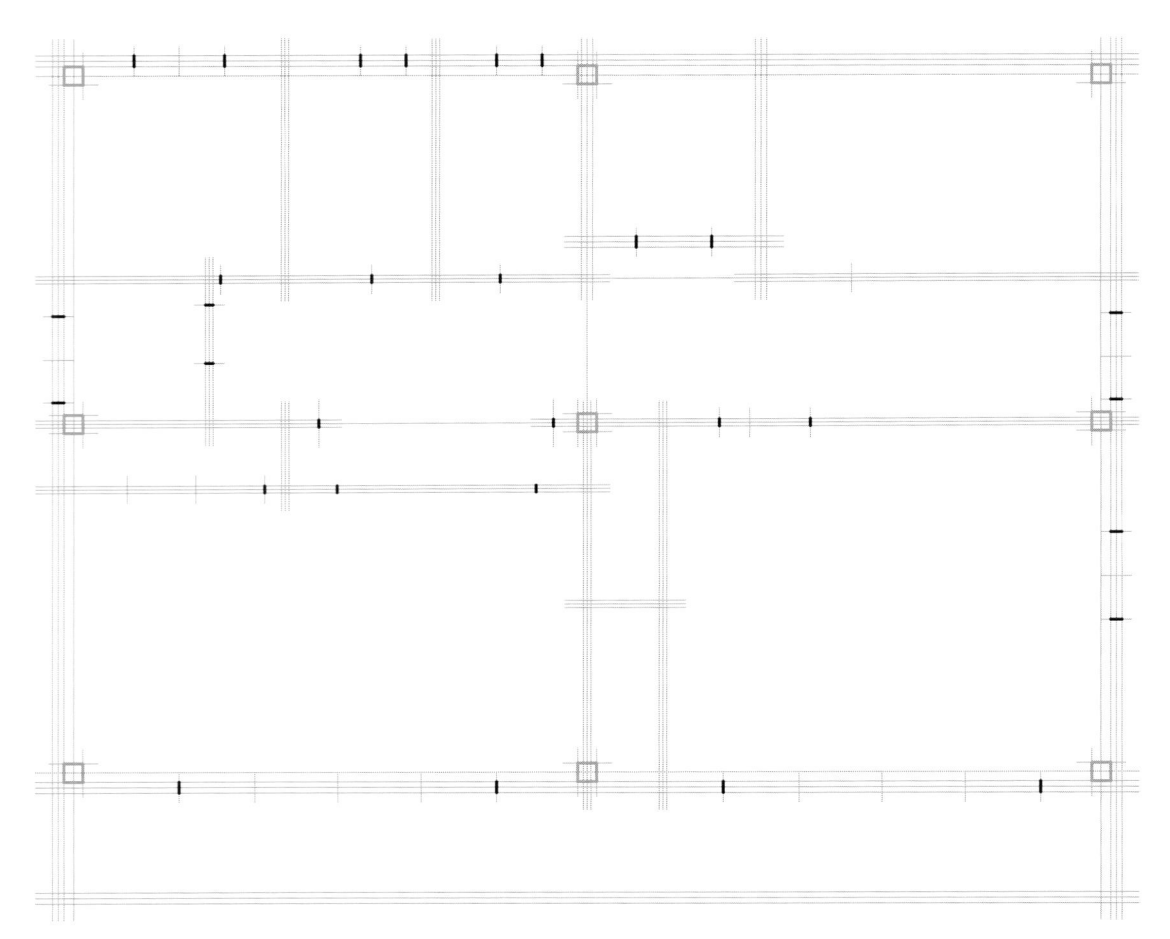

4. 開口部の位置を濃い実線の太線で描く（1/100）

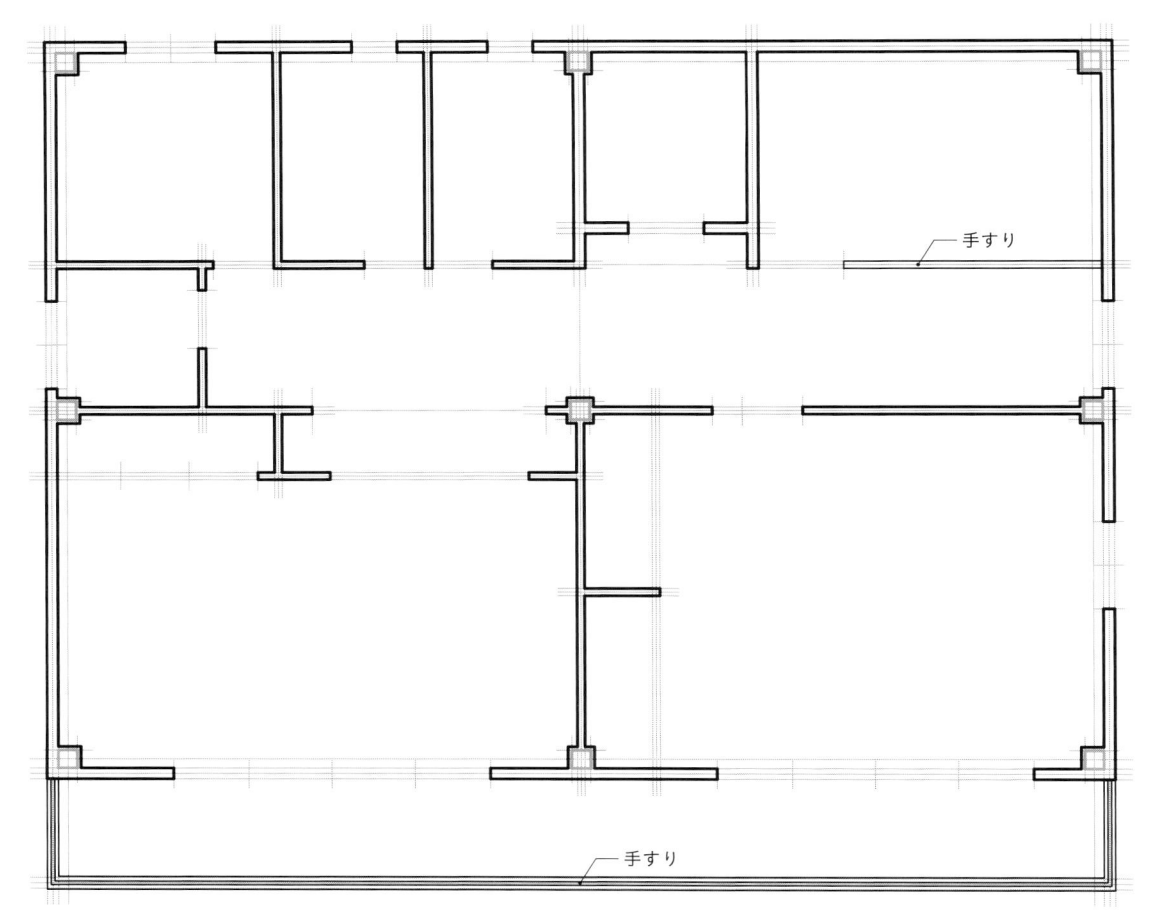

手すり

手すり

5. 壁を濃い実線の太線で描く（1/100）

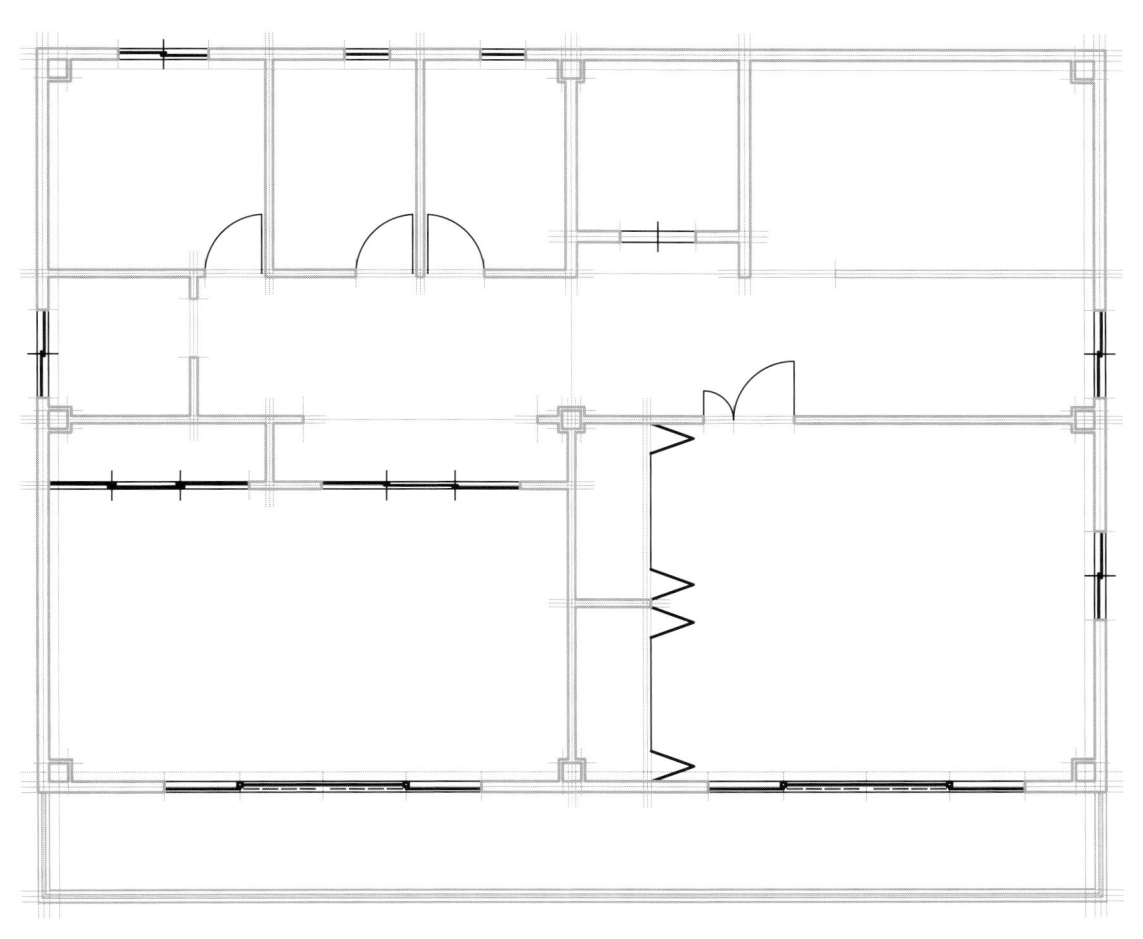

6. 開口部などを実線で描く（1/100）

第7章 鉄骨造2階建てコミュニティセンターの製図

## 7. 階段、衛生設備などを実線の中線で描く

（1）階段、エレベーターのかご、衛生設備、トイレブースの間仕切壁（厚さ60㎜）、家具などを実線の中線で描く。
（2）換気扇の表示をする。

## 8. 床の仕上げを実線の細線で描く（図は次頁）

和室の畳割りと和室の板敷き、式台の木目の仕上げを実線の細線で描く。

## 9. 玄関の庇などを実線の中線で描く（図は次頁）

玄関の庇を実線の中線で描く。またバルコニーの避難ハッチ600×600㎜を実線の中線で描く。

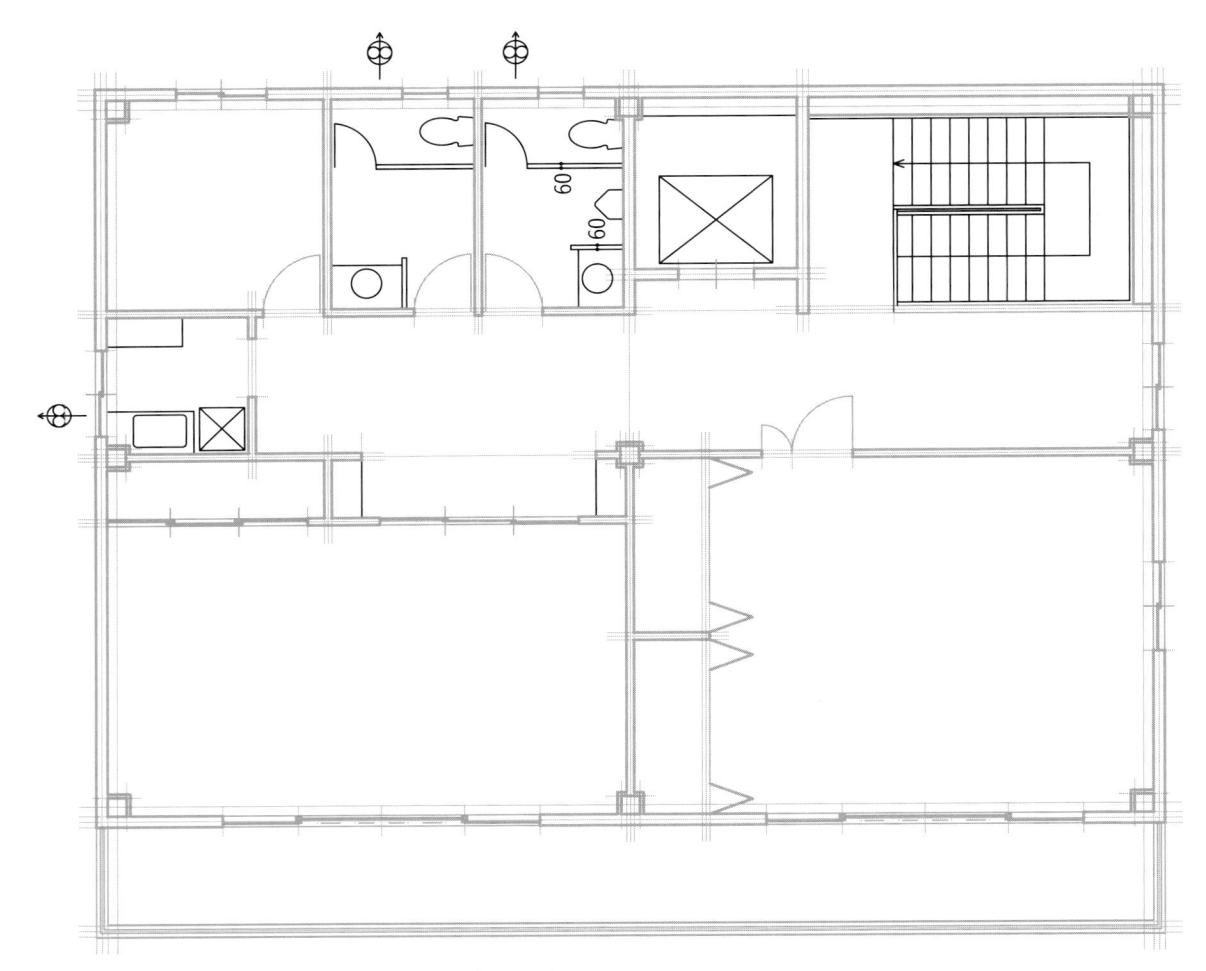

7. 階段、衛生設備などを実線の中線で描く（1/100）

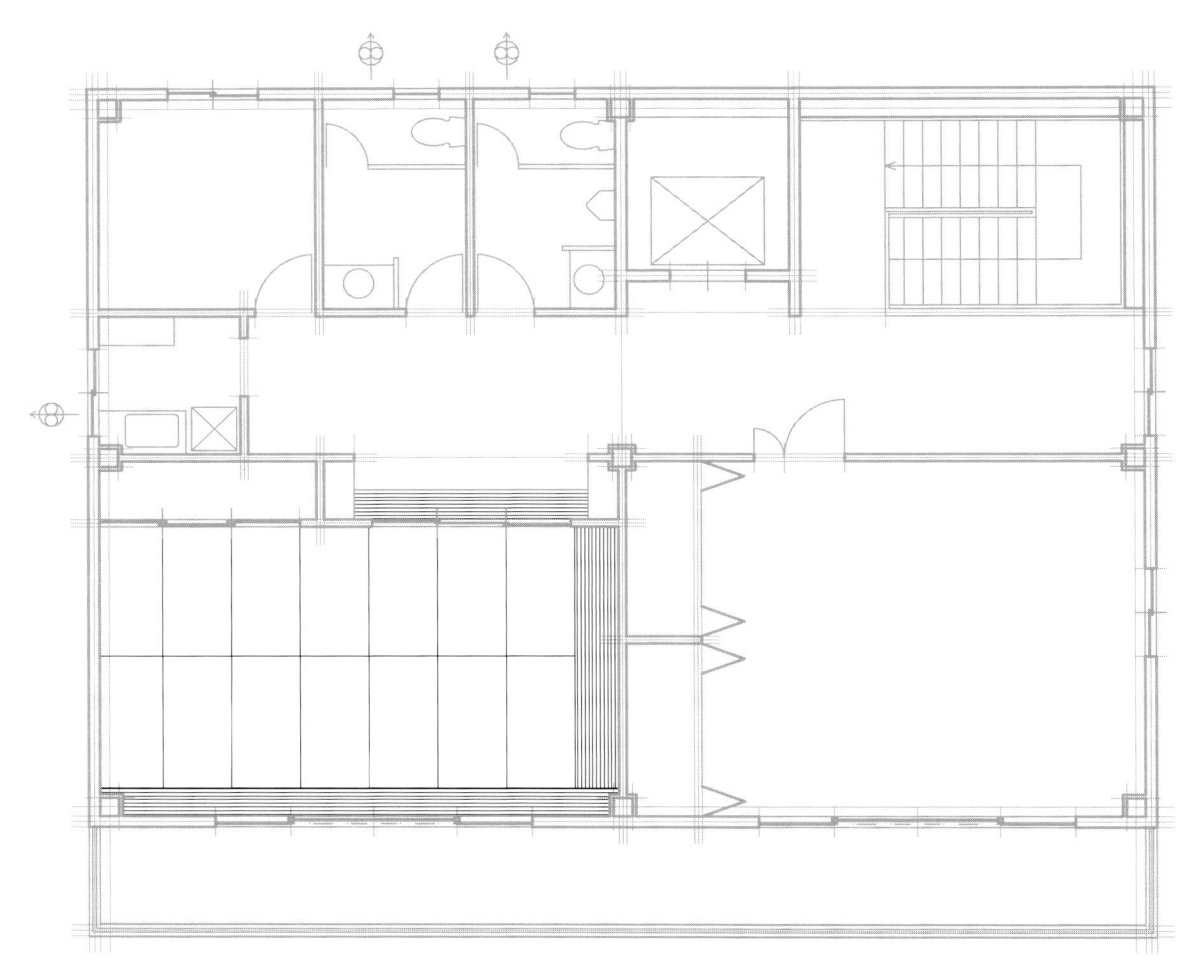

8. 床の仕上げを実線の細線で描く（1/100）

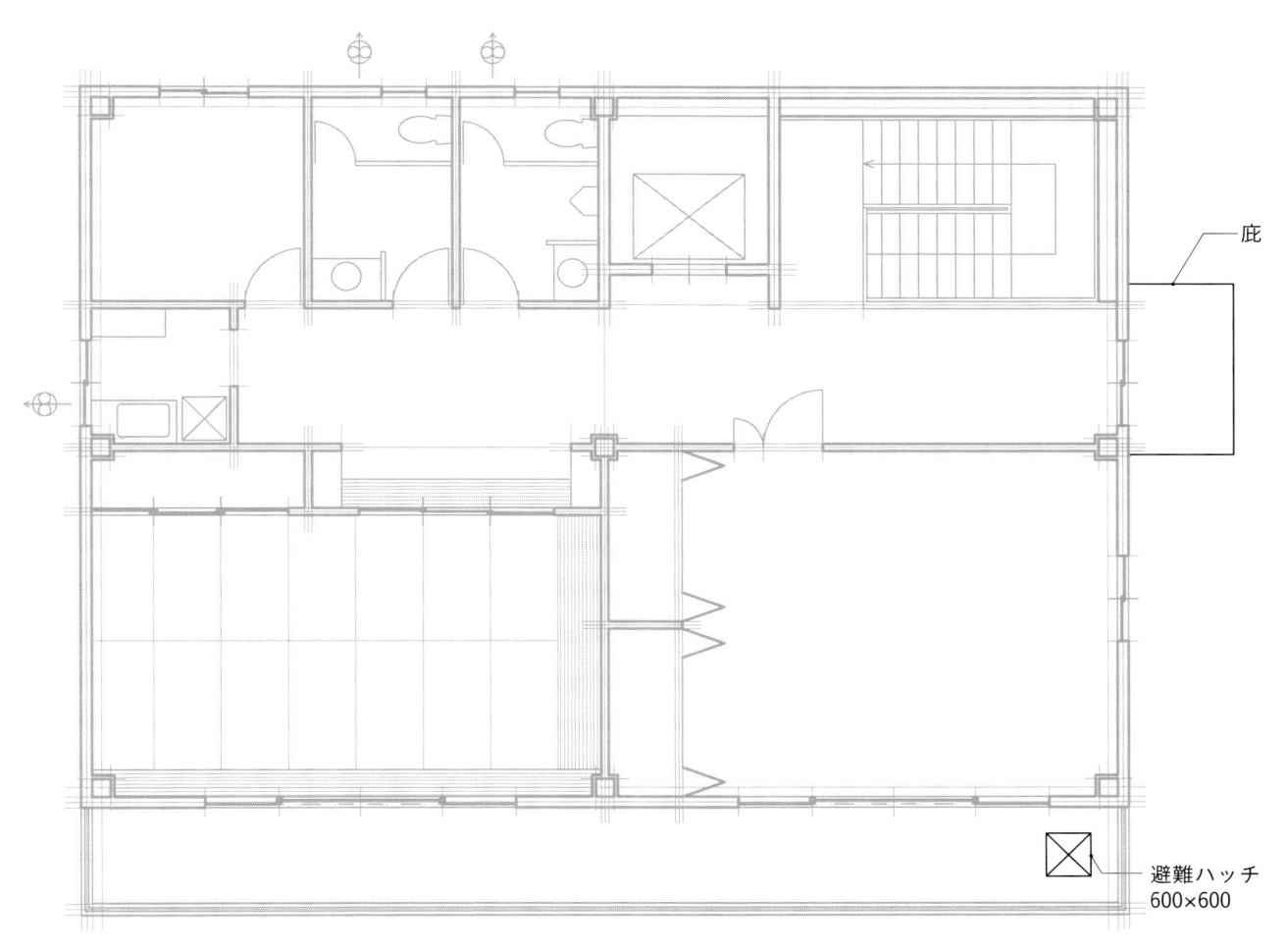

9. 玄関の庇などを実線の中線で描く（1/100）

庇

避難ハッチ
600×600

第7章　鉄骨造2階建てコミュニティセンターの製図

## 10. 寸法線を実線の細線で描く

寸法線を実線の細線で描く。寸法線は図よりいくらか離して描くようにする。

## 11. 名称、寸法、凡例などを記入する（完成図は 190 頁）

部屋の名称、寸法、基準線の番号（通り芯番号）、凡例、図面名称、縮尺などを記入する。

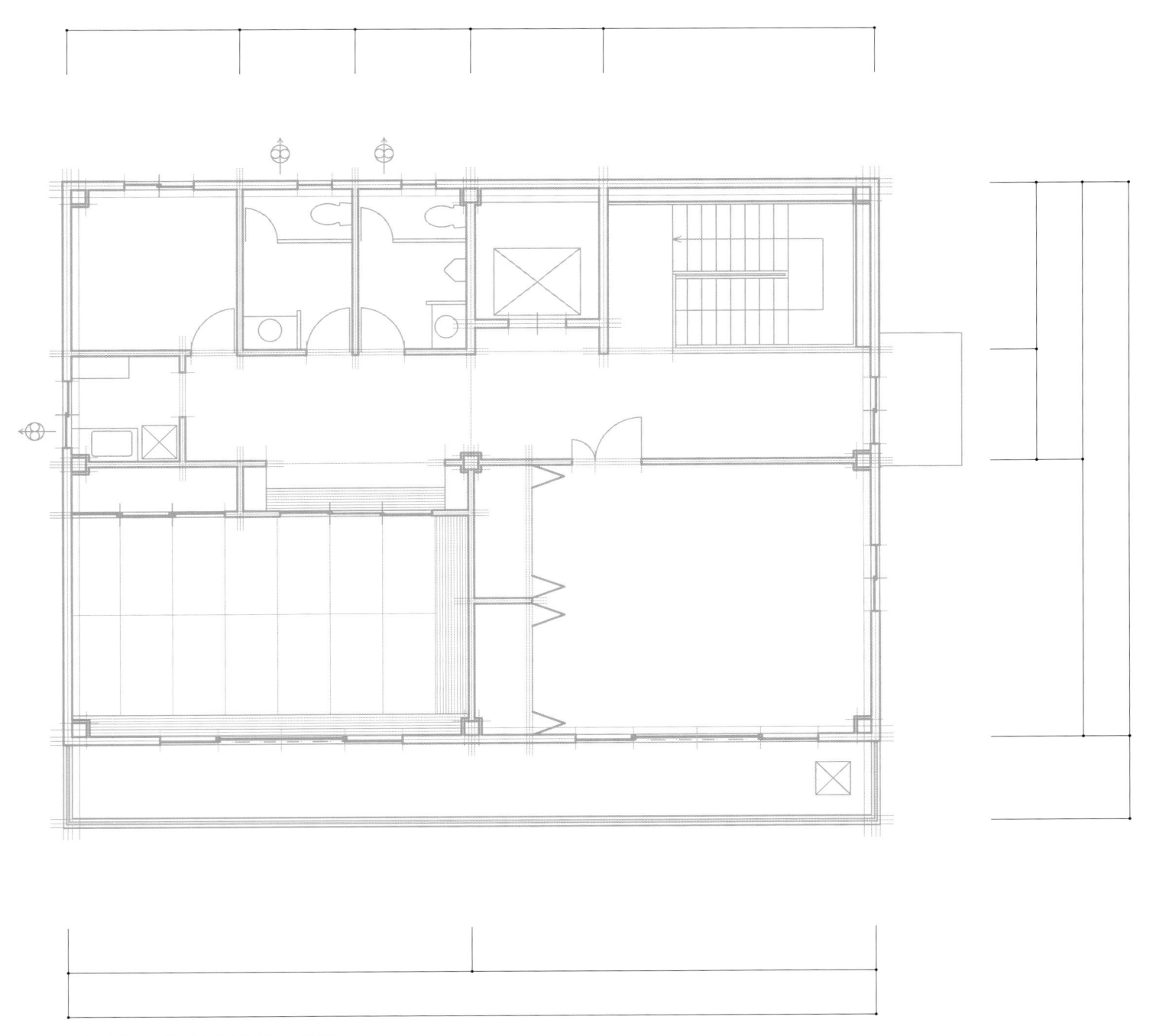

10. 寸法線を実線の細線で描く（1/100）

## 7-4 立面図の描き方

**1. 壁の中心線、高さの基準線を仮線で描く**

（1）地盤面（GL）を実線の太線で描く。
（2）壁の中心線を仮線で描き、地盤面からの高さの基準線を仮線で描く。高さの基準線には、地盤面のほかに、1階床面（1FL）、2階床面（2FL）、屋根スラブ上端（RSL）、パラペット上端がある。
（3）敷地境界線を仮線で描く。

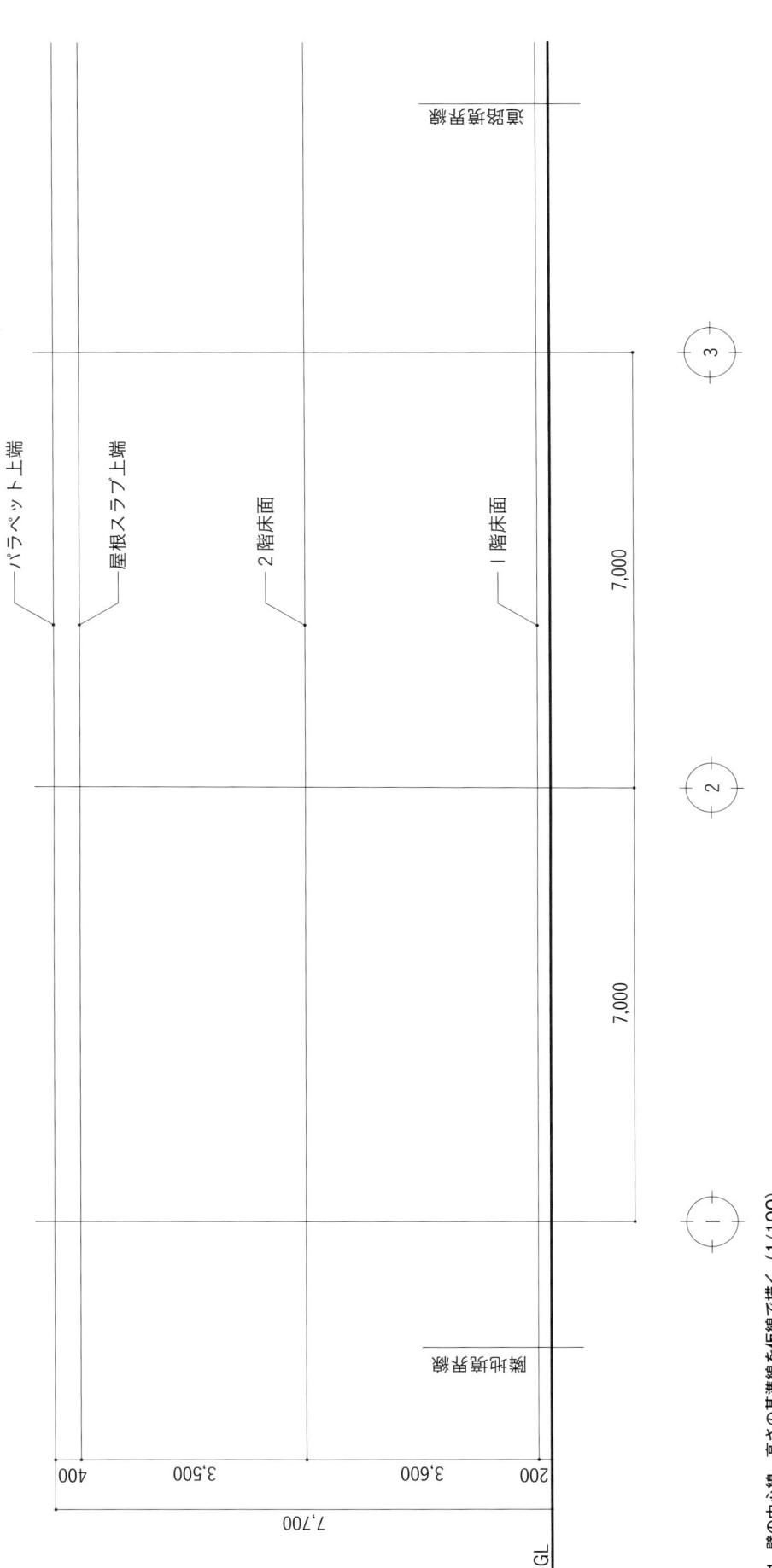

## 2. 建物の外形を実線の中線で描く

（1）外壁の中心線から外側に75mmをとり、建物の外形を実線の中線で描く。

（2）バルコニーの手すり下のアルミスパンドレルの外形を実線の中線で描く。

（3）GLより200mm上がった位置に、土間コンクリートの上端の線を実線の中線で描く。

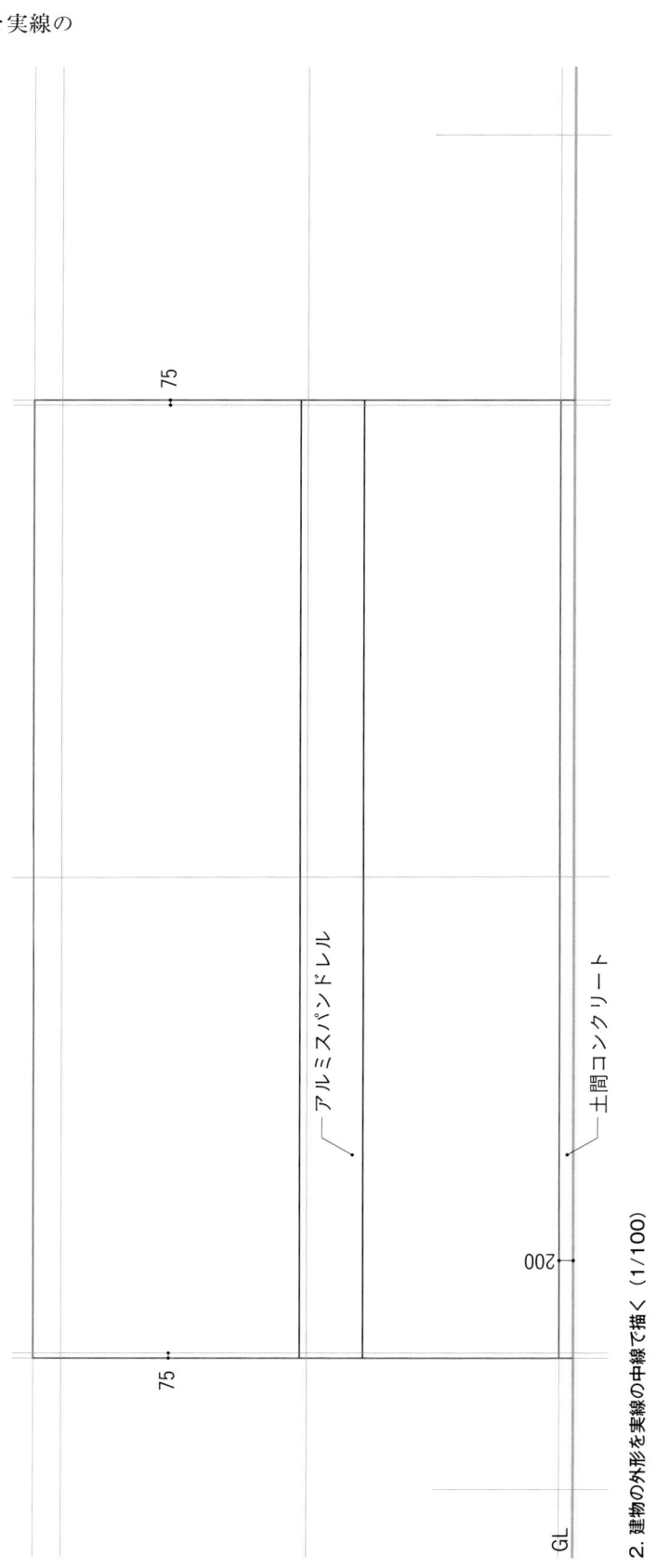

2. 建物の外形を実線の中線で描く（1/100）

## 3. 手すりを描く

（1）2階床面（2FL）から手すりの上端までの高さ1,000mmをとり（194-195頁矩計図参照）、手すり、支柱（@2,000mm）を実線の中線で描く。

（2）手すり子（@100mm）を実線の中線で描く。

　手すり子のような等間隔のものを描く場合、ひとつでも間隔の寸法が異なるとその部分が目立つので、仮線を描いてから実線の中線で仕上げるときに、その部分が均等になるように寸法の微調整をして描くとよい。鉛筆で描く場合、手すり子のような数多くある細かい線は、第7の細部を仕上げる段階で描いてもよい。

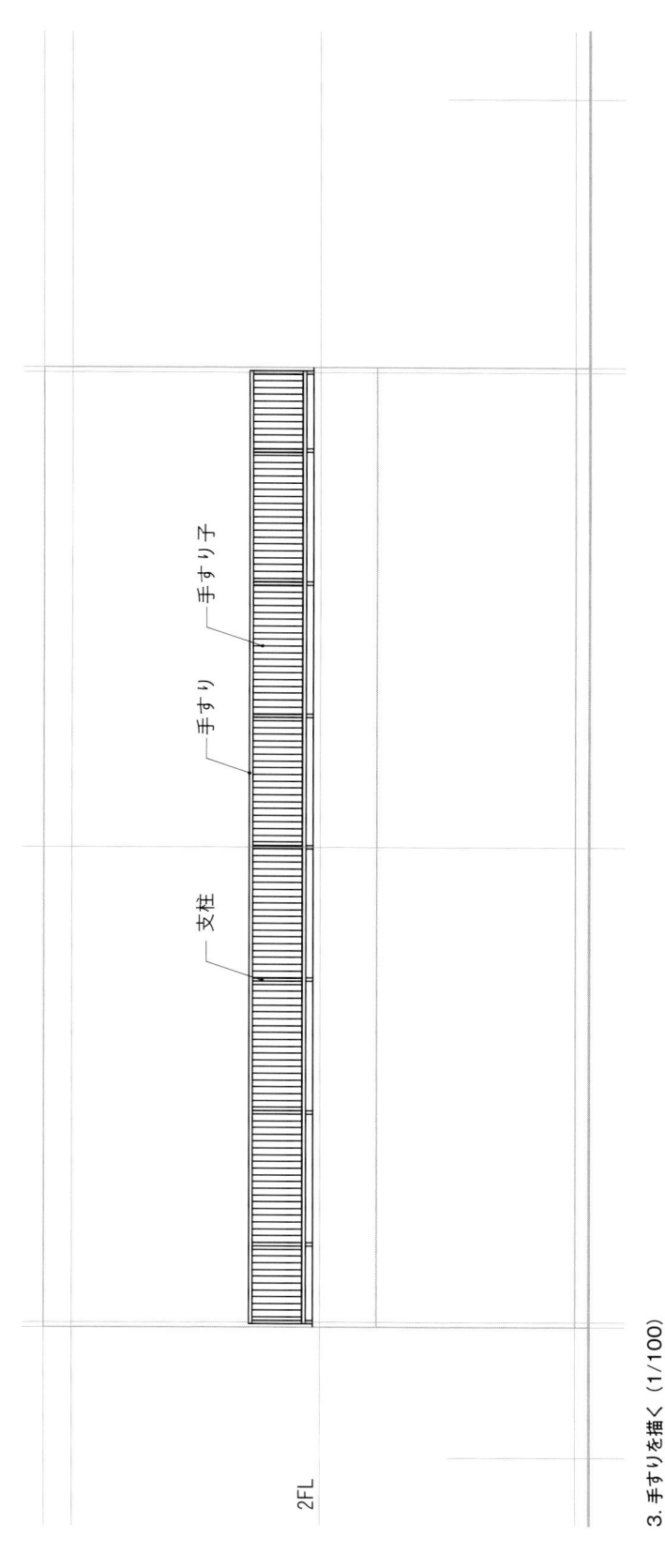

3. 手すりを描く（1/100）

## 4. ALC版の割り付けをして、縦目地を仮線で描く

建物の℄（センターライン）より、ALC版（幅600㎜）の縦目地の割り付けをする。

割り付けの方法は、原則として建物の℄から割り付けていき、建物のコーナーのALC版の幅寸法が300㎜以上になるように割り付ける［図12、13］。ここでは図12の方法で割り付ける。

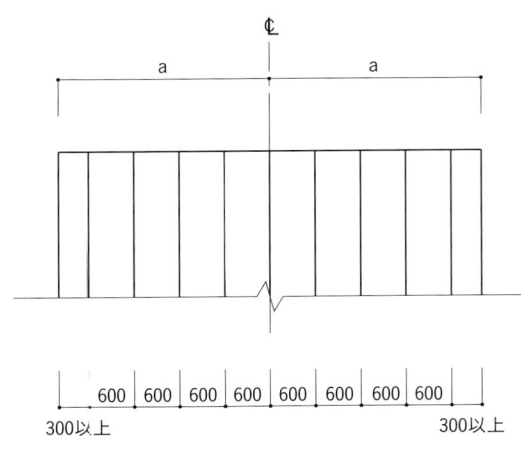

図12 ALC版（幅600㎜）の目地と建物の℄（センターライン）が一致する割り付け

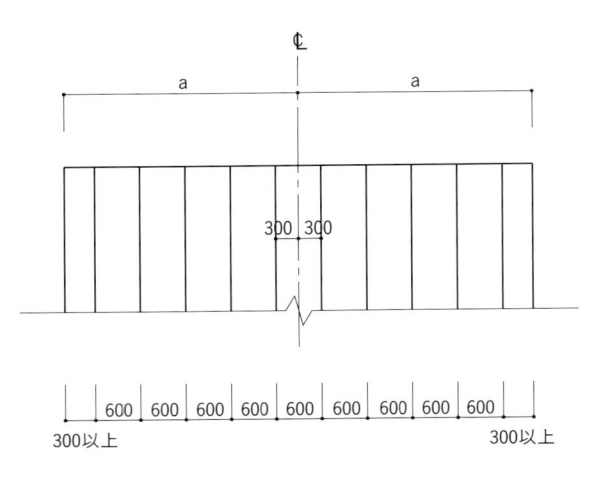

図12の方法と300mmずらして割り付ける

図13 ALC版（幅600㎜）の中心線が建物の℄（センターライン）と一致する割り付け

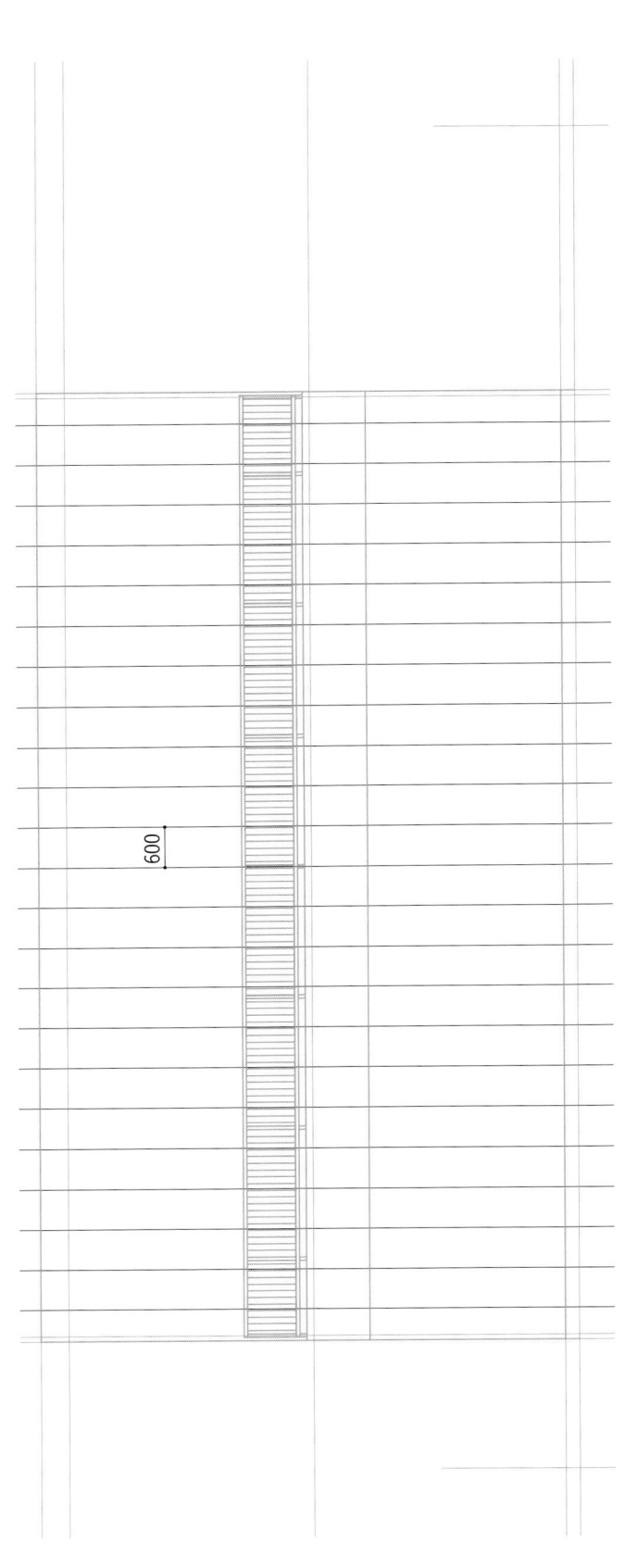

4. ALC版の割り付けをして、縦目地を仮線で描く（1/100）

## 5. 開口部を実線の中線で描く

平面図と同じ位置に開口部を実線の中線で描く。開口部の高さ寸法は、223頁「**3. 開口部を仮線で描く**」を参照すること。

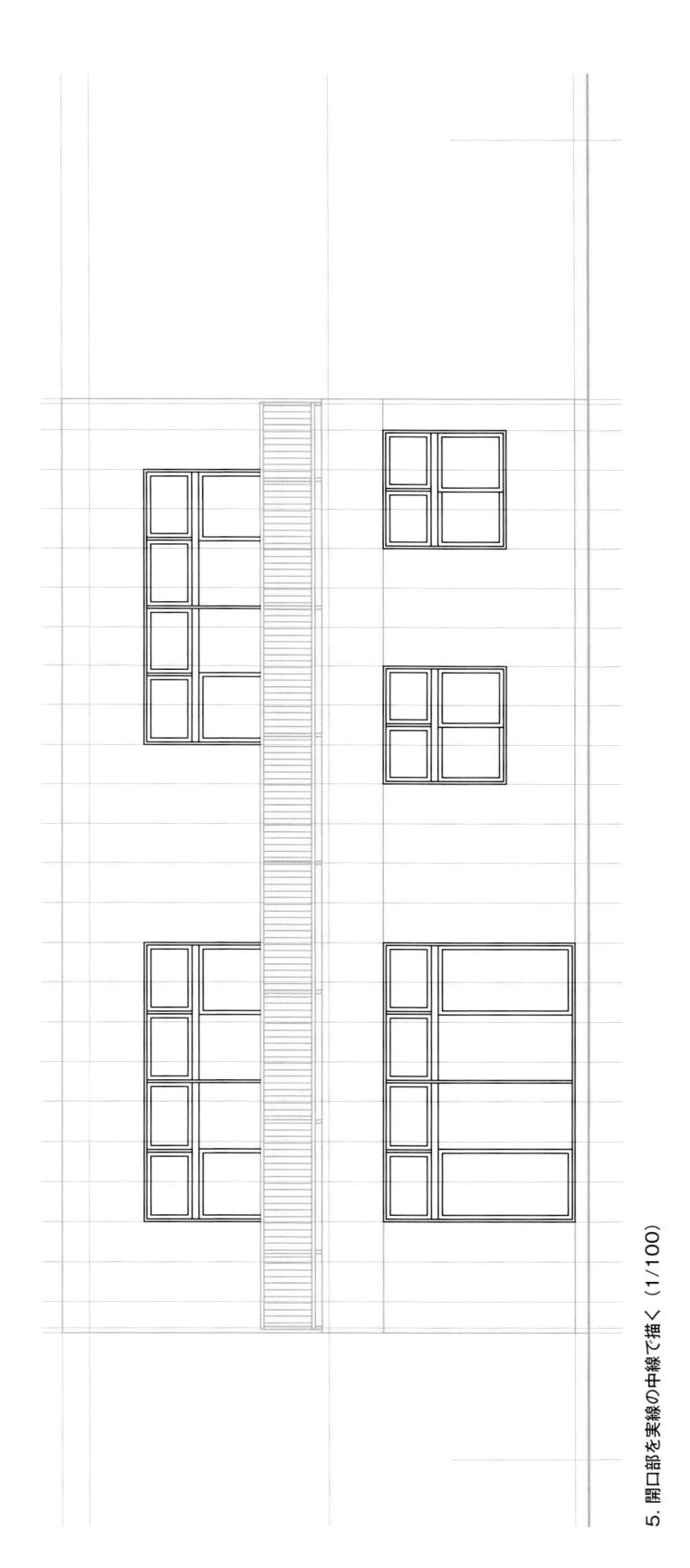

5. 開口部を実線の中線で描く（1/100）

**6. ALC 版の縦目地を実線の細線で描く**

（1）縦目地は第 4 の段階で割り付けした寸法により、実線の細線で描く。
（2）パラペットに上端の笠木(かさぎ)と 2 階バルコニーのアルミスパンドレル上端の笠木を表す線を、実線の細線で描く。

**7. 細部を仕上げて完成する（完成図は 191 頁）**

（1）アルミスパンドレルの目地（@100 mm）を実線の細線で描く。
（2）玄関ポーチ、スロープ、玄関ポーチの庇を実線の中線で描く。
（3）換気扇のフードを実線の中線で描く。
（4）基準線の番号を記入する。
（5）敷地境界線を一点鎖線の細線で描く。
（6）図面名称、縮尺を記入する。

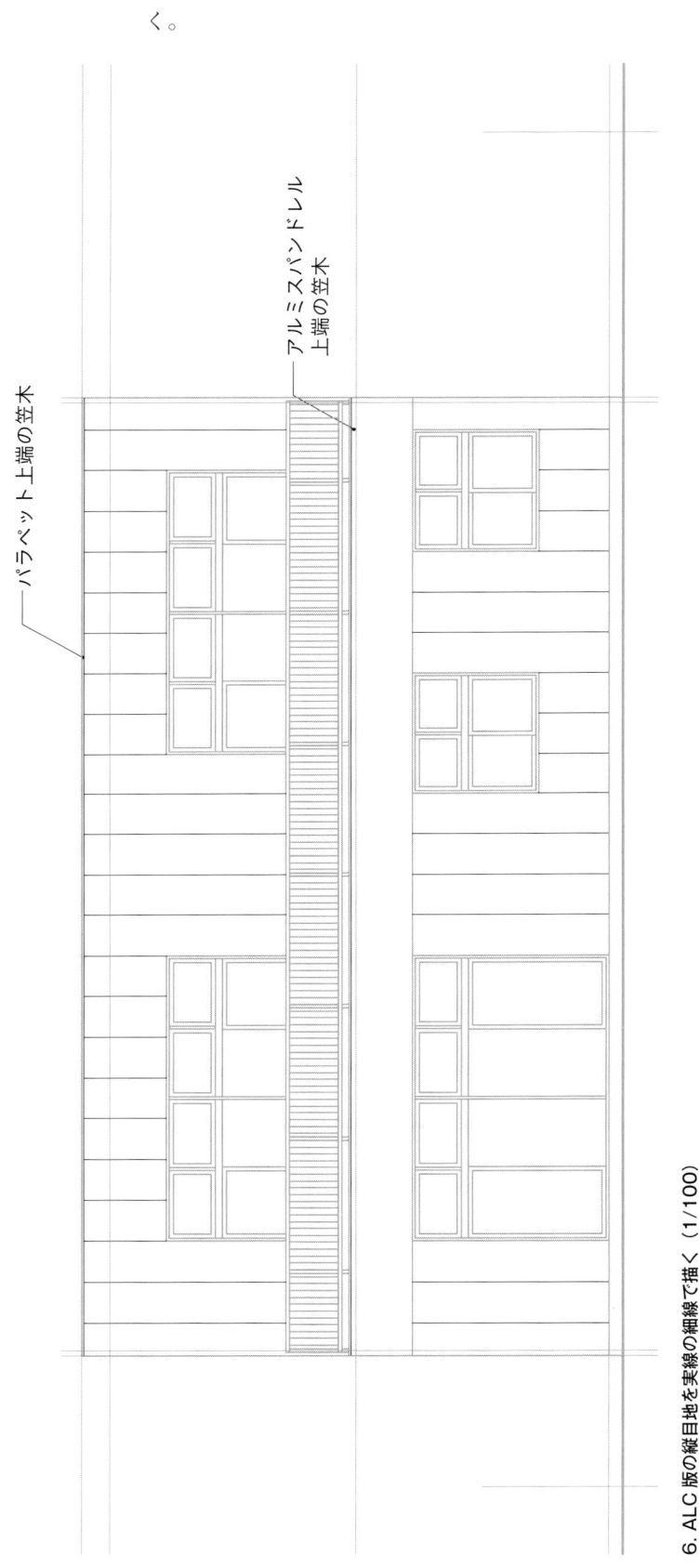

パラペット上端の笠木

アルミスパンドレル上端の笠木

6. ALC 版の縦目地を実線の細線で描く（1/100）

## 7-5 断面図の描き方

### 1. 外壁の中心線、高さの基準線を仮線で描く

（1）高さの基準線を仮線で描く。高さの基準線には、地盤面（GL）、1階床面（1FL）、2階床面（2FL）、屋根スラブ上端（RSL）、パラペット上端がある。また、和室床面は2階床面より100mm上がった位置とする。

（2）外壁の中心線、バルコニーの出を仮線で描く。

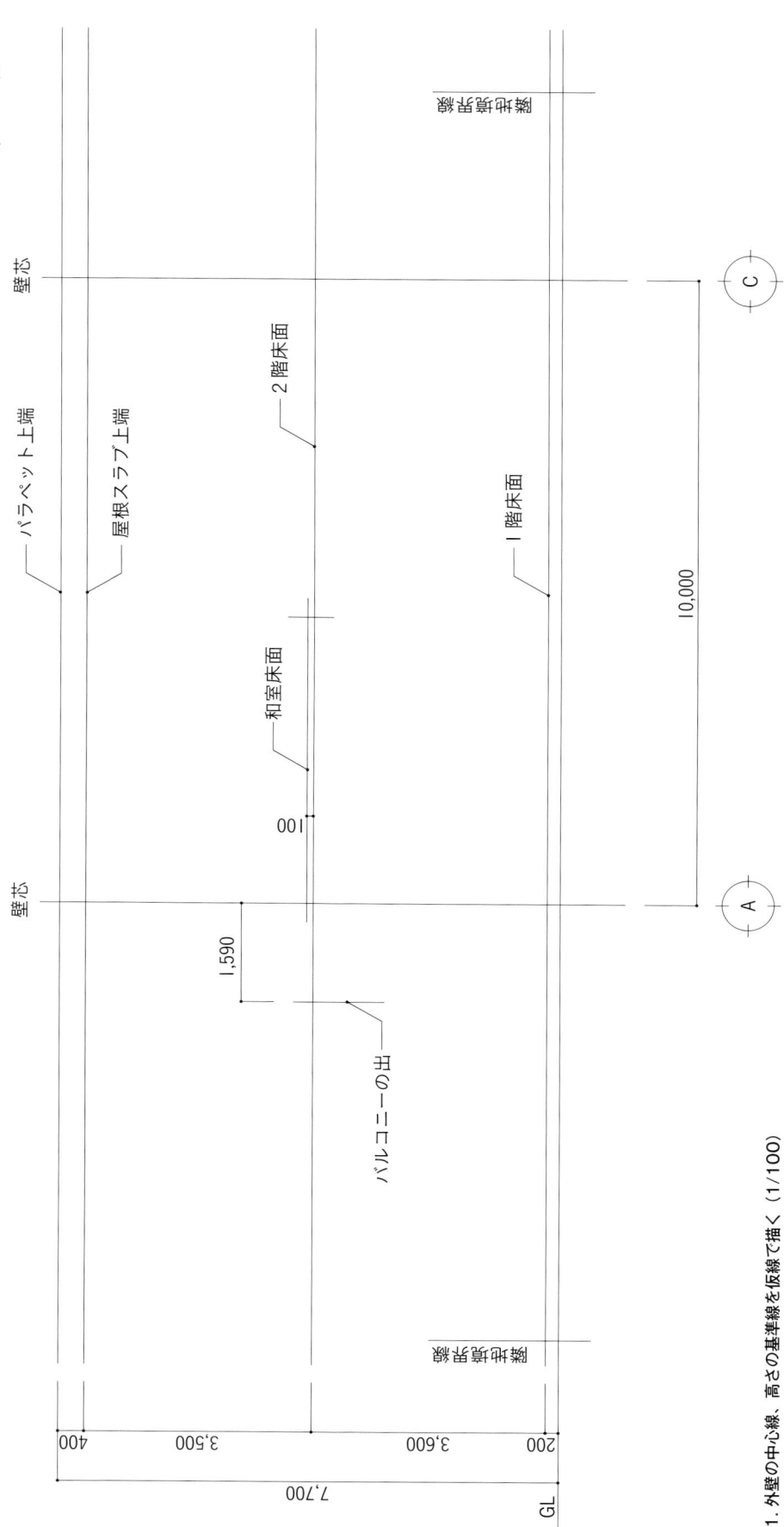

（3）隣地境界線を仮線で描く。

## 2. 壁、屋根、床、天井、梁などを仮線で描く

（1）外壁の中心線から両側に75mmずつ振り分けて、外壁の線を仮線で描く。

（2）内壁の中心線から両側に50mmずつ振り分けて、内壁の線を仮線で描く。

（3）屋根、床、天井の線を仮線で描く。屋根の水勾配は1/50とする。壁芯Aの通りの近くの1階と2階の天井に、カーテンボックス（W120×H100）を仮線で描く。

（4）バルコニーの断面を仮線で描く。バルコニーの床面（水上）は和室より200mm下げる。バルコニーの水勾配は1/100とする。

（5）鉄骨梁を仮線で描く。梁の大きさは2階床梁はH-400×200×8×13で、梁の上端は2階床面より120mm下げた位置とする。また屋根の梁はH-350×175×7×11で、梁の上端は屋上スラブ上端より220mm下げた位置とする［図14］。

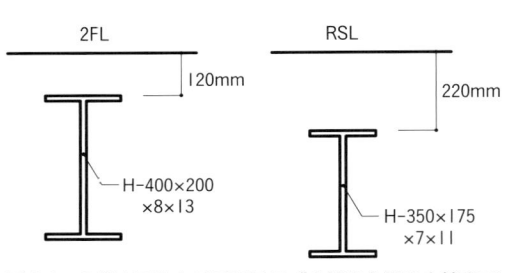

図14 2階床面または屋根スラブ上端から梁の上端までの寸法

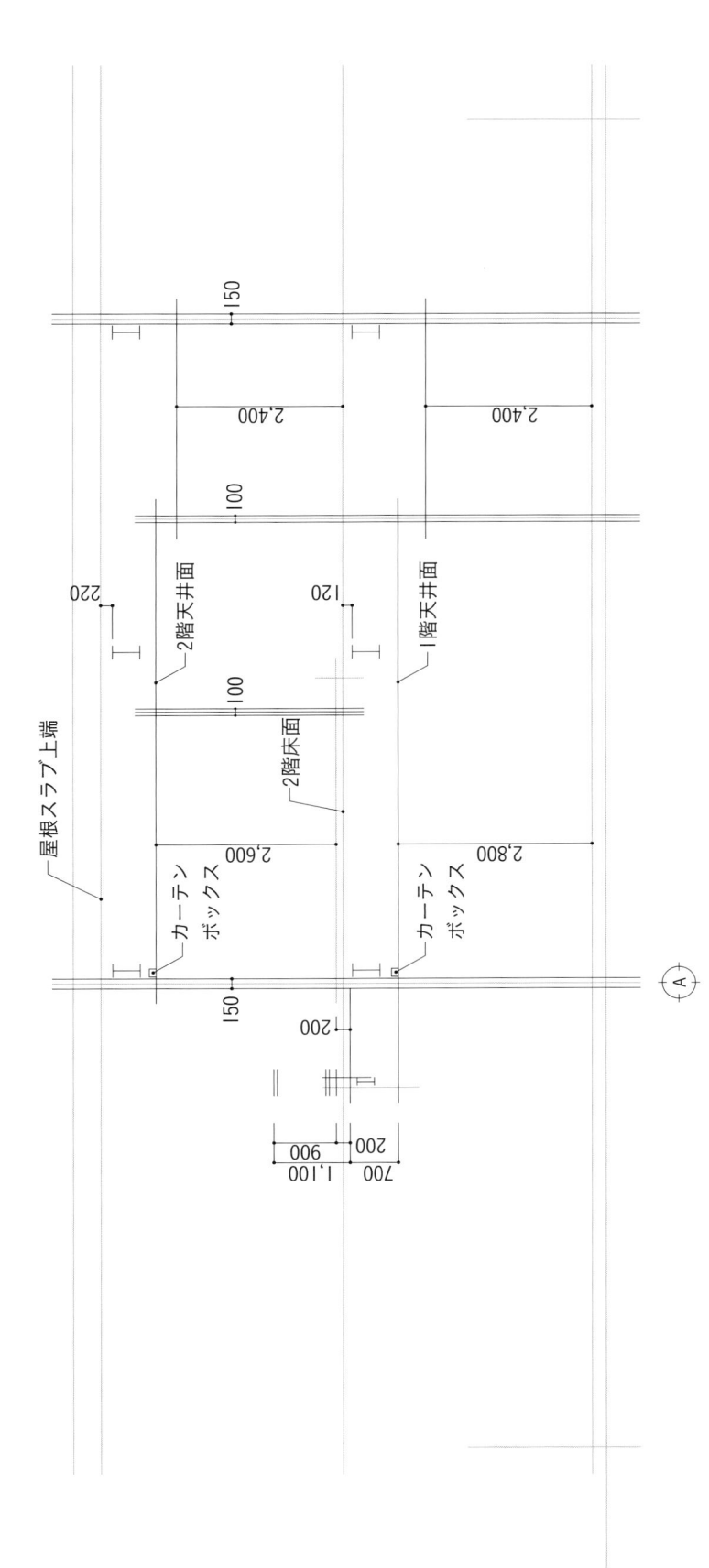

2. 壁、屋根、床、天井、梁などを仮線で描く（1/100）

## 3. 開口部を仮線で描く

断面図で切断する位置の窓の高さ［図15］をとり、それらを仮線で描く。

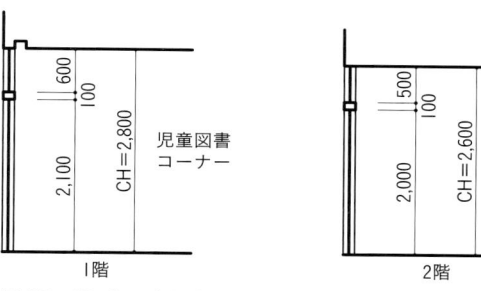

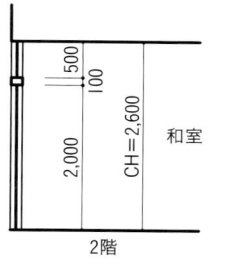

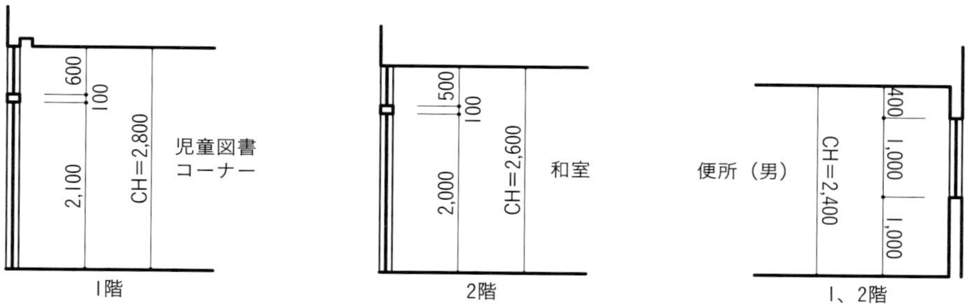

**図15　開口部の高さ寸法**

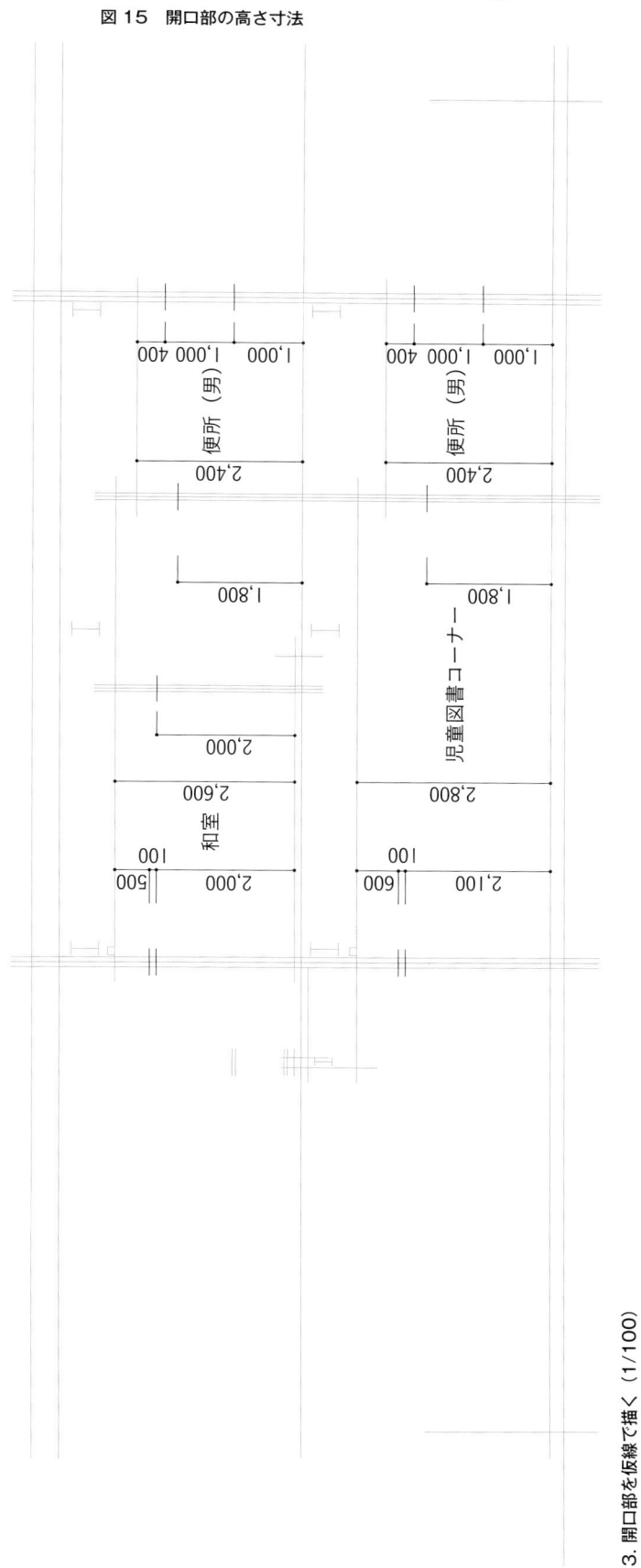

3. 開口部を仮線で描く（1/100）

## 4. 壁、屋根、床、天井、梁などを濃い実線の太線で描く

壁、屋根、床、天井、梁、バルコニーを筆圧を強くして、濃い実線の太線で描く。

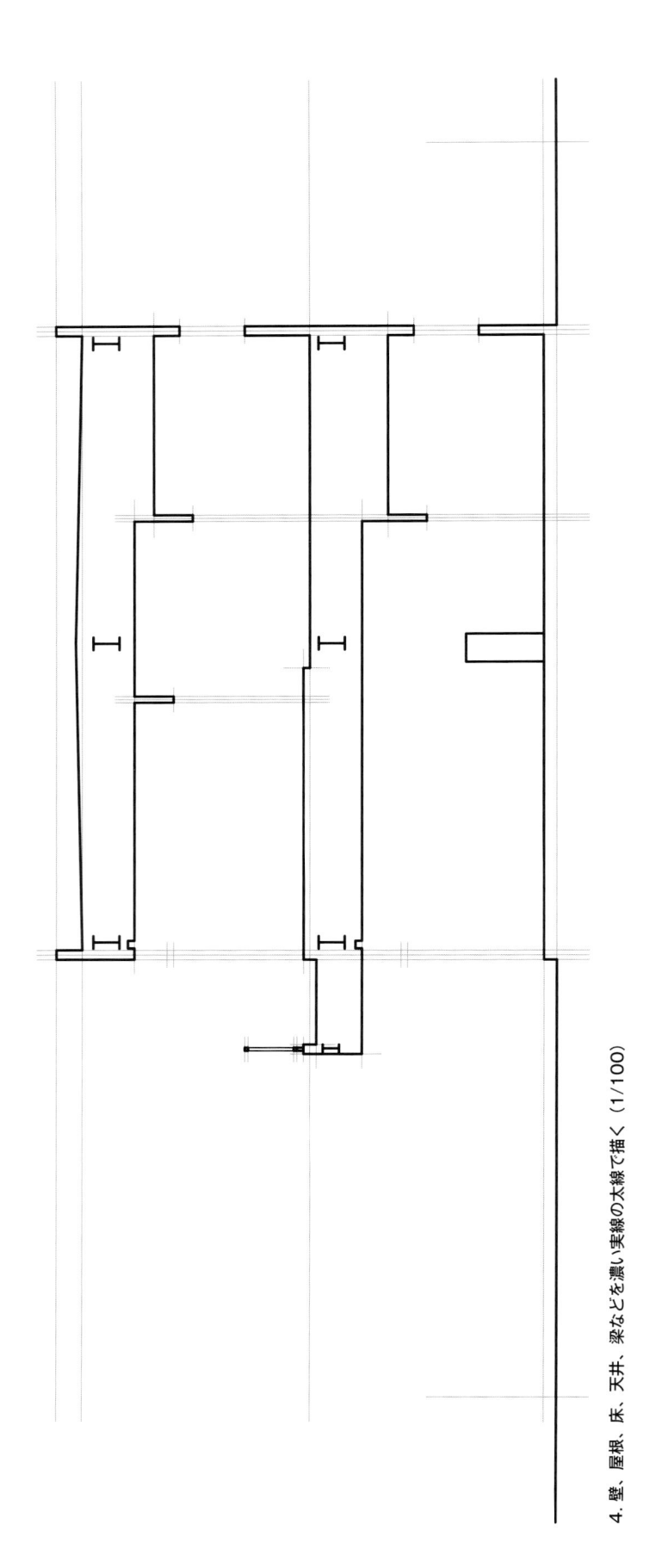

4．壁、屋根、床、天井、梁などを濃い実線の太線で描く（1/100）

## 5. 開口部を実線で描く

　開口部の描き方は平面図と同様に、開口部の窓部分と無目の部分は実線の太線で、見えがかり部分は実線の中線で描く［図16］。

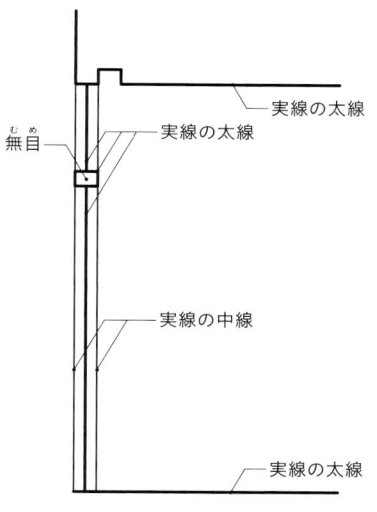

図16　開口部の断面の描き方

## 6. 寸法線、寸法、名称などを記入する（完成図は193頁）

（1）寸法線を実線の細線で描く。
（2）隣地境界線を一点鎖線の細線で描く。
（3）寸法、基準線の番号（通り芯番号）を記入する。
（4）部屋名、図面名称、縮尺を記入する。

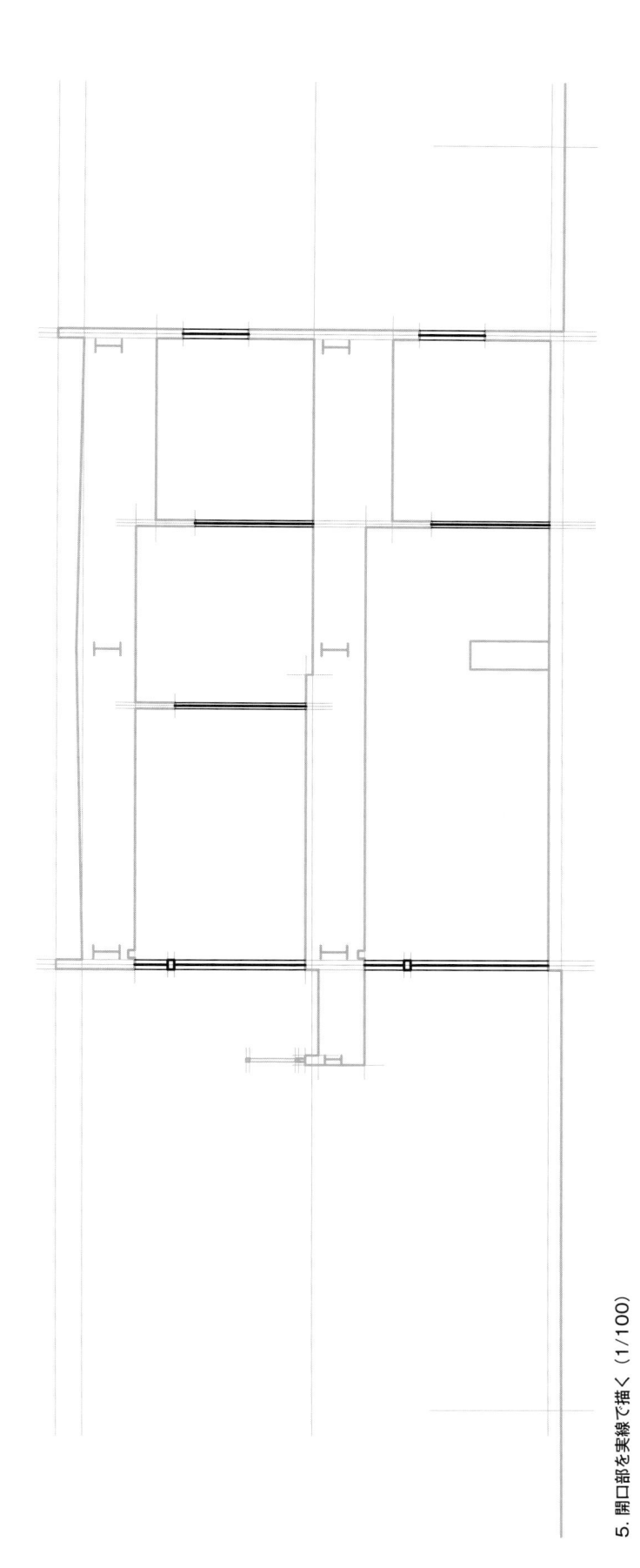

5. 開口部を実線で描く（1/100）

第7章　鉄骨造2階建てコミュニティセンターの製図

図中の記載:

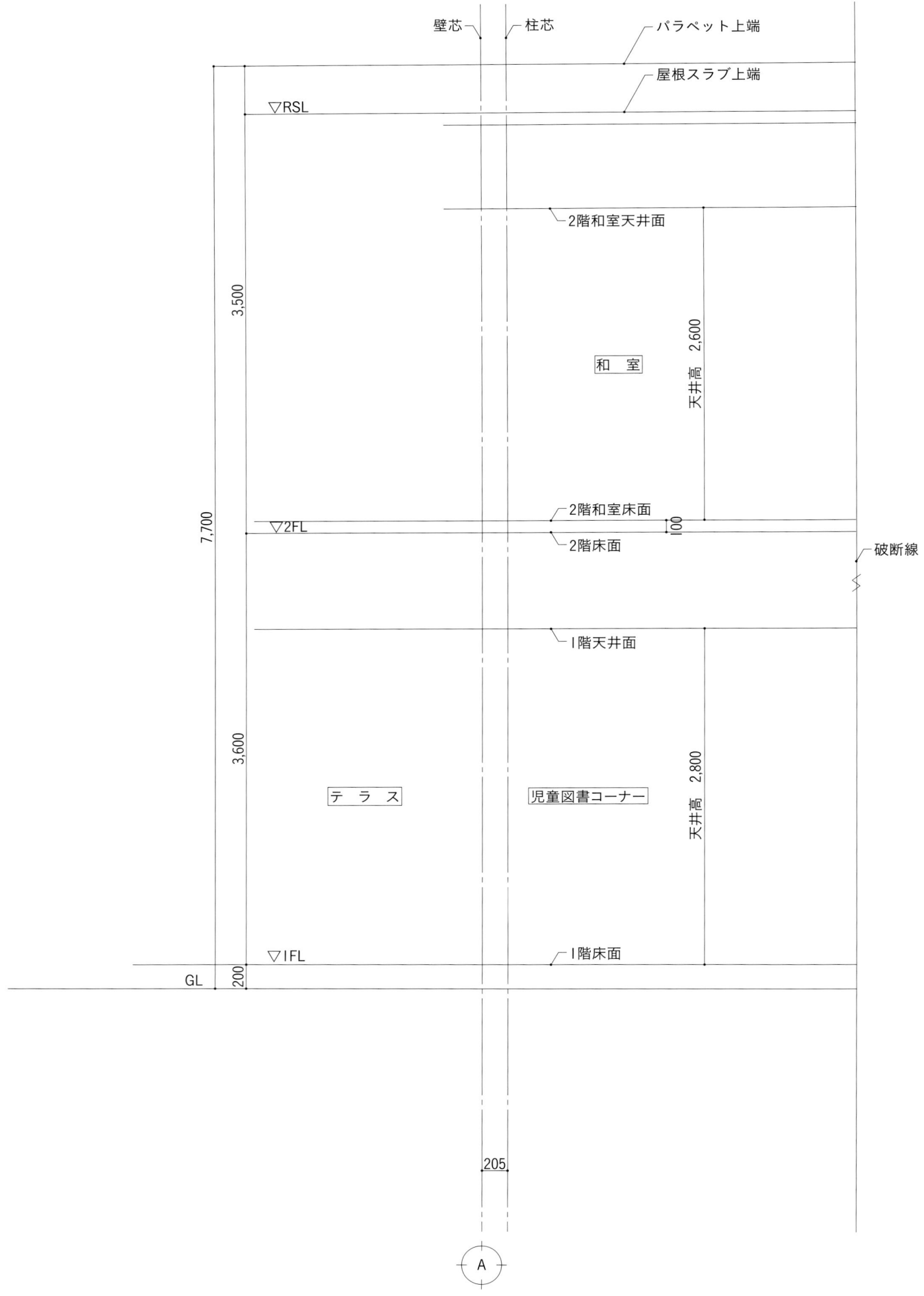

- 壁芯
- 柱芯
- パラペット上端
- 屋根スラブ上端
- ▽RSL
- 2階和室天井面
- 天井高 2,600
- 和室
- 3,500
- 7,700
- 2階和室床面
- ▽2FL
- 2階床面
- 100
- 破断線
- 1階天井面
- 3,600
- テラス
- 児童図書コーナー
- 天井高 2,800
- ▽1FL
- 1階床面
- GL
- 200
- 205
- A

1. 壁の中心線（壁芯）、柱の中心線（柱芯）、高さの基準線などを描く（1/40）

## 7-6 矩計図の描き方

### 1. 壁の中心線（壁芯）、柱の中心線（柱芯）、高さの基準線などを描く（図は前頁）

（1）壁と柱の中心線を一点鎖線の細線で、地盤面（GL）を仮線で描く。これらの線は、矩計図を描く場合の基準となる大切な線である。

（2）高さの基準線（1階床面、2階床面、屋根スラブ上端、パラペット上端）を仮線で描く。屋根の高さの基準線は、屋根スラブ上端（水上）で押さえる。

（3）1階床面、2階床面より天井高をとり、仮線で描く。

（4）壁の中心線より室内側に3m程度離して、破断線を実線の細線で描く。

### 2. 躯体を仮線で描く

（1）ALC版（厚さ100mm）を、壁の中心線より両側に50mmずつ振り分けて、外壁の線を仮線で描く。

（2）2階床面、屋根スラブを基準にして鉄骨梁を仮線で描く。2階床梁の上端は2階床面より120mm下げた位置とし、屋根の梁の上端は屋根スラブ上端（水上）より220mm下げた位置とする。

（3）2階床梁、屋根の梁の上端よりデッキプレートとコンクリートを合わせた厚み120mmをとり、仮線で描く。また2階和室の床面を、2階床面より100mm上げた位置でとり、仮線で描く。

（4）基礎梁（幅300mm）、柱礎（幅540mm）、土間コンクリート（厚さ150mm）、捨てコンクリート（厚さ50mm）、割栗石（厚さ150mm）などを仮線で描く。

（5）バルコニーの床面、デッキプレート、軒天井、手すりなどを仮線で描く。軒天井は2階床面より800mm下がった位置とし、またバルコニー先端の小梁は、2階床面より240mm下げた位置とする。

（6）パラペット上端は屋根スラブ上端（水上）より400mm上げた位置とする。

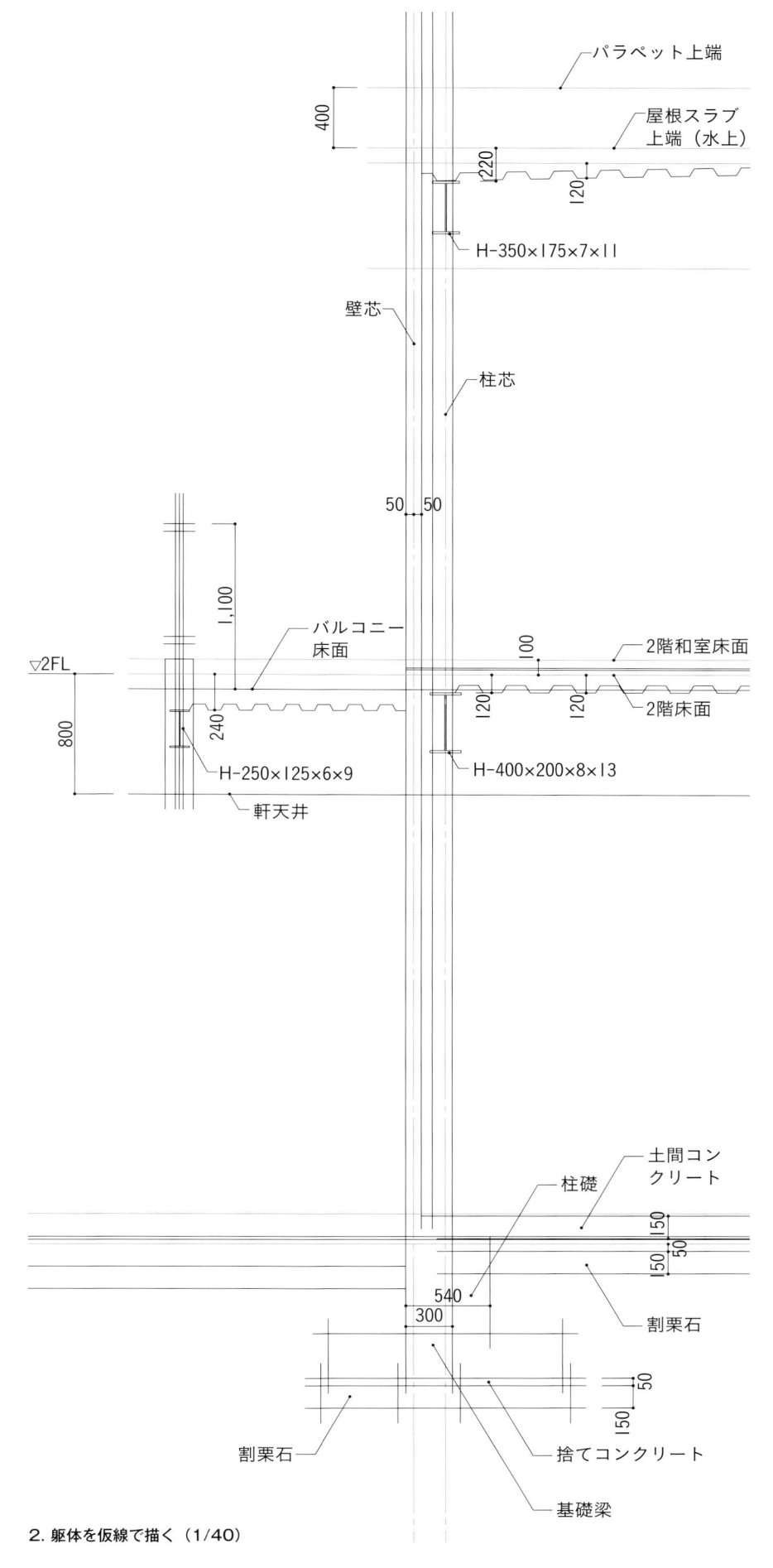

2. 躯体を仮線で描く（1/40）

### 3. 躯体を濃い実線の太線で仕上げる

（1）ALC版を筆圧を強くして濃い実線の太線で描く。

（2）鉄骨梁、デッキプレート、コンクリート、基礎梁、土間コンクリートなどの躯体を実線の太線で描く。

（3）柱礎などを破線の中線で描く。

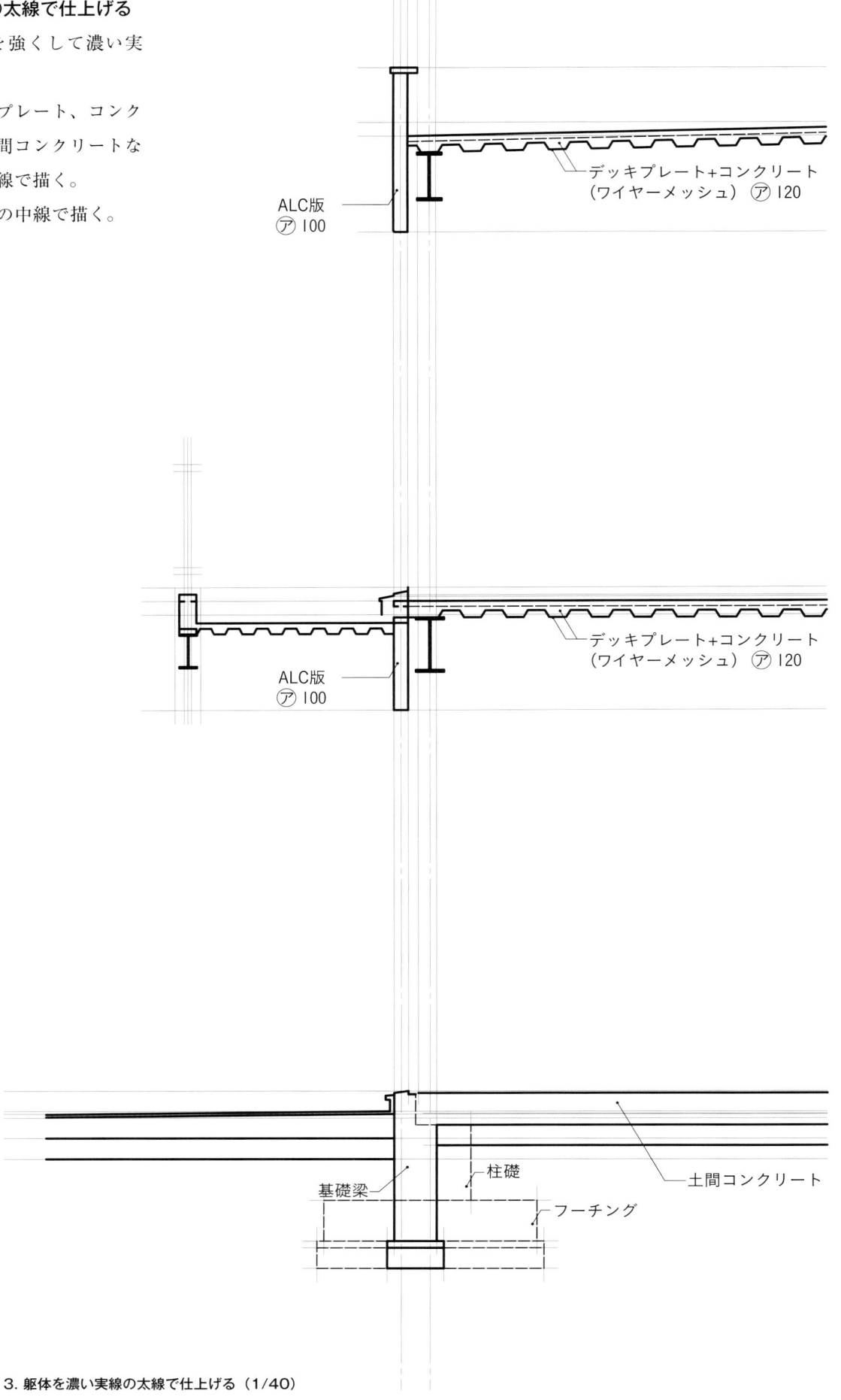

ALC版 ⑦100

デッキプレート+コンクリート（ワイヤーメッシュ）⑦120

ALC版 ⑦100

デッキプレート+コンクリート（ワイヤーメッシュ）⑦120

基礎梁　柱礎　フーチング　土間コンクリート

3. 躯体を濃い実線の太線で仕上げる（1/40）

## 4. 開口部を仮線で描き、仕上げる

(1) 1階と2階の開口部を仮線で描く。

(2) 開口部の断面、ガラスは実線の太線で描き、開口部の見えがかりは実線の中線で描く。

(3) 開口部の額縁、カーテンボックスを実線の太線で描く。

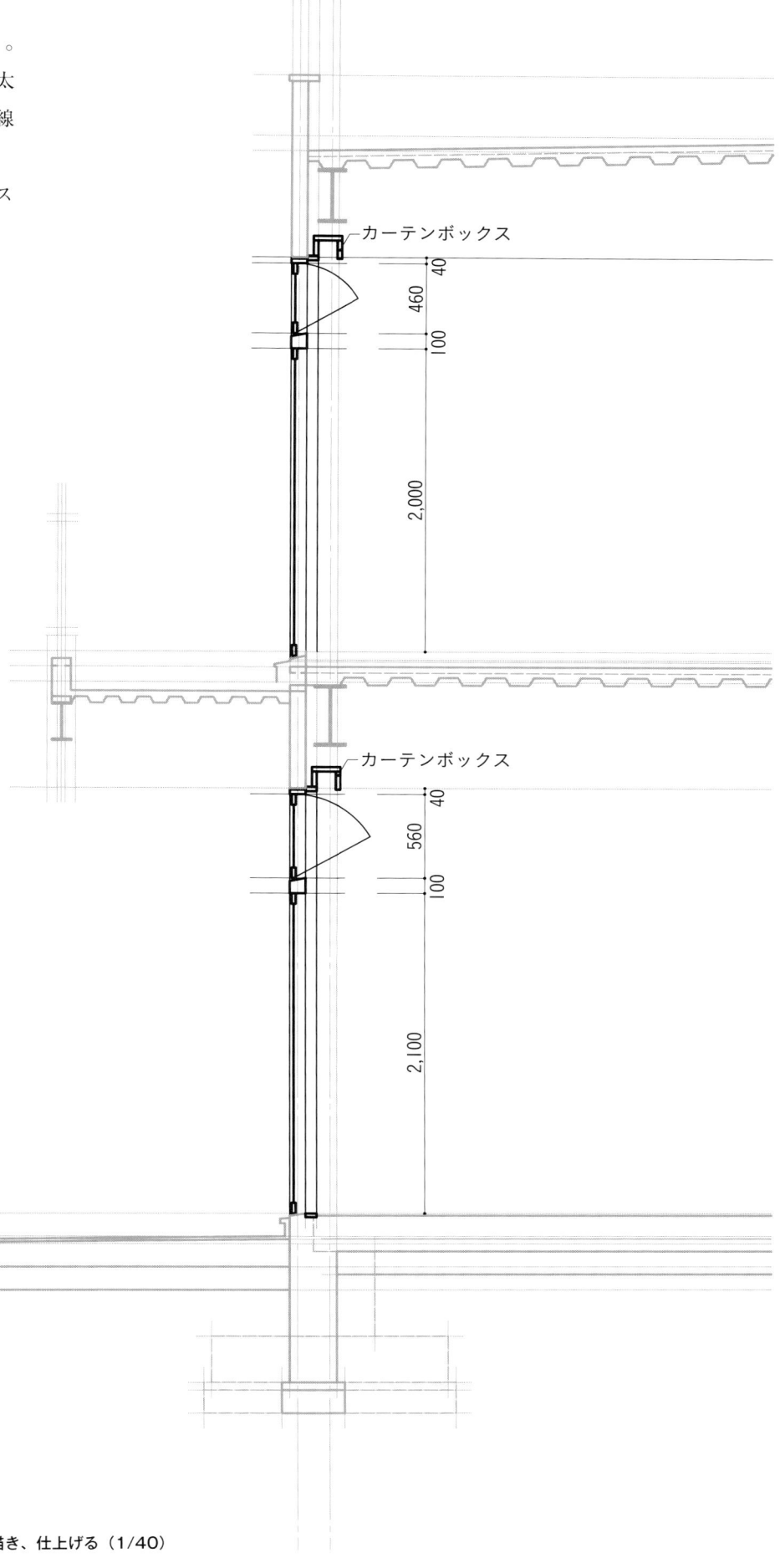

4. 開口部を仮線で描き、仕上げる（1/40）

## 5. 床、天井などを仮線で描き、仕上げる

（1）床と天井を実線の太線で描く。

（2）2階和室の下地を実線の中線で描く。

（3）室内の天井裏とバルコニー部分の吊りボルト、野縁受け、野縁などを実線の中線で描く。

（4）外壁、屋根の断熱材を実線の中線で描く。

（5）1階の幅木を実線の中線で描く。

（6）屋根スラブ上とパラペットの立上りの均しモルタルを実線の中線で描き、露出シート防水を実線の太線で描く。またパラペット上端の笠木を実線の太線で描く。

（7）バルコニー床の防水モルタル（水勾配1/100）、笠木、手すり下の壁と軒天井のアルミスパンドレルを実線の太線で描く。

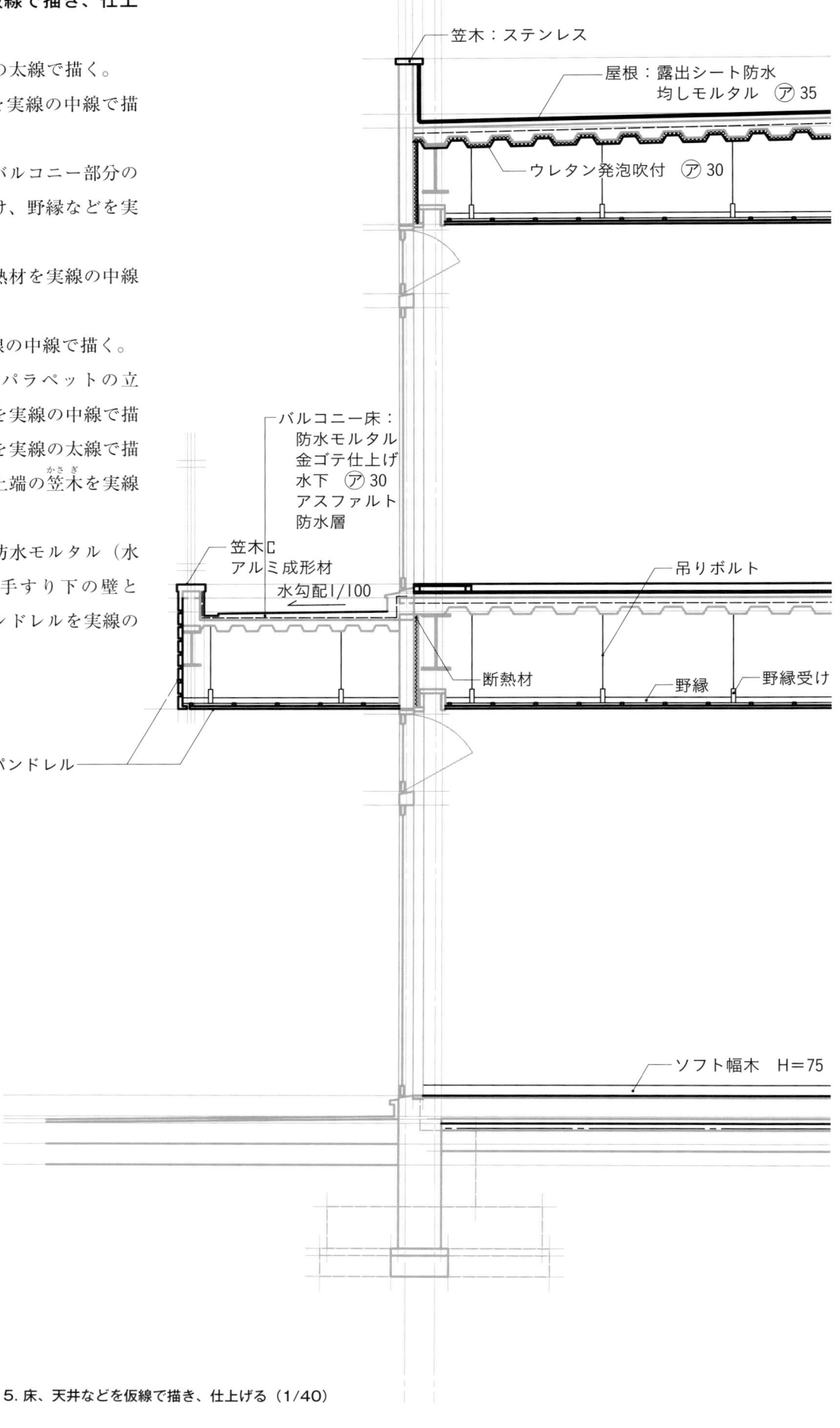

5. 床、天井などを仮線で描き、仕上げる（1/40）

## 6. バルコニーの手すりを仮線で描き、仕上げる

バルコニーの手すりを実線の太線で、支柱と手すり子を実線の中線で描く。

## 7. 寸法線と寸法、引出し線と部材の名称、材料の表示記号、室名、図面名称、縮尺を記入する（完成図は194-195頁）

（1）寸法線と寸法補助線を実線の細線で描き、寸法を記入する。
（2）引出し線を実線の細線で描き、部材の名称を記入する。
（3）構造、材料の表示記号を実線の細線で記入する。
（4）通り芯番号を記入する。
（5）室名、図面名、縮尺を記入する。

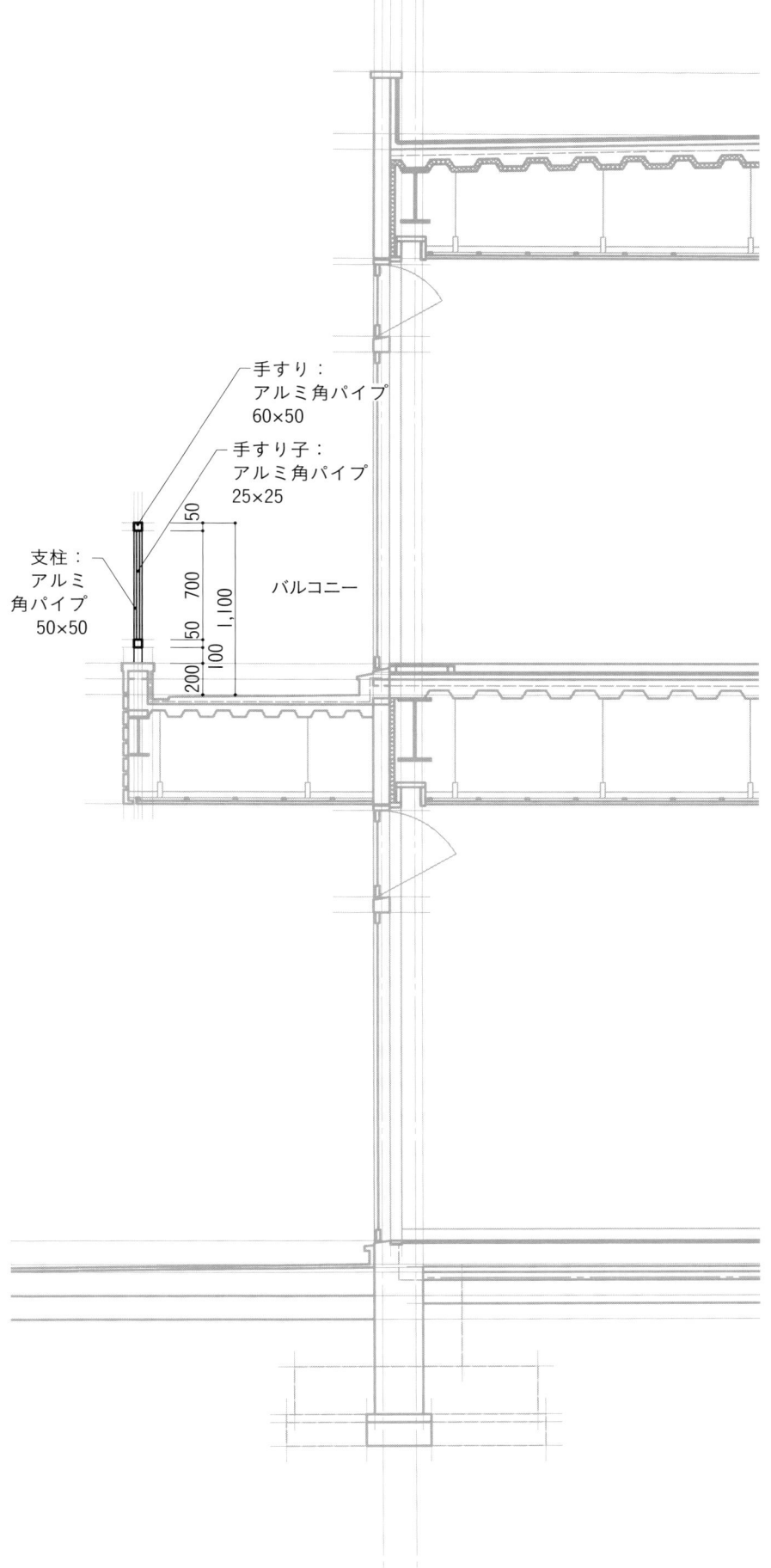

6. バルコニーの手すりを仮線で描き、仕上げる（1/40）

**著者略歴**

**大脇賢次**（おおわき　けんじ）

建築家。明治大学工学部建築学科卒業。1983年、イタリアの建築と都市の研究のためイタリア留学。1984年、一級建築士事務所大脇建築設計事務所を設立。おもな作品に、「西日暮里の家」「下馬の家」「太子堂の家」「曙町複合商業ビル」「東金町の集合住宅」「彫刻家のアトリエ」「瀬田オフィスビル・集合住宅プロジェクト」「画家のアトリエ」などがある。現在、大脇建築設計事務所主宰。日本建築学会会員。

**著書**

『ヴィジュアルで要点整理　１級建築士受験　基本テキスト　学科Ⅰ（計画）第三版』（彰国社）
『ヴィジュアルで要点整理　１級建築士受験　基本テキスト　学科Ⅱ（環境・設備）第三版』（彰国社）
『ヴィジュアルで要点整理　１級建築士受験　基本テキスト　学科Ⅲ（法規）第二版』（彰国社）
『ヴィジュアルで要点整理　１級建築士受験　基本テキスト　学科Ⅳ（構造）』（彰国社）
『ヴィジュアルで要点整理　１級建築士受験　基本テキスト　学科Ⅴ（施工）』（彰国社）
『イラストでわかる建築模型のつくり方』（彰国社）
『よくわかるパースの基本と実践テクニック』（彰国社）
『基本・建築製図と表現技法』（彰国社）
『図解　早わかり建築基準法』（ナツメ社）
『最新　建築・土木のしくみ』（日本実業出版社）ほか

**図版製作協力**

斎藤　翼（大脇建築設計事務所スタッフ）

---

**定番　建築製図入門**
2010年11月10日　第１版　発　行
2021年 2 月10日　第１版　第 6 刷

著　者　大　脇　賢　次
発行者　下　出　雅　徳
発行所　株式会社　彰　国　社

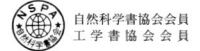

162-0067　東京都新宿区富久町 8-21
電話　03-3359-3231（大代表）
振替口座　00160-2-173401

著作権者との協定により検印省略

自然科学書協会会員
工学書協会会員

Printed in Japan
© 大脇賢次　2010年

印刷：三美印刷　製本：誠幸堂

ISBN978-4-395-00810-0　C3052　https://www.shokokusha.co.jp

本書の内容の一部あるいは全部を、無断で複写(コピー)、複製、および磁気または光記録媒体等への入力を禁止します。許諾については小社あてご照会ください。